西部红烛　两代师表
陕西师范大学服务西部基础教育史诗

编写委员会

主　　任：李忠军　游旭群

常务副主任：李　磊

副主任：卢胜利　石　峰　罗永辉　杨祖培　董治宝　周正朝
　　　　　陈新兵　马晓云　李贵安　袁一芳　王云博

委　　员：（以姓氏笔画为序）

王金秀　王海彬　王耀明　曲洪刚　刘　冬　刘　瑜
刘少锋　刘东风　刘建斌　刘洪超　闫文浩　闫亚平
许广玺　李小玲　李秉忠　李保新　辛　峰　辛向仁
宋传东　宋战良　张卫兵　张凌云　郁伟生　罗卫涛
赵　丽　柯西钢　郭建中　黄　玲　董喜林　路正社
蔺丰辉　雒朝梁　樊　婧　薛　东　衡旭辉

编写组

主　　编：李　磊　马晓云

责任编辑：刘建斌

执 笔 人：（以姓氏笔画为序）

　　　　　马晓云　李铁绳　吴国彬　张　帆　张小东

西部红烛
两代师表

陕西师范大学
服务西部基础教育史诗

第二卷
陕师大的先生们（下）

本书编写委员会 ◎ 编

陕西师范大学出版总社

目 录

马家骏：开张天岸马　俊逸人中龙　/ 258

杨清源：用一生光亮执着一生担当　/ 270

孙达人：将历史变成国民的精神财富　/ 280

陈锦屏：教学和扶贫　奋战在西部　/ 292

陈俊民：关学研究启路人　/ 304

徐义生：青山不老可重来　/ 318

罗增儒：教育数学双兼顾　普及研究两担驮　/ 330

曲云：妙音正声　曲入云霄　/ 342

赵世超：经世致用　追求卓越　/ 354

刘学智：鸿儒硕学　启人以智　/ 366

尤西林：传道以美　育人以真　/ 378

赵学勇：以下沉的姿态求知、问学与授业 / 388

王晖：思游经籍　书继仓颉 / 402

傅钢善：漫漫耕耘路　悠悠师大情 / 412

房喻：学者良知　大国良师 / 424

乔全生：索古求今问九州 / 436

尚永亮：学问尚实　理念求新 / 448

王喆之：足迹踏遍山川壑岭　论文写在西部大地 / 460

李玉虎：科技创新守文脉　不忘初心育匠人 / 472

张新科：矢志不移　终能"三立" / 484

邢向东：一生痴绝为乡音 / 496

陈鹏：授业精勤　春风化雨 / 508

袁祖社：哲学——人类文化与文明公共性的崇高事业 / 520

游旭群：扎根西部　教育报国 / 534

李森：深耕教育沃土　引领课程教学 / 554

田振军：四秩砥砺奋进　归来依旧青春 / 566

董治宝：踏足沙漠大地　揭示火星地貌　/ 578

王欣：扎根西部边疆的民族学学者　/ 590

刘忠文：碳一化学化工领域的探索者　/ 604

李忠军：心系白山黑水　情注高天厚土　/ 616

沙武田：心念敦煌天地宽　/ 632

任晓伟：学，所以扩其中正之用而弘之者也　/ 644

【人物档案】

马家骏，生于1929年，河北清苑人。陕西师范大学文学院教授、比较文学与世界文学学科奠基人。1949年入陕西省立师范专科学校陕南分校求学。1953年西北大学师范学院中文系毕业后留校任教。1954年随着西安师范学院独立设置，转入该校中文系任教。1956年至1958年在北京师范大学苏联文学进修班学习。1959年初到汉中镇巴、西乡等地收集红色山歌。1960年陕西师范大学成立，至中文系外国文学教研室任教。学术研究范围始为俄罗斯古典文学，继而为整个苏联文学，再而为欧美文学以至东西方外国文学。曾任全国高等学校外国文学教学研究会常务理事、陕西省社会科学学会联合会常务理事、陕西省外国文学学会会长等。

马家骏：开张天岸马　俊逸人中龙

"博古通今名海外，学深趣广堪奇才。诗词文赋流风雅，论著评章誉讲台。绛帐阐经明至理，翰林诵典育英才。春风桃李绽枝桠，片片书馨漫艺斋。"1958年毕业的陕西师大中文系学生、现年89岁的雷达研究员，曾对马家骏教授博学多能、从教育人的印象歌以赋之。"博古通今""学深趣广""绛帐育才"这些词，用来形容马家骏自然毫无问题，但讲台上马家骏所展现的不羁才情又岂是言语能道万一？他读书、教书、写书，从1949年走进陕西师大的校门，七十五年与之相伴，其间又有多少故事、多少传说？

求学：学习、读书与社会实践

马家骏于1929年10月生于河北省清苑县农村一中医世家。1934年因战乱南迁，在洛阳居住三年多，1938年随家人到陕，在陕南汉中读完中小学。"1949年要考大学的时候，西安已经解放，成都路远，家里无力出资让我去四川，于是只好考唯一的陕南分校国文科。"这个"陕南分校"的成立背景是：1941年设在汉中城固的国立西北师范学院迁往兰州后，为了培养地方师资，1944年在西安成立陕西省立师范专科学校，1946年在陕南汉中设立陕西省立师专的陕南分校。

在陕西省立师专陕南分校国文科读书的最初半年时间里，马家骏学习的课程有古文、古汉语、明清小说、中国通史、教育学、英文等。1949年12月汉中解放。"第二学期开学，西北大学军代表尚崇训来接收陕西师专陕南分校。"原来1949年5月西安解放，8月以陕西省立师专为基础，归并国立西北大学教育学系，成立国立西北大学师范学院。马家骏到西安后，经过西北大学对陕南分校学生的甄别考试，转入师范学院跟读本科。在这里，他跟随高元白（现代汉语、现代散文）、郑伯奇（文学理论、中国现代文学史）、卢季韶（中国文学史、历代韵文选）、贾则复（语法修辞）、冯幼农（新民主主义论）、高宪斌（历代散文选）、陈高傭（逻辑学）、李瘦枝（中国近代史）、郝耀东（中外教育史）、王捷三（中国哲学史）、霍松林（现代诗歌选）、王耀东（体育）等进行多种课程学习。1952年底，师范学院陆续搬到雁塔校区。

大学期间，马家骏除在国文系上课外，还到其他系听课，再就是自学，"课外大量读书"。他曾说："我因家贫，上了四年大学，只在二、三年级之交的暑假回家一个半月，这倒给了我更多的读书时间，也养成了读书做读书笔记的习惯，我这一生所做的大量笔记就成了我的重要资料。我还体会到学中文的大学生读书应该宽泛些，文艺理论、中外作品、历史、哲学等等，都可以读一读。中小学时我读过很多中国作品，到大学就大量读外国作品和理论书，读解放区的人民文学"。

马家骏自述说："参加社会活动和实践，对文科学生很重要，要在实践中锻炼能力。1951年底，国文系师生参加了商洛地区四个月的土地改革，我在运动中写了三百行叙事诗《洛源谣》（四十七年后发表在《商洛师范专科学校学报》上），土改锻炼了工作能力。积极参加文体活动，也是锻炼。我担任西北大学京剧团长，动辄排演大戏《群英会》《失空斩》《四进士》等。还担任话剧团长，我导演的《前进，美国的人民》在西安市西大街社会路剧场售票公演一周，收入全捐献抗美援朝了。我在《群众日报》1951年6月17日发表的评介此戏文章的稿费八万元（旧币）也一并捐出。我还参加西大的篮球队、象棋队，给合唱团伴奏弹钢琴，这样接触更多的群众，培养活动才能。勤工俭学也是很好的活动。我给西安保吉巷的新苏中学兼了一年音乐课；从西大出版组领来王捷三教授给我班上《中国哲学史》的讲义等刻蜡版。"早年的这些经历，在马家骏教授"识多趣广"的人生中均绽放出异样的精彩。

从教：授课、进修与红色歌谣搜集

1953年7月在西北大学师范学院毕业后，马家骏留校任教。"首先得改变随随便便的作风，把长期不系的鞋带绑好，纽扣扣整齐。在学生面前得像个样子"；"这一年学习苏联，国文系改称中国语言文学系，简称中文系。

我被分配在现代文学教研组，担任李玉岐先生的助教，李先生讲五七级（'文革'前以毕业年份称学生年级）乙班的《现代散文选及习作》，我试讲两篇，批改大部分学生两周一次所写的各体散文。当时没有政工人员，让我当乙班的班主任"。

马家骏回忆说："第二年我与卢季韶教授合讲一年级（五八级）的现代散文选。十篇散文各讲五篇，作文各改一半，我还任该班班主任。第三年（1955年），我独自一人讲新生（五九级）的现代散文选课。"在最初工作的几年间，"除了本职，系上还让我听刁（汝钧）老师的现代文学史，听周骏章的外国文学。同时这两位老师也是我的指导教师，我也交作业给他们。我写读鲁迅作品的笔记交刁老师，制作希腊神话世系表、翻译詹姆逊20世纪二三十年代在清华大学外文系讲课的《欧洲文学简史》一书的有关章节交周骏章老师，请他们指教"。"教师多有自编的讲义，交出版科打印或刻印。我的家属是出版科的计件临时工，领来讲义回家刻蜡版。我替她刻高斌的俄罗斯文学讲义，这对我听课和后来的进修有极大帮助。我自己编的现代散文选对近十篇文章作细致分析，由我自己来刻，这对我讲课前熟悉教材很有作用。至今我还保留着一厚本《现代散文选讲》讲义。"由于将教书放在首位，在教学方面投入全部精力，马家骏很快在年轻教师中脱颖而出。

1956年初，经系主任高元白推荐，马家骏通过北京师范大学的考试，获得到北京师范大学苏联文学进修班师从格拉西莫娃、柯尔尊两位苏联专家学习俄罗斯苏联文学的机会。"于是去北京学习了两年半到结业。这中间，只回西安一次，其余时间都是在进修班读书。""师从两位苏联专家学习的这两年半，是我一生中最关键的时期，它增强了我的理论水平，丰富了我的知识库存，提高了我的业务能力。但我不忘西安师院中文系，不时向系主任高元白老师汇报，与张富昕先生用拉丁化新文字通信。1957年北师大出版了我参加主编的《十九世纪俄罗斯与苏维埃文学参考资料》，我寄给了系上和张富昕各一本。另外，我写的《苏联专家如何指导我们学习苏联文学》发表在1957年4月2日的《西安师院报》上，翻译的苏联诗歌发表在《延河》文学月刊上。"

1958年8月底，马家骏在完成北师大集体编的三卷本《俄罗斯苏联文学讲义》后，回到西安，继续从事教学工作。"秋天开学，系上让我上四年级的俄罗斯苏联文学课。"1959年初，马家骏与中文系的刘学林、习曼君两位年轻老师带领1961级100名二年级的学生去陕西汉中的镇巴、西乡等陕南老根据地，进行红色山歌搜集和调查工作。三个月收集到万首山歌，马家骏等从中选出203首，由马家骏写序编撰成《陕南红色山歌》（东风文艺出版社，1960），马家骏个人撰写15000字的长文《谈陕南老根据地的红色歌谣》发表于《人文杂志》（1959年第4期）。

1960年，西安师院和陕西师院合并成立陕西师范大学。"陕西师大是'文革'前继北师大、东北师大、华东师大后的第四个称作大学的。其他师大都是'文革'中或'文革'后由师院纷纷改称大学的。5月7日，在南院大操场开成立大会，省委文教书记赵守一致辞，宣布领导名单。会上发散5月6日《陕西师大报》的创刊号，那上面发表了我的《江城子》一词以祝贺。"在这一时期，马家骏编写了《俄罗斯苏联文学》（上、下）、《俄国文学史略》和《十九世纪俄罗斯文学作品选》三种铅印讲义，发给学生做教材。同时发表了一些文章。

1963年，马家骏晋升为讲师。"课程计划改变，俄罗斯苏联文学课不再单独设置，合并进欧美文学。"因此，马家骏便给1964级、1965级相继讲欧美文学。1964年，"系上让我给三年级（六五级甲乙两班）讲'古代到十八世纪西欧文学'课"；"1965年外国文学课全部取消，外国文学、文艺理论、现代文学三组合并为文学评论教研室，实际是在课堂上批判一些电影、戏剧与小说"，"于是，让我给一年级（六九级三班）上文艺理论课，所谓课程，其内容具体就是专门以《在延安文艺座谈会上的讲话》为教材，讲一个学年（因六九级学生下乡去搞'社教'而只上了一个学期），我们只好努力去完成任务"。1964年马家骏到户县参加"四清运动"，1966年初到镇巴与四川交界的山区，开展调查工作。

"文革"中陕西师大战备疏散由永寿转到泾阳，1970年5月至1971年1月，马家骏给泾阳县"中学教师培训班"讲毛泽东文艺思想。"文革"期间，"系上给学员开设古文、写作、毛主席诗词、鲁迅作品选讲","系上以我能写点诗词为由,让我承担一个班的毛主席诗词"。讲了一学期毛主席诗词后,课堂教学不再为主,而以下厂下乡、开门办学为主要形式,集体互教互学。于是,"我被不断派出,与学员们在社会实践中去向劳动群众学习：第三次去镇巴深山宣讲'1号文件',去灞桥电厂,国棉三、四、五厂,水泥制品厂编儒法斗争史,去兴平县秦岭公司编儒法文艺思想斗争史,去华县搞农业学大寨、整顿软散懒大队领导班子,去高陵县编写革命故事,去礼泉县写烽火大队的村史"。1971年底至1973年,在凤翔、长寿、周至等地讲授毛泽东文艺思想、毛主席诗词、鲁迅研究、文艺理论、中国古典文学、中国现代文学等。在当时马家骏能承担这些教学任务,实属难能可贵。

1973年后,因学校安排或外校邀请,马家骏不断外出,少则三个月,多则半年。在此期间,他还到哈尔滨师范学院参加东北地区高校《外国文学史》初稿研讨会,到辽宁师范学院参加马列文论选讲教材研讨会等。1975年恢复课堂教学,他陆续给1975级、1976级工农兵学员讲授外国文学课,同时给俄语系讲俄罗斯文学。从1976年开始,给本科生主讲外国文学课。

新生：改革开放后的教学科研

改革开放给我国的教育事业带来了春天。1977年恢复高考制度之后,学校迎来了"文革"后第一批通过考试进校的新生。马家骏在教学一线也活跃起来,成为陕师大教师中在全国知名度较高的教师之一。

马家骏在《我与文学院》中写道："新时期以来,……教育事业大发展。在学校和中文系支持下,我在当了17年讲师之后,于1980年晋升为副教授,1983年又批准我加入了中国共产党,次年转正,1986年晋升为教授。我的外国文学科研与教学活动也在这块田野上有了一些收获。"

教学方面,马家骏一直负责中文系外国文学教研室工作,1987年由副主任改为主任,直至1995年退休。1980年,教育部委托陕西师大举办全国高校外国文学教师进修班,马家骏是主要教学人员之一。1982年开始担任硕士生导师。1988 年担任国内访问学者（副教授或优秀讲师）导师。他热爱教学工作，除了给本科生上课，还给成人教育学院讲课。先后给各类学生开设俄罗斯苏联文学、欧美文学、亚非文学、比较文学、俄国戏剧史、俄国诗歌史、俄国小说史、俄国文学批评史、奥斯特罗夫斯基戏剧研究、屠格涅夫研究、高尔基创作研究、当代苏联文学、西方现代派文学、西洋戏剧史、西洋诗歌、西洋名著等课程。他的教学深受学生欢迎，常有外系或外校的学生前来听课。

几十年中，马家骏全力以赴投入工作，经常考虑怎样才能成为优秀教师。他说，成为优秀教师，一定要在备课方面下功夫，备教材，备学生，备教法。没有教材或教材不好怎么办？自己编。为此他特别重视教学改革和教学研究。早在北师大进修时，他就着手教材的编写工作，此后的几十年间，他根据教学工作的实际需要，先后主编 9 种教材，个人独立编写 6 种教材，还撰写并发表 300 多篇教学方面的文章。其中《世界文学名著选读》作为《世界文学史》的配套教材，在全国有很大影响，高等教育出版社将它作为面向 21 世纪课程教材进行推广，至今仍在广泛使用。

马家骏精通教学艺术，又注重课程思政，擅长演讲，在校外知名度高，常有高等院校、文博机构或企事业单位请他讲课或做报告。早在 1953 年毕业留校任教起，邀请他讲课、做报告的单位络绎不绝。1982 年出席教育部在北京大学召开的共产主义思想教育经验座谈会，在会上是主要发言者之一（发言稿《怎样欣赏外国文学作品》收入教育部政教司编、北京出版社 1983 年出版的《播下共产主义真理的种子》一书），进中南海汇报，为中央电视台、中央人民广播电台的新闻节目以及新华社、《人民日报》、《中国教育报》、《陕西日报》等报道。中央电教馆与陕西电教馆用半年多时间拍摄完成长达二十分钟的录像《马家骏：尽职尽责，教书育人》（现存中央电教馆）。他曾在北京大学、清华大学、北京外国语大学、河北大学、河南大学、兰州大学、华中理工大学、上海师范大学、山东师范大学、江西师范大学、广西师范大学、贵州师范大学等 19 省（区、市）100 多所高校做外国文学讲演 300 余场。1983 年获陕西省委与陕西省人民政府授予的"陕西省建设社会主义精神文明先进个人"

奖，年底被评为千分之二晋升奖励工资一级，1991年享受国务院政府特殊津贴。1995年退休后至2010年到上海定居前，一直给继续教育学院上课。2012年录制视频精品课《俄罗斯文学名著导读》11讲。他教学水平高超，多次获得陕西师大教学质量优秀奖。1984年获评陕西省委科教部、省高教局、省教育工会"陕西省教书育人先进教师"。

在科研与写作方面，马家骏出版的学术著作有独著《外国文学作品选讲》《十九世纪俄罗斯文学》《美学史的新阶段》《诗歌探艺》《文艺乱云》《马家骏序评集》《马家骏序评二集》《域外文谈》《文学书苑评芳》《世界文学探究》等；2021年陕西人民出版社出版《马家骏文集》（五卷本）；与女儿马晓翙合著《域外小说撷英》《西洋戏剧史》《世界文学真髓》《俄国文学史略》等；主编《外国文学》《外国文学自学教程》《世界文学史》《世界文学名著选读》《当代苏联文学》《高尔基创作研究》《外国文学史纲》等。在《外国文学评论》（中国社会科学院）、《国外文学》（北京大学）、《外国文学研究》（华中师范大学）和一些大学学报及其他刊物上发表学术论文近百篇，被《新华文摘》、《高校学报文摘》、人大复印报刊资料及美国《莎士比亚季刊》摘要转载、全文转载或复印20余篇。其著作连获第一届至第四届陕西省社会科学研究优秀成果奖。

马家骏积极参加学术活动，还被吸收加入了一些文艺与学术团体，有的还担任领导职务。1978年出席陕西省作家协会会员代表大会，1982年加入中国作家协会；1983年加入陕西省电影家协会，1985年加入中国电影家协会；1980年至1995年担任陕西省戏剧家协会第二、三届理事；2008年加入中国戏剧家协会；1980年任陕西省外国文学学会副会长兼秘书长，1984年至2000年任会长；1982年至2000年任中国外国文学学会第二至五届理事；1979年至1999年任中国俄罗斯文学研究会第一至五届理事；还曾担任全国高等学校外国文学教学研究会常务理事（后为名誉理事）、陕西省高等学校戏曲研究会会长、陕西省社会科学学会联合会常务理事、陕西省诗词学会常务理事、陕西省电影电视评论学会常务理事、陕西省作家协会理论批评委员会委员、陕西省民间文艺家协会理论组顾问、陕西省比较文学学会顾问、陕西省毛泽东诗词研究会顾问、西安诗词学会顾问、陕西省诗词学会顾问等。现在仍担任陕西省外国文学学会名誉会长。

育人：遍栽桃李赋诗篇

在半个多世纪的教学生涯中，马家骏始终把学生放在心上，认为教师必须具备高尚的师德和乐于奉献的精神。他常说：读书是手段，育人是目的；教书不能只讲知识，不讲"三观"，要巧妙地把思想教育融入日常教学活动。在外国文学教学过程中，他特别注意引导学生形成正确的思想认识。比如，讲《钢铁是怎样炼成的》《绞刑架下的报告》等作品时，十分注重分析革命者的精神。对于某些作品中所具有的西方价值观念或资产阶级生活方式的内容，他也会加以批判，引导学生树立正确的价值观。时至今日，仍有100多名七八十岁或六七十岁的老学生与他保持着联系。

有人说：他像一匹不知疲倦的骏马，总是昂首，抖鬃，抖蹄，扬尘疾驰在祖国大地和铺满绿草的原野……事实上，他的确从未停下脚步，读书、吟诗作词，给朋辈学子写序，与青年学子交流，等等。2021年4月15日，92岁高龄的马家骏在文学院文心阁与青年学生交流。他深情回忆自己的求学历程、治学经历，嘱咐青年学生在向远大目标奋进的航路上，要有一种顽强刻苦的毅力，要不怕困难、不怕嘲笑、不后悔，经得起暴风雨，要敢于啃硬骨头，大胆涉足应该学而自己还不会的领域；学习要把面和点结合起来，把泛读和精读结合起来，处理好广博和精深的关系，把系统的知识与理论学习同实践结合起来，把理论素养的提高、知识领域的拓宽和能力技巧的锤炼结合起来。

20世纪80年代在中文系求学、现在湖北师范大学任教的胡光波说："真正感受马老师的教学魅力，则是三年级时上他的俄罗斯文学专题选修课。"三十多年后，他仍清晰记得第一次听马老师讲课的情景。"马老师什么也没有携带，几乎踩着铃声进来，然后坐定在讲台前。他身高微胖，四方大脸，发不甚密，黑中夹白，整齐地梳了个大背头，仍然穿那身深蓝色的中山装"，"为了使大家对俄罗斯地理有直观感，他取了一支粉笔，转身站起，顺手把沙皇时代的俄罗斯地图画了起来。先画国家整体轮廓，然后画高加索山脉、伏尔加河、贝加尔湖等，最后点出圣彼得堡、莫斯科、伏尔加格勒等重要城市，并特意说明顿河、涅瓦河、克里姆林宫所在地，指出大家可要留意，这些地方俄罗斯文学常要描写。最后，向黑板右方挪一步，标明西伯利亚的平原、高原和山地的分布。马老师讲完这些，我对俄罗斯主要城市地理方位，有了清楚认识，也对他的记忆力和绘画能力暗中惊叹"，"那天课上，他勾勒了俄罗斯文学简史，说到十九世纪俄罗斯文学与批评相互促进、全面兴盛的状况，神情飞扬，话题远远超出了文学本身。在讲解普希金的诗时，他说普诗用词丰富，描写下雪的俄文，读来仿佛可听到雪的瑟瑟"。胡光波还说："自那一节课后，我还断断续续听了马老师的课。每听一次，都坚定我对俄罗斯文学的热爱。"

"高高个头，一表人才，为人坦率，对人热情。与他在一起，说话可以随便，意见敢直口而出。由于他大学毕业不久，人很年轻，只是个助教身份，加上随和的性格，致使我们与他的距离拉得很近，有时竟分不清谁是老师、谁是学生了。我们喜欢他，亲近他，还有一个最重要的原因，就是他那口若悬河、激情澎湃的口才与渊博的学问，还有那广泛的兴趣和多方面的才能。正由于此，我们都尊敬他，亲近他，乃至崇拜他。"雷达在《恩师马家骏》中说："他批改习作，认真细致，我就是在他生动的讲评和细致的批改中学得写作知识与技巧的，我以后的从文与写作，与他这段时期的精心教诲，密不可分。"在长期的交往中，雷达深感他"是一位道德高尚、为人师表之人；是一位博古通今、中外兼长之人；是一位兴趣广泛、多才多艺之人；还是一位极端热情、乐于助人、豁达爽朗之人；更是一位毫不保守、毫不恋旧、极富创造而与时俱进，愿把自己所学、所知、所获、所感的知识，一股脑都要教授于青年学生的人"。

论及马家骏先生的乐于助人和愿意将所学所知传授给学子，中文系1965级的周志贤在《诲人不倦的马老师》中写道："我走上教学第一线后，利用课余时间，喜欢写些小文章，有时也把一些自己感觉不错的习作寄给马老师，请他修改指正。他每信必复，从无例外。信中措辞平和委婉，从未泼冷水，而是耐心点拨，启发引导。我记得给他寄去一篇约两千字的散文，他竟回信达三千字之多，信中从鲁迅的小说散文谈到法捷耶夫、吉洪诺夫的散文，启迪我从中外的名著中开拓思路，借鉴技巧汲取营养。""马老师是我心目中的楷模，对一个走出校门的学生，从学习到工作，不厌其烦地指导，其循循善诱、诲人不倦的精神，使我铭刻在心，终生难忘。"雷达1996年出版散文集《采风录》，马家骏很快就在《西安日报》上发表了关于这本书的律诗。雷达说："其运笔之细，诗情之烈，达情之爽，速度之快，是感人至深的。"打开五卷本的《马家骏文集》，可以看到他给很多青年学子的文集作序、写评论，体量之大，令人惊讶，"可知他在课外要应付多少差事、撰写多少文章！"这种对后学的鼓励无疑彰显着马家骏作为师者的仁爱之心。

雷达所说的马家骏先生的敢于直言，在胡光波的回忆文章里得到印证："大概在1985年4月，马老师给中文系学生演讲过一次拉美文学专题。其时，以哥伦比亚马尔克斯《百年孤独》和墨西哥鲁尔弗《佩德罗·巴拉莫》等为代表作的魔幻现实主义文学，刚刚传入进入改革开放新时期的中国，其超前的创作理念和迥异传统的创作方式，对摆脱'文学的工具论'之后的中国文坛，产生了比较强烈的冲击。马老师把西方新说传授给大家，在当时需要很大的勇气。时至今日，我仍能记得起，在那次演讲中，马老师情绪激昂，慷慨陈词，站在讲台前振臂疾声，对大家有极强的精神感召力。"

至于马家骏先生的"兴趣广泛、多才多艺"，翻开《马家骏文集》可以看到，在外国文学专业领域，他攻苏俄文学、欧美文学、东西方文艺，视野几乎遍及世界文学；在诗词的创作与讲授领域，他搜集整理红色歌谣，讲授毛泽东诗词，在不同媒体上发表旧体诗词，编制个人诗词集，为友朋、学子的成长和学校的建设发展吟咏歌赞；他涉猎传统文化知识，推介黄帝陵碑刻，介绍唐诗中的长安，进行文人书法创作；此外，他还编写短剧，参加戏剧演出，组织戏剧团体，为传统戏剧的发展奔走呼号。一度在陕西省音乐家协会工作的学生雷达回忆说："给我的印象是，在戏剧方面，写文章最多的，一位是西大的杨春霖，另一位就是他。文艺界的作家、剧人、影人，乃至音乐、舞蹈界，大多与他相识，许多人成了他的朋友。"至于马家骏先生的诗词创作，雷达曾赞誉道："胸怀大海咏诗情，气势磅礴倾雨风。意入波流旋五彩，词着水面闪晶莹。书中自有筝琴韵，指处弦翻巨浪声。满耳煌煌宫徵调，犹听广宇荡黄钟。"

二十年前，75岁的马家骏先生作诗《贺六十周年校庆》："金风送爽杏园喧，苦乐悲欢不忆年。锣鼓旌旗庆花甲，同心奋翻力腾天。"马家骏先生在读大学时，进入陕西省立师范专科学校陕南分校，从西北大学师范学院毕业，留校任教，到陕西师范学院兼课，后任陕西师范大学中文系外国文学教研室主任。

马家骏先生九十寿诞时自述："穿梭日月闪光盘，刹那韶华九十年。回首人生未虚度，遍栽桃李赋诗篇。"学生马侃赋诗献寿："妙笔耕文苑，美声播课堂。诗词人称颂，著作世珍藏。桃李满天下，高足遍四方。九旬品寿酒，百岁续华章。"马家骏先生将毕生精力投入西部教育事业，传承弘扬"西部红烛两代师表"精神，影响着一代代莘莘学子。

【主要参考资料】

[1] 马家骏：《六十年的变迁》，载《陕西师大报》2004年5月15日。

[2] 马家骏：《师专分校的半年》，载《陕西师大报》2014年10月15日。

[3] 马家骏：《我与文学院》，陕西省外国文学学会微博，2020年11月7日。

[4] 胡光波：《马家骏老师》，载《陕西师大报》2020年12月15日。

[5] 周志贤：《诲人不倦的马老师》，载《陕西师大报》2021年10月30日。

[6] 马家骏：《马家骏文集》，陕西人民出版社，2021年。

[7] 雷达：《恩师马家骏》，瑞文网，2022年8月30日。

【人物档案】

　　杨清源，生于1930年，陕西西安人。"中国人民志愿军抗美援朝出国作战70周年"纪念章获得者，陕西师范大学首届"西部红烛两代师表奖"获得者。1950年参军，参与修建宝天铁路。1951年2月参加抗美援朝战争，1953年7月回国。归国后继续在部队服役，荣立三等功一次，在中国人民解放军政治师范学校学习中国革命史。1956年至1977年，先后在中国人民解放军武昌高级军械技术学校、炮兵工程学院、华东工程学院等院校，从事哲学、党史的教学与研究工作。1977年调入陕西师范大学马列主义教研部，任党史教研室副主任，1987年起任民族预科部主任，1984年起三次当选西安市雁塔区人大代表，1990年从陕师大退休，为关心下一代工作委员会（关工委）委员。退休三十余年坚持讲授党史国史，传播党的理论创新成果，坚持做好事不留名，坚持做好关工委工作，在鲐背之年依然与时间赛跑，牢记使命，只争朝夕。

杨清源：用一生光亮执着一生担当

"因那一声祖国的召唤，你踏上了抗美援朝的战场，无畏鲜血浸染衣裳。因那一腔奉献的炽热，秉红烛之辉光，溯清源而直上，在薪火传递中续写为国为民的大爱大德。从烈火战场到终南书房、从播撒信仰到涓涓爱心，用一生光亮执着一生担当。你说，只要还有明天，今天永远都是起跑线。这位与时间赛跑的老人，就是我们最可爱的人，让我们一起致敬——杨清源老师！"这是2021年教师节，陕西师范大学首届"西部红烛两代师表奖"颁奖典礼上对杨清源的颁奖词。血洒疆场、教书育人、公益演讲、播撒爱心，95岁老人杨清源用担当和奉献，闪烁西部红烛熠熠之光，铸就一代师表铁骨脊梁！

从军行："三八线"，生死线，战火淬炼青春

2020年10月23日，纪念中国人民志愿军抗美援朝出国作战七十周年大会在北京人民大会堂隆重举行。中共中央总书记、国家主席、中央军委主席习近平出席大会并发表重要讲话。中共中央、国务院、中央军委向参加抗美援朝出国作战的、健在的志愿军老战士老同志等颁发"中国人民志愿军抗美援朝出国作战70周年"纪念章。

陕西师范大学参加抗美援朝的老战士、退休教师杨清源是纪念章获得者之一。那天，杨清源身着笔挺的军装，坐在家中收看电视直播。在总书记的讲话结束后，他反复端详着胸前的"中国人民志愿军抗美援朝出国作战70周年"纪念章，对前来采访的记者说："能够获得这枚具有特殊纪念意义的奖章，我心里很是激动。聆听了习近平总书记的讲话，与会场的老同志们一起唱国歌、一起鼓掌，内心感到无比的骄傲和光荣。奖章戴在身上，党对老同志的嘱托永远记在心上，我们一定不忘初心、牢记使命，忠诚奉献一辈子。"送走记者，他的思绪回到当年……

杨清源1930年生于西安，成长于战争年代，对战争有着深刻的记忆。他的童年在抗日战争中度过，小学时跟着老师满大街宣传抗日，日军轰炸西安的时候，他就躲在西城门的门洞里……关于战争的记忆充斥着他的少年时光，回想起来总是历历在目。

1950年暑假，杨清源在学校学习，恰逢解放军部队招文化教员，他果断投笔从戎，随军赴甘肃天水，参与修建宝天铁路，一边修铁路，一边教文化，在彭德怀司令员的领导下建设大西北。随后朝鲜战争爆发，杨清源和战友们放下工具，拿起了枪，雄赳赳气昂昂跨过了鸭绿江。回想起当年参军的事，杨清源仍难掩激动："我参军不到半年就上了战场，行军路上十分艰苦，从鸭绿江边往当时的'三八线'前行，进入朝鲜之后就是零下35摄氏度。吃野菜和树叶，食不果腹；想喝一口水，水已经冻住，只能抓起一把雪送进嘴里。为了躲避敌机，只能白天在树林里休息，到了晚上行进，背着枪和子弹，踩过八九十里的雪路，奔赴'三八线'，参加第五次战役。有几次差点丢了性命，但幸运的是最终活了下来。"特殊的经历让杨清源体会到了《钢铁是怎样炼成的》中主角保尔·柯察金的心情。

1951年10月，伴随着喜悦与硝烟，杨清源给时任西安市市长方仲如写了一封信报告前方的胜利消息，并感谢政府对他家庭的照顾。当时的杨清源对相隔千里的回信并没有抱多少期待。然而令人意外的是，方仲如市长居然复信了！方仲如表达了对杨清源的敬佩之情，鼓励他继续前进，奋勇杀敌。当时，杨清源兴冲冲地把这封意外的回信念给防空洞里的战友们听，一个个热血男儿激动得热泪盈眶。杨清源在《我珍藏着一页历史》中饱含深情地写道："岁月的流水冲击、磨蚀着昨天的一切，而老市长的信我一直珍藏着，这是一页永不褪色的历史！"

1953年7月28日朝鲜停战后，杨清源和战友准备回国，在平壤火车站排着队脱帽，面向朝鲜大地，向长眠在异国他乡的战友们挥泪告别，宣誓回国以后继承他们的遗志，把国家建设好，让下一代远离战争，在和平的环境里学习、工作、生活。

爱国志：尽余热，竭余力，传承革命薪火

归国后，杨清源继续在部队服役，荣立三等功一次。1956年，杨清源毕业于中国人民解放军政治师范学校，先后在中国人民解放军武昌高级军械技术学校、炮兵工程学院、华东工程学院从事哲学、党史的教学与研究工作。

1964年杨清源被评为炮兵工程学院"五好教员"，赴京参加表彰大会，受到贺龙元帅及中央军委领导接见。1977年杨清源从南京华东工程学院调往陕西师范大学，先后担任马列主义教研部党史教研室副主任、民族预科部主任等。1984年起三次当选西安市雁塔区人大代表。

成长于战争年代，参加过抗美援朝，归国后在部队继续服役，部队转业到大学研究党史，革命故事贯穿杨清源的生命，革命精神融入了杨清源的血液。他说："现在很多青少年不知道当下的美好生活是怎样得来的，我们有责任有义务把中国革命、建设的艰苦历程，把无数革命先烈流血牺牲的事迹告诉他们。我深深体会到对党史国史多知则明，少知则迷，不知则盲，无知则乱。我要尽己所能，向下一代讲好党史国史。"早在退休之前，杨清源就想好了退休后要做的事情。

刀已入鞘，锋芒犹在。1990年退休后，杨清源一直在陕西师范大学关心下一代工作委员会（关工委）发挥光和热。作为一名老党员、老干部、老教师，他矢志不渝地用自己的知识和经历引导青少年追溯革命的源头。退休后的他，一头扎进这"永不衰退的伟大事业"中，一干就是三十多年。

"我现在已经90多岁了，是下午四五点钟的夕阳，但也有光和热。只要我的身体还硬朗，多活一年就讲一年，多活一天就讲一天。只要还有明天，今天永远是起跑线。"杨清源说。退休三十余载，他先后给高校、中小学校、部队、社区、青少年管教所、企事业单位等240余家单位做报告340余场，直接听众近20万人次。从第一次报告开始，他就给自己立下"四不"原则：不要课时费、不要纪念品、不要吃饭、不要接送。所得奖金多用于奉献社会、奉献学校。他有军人作风，有的学校路远，中间还要倒车，他就像个侦察兵，提前去把路"侦

察"好，从未迟到过。

从《毛泽东少年时代的故事》《不要忘记革命先烈》《井冈山的烽火》《伟大的长征》《抗美援朝》到《百年奥运梦》《抗震精神，民族之魂》《中国梦，我的梦》《抗战精神，永放光芒》《五四精神，薪火相传》等等，三十多年来，革命精神在时代发展中衍生出新的内涵，杨清源的报告也在与时俱进。他总是努力把党的创新理论融入报告，学思践悟，常讲常新。

杨清源的报告形象生动。他流畅的讲述节奏、引人入胜的故事细节、精湛的辅助道具，甚至是令人潸然泪下的振臂高呼，紧紧拴住每个听众的心，将近百年的革命精神深深熔铸在一代代接班人的血脉之中。为了把握演讲节奏，杨清源一字一句地录音并自放自听，反复修改、仔细琢磨。他担心旧的语言激发不起青年人的兴趣，便常常学习青年人喜欢用的"新鲜词"。他始终认为，"丰富的人生阅历＋新鲜的语言＋生动的表达＝良好的效果，要用青年人喜欢的话语，说他们爱听的故事，讲他们易懂的道理"。为了增强感染力，他创新发明了集主讲、听众为一体，图解、朗诵、歌唱为一体，亲见、亲闻、亲历为一体，革命历史和时代正能量为一体的四维演讲模式。他是军人出身，在报告中能用红、蓝箭头清晰标出红军四渡赤水、强渡大渡河、飞夺泸定桥、过雪山草地的路线图。讲抗日战争时，他挥舞着自制的抗日英雄木刀，带领学生们集体高唱《大刀进行曲》，群情振奋，气氛高涨。

杨清源的精神感人至深。为充实讲稿，他多方查阅史料、摘抄报刊、阅读回忆录、参观展览，三上井冈山。在准备《长征精神永存》系列讲稿时，他积攒了厚厚的一大本素材，记载着陕西红军发展的历史、著名战役战斗、重要会议、长征战士回忆录片段等等，在连续五天参观展览的时间里，他坐在自己的小凳上，一笔一画摘抄资料，录下解说词和张学良评价红军长征的原声讲话。这些资料为讲稿提供了一手素材，细致勾勒出长征故事的起承转合，也凝聚着他无数个昼夜俯首案台的无私奉献。

杨清源非常注重"老有所学"。他常说："我们大半生都是在学习中度过的，到老年更不能丢掉学习。"他长期坚持学习，与时俱进，永不自满，永不言停。杨清源始终关注、认真学习党的创新理论成果，学习钻研党的重大战略思想。他日积月累，时常从报纸、广播、电视上摘录资料，已经养成了几十年的老习惯。2014年9月，杨清源照常阅览《西安晚报》时，一下子被版面上《八百壮士黄河魂》的故事深深吸引，文中讲述的八百壮士拼死抗击日军，最终宁死不屈，从悬崖跳入黄河慨然殉国的壮烈故事令其内心激荡不已。而其中，一个十五六岁的小英雄在跳崖前的一刻，仍一边挥舞着已经破碎的军旗，一边吼着秦腔："两狼山战胡儿，天摇地动；好男儿报国家，何惧死生。"更是给他留下了极其深刻的印象。感其忠勇，也为了能把英雄的故事更好地讲述给孩子们，杨清源特意向著名秦腔表演艺术家全巧民请教这两句秦腔的唱法。又通过听光碟，一次次纠正自己的唱法。勤加练习后，他在《抗战精神永存》报告中，以饱满的情感与标准的老生唱腔，为孩子们再现了三秦男儿英勇抗日的英雄事迹，感人肺腑。

年纪越来越大，出门越来越难，杨清源萌生了开办家庭课堂的想法。2019年12月，在并不宽敞的客厅里，他为10个孩子和家长讲起了革命故事。"大家听得很认真，我很感动。"这位和时间赛跑的老人，正在竭尽全力以他的行动影响更多的人。

"我想在关心下一代这个平台上继续耕耘，这是一种责任和义务，也是一种快乐和享受。"20世纪60年代，杨清源在炮兵工程学院任教时，曾和战友们奉命到无锡市安镇宣传贯彻党的政策。2022年杨清源看到西安晚报《荷尖》栏目发表安镇实验小学学生写的文章，记忆便把杨清源带回了半个世纪前在安镇宣讲党的政策的那段经历。他既高兴又感动，立即给实验小学校长写了信，给孩子们寄去《荷尖》文章，和孩子们互通书信，鼓励孩子们从小立下强国志，长大成为建国才。"我想把黄昏之光多留一些在人间，为社会再做一点事情，回报祖国。"这是杨清源的殷殷所盼。"我的报告要担当起传播正能量的社会责任，为共筑中国梦做贡献。我要用个人关工委工作的梦托起中国梦前行，直至生命的尽头。"

杨清源曾经写过一首诗:"周而复始又一岁,老夫仍爱下一辈。但愿夕阳无限好,小车不倒只管推。"其中饱含着对现在工作的激情和热爱。

公益心:不停歇,不留名,用善点燃善

2023年底,甘肃临夏发生地震。此时,身处西安、已经94岁高龄的杨清源,心系灾区,在记者的牵线搭桥下,捐赠3000元购买原材料,送往阎良区日间照料中心,托中心的女工们赶工缝制棉被。12月23日,13套温暖厚实的棉被褥被顺利运到灾区,老人说这是2023年他最难忘的一天。面对阎良区相关部门工作人员的致谢,杨清源说出了自己的信念:"国家兴亡,匹夫有责,这是我应该做的!"像这次一样,多年来,杨清源默默温暖了许多人。看到《陕西户县丈南村西瓜急盼客商》的新闻报道,杨清源立即前往购买了540斤西瓜,将购买的西瓜全部送给在一线辛勤工作的学校保洁员和保卫队员。逢年过节,杨清源不忘给他们送去慰问品。杨清源还与西安两个社区的20户生活困难家庭取得联系,自费给他们买米面油等,已经坚持了好几年。有一年,校卫队在杨清源不知情的情况下粘贴了表扬信,杨清源知道后连忙找到负责人把信揭掉,"这么多年一直没说什么,悄悄做就是了"。

2016年末,关注社会动态的杨清源还做过一个马路调查,他发现很多学生的书包都是家长背着的,已成常态,很不利于孩子们的健康成长。感慨系之,杨清源回家后立即写了一首倡导学生自己背书包的小诗:"铭记长征二万五,最应弘扬能吃苦。自己书包自己背,顽强精神终身福。"他把这首诗印了几百份,拿到陕西师大附小、大雁塔小学、金华南路小学门口派发,得到了学校与家长的支持。事后有家长激动地给杨清源打电话,说孩子们自己背书包的情况明显增多了。杨清源看到自己的行为起到实际作用,很是高兴,"学习雷锋精神就是这样,从小事做起,从自身做起"。

曾经有陕西师大学生在学校官方微博分享了这样一则消息:"杨清源老教

授利用学生吃早饭的时间给大家发放打印好的剪报，反复叮嘱大家：'一定要好好看，至少看两遍，对你有好处。'我说我记得您，听过您的讲座。他说认不认得我不重要，关键是要牢记内容。"这条微博引发了众多网友评论。有同学留言说："杨老师剪报上的内容都是很励志的短文，看了很有收获。""杨老师很可爱，更可敬。""他这么关心我们年轻人的成长，太感动了。"

2020年初，一场突如其来的新冠疫情牵动了全国人民的心。危急时刻，广大党员带头请战，以无悔的青春和炽热的生命奋战在抗疫一线。离退休党员也发挥余热，汇成一股股暖流，用实际行动诠释初心和使命，90岁高龄的老党员杨清源教授就是其中之一。"国家有难，我们有责……"说到动情之处，这位参加抗美援朝战争都不曾流泪的老同志哽咽了。杨清源回忆，1956年至1962年他曾在武昌高级军械技术学校工作、生活，其间参与过武汉长江大桥的建设，随部队无数次深入湖北田野乡村、百姓家中帮忙劳作，是党组织培养了他，是湖北武汉的人民养育了他，他对武汉这座英雄的城市饱含情感。在全民抗疫的特殊时期，他主动向组织交纳特殊党费5000元，还为学校抗疫一线的工作人员捐款5000元，对这些坚持在平凡岗位上默默奉献的人表达感谢。他说："我们当年上的是有硝烟的战场，我们在朝鲜，祖国人民给我们捐东西，有钱出钱，有力出力，有物捐物。现在抗疫工作人员离开家庭，离开父母，离开儿女，到抗疫一线这个没有硝烟的战场，面临的挑战与危险和我们当年是一样的。紧要关头，我们更要发扬优良的革命传统，一起渡过难关。"

2021年教师节当天，陕西师范大学召开2021年教师节综合表彰大会，颁发学校首届"西部红烛两代师表奖"，杨清源老先生获此殊荣。他站上领奖台，感慨道："我把荣誉证书拿在手里，初心使命记在心里。关工委工作我做了三十多年，今后只要身体允许，还要把这个工作继续做下去。当年抗美援朝有我，现在强国富民有我，只要还有明天，今天永远是起跑线，我要为第二个百年奋斗目标献上我的一抹夕阳。"2024年，95岁的老人又给自己定了一个小目标，继续把关工委的工作做好，还希望能把这些年积累的工作素材结集成册，给后续工作提供借鉴经验。

"莫道桑榆晚，为霞尚满天。"从这位拥有七十多年党龄的老同志身上，看得到壮心不已、鹤发松姿，看不到一丝懈怠的眼神、一刻放松的步伐。两次获评"全国教育系统关心下一代先进个人"、四次荣获"陕西省教育系统关心下一代工作先进个人""陕西省关心下一代优秀工作者"等荣誉称号的背后，是杨清源几十年如一日的奋斗，是他为自己定下的终生追求：理想信念不动摇，革命意志不涣散，奋斗精神不懈怠，义务奉献不停止。

多年来，杨清源作为一支"西部红烛"，始终秉持着"扎根西部，甘于奉献，追求卓越，教育报国"的信念，将生命的光和热全部播撒在深爱的土地上，让革命精神永放光彩，让民族历史永不褪色，让源源善意永葆生机。就像他自己常说的，"宣讲红色故事，传承革命精神，是永不衰退的事业；关心下一代成长，奉献老一辈余热，是矢志不渝的坚守"。

【主要参考资料】

[1] 刘书芳、张莹：《致敬！他是师大参加过抗美援朝的老战士！立下了"四个不"原则，90岁高龄依然发挥着光和热！》，陕西师范大学微信公众号，2020年10月23日。

[2] 李浩：《从沙场到育人讲台——志愿军老战士坚守初心播撒"红色种子"》，新华网，2020年11月26日。

[3] 吕扬：《抗美援朝老战士杨清源：退休30年宣讲320余场，向下一代讲好党史国史》，载《陕西日报》2020年12月9日。

[4] 左橙：《跨越70岁的课堂：91岁老战士走进校园为大学生上党课》，光明网，2021年4月14日。

[5] 周健、刘书芳:《"传薪者"杨清源:奉献一生光和热,让真理的火炬世代相传》,载《陕西师大报》2021年9月25日。

[6] 冯超、王城城、安小锐:《杨清源:从战场到讲台 把红色基因传下去》,陕西网,2021年12月14日。

[7] 殷博华:《杨清源:"我想把当下美好生活的来之不易告诉年轻一代"》,载《各界导报》2022年9月19日。

【人物档案】

孙达人，生于1935年，浙江富阳人。陕西师范大学原历史系教授，陕西省原副省长。1953年秋考入山东大学历史系，1957年毕业后分配到中国科学院历史研究所任秦汉史研究室实习研究员，1960年10月调至陕西师范大学历史系任助教。1965年在《光明日报》发表的文章引起毛泽东的关注。1977年被破格提拔为副教授，1982年被评为教授。1983年至1991年任陕西省人民政府副省长。1991年底回到浙江，在杭州大学（浙江大学前身）历史系任教，2002年退休。曾任陕西省政协常委、第六届全国人大代表、中国农民战争史研究会副理事长、中国史学会理事、浙江省中国乡村社会史研究会会长等。

孙达人：将历史变成国民的精神财富

1965年初，孙达人基本完成《应该怎样估价"让步政策"》文稿。让步政策论从20世纪40年代起流行于学界，认为每一场农民战争都迫使政府实行让步政策，从而促进了生产的发展。孙达人认为，此类说辞无非是历朝正史颂扬开国君主之辞的一种翻版。自大学求学时期到任教陕西师范大学历史系，孙达人越来越认为，对这种陈旧、简陋的观点必须进行否定。1965年9月22日，《应该怎样估价"让步政策"》在《光明日报》上发表，对农民战争的作用做了更充分的估价，认为社会的进步是农民战争直接作用的结果，并非"迫使统治者让步所致"。当时应者寥寥，但毛泽东赞同了他的观点。那年，孙达人刚刚30岁。

难以更改的研究初心

1935年，孙达人出生在今浙江富阳新登镇古竹坞的一个小山村。他幼年丧父，母亲另嫁，由祖母养育成人。1957年从山东大学历史系毕业，被分配到中国科学院历史研究所工作。1960年10月被调至陕西师范大学历史系任教。到陕不久，孙达人被下放到陕南农村劳动。

在陕南，孙达人在劳动间隙，思考史学问题。不久，"文革"爆发。这段时期批判之风盛行，孙达人虽多次收到邀约，但始终不肯执笔行文。原因是所谓的"约稿"并不是就自己专注的农民战争史问题进行研讨，而是别人欲借其文实现政治目的。孙达人没有让步，在忆起《文汇报》两次邀写"批判翦伯赞的让步政策论"的经历时，他说，当时既觉得莫名其妙，又感觉匪夷所思。第一次在1965年底至1966年6月初，孙达人写不出符合他们要求的文稿，交了"白卷"。第二次在1970年初，孙达人写出的文稿依旧不能令编辑部满意。然而1970年10月23日《文汇报》上的《农民战争是历史发展的动力——批判翦伯赞的反动"让步政策"论》的署名中,"孙达人"居然名列榜首。"他们"为什么要邀请年轻的孙达人写稿,为什么孙达人没有交稿也被署名?这大概要从 1965 年孙达人的一篇文章说起。

记者穆欣回忆说:1965 年 9 月 22 日,《光明日报》的《史学》专刊第 315 期发表陕西师范大学历史系青年助教孙达人的文章《应该怎样估价"让步政策"》。文中强调,"伟大的农民战争冲破了封建罗网,根本改变了地主和农民的关系,才使农民获得了自由。相反,在农民战争失败之后,新建政权的'让步政策'实质上恰恰就是剥夺农民夺得的这种自由,重新束缚农民"。同时认为,农民战争的历史作用表现在推翻和改造了封建王朝,削弱了封建的生产关系,没有什么根据说农民战争的历史作用非要透过"让步政策"不可。毛泽东看了,十分赞赏。这年 12 月 21 日,在杭州同哲学工作者谈话时,说到他对这篇文章的看法:现在出了个小将孙达人,写文章反对翦伯赞所谓封建地主阶级对农民实行"让步政策"。在农民战争之后,地主阶级只有反攻倒算,哪有什么让步政策!孙达人的文章,只讲古代,不讲近代;看了近代史,这个问题就更明白了。由此,孙达人一鸣惊人。

1976 年后,孙达人重启史学教研生涯。从 1978 年到 1983 年,孙达人写了 17 篇文章,论题多与农民战争有关。

1983 年,中央的一个工作组来到陕西师范大学,与孙达人单独进行了谈话,谈话的内容天南海北,似乎漫无边际,但孙达人感觉到这好像与提拔干部有关。这次考察后不久,在陕西省六届人大一次会议上,孙达人被推选到领导岗位。他服从了组织上的决定,担任陕西省副省长,分管文教、外事、旅游工作。

九年的行政生涯,如白驹过隙。这期间,孙达人三次申请辞去行政工作,直到 1991 年,组织上终于同意了他的要求。辞职的时候,孙达人向组织提出了一个要求:先给我一年半的时间,让我好好看一看书。但当重新归队之际,先前所从事的农民史研究已经备受冷落。他不禁发出这样的感慨:"当一门学科走红时趋之若鹜，而不景气之际避之唯恐不远，这至少不应是历史学家的态度。问题并非因研究农战史而发生，当然也不能通过抛弃或回避而解决，这样做反倒可能又重新回复到新的一轮大起大落。"孙达人并没有因为农民史不受重视而放弃研究，反而坚定地认为农民史研究大有可为，继而全身心投入这项工作。

致力于文物保护

1998年，孙达人在《浙江社会科学》第2期发表了《史学的宗旨：把历史变成国民的精神财富》一文。文中多次引用法国历史学家马克·布洛赫的观点："唯有总体的历史，才是真历史，而只有通过众人的协作，才能接近真正的历史。"又言："人生有限，知识无涯，即使是最伟大的天才也难以穷尽所有人类的经验。"孙达人也许正是看到很多的历史学家都难免侧重于某一方面，难以做到真正的博古通今，因而愈加认识到，农民群体主动编写乡镇志、村志是多么宝贵的历史现象，他惊喜地称之为"农民的觉醒在史学上的一个集中表现"。

长期以来，在大多数人看来，历史都是历史学家在书斋里的读物，其研究著作也只能是在少数精英中传播的思想（或者甚至同行专家也觉得索然无味）。在孙达人看来，从学术的继承上看，没有这种纯学术的研究不行，但是，从学术的创新和应用来看，则更需要那种记载广大农民、使他们有兴趣读并读得懂的研究成果。如果缺失了这种适应广大民众的读物，提高国民素质就无从谈起，从而也使学术的发展失去了社会的需要和条件。因此，其时正在兴起的村志，尽管考察对象的范围很小、层次很低，著述的水平参差不齐，往往显得较为稚嫩，但它的主要特点和意义恰好就在于这是一种以农民为研究对象、有他们直接参与编撰并且是以农民为主要读者的新型著作，是当时缩短史学与农民之间距离的桥梁，是把历史真正变成国民精神财富的最有效的形式之一。

"卷帙之多达到迄今尚无确切统计的族谱，其实是一个未曾得到收集、更谈不上开发的宝藏。"孙达人呼吁史学家们重视这份巨大的新史料研究，"定能在把历史变成国民大众的精神财富方面作出贡献"。他如是说，亦如此行。孙达人不仅把研究方向确定在历史的主体——广大人民身上，亦认为历史的财富应该用之于广大人民，这一点在他的文物理念上得到了充分印证。

孙达人在任陕西省副省长期间，对文化的保护和利用工作有着许多独到的见解和意见。陕西是中国的历史文化资源大省，拥有悠久而灿烂的文物遗产。孙达人认为，把可供观赏的文物封闭起来，或者无故限制参观者是不对的，让人们参观文物古迹，不仅是一种新兴的、群众性的文化活动，那么多的人，不远千里，前来参观，从中受到历史的、爱国主义的教育，这是社会主义精神文明建设的一个重要内容，是文物事业空前未有的好形势，不必过于担心，更不要因噎废食。

在接受记者王兆麟采访，谈到文物保护和开发的辩证关系时，孙达人说，创造充分的条件和机会使文物得到利用，让国内外观众从中得到知识、得到享受、得到教益，文物事业就会欣欣向荣，不但收到极好的社会效益，而且也会反过来促进文物的保护，因为它已不再是少数主管部门的事业，而是广大群众文化生活的重要组成部分。孤立地讲保护，会使文物事业与广大群众脱离，丧失蓬勃发展的活力。文博单位在做好保护与科研的基础上，积极做好陈列和接待工作，以吸引更多的参观者，才能更好地发挥其社会效益，几百万中国人，自己掏钱，千里迢迢地赶来，心甘情愿地接受历史唯物主义、爱国主义教育，接受美的教育；成千上万的外国人，不远万里，来到中国，从中国的文物古迹中领略中国灿烂的古代文化，从而加深对中国的了解，促进中外文化交流，这不是极大的社会效益吗？有什么不好呢？

当谈及陕西省文物事业发展前景时，孙达人认为，要大力开发西安及其周围的文物古迹资源，利用西安得天独厚的文化遗产，把西安建成研究中国古代历史、文化、艺术、建筑的中心和以历史文化古迹为特色的世界旅游胜地，从而在两个文明建设中发挥更大的作用。今天的西安，有兵马俑、城墙、钟楼、大雁塔等历史文化景点，陕西历史博物馆、考古博物馆等文化参观点，文物事业和旅游经济的相辅相成、相互促进，不仅促进了文化的保护，更重要的是让越来越多的人从历史文物中汲取精神力量，增强民族自豪感，这就是珍贵的国民财富。

可以说，孙达人对于历史文物的理解是超前的。今天，我们正迈着文化自信的脚步，在博大精深的中华优秀传统文化中穿梭。弘扬民族文化、发扬民族精神的力量既从历史中来，还将激励我们走得更远、更坚定。越来越多的中华儿女从历史的万花筒中汲取灵感进行文艺创作，文化事业欣欣向荣，我们由衷地感受到千年文明薪火相传，一批像孙达人这样优秀的历史学家就是最好的火炬手。

钟情于农民史研究

古往今来，中国的史学家可谓多矣，也不乏农民出身的史学家，可少有人专门研究农民史。孙达人认为，如果没有对农民的正确认识，那么，对中国历史的科学认识就无从谈起。孙达人说："现在，中国什么人的历史都有人写，以至于有了不同版本的流氓史、太监史、妓女史，帝王将相更从来就是被作为历史和社会的主体而研究，唯独缺少农民史。中国是个农民占多数的国家，很多人瞧不起农民，农民对自己的历史也不重视，如果连史学家都不来研究农民问题，这难道不是一个值得深思的问题吗？""可以毫不夸张地说，研究中国的历史无疑应该把农民史放到重要的位置；然而事实是几千年来以至于今，中国史学始终未能给农民史以应有的地位。这当然不是偶然的。"

20世纪60年代末，为了进一步扩展自己对农民史的研究，孙达人基本上通读了陕西省图书馆和陕西师范大学图书馆馆藏的陕西省地方志及相关资料。然而就在他准备在学术界一展身手之际，"文革"开始，他辛苦多年积累的资料被毁。但孙达人的信念没有破灭，"文革"刚过，他就很快投入农民史的研究。

70年代末80年代初，曾经红极一时的农民史研究到了"门前冷落车马稀"的地步，这种反常的史学现象引起了孙达人的深思。于是，1983年孙达人在《中国史研究》上发表了后被《新华文摘》全文转载的《在马克思主义指导下加强对农民史的研究》一文，第一次提出了研究中国农民史应该成为研究中国史的重要课题。1994年，孙达人在《社会学研究》上发表《中国农民史的价值和意义——兼论族谱、村志的社会功能》，对进一步拓展中国农民史的研究领域，有着极为重要的参照和借鉴价值。同时，对于地方出现的编修族谱、村志现象赋予其学术研究的价值。

族谱所含史料丰富，搜集和研究族谱一时成为孙达人主要的工作之一。许多人都说族谱为封建遗物，孙达人却不以为然。他认为族谱是民间的历史，虽有文饰的地方，但它信息丰富，能更真实地反映社会民众的经济、文化、心理等情况。发掘并研究这一宝库，对农民史的研究而言是不可或缺的。

但族谱浩如烟海，穷其一生也读不完。为此，孙达人有选择地研读族谱，并使用了先进的电脑技术，摘录资料，设计坐标，把上述因素的一些变化规律找出来，对农村的人口、经济、文化、地理环境等信息进行统计。随着族谱向村志发展，一些村庄把自己的发展变化详细记录下来，传诸后世。对此，孙达人给予了高度评价。他认为，农民主动要求编写自己的历史，自己动手编纂村志，正是农民觉醒的一个集中体现。孙达人身体力行，对当地的浦联和东冠两个村庄进行了长达三年的跟踪研究。

或许有人会问，孙达人究竟为什么如此钟情于中国农民史？他或许会侃侃而谈，或许是笑而不言，因为答案早已写在他的文章之中。其《中国农民史论纲》《中国农民史的价值和意义——兼论族谱、村志的社会功能》《中国农民变迁论》《摒弃"精英"史观，发现中国农民创造历史的潜力》《史学的宗旨：把历史变成国民的精神财富》等文，已详细说明中国农民在历史上的重要性。

放不下教书育人

从事行政工作之后,孙达人越来越深刻地认识到研究农民史对于理解中国国情的必要性。他只要有时间,就回学校给学生们讲课,给教师和学生们审阅文章。给学生们讲课前,孙达人常爱做个统计。从农村来的举手,80%的学生做了反应,三代内是农民的举手,于是95%的学生举了手。由此,他推断,即使在城市化加速发展的今天,农民仍然是中国国民的主体。

虽然离开了讲台和业务研究,投身于繁忙的政务之中,但孙达人并没有放弃对农民问题的关注。他常常到农村走走,三秦大地的许多乡村都留下了他的足迹。他非常喜欢和农民聊天,每到一处都要到农民家里坐坐、拉拉家常。走访中,他了解到,在太白县,从海拔近3000米高山上移居下来的农民,因适应不了山下快节奏的生活,又搬回了山上。他们是文明中的一员,是不该被抛弃的一个群体。在孙达人的思想中,这样的观点越来越明确:中国的现代化关键是农民的现代化。中国的农业人口太多,要想使这么多的农民现代化,其任务之艰巨是难以恰当估量的。就改变中国面貌、迅速提高中国人口的素质而言,他认为,最重要的也是最切近的途径是大力推行农民的普及教育,尤其是中等职业教育。为此,他嘱咐秘书:"凡是为职业教育找我的,任何时候都可以见。"

1985年,孙达人第一次向当时的陕西省委书记、省长提出辞职的申请。1988年,他书呈陕西省委并转中组部,再次表达自己的心愿,但在这一年省级领导干部的差额选举中,他又当选了。1991年,他第三次面呈陕西省委,自己也到中组部提出申请。组织上终于同意了他的申请。这年的岁末,他离开了工作三十余年的黄土地,回到了阔别三十余年的故土,在杭州大学拿起久违的教案。

从大学教师到政府要职,孙达人在陕西度过了三十一年,在这里,从青葱岁月到风华正茂,他的青春和热情抛洒在了三秦大地,在他心中,西安早已是第二个故乡。在忆起陕西时，他深情地说："这里的黄土、西安城墙、黄帝陵、秦始皇陵、兵马俑，还有华山、太白山等等雄伟的景观，秦腔、陕北腰鼓，以及像腰带一样宽的面条、锅盔之类，处处显露着秦中民风的粗犷和豪放。每当回忆起黄土地上的那段生活，始终觉得特别值。记得鲁迅先生有'南人北相'之论。我很庆幸，自己从18岁起至56岁就生活在黄土地上。这里是中华文明的发源地，是我国历史上辉煌的周秦汉唐的首都之所在。"虽然孙达人已经阔别西安，但他培养的一批又一批优秀学子将继续在这里做出贡献。

在与年轻学生相处时，孙达人更多的是保持一种谦虚和宽容的态度。当年长的教师总是喜欢以"浮躁"二字批评学生时，他却提出了不同的意见："当计算机以无比的快速提供出无限的知识之时，我觉得在批评浮躁时应该十分注意不要挫伤了青年学人突破学术藩篱的积极性；同时，批评者自己还必须保持适当的自知之明。还是以自己为例吧：尽管我已有十年使用计算机的'机龄'，但在这一方面却是我学生的不及格的学生。面对学生可以掌握我所传授的知识，而作为老师的我却始终学不会学生所教的东西这样尴尬的事实，就不能不承认老师和学生之间历来明确的界线已被现代科学的迅猛发展所模糊了。""闻道有先后，术业有专攻"，孙达人始终怀着"师者"之心，宽容地看待一代代学生的成长和发展。

教学时，他悉心培育一代桃李；从政时，他心系农民普及教育。无论工作单位如何更换，无论身份地位几经转变，孙达人对专业学问的朴实态度、对农民发展的深入研究、对教书育人的一腔热情始终未曾改变。

从"无中生有"到成果斐然

孙达人在《农民中国论集》卷首自序中引用《道德经》中的一句话："天下万物生于有，有生于无。"在孙达人看来，从不会写文章到写出《秦汉时期租佃关系的发生与发展》，就是"无中生有"。这当然不同于"文革"时期被强制署名的"无中生有",而是一种朴素意义上的从无到有的过程和结果。一个人要积累丰厚的基础知识,具备发现问题、思考问题、解决问题的能力,并具有付诸行动和实践的决心,方能实现从无到有这一可贵的质变过程。从"无中生有"到成果斐然,孙达人的文章不仅书于纸上,更是写在了祖国大地上。

孙达人的学术研究贯穿其一生,研究方向却曾三次发生改变。他早期以秦汉史研究为主,写过《秦汉时期租佃关系的发生与发展》(《历史研究》1959年第12期)等。后来着重研究中国农民战争史,写过《应该怎样估价"让步政策"》(《光明日报》1965年9月22日)和《中国古代农民战争史》第一卷(陕西人民出版社,1980),通过对农民战争史的分析,清晰地勾画出秦汉社会历史发展的轮廓,对秦汉时期农民战争之后社会发展的表现、途径做了详尽分析,对农民战争史的研究提出了自己独到的见解,获得了学术界的高度赞扬。最后决定以中国农民史为研究对象,写过《中国农民变迁论》(中央编译出版社,1996)、《史学的宗旨:把历史变成国民的精神财富》(《浙江社会科学》1998年第2期,《新华文摘》1998年第6期转载)等。2018年,孙达人的《农民中国论集》由浙江大学出版社出版,全书75万余字,收录其47篇文章,清晰地呈现出个人的研究方向和重点。

孙达人最终从中国农民战争史转向中国农民史研究,虽然从字面上看只是少了两个字,但实际意义其实发生了巨大的改变。农民战争史的意义仍然是聚焦于少数人,而农民史则把目光投向中国绝大多数人。孙达人认为,中国农民史的研究范围不仅比农民战争史扩大了10倍,其意义更远超后者。他说,长期以来,史学工作者尽管正确地肯定了我国农民是一个进步的阶级,但是,这种肯定往往是从农民作为劳动者和被压迫被剥削者的角度出发的。对于农民作为小私有者和小生产者,他们却持否定态度,认为这是农民的落后性。而几千年来,中国始终以农民为国民主体,无论是从历史上农民人口长期占据80%以上的绝对数量来看,还是从中国共产党领导的现代革命史的政治意义上看,抑或是从打开社会主义经济体制改革大门的经济意义上看，农民在我国发展中占据着举足轻重的地位。孙达人始终强调：研究农民史是很必要的，不管人们对农民持有何种观点和态度，谁想了解我国的过去和现状，谁就必须认真地研究农民的历史。

"历史不仅比任何人，也比我们的总和都要有力量得多。大浪淘沙。作为历史学家更应该有深邃的眼光和豁达的气度来审视一切学术成果，也允许别人以同样的态度来审视自己的学术成果。"孙达人在《大浪淘沙》（《读书》1994年第10期）中如是说。正是因为从事专门的历史研究，拥有扎实的学术积淀，又具备超前的眼光和思维，孙达人敢于质疑批判那些陈词滥调，也并不惧怕来自后辈的审视。

今天，浙江大学中国农村发展研究院、华中师范大学中国农村研究院、东北师范大学中国农村教育发展研究院等研究机构正在兴起，已经在农民史研究领域汇聚起一批专家学者，作为当之无愧的中国农民史研究第一人，孙达人得其所愿。

【主要参考资料】

[1] 林季周、孙达人：《集资办学要注意实事求是坚决制止乱摊派》，载《人大复印报刊资料（教育学）》1985年第11期。

[2] 王兆麟：《保护文物　利用文物——访陕西省副省长孙达人》，载《瞭望周刊》1986年第12期。

[3] 穆欣：《毛泽东与〈光明日报〉》，见《缅怀毛泽东》编辑组：《缅怀毛泽东》，中央文献出版社，1993年。

[4] 秦正长：《孙达人不当省长当教授》，载《改革先声（新视点）》1999年第1期。

[5] 葛金芳、杨世利：《一部优秀的农民史著作——读孙达人著〈中国农民变迁论〉》，载《中国史研究动态》1999年第6期。

[6] 李平生：《孙达人先生》，载《文史哲》2001年第1期。

[7] 孙达人：《视角·境界·思维》，载《浙江社会科学》2001年第6期。

[8] 牛秋实：《重评历史：孙达人的农民史与农民学研究》，载《人文杂志》2005年第2期。

【人物档案】

陈锦屏，生于1937年，湖南益阳人。陕西师范大学食品工程系（今食品工程与营养科学学院）首任系主任。1955年毕业于湖南安江农校（今怀化职业技术学院）。1959年于西北农学院（今西北农林科技大学）毕业后留校任教，1985年任该校食品科学系主任。1997年调入陕西师范大学，任生命科学学院副院长兼食品工程系首任系主任。1991年任教授。1992年、1993年分别由农业部、人事部授予有突出贡献中青年专家称号。1993年由国务院学位委员会批任博士生导师。曾任国家星火奖评委、陕西省委省人民政府决策咨询委员会特邀咨询委员、陕西省政协委员、陕西省科学技术协会常委、陕西省农业工程学会理事长、陕西省果蔬深加工技术研究中心主任等。

陈锦屏：教学和扶贫　奋战在西部

从 1959 年大学毕业到 2019 年正式退休，湘女陈锦屏在西部地区奋战整整一个甲子。她幼时历尽苦难，深具家国情怀；她立于三尺讲台，教诲莘莘学子；她顽强刚毅奉献，科技兴国扶贫；她足涉大江南北，脚行广阔西部。她是学生心中的"慈祥妈妈"，是学界称誉的"红枣奶奶"，是携雏扶贫的"拼命三娘"，是熠熠燃烧的"西部红烛"……

家国情怀　油然而生

1937 年，陈锦屏出生于湖南省益阳县兰溪镇陈家湾。在陈家的十个孩子中，陈锦屏排行第十，乳名"满姐"。其父曾留学日本，学成归国后因郁郁不得志，在陈锦屏 3 岁多时去世，留下尚未成人的十个儿女。穷困没有击溃意志，却夺走了四个哥哥和两个姐姐的生命，母亲号啕痛哭，把儿女的尸体用竹席裹着埋葬，至今每念及此，陈锦屏仍潸然泪下。

陈锦屏的大哥为了生计外出奔波，她与母亲相依为命，依靠种菜卖菜勉强度日，家境十分窘迫，常常衣不蔽体，食不果腹。虽然贫困交迫，但陈母温顺宽厚，顽强坚毅，不断教育年幼的陈锦屏好好学习。她总是自责自己"没有本事"，为养活不了儿女而愧疚，反复叮咛陈锦屏要学本事，要"搞么子，像么子"（湖南方言，意即做什么，像什么）。母亲的叮嘱，成了陈锦屏一生的座右铭。

抗日战争中，益阳沦陷。日本侵略者到了兰溪镇，烧杀掳掠，无恶不作。陈锦屏的家乡是一望无垠的稻田，能看见日本鬼子在近村放火燃烧村舍的火焰，能听见砰砰枪击屠杀村民的惨烈叫声，能看见日本鬼子用刺刀杀害无辜幼童……陈锦屏和母亲吓得紧紧相拥，接着匆匆躲藏到屋后的茅草丛里。日落，日本鬼子撤退，陈家湾逃过一劫，村里人慌忙逃路，裹着小脚的陈母带着年幼的陈锦屏汇入逃难的人群。身后日寇追杀，前途无尽渺茫，母女俩受尽了折磨和苦难。

1949年，党领导人民迎来了解放。陈锦屏在私塾里读了一段时间书，1950年进入沅陵中学念初中，1952年考入全部免费的安江农业学校园艺科。"党和国家给了我读书的机会，稚嫩的心底深藏着对党和国家的感激和热爱！"18岁那年，陈锦屏在安江农业学校加入中国共产党。1955年，陈锦屏考入西北农学院（今西北农林科技大学）园艺系，1959年在该校毕业并留校任教。次年，学校派她赴北京农业大学（今中国农业大学）进修果品蔬菜贮藏加工学，导师周山涛教授安排她到北京著名的果库、菜窖、果脯厂、果酒厂等处去实践，师傅手把手传授，技术员言传身教。学校后来还派她赴苏联、保加利亚和美国深造，这使她扩大了眼界，锻炼了才干，丰富了从事教学、科研、生产的经验。陈锦屏说："党把我送到北京，在那里将所学理论与生产紧密结合，奠定了一生比较坚实的专业理论基础和实践操作技能。""我一生不忘的是：党的大恩大德、母亲深情教诲、外敌入侵屈辱、努力效民报国！"

春风化雨　严师慈母

陈锦屏从教六十年，热爱教师职业，孜孜奋斗，以求成为一名优秀的人民教师。她授课和培养的本科学生数以万计，对学生的培养，她首先要求的是品行端正。她认为，没有高尚的道德修养，学问再好也不可能是合格人才。

陈锦屏常在课堂、报告会、座谈会上，通过讲述"故事"，和听者共同感受爱国爱民的深情。她说："只有心怀祖国和人民，一技之长方能成就大事。国家设置专业，都是事业所需，不可道听途说，朝三暮四。成功在于勤奋，要珍惜青春，热爱生命。""故事"开讲，她赴新疆生产建设兵团，一去就是连续12个秋季，为当地提供技术服务。在那里，眼干涩、嘴溃疡、腹便秘、鼻流血，吃不下拉条子，咽不下干馕……多少人劝她："教授呀，打马回朝吧！"她对学生说："新疆生产建设兵团承担着屯垦戍边的职责，有了他们，我们师生才能如此幸福安详地生活着学习着！我以国家培养我的技术服务兵团，能因水土不服而临阵脱逃吗？"台下一片寂静后响起掌声。"故事"继续，她说不少朋友对她说笑："陈老师呀,你服务数十个省市,钱包鼓鼓的啦……"她说:"科技扶贫到陕北佳县,许多家的大门高悬'光荣烈属'匾,这些家,为了国家新生和人民幸福,多少个父母娇妻牺牲了儿子和丈夫,多少个家庭没有了亲人的团聚。也正因此,我们师生才能如此幸福安详地生活着学习着!我向这些家要钱?其情何堪!其心何忍!"此时,陈锦屏的泪水倾流而下,台下的学生们泪流满面。

  陈锦屏坚持为本科生上课。她说,学生报考某院校、某专业,常常是奔着某一位著名专家来的,这些专家自然应该带头给本科生上课。而她融科学性、实用性、趣味性为一体的教学,极受学生欢迎。她承担讲授的食品原料学是食品科学中较难讲授的基础课程,她开讲第一句话:"同学们,我给大家讲一个关于食品原料的故事,愿意听吗?"掌声响起。随后,她讲述了一位本系毕业校友,企业让他赴四川采购甜橙制作橙汁,但他购回大量橘子,令企业损失巨大而被辞退。她以此说明学习食品原料学的重要性,继之讲解原料对优质工业食品重要性的四句话,其中一句是"优质原料才能制作出优质产品",再深入讲什么是优质原料。她说知道原料的学名、别名、俗称乃至爱称很重要,上述校友不知道他要采购的甜橙,是芸香科柑橘属果实,学名甜橙,拉丁名 *Citrus sinensis*,在四川称之为广柑,在湖南称之为红橘,而在浙江则称之为黄果……学生们齐声"啊……",知识深入脑海。她再说两句:"鲜食好的原料不一定能制造出优质工业食品,鲜食不好的原料有可能制造出优质工业食品。"她鼓励学生们回答,课堂活跃了,许多学生举手了,回答声震动耳际。她继续说:"西瓜鲜食,汁多、味甜,但加热后产生焦薯味,所以没有西瓜加工的工业食品出售。而大山里酸涩不堪入口的山葡萄,酿造出人们喜爱的葡萄酒、葡萄汁等优质工业食品,商标上印上一个'野'字,身价了得。"学生们遂对食品原料学兴趣盎然,以至有学生问她:"您下学期还给我们上食品原料学吗?"

  陈锦屏直接指导培养博士研究生 19 名、硕士研究生 60 名。她认为,研究生除完成学位课的学习任务,最重要的是做好学位论文,研究生学位论文课题的选定及实施,关系着研究生的学位论文质量和能否获得学位,研究生专业基础理论、专业知识的应用及科研能力、科研水平的锻炼和提高等，同时也反映出导师的指导能力和教学质量。陈锦屏说，她指导研究生确定学位论文课题和实施完成课题任务是这样做的：

其一，遵循服务生产的宗旨。研究生学位论文课题的选定，大多结合导师的研究课题和导师对社会实践的认知与需求。多年来，陈锦屏不断走向生产第一线，比如，她曾赴新疆生产建设兵团某经济开发区。这里，昆仑山的雪水唤醒了干涸的戈壁，清泉浇灌着红枣林，一片片葱绿在戈壁上延伸开去，枣果和夕阳晚霞映红了一望无垠的沙浪……兵团领导说："这么美却这么难，这里远在西部边陲，这么多运不出去的红枣，极盼成为工业食品，产业才能发展，兵团方可富裕啊。"于是，"新疆红枣人工干制技术与设施的研究与实施"课题应运而生，课题研究成功并在兵团实施，产生了显著的经济效益、生态效益和社会效益。

其二，贯彻科技创新的理念。当今世界科学技术飞速发展并向现代生产力迅速转化，已成为各国产业结构创新发展的第一推动力。研究生选定课题、制定实施方案和技术路线，必须着力科技创新。新疆生产建设兵团某师在 21 世纪初就有 6 万多亩红枣林，当地生态条件优异，鲜枣品质极优，但地处偏远，运输困难，鲜枣销售不畅，经济效益低下，兵团领导对发展红枣产业的价值和前景存在犹豫。陈锦屏指导王立霞等研究生，对兵团的干枣融入新的研究内涵、注入创新理念，决定将引入地新疆和田县的骏枣和原产地山西省交城县的骏枣，引入地新疆阿克苏市的灰枣和原产地河南省新郑县的灰枣，进行对照研究，着重研究引入地和原产地同一红枣品种在不同条件下，鲜枣和干枣内在品质的差异。研究结果表明：引入地的骏枣、灰枣，其糖分、黄酮类化合物、cAMP（环腺苷酸）以及萜类化合物等指标都高于原产地骏枣、灰枣的相应内在质量指标。研究的创新成果，极大鼓舞了兵团领导和新疆枣业，他们兴奋地说："新疆红枣外观美，内在质量更美。"正是这项创新成果，使新疆红枣销量大增，产业蓬勃发展。

其三，体现以人为本的大略。科技要发展，人才是关键。科技人员是科学技术知识的载体，是科学技术第一生产力的开拓者。研究生教育是高端科技人才的培养过程之一。学位论文课题的选定、实施直至学位论文的撰写、答辩等，都是对人才实施教育、培养、锻炼的环节。要做好这些，必须给研究生"交钥匙"，教之以思维；还要同研究生交朋友，付之以亲情。只有这样，才能达到学位论文的预期目标。

陈锦屏是学生的妈妈、奶奶、朋友，学生亲昵地称她"红枣奶奶"。本科2010级的冉仁森，高中阶段学习优异，理想是上航天专业，却被录入食品科学专业，因此情绪低落要退学。陈锦屏多次找他谈话，有时长达一个多小时。在她的指导下，小冉后来学习突飞猛进，于2012年至2014年申请获得国家级大学生创新创业训练计划项目"油菜籽多肽制备工艺及其功能饮料研究"，顺利完成项目任务后发表论文两篇，还在学校组织的大学生创新创业论坛上做了报告。从师大毕业后，冉仁森后又在哈尔滨工业大学医学工程专业攻读博士学位，目前在北京大学第三医院做博士后。

2014年，陈锦屏指导的硕士生李月，因母亲突然去世而痛苦不堪，陈锦屏及时妥善关照，使其顺利完成学业，毕业后仍不断关心鼓励。十年后的今天，李月"打造'气球'粮仓"的科研成果在中央电视台财经频道向全国播放，受到同行高度评价。

陈锦屏的硕士生王立霞，老家在山东，结婚在西安。陈锦屏说："我家就是你家，你爸妈来不了，有我这个奶奶呀，叫新女婿按照陕西习俗，到我家来娶你。"那天，喜字高贴，鞭炮齐鸣，新女婿到陈家娶走了新娘。陈锦屏说，当时不知为何，心里很难受。此后，她对现在已是陕西学前师范学院教授的王立霞称"丫丫"，"丫丫"喊她奶奶。两人常来常往，亲如一家。

陈锦屏常常亲自下厨烹饪，庆贺学生毕业。临别时，学生双眼看着老师，深深鞠躬，无限深情尽在不言中。一次，她的博士生李正英带着女友来看望她，她亲自踏着缝纫机为女孩量身制作了一件漂亮的连衣裙。

陈锦屏到有学生的地方出差，学生得知后，准会喜出望外地热情迎送款待，每次都使同行的人夸赞："你的儿子（女儿）真好啊！"

从 2006 年至 2019 年，陈锦屏受西安市科协聘任为西安市社区科普大学教师。这十三年，她为西安市田家湾、新科等累计 300 多个社区，为红色照金、西安市电力公司、西安市民政局及多个企业乃至宁夏、青海、河南等省区讲授食品营养与健康，听众有数千之多。她为农民讲授科普知识，不拘一格：大地为板，树枝为笔，说讲就可开讲；房前农舍，蹲着站着，说上就可上课。即使去避暑，也为避暑者来几次营养知识科普，乐得听众说："这一下呀，知道怎么吃出健康与长寿了！"

从教六十年，陈锦屏为本科生、研究生主讲果品蔬菜加工工艺学等 9 门课程，主编 3 本、参编 3 本著作和科普读物，发表大量相关教学论文，其中，主编的 54 万字的《果品蔬菜加工学》获西南西北地区优秀科技图书二等奖。她 1998 年主持完成的"教学、科研、生产三结合，焕发教学生机"项目获陕西省优秀教学成果一等奖。

陈锦屏忠于教育事业，6 次被评为省（部）级优秀教师，1998 年被教育部授予"巾帼建功标兵"称号，1998 年 1 月获陕西师范大学康德奖励基金奖，2006 年被评为西安市社区科普大学优秀教师。

扎根西部　致力扶贫

从 1960 年开始，陈锦屏为完成"解决红枣霉烂，确保丰产丰收"的科研任务，从陕西省大荔县沿黄河北上，调研无数枣区后直达陕北佳县，枣区的红枣产值占当地经济总额的 70% 以上。枣农的红枣统购统销卖给国家后，因一斤鲜枣可获得 3 两粮票、3 寸布票、3 分人民币而衣食无忧。但收枣季节往往秋雨连绵，枣果腐烂率常达 80% 以上，甚至全部腐烂。因此，这一科研任务的完成，对于振兴当地经济、保障枣农生活具有重要意义。

她到陕北绥德县，住在"热炕饭店"，饭店有多个热炕，有的睡人，有的"睡枣"，枣借热炕热力，经逐个"翻身"而成红润有光泽的干枣成品。这令她得到巨大启发，竟成为日后她研究实施"红枣人工干制技术和设施"的源头。

1963 年，在陕西省科协主席曹达的支持帮助下，陈锦屏在陕西省彬县枣区水帘公社姜渠大队建立红枣人工干制实验基地，修建自己设计的烘房，实施加温、排湿、装量、操作等系列技术。她和枣农一道，夜以继日地反复进入温度高达 80 摄氏度的烘房，观察红枣色泽、口感的变化，检测各种组织的、生态的指标，寻求实验数据的规律……每每汗流浃背、双眼通红，几次因热和累晕倒在烘房。

1973 年，彬县再次请她继续进行烘枣实验。这时，小女儿刚出生不久，她舍不得正在吃奶的女儿，又放不下农民亟待进行的一年一度的红枣实验。当她决定带着女儿前往彬县时，不少朋友劝她说："你带个娃娃去搞实验，人家不会笑话你呀？你要工作，谁帮你看娃娃呀？"陈锦屏思忖良久说："我去彬县是为解决枣农急盼解决的烂枣问题，他们会欢迎我的……"于是，她背上铺盖，两个肩上各挎一个带盖的黄包（一个包盖上印着"红军不怕远征难"，装尿布和换洗衣裳；一个包盖上印着"要斗私批修"，装细盐、白砂糖、奶瓶和小饼干等），怀里抱着女儿出发了！

旅途的颠簸，使小女儿刚到彬县就高烧腹泻。陈锦屏心急如焚，可实验点亟待她去部署。她一咬牙，把女儿托付他人抱到医院，自己直奔实验点去了。每日在实验点辛勤工作的陈锦屏，为枣区妇女细心照看小女儿、挤着羊奶喂她、煮着枣糊糊喂她、争相抱她哄她而十分感动。陈锦屏和枣农夜以继日地对鲜枣装载量、升温方式、排湿规律、操作技术等进行实验研究。功夫不负有心人，经过艰辛努力，原来需晒（晾）一个多月方能成干枣，现在只需至多二十四小时左右就能烘出色泽红润、口感香甜的干枣。枣农欢欣雀跃。陕西省科协决定在实验点召开全省红枣烘制技术现场会，全省及邻省枣区代表 100 多人参会。陈锦屏在会上做了详尽讲述，代表们认真丈量烘房，细心品尝烘枣，然后问科协曹主席："我们可以带点烘枣回去吗？"曹主席回道："可以呀，你们尽可放开吃，放开带！"

1975 年 9 月，陈锦屏做完腹部切瘤手术不到四十天，伤口近 20 厘米长，医嘱必须卧床养息，半年后复查。时逢陕西大荔县沙苑地区丰产的鲜枣亟待干制以确保丰收，大荔县政府派员来请她。她本想不去，但想到鲜枣可能因雨腐烂，影响枣农和地方财政收入，于是就用纱布紧缠伤口出发了。到大荔后，县上派人用自行车推着她，她忍着伤口的疼痛，冒着感染的风险，走遍4个公社，指导建起140座烘房，当年烘干100万余斤鲜枣。大荔县高明乡盛产苹果，她又应邀前往帮助果农修建土窑洞，传授苹果鲜贮技术，为一乡果农造福。

1976年，国家科委和全国供销合作总社在郑州召开农产品加工技术大会，确认陈锦屏的研究成果是解决红枣因雨腐烂的有效可行技术。自此，陈锦屏受多方邀请而奔忙，将技术在全国广大枣区推广应用。1978年，陈锦屏的"红枣人工干制技术与设施研究和实施"项目获得陕西省科学大会奖和省高教局优秀科技成果奖。陈锦屏深深感恩国家对科技的鼓励和对科技工作者的尊重，她进一步将技术扩展到农副产品贮藏加工方面。

1993年，陈锦屏转至陕北，帮助国家级贫困县清涧县建立巨鹰红枣公司，生产的"滩枣"一举成为全国名品，至今经久不衰地销往全国乃至海外。在她的技术支撑下，陕西榆林建成20多个以红枣为主的加工企业，130多个季节性加工点，从业人员上万人。陕北老区人民不忘陈锦屏的艰辛付出和巨大贡献，时隔三十多年的今天，当年的榆林地区扶贫办主任尚思有，以及红枣企业老板吕治才、刘德录等，仍与她保持着联系，邀请她"回娘家"，吃炖羊肉……

2000年至2005年，陈锦屏协助榆林、延安、吕梁三地建造烘房4000多座，总产值达10.07亿元，新增利税6.67亿元，新增税收0.62亿元。其间，举办50人以上红枣科技报告会及培训班67期约7300人次，印发资料6520多册。

忙碌不息的陈锦屏，应新疆生产建设兵团农十四师邀请，在2005年至2016年连续十二年的秋季前往新疆，以其技术协助农十四师创建了国内首家规模最大、规格最高的红枣加工企业——昆仑山枣业有限责任公司，生产的"和田玉枣"驰名中外。同时，她还应邀前往阿拉尔、阿克苏的某师，以及艾丽曼、众信等多家汉族和维吾尔族果蔬加工企业，传授核桃、葡萄、杏等果蔬的加工技术。农十四师给学校写来表彰信："陈教授不辞辛苦，服务兵团，倾其才干，支援边疆，体现出一代专家的高尚品德和敬业精神。我们对陈教授给予高度评价和尊敬。"

新疆地域辽阔，陈锦屏经常每日行程近千公里。汽车行驶在沙漠公路上，陈老师吟着自作的打油诗：茫茫戈壁，天地相连。心怀坦荡，志高路远。几载春秋，情深意绵。一息尚存，快马加鞭！

科技兴国　惠及九州

在以红枣加工技术服务枣农外，陈锦屏还以科技服务广大农民和农产品企业，足迹遍及神州大地。

1982年，陈锦屏应礼泉县邀请，指导该县供销社修建烘房，收购农妇用于编制的麦秆，成功进行烘制，保证编制的草帽、碗碟垫乃至手提包的编制质量。产品大量内销乃至出口，供销社大量收购麦秆，农妇喜气洋洋，农村一片欢声！

1984年暑期，她应邀去陕北黄龙县，路过黄龙山发现遍山的野沙棘林。职业的敏感使她对沙棘产生出开发的渴望。她把沙棘果实带回学校，经研究，确认沙棘果含有多种维生素、矿物质元素和黄酮类化合物等，具有提高人体免疫力等多种保健功效。为此，她研究出多种沙棘食品的配方和生产技术，协助黄龙县贷款办起沙棘食品加工企业。这些沙棘食品，后来走出陕西，走向北京。《人民日报》以《方兴未艾沙棘热》为题予以报道，水利水电部负责人接见了她。在认定沙棘果实具有重要的经济效益、生态效益和社会效益后，水利水电部决定成立中央沙棘开发办公室，推进全国沙棘的开发利用，并给陕西省拨款100万元。一时间，有沙棘资源的辽宁、甘肃、宁夏等省区迅速行动，片片求援沙棘开发技术的电报飞到陈锦屏身边……

1984年6月，国家科委在长沙召开全国农副产品贮藏保鲜加工科技交流和成果展览会，会上肯定了陈锦屏主持的农产品人工干制技术，决定举办全国性的培训班以推广这项技术。国家科委、农牧渔业部、陕西省科委、陕西省农办将该技术先后列入各自归口的重点科技推广项目。自此，陈锦屏有了组织支持和经费保障，结束了"天马行空"的"游击时代"。

1984年，贫困的陕西西乡县，派人来到西北农业大学寻求技术支援，谈及该县席家沟村沟长数十里，长满樱桃树，但果实酸涩且个头较小，销不出去，果农纷纷砍树毁园。陈锦屏带上两名学生住进了席家沟，经细心研究认定这种樱桃只能制作罐头，用作菜肴和蛋糕、果盘等的点缀，方有出路。其时，国内市场尚无国产合格樱桃罐头，国外生产的樱桃罐头从香港进入内地，每瓶750克装的洋樱桃罐头售价高达28元，其专利技术更需巨资购买。面对这一困难，陈锦屏等人经过三年潜心研究，解决了樱桃去核和染色的难题，生产出了合格的樱桃罐头。成果鉴定会上，专家盛赞该技术居全国同类技术领先水平。陈锦屏协助席家沟办起樱桃罐头企业，产品投产上市后即获得陕西省旅游新产品、优秀新产品称号。

1987年，秦巴山区的镇巴县还非常贫穷，但这里有20多万亩巴山木竹，雨后春笋遍及巴山，开发利用这些鲜美无比的嫩笋，对山民和政府的增收具有重要意义。受镇巴县科委邀请，陈锦屏带领一些师生，为解决巴山木竹笋的鲜贮和加工技术问题，住进该县巴山深处的红渔乡。经过研究，解决了巴山木竹笋的鲜贮技术问题，协助该县建起巴山木竹笋罐头加工企业，生产的罐头和笋干被上海包销。

陈锦屏主要服务广阔西部，也兼顾大江南北。她受多地邀请，曾赴革命老区太行山区行唐县、赵县，山西省吕梁地区的交城县、临县等地传授红枣加工技术；赴四川盐亭县传授川椒烘制技术；赴江苏丹徒县解决黄花菜干制技术难题；赴广西恭城瑶族自治县解决柿饼工厂化生产技术难题；赴湖南祁东县传授辣椒干制技术；赴河北沧州市传授白龙戏珠枣茶生产技术；协助河南内黄县修建烘房烘枣；多次前往甘肃农垦敦煌农场传授哈密瓜烘制技术；赴黑龙江东宁县为黑木耳烘干提供技术支持；等等。霞如锦，天如染，峦如波，峰如涛，陈锦屏奔波在祖国大地上，为农民致富，为地方增收。

"果品蔬菜人工干制技术和设施的研究与推广"项目在全国15省（区、市）推广，产生了重大的经济效益和社会效益。陈锦屏对红枣、辣椒、黄花菜的干制理论和干制工艺有独特见解，创造性地研究实施了三种不同类型的干制设施，实施了与其相适应的技术指标和工艺参数，被多种书刊文献引用，多次在国内外学术会议上交流，受到学界同行的公认和赞誉。陈锦屏带着亲自研制成功的樱桃罐头赴保加利亚，受到对方同行的赞赏并请她传授该技术；她应日本北海道大学同行邀请讲解果蔬干制技术，亦受到欢迎。陈锦屏自豪地说："我们中国人的技术在世界面前毫不逊色！"

从1960年至2015年，陈锦屏主持国家级及省部级和企业委托的科研项目13项，撰写或以通讯作者署名发表学术论文100多篇，获得省部级科技进步奖二等奖5项、地县级科技进步奖一等奖5项。1999年5月，科技部扶贫办授予其科技扶贫项目杰出贡献奖。

因为科技兴国、科技扶贫所做的贡献，陈锦屏共获得22个科技荣誉称号，如全国优秀科技工作者、全国农业先进工作者等。1990年，她作为10名优秀党员科技工作者之一，赴京参加6月30日的"为祖国无私奉献"座谈会。当晚央视新闻联播对10名科技工作者逐一进行报道。《光明日报》《陕西日报》《中国食品报》《老年健康报》等媒体也都报道了陈锦屏的先进事迹。

今天，陈锦屏已年近九旬，她说："一息尚存，快马加鞭！"她说："师生之情，伴我永恒；国之厚爱，铭刻于心；党的恩重，重如泰山！"

【主要参考资料】

[1] 克明、宏太、鲁平：《急农民所急的果蔬加工专家——记西北农学院陈锦屏讲师的事迹》，载《高等农业教育》1985年第3期。

[2] 微尚新媒体工作室：《师大人物："红枣奶奶"陈锦屏》，陕西师范大学微信公众号，2014年12月19日。

[3] 秦新舒：《经霜枫树寿更红，一身朗气迎长空》，陕师大离退休党员之家微信公众号，2020年6月12日。

[4] 刘俊颖：《于细微处见宽阔，于无声处见精神——"红枣奶奶"的师德示范》，河南省千人教育名家培训班讲稿，2020年11月16日。

【人物档案】

　　陈俊民，生于1939年，陕西华阴人。中国哲学史家，中国关学研究第一人，陕西师范大学关学研究及其学术平台开创者，陕西师范大学中国哲学专业博士生导师，浙江大学儒商与东亚文明研究中心学术委员会委员。1964年于陕西师范大学政治教育系毕业后留校任教，历任关学研究室主任、出版社社长兼总编辑、副校长。1989年调入浙江大学，历任中国思想文化研究所所长、哲学系主任等。长期致力于关学研究，校理《关学编》《二曲集》《关中三李年谱》《蓝田吕氏遗著辑校》《朱子文集》等，主要著作有《张载哲学思想及关学学派》《吕大临易学发微》《关学经典集成》等。主编教育部哲学社会科学研究重大课题攻关项目《儒藏》精华编"集部北宋"。兼任中国哲学史学会常务理事、中华孔子学会副会长、美国国际中国哲学会（ISCP）中国大陆学术顾问等。

陈俊民：关学研究启路人

2019年12月，陕西师范大学关学研究院成立，中国哲学史学会名誉会长方克立在贺信中说道："关学不仅是陕西的地方学派，而且也是宋明理学的重要源头之一。……80年代，陈俊民先生率先倡导开展张载关学思想研究，取得了丰厚的学术成果。从此之后，关学研究，代有其人，并屡屡获批为国家社科基金重大项目，成为中国哲学研究中的一门显学，一支生力军。"这段话说明，陈俊民教授作为关学研究"第一人""启路人"为学界公认。选择这条学术之路，陈俊民曾说："一世寂寞校遗经，圣路悠悠日三省。忽闻长安洛纸贵，关学读本寄乡情。"

两个"读书十年"，学术注入生命

2019年12月，陕西师范大学关学研究院揭牌成立。中国哲学史学会副会长郭齐勇在贺信中说："关学是地域性儒学，然其学术资源、影响和意义，是全中国的，乃至全世界的。关学……是传统儒家思想的重要流派，是中华文化不可或缺的有机部分。""关学有本有根、源远流长、独具风格，宗旨鲜明。张载之后，关学实际上成了一个动态多元而又开放包容的学派。""陕师大一直延续着关学研究的师承传统，是国内研究关学的重要阵地之一，积累深厚，成果斐然。著名学者陈俊民、刘学智、林乐昌、丁为祥，以及青年学者，代代相续，在关学领域深耕扩展，挖掘关中地区的学术资源，建构关学的诠释范式，在全国范围内梳理关学与其他学派吸收融合的理脉"，"关学在关中大地已勃然复盛"。

筚路蓝缕启山林，成如容易却艰辛。陕西师大关学研究院的前身可追溯至1981年陈俊民在历史系主持的"关学研究室"。1980年陈俊民受史念海教授邀请，在历史系开设中国古代思想史课。当时关学研究室只有陈俊民、董健桥、丛小平三人，时任校长李绵十分关心关学研究，曾嘱咐陈俊民："今后无论遇到什么困难，你们都要把它坚持下去，你要知道，这是我们师大的一项学术事业！"每念及此，陈俊民都很振奋，明言"我把它当作我的精神家园，我的家园就是我的研究，我的生命也就是我的学术"。

回首走上学术之路的历程，陈俊民回忆说，自己有两个"读书十年"。第一个十年是"文革"期间，他潜心苦读"通鉴""四史"，读《张子全书》《李二曲先生全集》等等。陈俊民从学生时代就喜欢文史哲，曾发表文章参与"一分为二"与"合二为一"的讨论，于是张载的著作很快便引起了他的兴趣。就是这一阶段密集接触古籍，陈俊民才有了进入关学研究的契机。1989年浙江大学校长路甬祥请陈俊民去浙大做研究，创办中国思想文化研究所，由此开启陈俊民第二个"读书十年"。他全身心投入关学经典与宋明理学的古籍整理工作，对他来说，这也是专心读书的过程。至1997年，陈俊民先后完成《关学编》《关中三李年谱》《蓝田吕氏遗著辑校》《二曲集》《朱子文集》（这些著作分别由中华书局和台北允晨文化公司等出版）等文献的点校整理工作。

2001年陈俊民受邀担任《儒藏》精华编"集部北宋"主编，承担其中有关关学的《张载全集》《蓝田吕氏遗著辑校》《泾野先生文集》《冯少墟集》《二曲集》《四书反身录》等二三十种书的校点编纂工作，一做又是二十多年。

读书的二十多年和理学古籍整理的二十多年，让陈俊民关学研究的深度和高度得到极大提升。关学如何界定、关学是否有"史"以及关学史的下限等问题，学界争议一直很大。一种观点以侯外庐、龚杰等学者为代表，认为关学是北宋时期"以张载为核心"的"陕西地方学派"，"北宋亡后，关学就渐归衰熄"，以后的关学就是"理学在关中"。陈俊民则不赞成这种观点，认为关学虽"衰落"，但没有"熄灭"，如果断定宋代以后即无关学，那就是对关学历史传衍的忽视和否定。

在陈俊民看来，关学不只是一个"张载思想"，而是同宋明理学思潮相关联、共始终，不仅与诸学派相互影响，互相促进，同时受整个宋明理学思潮和中国哲学发展进程的制约，而且同宋元明清诸朝不同的政治文化生态密切相关，不可分离。郭齐勇也认为，"关学从张载创立到清末历时八百余年，在思想史上与诸派哲学多元共生，融通交流"，"关学的概念涵括两个维度：除了张载开创的与其学脉相承相通的关中理学思想这个维度外，还包括宋元明清时期一直在关中地区流行的以理学为主的地域性学术流派的统称这一维度"。所以，陈俊民认为，只有把关学置于整体的宋明历史与地域文化背景中，并同其相关的诸多领域联系起来思考，才可能获得全面的理解。因此，他提出"地域化新儒学学派"和"地域化道学形态"的概念，进而设定"关学"是地域文化生态中形成的道学学派及其学说，始终保持"以礼立教，变化气质""以躬行礼教为本"的儒学传统，也有一个相对独立的"发展史"。

所谓关学"百年不闻学统"，其实是指在关学百年发展中，师承传授谱系有所中断。但陈俊民认为，凡学者为学皆有"师承"与"学承"两端，明清关学学者与张载虽无"师承"，却有"学承"。张载之后，其"气本气化"思想为宋代蓝田吕氏、长安李复，明代江西罗钦顺、河南王廷相、湖南王夫之等人继承发扬；其"以躬行礼教为本"的思想，一直为宋元明清七百年间关中的吕大临、吕柟、马理、冯从吾和李颙代代相承。没有师承，不等于无学承。关学以其"风土厚""气节著"的地域文化为背景，逐渐形成了学术自主而代代学承又不宗主一家、不各立门户、多能吸收融会各家之长而不断丰富充实"气本气化""变化气质""以躬行礼教为本"的关学特点。因此，一旦确认在关学传衍中，学承比师承更为重要，关学作为一个独立学派的特性就相当凸显。

"为天地立心，为生民立命，为往圣继绝学，为万世开太平"，这是大儒张载留下的"横渠四句",如今镌刻在陕西眉县横渠村张载祠入门的一块青石上。作为传衍千年的理学学派,在宋元明清时期熠熠生辉的关学,在文化复兴的当下,依然可以发挥穿越时空的学术价值和现实意义。数十年潜心学术,陈俊民更加坚信张载哲学文本赋予关中乃至中国文化传统顽强不息的生命力,必将随着关学经典与时俱进的准确诠释和重构而大放异彩。

继承关学正脉,重构关学历史

20世纪70年代末,中国哲学研究开始逐渐挣脱唯物与唯心二元对立研究模式的束缚,焕发出应有的活力。这是中国哲学的重生,学者们都在重新寻找中国哲学的研究领域,探索新的研究方法。

1979年,陈俊民带着《儒家考辨》《历史上的哲学和哲学发展的历史》走向中国哲学研究的学术前沿。这两篇文章分别在当年《陕西师大学报(哲学社会科学版)》和《中国社会科学·未定稿》上发表,引起老一辈学者的注意。这年夏天,陈俊民受邀参加在太原举行的中国哲学史方法论讨论会。这是"文革"后全国哲学社会科学界和中国哲学史教学研究工作者的首次盛会,冯友兰、张岱年、任继愈、王明、孙叔平、冯契等专家学者几乎全部与会。对陈俊民来说,这次会议不仅使他结识了代表当时中国哲学史研究最高水平的专家学者,更与汤一介、萧萐父、李锦全等成为"亦友亦师忘年交"。这次会上,陈俊民被推选为新成立的中国哲学史学会常务理事。此后他又先后担任中华孔子学会副会长、陕西省哲学学会常务理事兼陕西中国哲学史研究会会长和美国国际中国哲学会(ISCP)中国大陆学术顾问等,在国内外学术界有了更广泛的学术交往。

1981年秋,首次全国宋明理学国际学术研讨会在杭州举行。陈俊民应邀在会上宣读《关学源流辨析》一文,并在大会闭幕式上介绍自己关于张载关学研究的方法论。在此之前,张载作为中国历史上重要的哲学家,学界已有研究,但关于"关学"的研究尚为空缺。陈俊民意识到,关学同哲学史、思想史等专门史研究一样,并不单是一种纯哲学的研究,同时也是一般的历史研究,必须从既定的史料出发,必须从某些学界认同的预设或假定开始。不然,大量原始的关学文献仅仅只是一堆杂乱无章的材料,无法整理出条理系统,更无从寻其思想变迁传衍的线索和规律。于是,在《关学源流辨析》中,陈俊民根据中国传统思想文化多元交互发展的地域特点设定:"关学是宋明时代关中一个独特的哲学传统",自有其相对的独立性,进而第一次将"关学"定义为"宋明理学思潮中由北宋哲学家张载创立的一个重要的独立学派,是宋元明清时代的关中理学"。

这一预设,在今天已成为学界共识,但在当时,遭遇了一些诘难与批评。先是会议《简报》称,陈俊民的关学研究"脱离了马克思主义指导"。随后又有一些更尖锐的声音,质疑他所主张的"关学不是一般'关中之学',而是'关中理学',关学不只是一个张载思想,它同理学思潮相联系,共始终,也有一个相对独立的发展史"等观点是否能成立,即关学研究是否具有正当性。还有一些学者,指责他所提出的"明代关学集大成者吕柟、冯从吾上承张载,下开李颙"的思想传承关系不符合历史实际,是强行拼凑在一起的。面对这些争论别议,陈俊民却没在意,因为他发现,批评者援引的古籍文本非常不严谨,甚至存在随意篡改史料、混淆文献类别的问题。这样的批评指责,自然没有多少学术价值。为此,他本着"以仁心说,以学心听,以公心辨"和"不争不辩,让历史告诉未来"的治学原则,一直不做任何回应。

直到1997年,应中华书局《书品》主编之约,陈俊民才首次在《关学研究与古籍整理》中做出回应,表明自己的学术态度:"古籍整理要比编写几本通史更重要,只有投身于古籍整理工作,才能真正使'学术以天下为公器',看不到古籍,何谈学术?"这也是陈俊民常常告诉博士生的治学之道:"欲求创新,必先传承;学贵探索,更贵自得。"他的整体研究工作,就是从整理古籍入手，同时进入关学和宋明理学的研究。

陈俊民重新定义关学、整理关学古籍等学术工作，都是为了达成"张载关学的历史重构"的目标。在他看来，关学作为特定时空间中的理学思想，必须经过对宋明理学及宋明历史的整体考察，才能获得全面准确的把握和理解。所以，他的关学研究便将宋明"关中理学"置于宋明历史和关中文化背景中，在分析哲学概念的同时，进行历史地理的重构。他重构的"关学历史"框架是：根据《关学编》"关中理学"的学术定位，将宋代关学定位为张载创立的"道学（理学）学说及其学派"，将元明关学定位为吕柟、韩邦奇和冯从吾代表的"关中理学"，将清代关学定位为由李二曲、王心敬转型的"关中儒学"，以及继王徵之后，由杨双山、刘古愚实现变轨的"关中新学"；民国初年，泾阳吴宓留学美国，回国后追溯"师承渊源"于"古愚太夫子"，代表现代化的"关中学术"已走向全国、走向世界。但这还不可能是"关学历史"原型的最后定本，陈俊民说："它还需要进一步重构关学思想原型及其世代传承创新的关学传统文化精神，并以此作为张载关学重构的历史主线。"

随着陈俊民《蓝田吕氏遗著辑校》《二曲集》等关学典籍整理著作在中华书局的出版，诸如之前"关学研究正当性"的论争似已淡出，而真正学术意义上的论争逐渐突出："关学是有自身发展的内在逻辑"，还是所谓"明清实学思潮主流推动关学走向了复兴"？张载哲学定位究竟以"气本论"为是，还是以所谓"太虚本体论新说"为是？这些学术争论延续未止，恰恰说明关学研究的学术生命力所在。同时，关学文献的整理出版开始受到更多学者重视。这种学术现象令陈俊民颇感欣慰：一则表明关学自身具有传续的生命力；二则表明由他开启的关学研究亦非无本之谈，其自身充满生机，是具有生命力的学术创作活动。自然，这也印证了他时常告诫海内外弟子的话："在学术上，与其以公心辩，实不如先不争不辩，让历史告诉未来！"

"为往圣继绝学"：提升关学研究的海外影响

关学是陕西历史上最具代表性和影响力的重要学派之一，在中国思想学术史上具有承前启后的历史地位。陈俊民倾注毕生精力从事关学研究，开辟了陕西师大中国哲学史和中国古代思想史研究中的关学方向，培养了大批关学人才，成绩斐然。他是关学研究的集大成者，在学术阵地上不断耕耘，始终致力于让陕西师大的学术影响冲出潼关，走向全国，是陕西师大学人的代表和典范。

1983年陈俊民开始担任陕西师大副校长，任职期间，学校成立出版社和科技服务中心。这年秋，陈俊民在西安组织举办中国哲学范畴讨论会。会上，陈俊民提交的《张载哲学逻辑范畴体系论》一文被评价为"为关学研究开辟了新的路径"，也被他本人视为"由学术思维转向哲学思维"的标志。陈俊民在给历史系学生讲中国古代思想史的同时，也给哲学研究生讲中国哲学史。在这个过程中，他一直在琢磨关学研究的学科定位问题。他认为，任何一个研究没有学科定位是不可能进行的。而通过对关学和宋明理学典籍的阅读和多年的教学研究，他判断，应把张载关学定位在中国哲学学科内，用哲学思维研究才能真正揭示张载思想的真谛。

1985年夏，国家教委首次派遣以汤一介为团长、以陈俊民和萧萐父为成员的中国哲学家代表团，应邀赴美国纽约州立大学石溪分校参加第四届国际中国哲学会。这是二十年来中国哲学家正式参加国际中国哲学会学术活动的开端。这次会上，陈俊民集结了五年关学研究的成果，提交了《张载关学导论》专著，对关学学派的形成、思想源流及其发展线索做了系统论述。令陈俊民深感意外的是，这本具有开创意义的专著引起国外学界很大的兴趣。当时大会主席、华盛顿天主教大学的柯雄文（Antonio S. Cua）教授特别索要一本送美国国会图书馆收藏；费城大学傅伟勋教授主编的"世界哲学家丛书"之《张载》一书，将之列入"主要参考书目"。

海外学界的兴趣，促使陈俊民于会后尽快对该著进行修订。1986年由人民出版社以《张载哲学思想及关学学派》为名出版初版，随后由台湾学生书局以《张载哲学与关学学派》为名出版增订本。哲学家张岱年为该著作序，称"陈俊民同志对于张载学说的深奥义蕴，进行了比较详细的剖析；对于关学的传衍过程，作了比较全面的考察。写成《张载哲学思想及关学学派》一书，这是近年中国哲学史研究的又一丰硕成果"。学者金春峰在《光明日报》评论此书"对关学的发展和终结的这条路线进行了深入分析，论断精辟，富于创见，具有很高的学术价值"。

1986年，新加坡在全国推行儒家伦理，成立新加坡东亚哲学研究所，请陈俊民去做高级研究员。同年，陈俊民又应德国慕尼黑大学鲍威尔（Wolfgang Bauer）教授之邀，为其"东方研究所"博士生讲授张载《正蒙》，并协助指导完成《正蒙》德文译本的最后审定工作。在此期间，陈俊民问德国的学者：为何如此重视张载哲学？他们说，张载有四句："有象斯有对，对必反其为；有反斯有仇，仇必和而解"，这里讲的事物对立统一，不就是我们的黑格尔吗？张载讲道德性命，讲善性、至善，这不就是我们的康德吗？这也印证了美国学者所讲的"张载哲学具有近代意义"。因此，陈俊民说："为什么我坚定不移认为把张载关学放在中国哲学学科中是恰当的，也有国外这些因素。"

1987年，陈俊民辞去副校长职务。此时，他除经常受邀参加相关的国际学术会之外，还长期或短期以客座教授、高访学者的身份讲学、研究、访学于新加坡东亚哲学研究所和美国哈佛、斯坦福、耶鲁、夏威夷、普林斯顿诸大学，以及德国慕尼黑、特里尔、马尔堡、哥廷根等大学，从而比较广泛地结识了海外一大批学界同行友人。陈俊民说，正是与这些友人的学术交流，不断唤起他学术创作的灵感，促使他自觉置身于学术研究的前沿，始终不敢懈怠，也促使他不断汲取各家之长，形成"自得"的学术路径。

陈俊民认为，每一个文化人，每一个学者，包括每一个大学生、研究生在内，都承担着一种文化的责任，承担着所在的国家、地域的民族文化的传衍。只有对张载关学进行哲学诠释，才能彰显其"现代意义"，要先有"自知"，方才有"自信"，张载关学传衍千年始终没有断裂，正是其对中国传统文化发展的积极贡献。

传承横渠精神，培育学术传人

自陈俊民开始，陕西师范大学的关学研究团队潜心治学，在研究文献的搜辑、研究规模的拓展、研究范式的创新、研究成果的积累等诸多方面，取得了令学术界瞩目的成就，蔚然而成关学研究重镇。

以陈俊民为代表的第一代关学研究，以认识论为基本进路，以哲学范畴研究为重心，以陈俊民《关学序说》《张载关学主题论》等为发端，直到其《张载关学导论》（1985）、《张载哲学思想及关学学派》（1986）相继问世，尤其是《关学编》（1987）的出版，已经开启关学经典的校点整理工作，代表着20世纪80年代张载关学研究的最高水平，获得国内外学界的充分肯定与广泛认同。该阶段，陈俊民的主要著作有《张载哲学思想及关学学派》（人民出版社，1986；台湾学生书局，1990，增订版）、《蓝田吕氏遗著辑校》（中华书局，1993）和《朱子文集》（台湾校点本）等10多种；论文70余篇，代表作有《孔子儒家考辨》（收入教育科学出版社《孔子研究论文集》，1987）、《全真道思想源流考略》（《世界宗教研究》1983年第2期）、《张载哲学逻辑范畴体系论》（《哲学研究》1983年第12期）等。而后主要承担《儒藏》编纂、《关学全书》整理等国家重大项目的推进工作。

从20世纪90年代开始，以刘学智、林乐昌、丁为祥为代表的关学研究第二代开始步入学界，其中刘学智的《关于张载哲学研究的几点思考》《〈横渠易说〉与张载的天人合一思想》、林乐昌的《张载关学与三秦文化的哲理化》《王徵死因订正》等，表明关学研究已经从地方文化的角度展开。而丁为祥《开放的心胸与多元相容的视野——张载研究的综述与反思》《张载研究的视角与方法》、林乐昌《张载对儒家人性论的重构》《李二曲的经世观念与讲学实践》等，则表明新一代学人开始了反思性的研究与学派性的拓展。

21世纪以来，陕西师大的关学研究呈现出多元并举、齐头并进的趋势。丁为祥《张载虚气观解读》《张载人性论溯源》、孙萌《李二曲"悔过自新"的基本内涵》以及刘学智《冯从吾与关学学风》、林乐昌《张载关学学风特质论》《张载理观探微》等，已经形成一种反思与深入并举的研究格局。

唐人李匡乂在《资暇集》引稷下谚语"学识何如观点书"，意思是一个人的学问如何，就看他如何给古书断句。陈俊民对此深以为然。一部校点的书，如果整理的文本是错的，不仅会误导读者，校点者自己也被误导。所以他一直给研究生讲，"校点一本书比你写专著、写通史要重要的多"。作为陕西关学研究开创者，陈俊民经过二十多年的搜集整理，完成了《关学经典集成》的校点整理出版。这部书成为关学文本的经典，曾获"全国古籍出版社百佳图书"一等奖、第八届中华优秀出版图书提名奖等多个奖项，为之后的关学研究拓展了新的方向。刘学智参与主编的《关学文库·关学文献整理系列》［教育部高等学校科学研究优秀成果奖（人文社会科学）二等奖］、林乐昌的《正蒙合校集释》以及"宋明清关学思想通论（七卷本）"（国家社科基金重大项目）、丁为祥的"宋明道学核心价值研究"（国家社科基金重大项目），也将展开张载关学与传统文化研究新的一页。

如今，以许宁、曹树明、李敬峰等教授为代表的第三代研究团队也正在组建和崛起之中。他们以青年教师、哲学师资博士后为主，立足关学文化的传承与普及，逐步成为新一代关学研究的主力军与担当者。迄今为止，陕西师大关学研究团队主持国家社科、教育部重大招标课题5项，主持国家级课题20余项，出版关学文献整理和研究专著数十部，发表与关学研究相关的论文200余篇，培养的硕士、博士研究生逐渐成为国内关学研究的骨干力量。

陕西师大的三代关学学人，以犀利敏锐的学术眼界和坚实厚重的学术定力，四十年持续深入探索研究，开创了关学研究的新高地，结出了卓越丰硕的成果，培育出薪火相传、坚强有力的学科团队，正如关学研究院成立之时，陕西省哲学学会会长张周志作诗所云："默默坚守数十年，皓首穷经苦钻研。咬定青山不放松，剥茧抽丝真谛通。薪火相传英才幸，学科精进平台兴。硕果累累世人羡，再铸辉煌乃必然。"

学术人生的精神家园

陈俊民从 1960 年起在陕西师范大学学习、工作，直到 1989 年到浙江大学工作，在陕西师大度过了三十个年头。2000 年陈俊民受邀回到陕西师大建立"中国哲学"专业博士点，培养关学研究人才，至今亦有二十余年。回忆这些年亦南亦北、亦中亦西的学术经历，陈俊民认为，关学就是他的"精神家园"。

1997 年陈俊民在新加坡儒学与世界文明国际学术会上与中山大学李锦全教授相会，二人有过一番唱和。陈俊民吟道："十年沉寂西湖畔，学界相交结善缘。年年相逢笑谈日，精神何处是家园？"李锦全和道："昔年结友长安道，重聚星洲亦有缘。西子湖头韬晦日，应知随处是家园。"想起这一幕，陈俊民总是感怀："其实我无论走到哪里做学术研究，都没有离开关学这一主题。无论在陕西师大、浙江大学，还是在新加坡、德国、美国，我都没有离开我所喜爱的这门学术。所以，我认为这是我的精神家园，是我的文化定位。这是我经历了三四十年学术选择的结果，这是'新缘旧起'，是我的'精神家园'。"

古籍整理、关学研究，陈俊民一生所系的这两件事，正指引着一批批学人与读者走进关学的世界。如今的陈俊民是一位已年过八旬，却精神健旺、记忆超群的老先生。对于关学文献的整理点校工作，他是极为严肃、执着的。他说："校点书如扫落叶，再扫都扫不完的。我不敢说我的点校工作完全没失误，但我一生做这个东西，就是要给研究关学的人提供可靠的版本。"接下来，陈俊民想为普通的读者做一些事情,出一些通俗的解读读本。早在20世纪90年代,陈俊民便答应北京大学出版社要完成《陈俊民讲朱熹》《陈俊民讲张载》两本书,只是因为长时间忙于《儒藏》工程,至今尚未实现。他还早想将1986年为德国学者讲解《正蒙》的讲稿修订重写成《正蒙今读》,供一般读者阅读。

学术是陈俊民一生志业。正如他在《三教融合与中西会通》的自序中所言,耳顺之后,了悟前半生,"为学术的生命"便是他的人生定位。"'不烧铅汞不逃禅,不爱乌纱不要钱',步前贤之后尘,走自得之路径,只为'中国哲学'这门学科的独立发展而尽心尽力,以献终身。"

"终南屹屹,先贤巍巍,我们敬畏传统,求学问道;光影绰绰,书香悠悠,我们学艺养才,承续文脉。这是我们的大儒张载!"2020年是张载诞辰1000周年,由张载所开创的关学学派,脉络清晰、条贯秩然,不仅范导着陕西地域文化,亦形塑着中华传统文化,成为地域学派全国化的典范。

陕西师范大学关学研究从关学研究室起步,历经关学研究中心,直至关学研究院成立,虽然三度更名,但三代学人做大、做实、做强关学的初心,从未改变。陈俊民先生筚路蓝缕,以启山林,刘学智、林乐昌、丁为祥等教授薪火相继,厚积薄发,许宁、曹树明、李敬峰等青年一代,规模不断壮大,学术力量越来越强,一支梯队合理、结构完善的关学研究团队已然形成。鸿业翼展,蔚然大观,此岂非先生所成,又岂非先生所愿?

【主要参考资料】

[1] 陈俊民、韩星:《与陈俊民教授漫谈"关学"——以关学典籍整理与思想研究为主题》,见《国学论衡》编委会编辑:《国学论衡》第5辑,人民日报出版社,2009年。

[2] 陆航:《关学文献整理与研究不断走向深入——访陕西师范大学教授刘学

智》，载《中国社会科学报》2018年1月5日。

[3] 丁为祥：《"芭蕉心尽展新枝"——陕西师范大学"关学研究院"成立缘起》，载《光明日报》2020年2月22日。

[4] 史飞翔：《陈俊民与关学研究》，"梦千寻"网，2022年11月25日。

[5]《芭蕉心尽展新枝：四十年赓续薪火，陕师大三代关学人传承正脉，涵养未来！》，陕西师范大学微信公众号，2020年12月11日。

[6] 杜林杰：《陈俊民：关学研究启路人》，载《新西部》2020年第Z3期。

【人物档案】

徐义生，字砚溪，生于1943年，陕西岐山人。长安画派新一代青绿山水大家，当代红色山水的现代开拓者，陕西师范大学美术学院教授。20世纪60年代师从长安画派创始人石鲁、何海霞两位先生。1978年考入中央美术学院硕士研究生班，师从国画大师李可染先生。1981年毕业后至西安美术学院任教，后任国画系山水教研室主任。1988年调入陕西师范大学艺术系，历任艺术系副主任、艺术研究所所长、艺术学院院长。编著和出版作品集、教材、学术著作和诗文集有《徐义生画集》《中国画山水教学大纲》《中国画工笔花鸟技法》《山水画写生摄要》《国画十大论》《徐义生诗词集》等10余部。《扑面山风带夕阳》等作品被收入《中国美术全集》，多件作品被人民大会堂、日本静冈美术馆、英国大英博物馆等收藏。兼任陕西省文史研究馆馆员、陕西省艺术中心顾问。

徐义生：青山不老可重来

徐义生是当代长安画派的代表性人物，是中国画坛引人注目的青绿山水大家。在几十年的艺术行旅中，他早年幸遇长安画派创始人石鲁、何海霞两位先生，35岁进京师从齐白石弟子、国画大师李可染先生。在徐义生看来，"石鲁是我的精神导师，他是一位文化巨匠"；"何海霞的艺术实践一直主宰着我"；"李可染先生是个注重实际、踏实做事的人"。故而在徐义生的创作研究中，以石鲁、何海霞的绘画技巧为基础，融合李可染的绘画精神，在艺术理念、笔墨表达和绘画创作方面集三家之长，通过几十年的个人修行和实践探索，在作品的线条与构图、笔墨与色彩、意境渲染和视觉表达等方面，形成独特的题材特色、审美旨趣、叙事风格和艺术个性。

转益多师承祖述

"有卷者阿，飘风自南"，凤鸣岐山，周公故里。1943年，徐义生出生于陕西岐山这个孕育西周文化的西府故地。出身书香门第，家境优渥，徐义生深受传统文化熏陶，6岁开始习画。在老家的乡村学校完成基础学业后，没能进入高等学府继续深造。少年徐义生初生烦恼：路在何方？

正如歌德《浮士德》所言："自强不息者，终能得救。"1961年，徐义生因两幅画被长安画派领军人物之一的石鲁相中，得以成其入室弟子。翌年，经石鲁推荐，转拜张大千传人何海霞为师，学习传统绘画，尤其是青绿山水。正是求知若渴的少年幸遇通儒达士的名师，徐义生如鱼得水，从高起点上开始自己的艺术生涯。在学习艺术创作初期，他抓住一切机会观摩、请教大师，心追手摹又别具一格，通过对中国传统文化的深耕，在对景写生中逐渐掌握了去粗取精、删繁就简、由表及里、由现象到本质的世界观和方法论。

在那个年代，徐义生和当时大多数城镇青年一样，在广阔天地接受贫下中农再教育。1974年形势略有好转，他重新回到石鲁、何海霞身边，继续学习绘画。两年后，他又被安排到造纸厂做工会宣传工作。十一届三中全会后，拨乱反正，万象更新，徐义生也迎来了人生和艺术的春天。为了实现"从事文化事业"的心愿，他选择继续读书。1978年，他成为恢复高考后的第二届学生，进入中央美术学院硕士研究生班学习，师从国画大师李可染先生。

几十年致力于诗书画印，苦心孤诣。徐义生受名师点拨，向大家汲取国画精髓、艺术规范和精神力量，将传统艺术和现代元素融会贯通并推陈出新。不难看到，徐义生起步于长安画派的传统浸染，得益于现代美术的科学训练，在山水画作方面深受李可染画风的影响，尤其色彩渲染中对朱砂颜料的运用，与李可染的画法一脉相承。由此，个人悟性、成长际遇、不懈努力，多方因素凝聚，成就了徐义生的绘画艺术传奇。

以艺术审美把握表现对象，调动笔墨纸砚等工具与材料再现生活本质，这一切更需依靠"画外功夫"。故而我们在欣赏徐义生的画作时，不能局限于立意、构图、用笔、运墨、设色、款印等技法层面，更要审视笔墨和画面背后所蕴含的思维、视角和心态。徐义生的作品，具有清新、厚朴、洒脱、整体之风格。多年来，他获得陕西省、全国和国际画展优秀奖、特别奖12次；在北京、西安、深圳、伦敦、温哥华、纽约、东京、大阪等国内外多地举办个展和联展。《人民日报》《文汇报》《光明日报》《美术》等报刊以及电视、网络媒体对其作品和艺术成就做过专题报道。

徐义生不仅是长安画派中的扛鼎者，在全国画坛也享有盛誉。1996年，应中国画研究院邀请，徐义生个人画展在北京举行。恩师何海霞先生坐着轮椅看了他展出的作品后这样评价：徐义生与我有几十年的交往了，他是稳步前进的一个人。他师从石鲁受益不少，个人自修能力相当强，对自己要求比较高，我很喜欢，感到他是西北地区一个有修养的、了不起的画家……多年后，徐义生思及三位恩师感慨道："几十年来，我也似乎看出了他们的堂奥，因此，我终于明白了自己是个庸才"，"我只为仍然保留着一点做人的真诚"。说自己是庸才，当然是自谦之词；保留"做人的真诚"，大概才是其在中国画坛的安身立命之本。

画里春秋韵味长

在当代中国山水画坛，徐义生可谓是一个颇富传奇色彩的人物。他把中国传统文化的文心、史笔、哲思及审美意趣融汇于山水画作，画风浑朴自然，气韵生动。由于师从中国画坛三位大师，徐义生的画融汇石鲁的洒脱恣肆、何海霞的浑厚滋润和李可染对大自然个性鲜明的独特把握，呈现出一派深沉之思、静谧之态、厚重之形、宽博之象。"我们就不难理解，在徐先生的水墨质的山水中，为什么有着更多的石鲁的精神气格；在他的青绿山水中，有着何海霞的彩墨风神；在他的水墨写生中，有着李可染的严整格局和现代风韵。"（新媒体艺术评论工作者泊木沐语）

徐义生早期的浅绛而至青绿山水，从不拘泥于成法，而是把写生笔法与西画光影意相结合，营造雄秀朴茂、形神兼备、隽永流淌之感，作品中巍峨磅礴的山势与寻常生活的意趣交相辉映，将祖国锦绣山河的峥嵘气象表现得生动具体。岐山画家王玉仁说："他的青绿山水，典雅、富贵、精致、浪漫。秉承了他的恩师何海霞在青绿山水方面的艺术探索，继承了何海霞先生的对于自然美和生活美的开掘，赋予了以富贵的庙堂气为主要品格的金碧和青绿山水一种新的文化和艺术气息，平和朴实，清静典雅，富于生命活力。他将贵族化的金碧和青绿山水在生活美的开掘中赋予一种新的文化气质。"而徐义生的女儿徐鸿延说："父亲的青绿山水有一种不同于何海霞的庙堂气。青绿山水从传统来说，特点就是庙堂气，而父亲因为写生比较多，他的青绿山水一直有种生活气息，拿他的话来说，就是具有'平民贵族化'的这种追求。"

红色之于中国，具有深刻的人文内涵。国画大师李可染借伟人"万山红遍、层林尽染"的诗意，创造性地大胆运用朱砂等红色创作了举世闻名的《万山红遍》，开创了以红色为主表现山水之美的先河。沿着李可染开辟的红色山水之路，徐义生克服李可染"颜色之于国画是一大难题"的局限，大胆创新，又为"红画"赋予新的内涵。"红色家山是以秦岭为母题，以把中国传统文化对红颜色怀有的深厚情感贯穿到他的艺术创作之中。他在色彩语言上、在技巧等各方面追求一种富丽典雅与精致浪漫的绘画风格。他的创作是把生活美、自然美上升为艺术美。"徐鸿延说。

西北大学艺术学院副院长王江鹏说,徐义生老师将李可染、石鲁、何海霞三位中国画巨擘的山水画创作理念巧妙融合、蝉蜕龙变形成独特的山水画风格。青绿山水画创作方面,徐义生老师汲取西方绘画的色彩观,推进了中国画笔墨色彩语言的更新,形成了典雅沉静的风貌,在画坛享有盛誉。新媒体艺术评论工作者泊木沐认为,徐义生是"继长安画派已故青绿大家何海霞以后的新一代青绿山水大家,也是当代红色山水的现代开拓者",是"中国画中开拓色彩语言美的一代大家,他的红色山水,如其墨色相映的传统青绿山水样,紧紧把握着中国画笔墨和文脉的基本要求","徐先生的红色山水,才是真正意义上的中国红的色彩艺术。它既不是如西方艺术色彩的形式趣味,也不是民间的隐喻性的象征艺术,更不是具有政治隐喻意义的概念化艺术。它是墨彩相融,'道技一体,以道御艺'的互济产物,是传统文化与传统文脉的有机统一,是属于中国画的新建构和新图式"。"徐义生的红色秦岭,是当代红色山水的新成就,是承继其恩师李可染的红色山水的新发展,是继李可染万山红遍后让红色回归民族文化本质好文脉的有益选择。"

在中国山水画领域,除青绿山水、红色山水之外,徐义生的另一重要贡献和成就,集中体现在山水画写生方面。几十年来,他不辞劳苦,奔波于大江南北的山水之间,祖脉秦岭,黄土高原,漫漫长路上印满了他上下求索的跋涉足迹,在山水清音中哲思启迪,体味"外师造化,中得心源"的画理。相对于当代其他画家,徐义生的写生有其独到之处。他秉承恩师提出的"对景创作",并把这一具有开创性的理念进一步具体化、深入化。经过数十年的理论反思和实践探索,徐义生以教学、人才培养和创作的实践诠释了"对景写生"的内涵,进一步拓展"山水画写生"这一范畴的深度和广度,逐渐使"对景创作"技法体系臻于成熟、完善,其理论研究与系统化梳理也"跃上葱茏四百旋"。徐义生这一理论联系实际的艺术成果,反映在他的《中国画山水教学大纲》《山水画写生摄要》教材和专著中,为新时代中国山水画的创新发展独辟蹊径。有理由相信,随着时间的推移,他传承、丰富、光大的山水画对景写生与创作,必将在绘画界产生更为深远的影响。

徐义生的山水画经历了"似与不似"的三个境界：从看山是山的观察、认知生活具象的"形似"，到看山不是山的笔墨变形与审美异化的"不似"，再到看山还是山、万水千山总是情的艺术抽象的"神似"，最终回归、升华看似琐屑、平淡无奇的自然之真、生活之善和世界之美。欣赏徐义生的画作，你会感到天朗气清、惠风和畅，仿佛涉足远离红尘的人间净土，和气、静气、正气扑面而来，充满无言之美。徐义生在《谈艺拾零》中说：中国画要求"以形载神，以神完形"，"以意度象，以象尽意"，"以情取物，以物言情"。他以通灵感物的艺术禀赋进行对景创作时，事实上已经与一般意义上写景图真、描摹自然、锤炼笔墨、搜集素材的写生方式有云泥之别。他通过"以意度象""以情取物"，使创作者的主观感受、意趣与客观物象进行对话与神会，以此确定契合物象个性特点与内在气质的笔墨形式，进而完成对物象"形"中之"神"的准确表达。通过对物象似与不似、形神兼备的视觉表达，以实现自我审美价值和艺术精神的追求，从而达到艺术形式与思想精神互为表里、高度统一的境界。

生于周原大地，传承中华血脉。徐义生兼收并蓄，博采众长，历经几十年风雨，终于闯出一条独具特色、稽古振今的艺术正道，成为长安画派独领风骚、继往开来的新一代领军人物。陕西师大美术学院原院长冯民生评价说：徐义生先生在中国山水画上建立了独具风格的个人面貌，享誉中国当代山水画界。他在继承何海霞、李可染山水画风格的基础上融合西方绘画的因素，坚持面向自然的写生和对传统的研究，拓展了中国山水画的创作理路和方式，尤其是在中国山水画表现中对于色彩的运用，既很好阐释了中国绘画史上"丹青"的价值和意义，也解决了中国山水画表现中的色彩问题，在中国山水画表现中实现了笔墨与色彩的有机融合并相映生辉的视觉效果，形成了浑厚华实的个人风格，有着"徐家样"的声誉。

资深报人、艺术评论家侯军在为《徐义生画集》所作的序言中如是说："他把无数眼中美景摄入巨帧尺幅，幅幅渗透着人格化的情愫与沉思；而一旦自然景致被艺术家赋予了自己的情感因子，它们便自然地产生出或浓或淡或炽热或委婉或激越或悲凉的种种美感，那就是'诗意'了。他以自己的一双诗眼，捕捉着吸吮着吐纳着山林的喜怒哀乐，并把这山林的情感谱写成一首首或绚烂或淡雅或浓烈或哀怨的诗篇。他的画，就像在聆听画家转述着山林的心曲；而聆听画面上的山林心曲，又如同在观照着画家理想中的诗意人生。"中国艺术研究院艺术品鉴定中心主任崔庆忠研究员这样评价徐义生："他在孤独中跋涉了几十年，凭借着自己的过人的才情和不懈追求，已经创造性发展出一种具有生活美、自然美和文化美意义的绘画图式，进入了一种以温柔敦厚为基础的优美如歌的抒发心性之美的艺术境界。"

绿野堂开占物华

在当代中国美术教育界，徐义生也是一位名师。他1981年到西安美术学院任教，1988年调入陕西师范大学新成立不久的艺术系，先后担任艺术系副主任、艺术研究所所长。2002年艺术学院（2005年艺术学院分拆为美术学院、音乐学院）成立，他任首任院长。时任艺术学院党总支书记的王继说，"艺术学院建立不久，各项管理规定尚不健全，教学、科研没有走上正轨，在我们的共同努力下，学院的各项工作取得了明显进步"，"他在送给我的画上题诗'知己秋来同晓月，词章霜后似枫红'。他给我最深印象不仅是一位艺术大师，更是一位刚直不阿、正义凛然的文化好汉！"

教书育人，徐义生编著教学大纲，编写《山水画写生撮要》等多种教材，不仅坚持为本科生讲授中国传统山水画理论、山水写生、工笔画鸟技法等专业基础课，甚至在退休后还多年坚持指导本科生毕业创作及毕业论文，在教学和人才培养方面率先垂范，成绩斐然。

徐义生坚持德育为先，注重精神层面的育人。他曾介绍说，"我的几位恩师（石鲁、何海霞、李可染），他们都有一个共同特征，那就是自身都有坚定的人生信念和艺术品格，都是系天下兴衰于一身的社会理想型人物。在继承中华民族艺术精神和中国画笔墨传统方面，都有鲜明的立场和高度责任感","在非常时期,那些敢于贞守清白为文明传承而献身的人,亦即这些人所宗奉的文化人格学,就显得那样的重要和可贵"。比如石鲁先生,徐义生说道:"开阔的历史视野、敏锐的社会眼光、强烈的是非观念、深厚的文化修养、高雅的生活情趣,必然使他目光远大、胸襟寥廓、见地透彻、言行伟岸,他的人生道路曲折艰难,并与民族解放事业血肉相连、休戚与共。因此,他的人性品格和文化人格不可避免地承受了高压和艰难,而这恰恰成全了他的密度和强度,并且必然促成他最后的艺术爆发具备超常的亮度、具备广泛的社会含义和时代特征。"

在艺术教学之路上,徐义生坚持扬弃"师古人、师造化、师心源"的辩证关系,形成了一套独具个性、行之有效的教学范式和培养路径。"师古人",是徐义生对长安画派"一手伸向传统"艺术主张的传承,强调宋元明清山水画的临摹学习,特别注重传统笔墨的学习领悟。"师造化",是对长安画派"一手伸向生活"艺术主张的创新,也得益于李可染先生所倡导的对景创作法,即面对自然时,注重提炼"去掉七分,再瘦三分";在山水画教学和人才培养中注重对景写生,他曾多次带领研究生到太白山、陕南等地研习、创作。"师心源",则主要是从自己的成长经历和规律出发,在强调学生要勤学苦练、打下扎实专业基础的同时,注重对学生"画外功夫"的培养和训练,尤其重视提升学生的诗词修养;在研究生教学课堂中,他坚持一定的课时专门讲解诗词创作。"技进乎道",当技法升华后,继而进入道的层面。

年逾古稀的徐义生本可以兰竹相伴、诗画遣兴、品茗谈艺、执杯论道,但他说:"我的创作高峰在退休之后。"如苦行僧般在艺途跋涉几十载,2020年春,78岁高龄的他仍带领学生到重庆大足一带写生。徐义生甘做学生成长的铺路石,在艺术之旅上探索前行。多年来,他开设山水画研究生班传道授业,且为很多经济拮据的学生无偿教授技艺。在这座艺术殿堂中,正是这样一位学高为师、身正为范的长者,让我们看到了同舟共济、并肩作战的师生情谊。

学生崔伟刚回忆说:"我们1989级美术班是徐老师从西安美术学院调来

陕西师范大学美术学院带的第一届学生，我的毕业论文经徐老师推荐参加'美苑杯'全国艺术院校毕业作品展获奖，并全文发表在鲁迅美术学院学报《美苑》杂志，使我获得了艺术研究的自信。毕业后又多次随同徐老师写生、展览，徐老师是我真正走上艺术道路的恩师。"他的研究生李强毕业多年后说："如果没有先生，我大致还在'临古人、画传统'的道路上缓慢摸索，先生教会我们'师造化'，把我们带进自然山水，让我们理解了师法自然的意义，亲授我们笔墨写生自然之法，终身受用。"谢军则深情地回忆说："徐老师言传身教，使我受益颇深。特别是面对平淡无奇的自然景物时，徐老师化腐朽为神奇，将平常景转化为具有笔墨情趣又有田园诗意作品。时至今日每每翻看老师写生作品，常看常新，生动鲜活。"

作为一名传道授业解惑的师者，三十多年的教学生涯里，徐义生为中国美术界培养了一代代优秀人才。宁夏书画院院长、宁夏美术馆馆长、陕西师大校友周一新曾说，徐义生老师不但是全国著名的画家，而且是美术教育家，多年来培养出了很多优秀的学生，为陕西师大的美术学建设做出了诸多贡献，功不可没！目前，他的许多受业弟子在国内画坛、美术教育界、文化界等领域已经成长为新一代领军人物。其中，徐鸿延是陕西师大美术学院国画系教授，是陕西画坛具有一定影响力的山水画家；王江鹏先在西安石油大学任教，在西安美术学院获得博士学位后调入西北大学，在中央美术学院做博士后研究工作，现任西北大学艺术学院副院长，承担多项研究课题并获奖；李强任宝鸡文理学院美术学院院长、教授；谢军任咸阳师范学院美术学院副院长、教授。应该说，徐义生育人有方，为陕西美术教育事业做出了重要贡献。

画家本色是诗人

徐义生虽不是一般意义上的科班出身，但他的人生际遇为其艺术生涯增添了一抹写意色彩。回顾六十余载学习国画、创作写生、授徒绘画、研究艺术的经历，徐义生无惧风雨，不辍耕耘的文化积淀与艺术修养蕴藏其中，让人在尽兴之余，不免高呼赞好，击节称妙！纵观他的画作，相映成趣，清泉洗心，白云怡意，诗情画意。有道是：好诗当如名画读。品读徐义生的画作，岂不是绝胜山水如禅诗？

徐义生还擅赋诗、填词、撰联。这些年，他出版过诗词集，也写过不少散文、随笔。几十年的教书育人、艺术创作和人生历练，他感悟到"符号式的形式语言已无法被艺术的成长历史所涵盖，个性化的美德追求也在一种茫然中，失去自我的精神"，"对自己的诗词作品，力求格律严谨，追求优美、深沉；题画款词及书法谨敬为之，不敢戏弄观众；画面追求雄秀朴茂，富有生活情趣；山水花卉，力求别开生面，雅俗共赏"。鉴于此，他在绘画实践中"虚实相生，气韵生动"，在心性修炼上"澡雪精神，疏瀹五藏"，他从精神上改变自我，从人性上探索绘画的美学韵味，同时在象形、指事、会意、形声、转注、假借的六书指事之法中，使书画的象征性得到进一步明确，精神境界随之提升。在徐义生的诗词集里，妙词佳句随处可见："奋身裂土烟霏下，且看万山雨后新"，恰似王维《山居秋暝》"空山新雨后，天气晚来秋"诗意的当代再现；"东篱又见新菊好，烟笼竹林隐栖鸦"，很有陶渊明"采菊东篱下，悠然见南山"的田园风情；"庐下风清一碗酒，岩头云锁百叠泉"，则暗合李太白"飞流直下三千尺，疑是银河落九天"的飘逸诗风……字里行间，其意切切，其情眷眷，仁爱之心，溢于言表。

徐义生的画作，诗画相映，图文并茂，清新爽朗，令人耳目一新。从画作题名、款识及题画诗这个层面审视当代山水画创作，徐义生堪称翘楚。仅从其所拟的画题，隽永惬意，足以窥见其深厚的文学底蕴和浓郁的文人气息。如七言画题"杏花烟雨又点风""雨中新荷清如许""半明池畔听雨声""霜叶半黄水还温""今向青山向故乡""幽远不过峡中天"等，六字画题"太白万沟客舍""莫非碧莲峰下""晚步误入山空"等，五字画题"暮从碧山下""松柏在高岗""暝色入高楼"等，四字画题"山居暮归""旧雨荒城""风泉话旧""江南清秋""寒泉留玉""简淡疏狂"等，个个意境幽深、引人入胜。

徐义生曾言:"诗几乎无用于社会,它是纯自我的东西,源于心中那份也许别人并不理解的情怀,有时候是自我宽心与安慰,有时候是祝福与警示,但更多的则是仰望苍穹的叹息,刻骨铭心的号啕,登临山溪的长啸。"

作为一名画家,徐义生虽无意于以诗词名世,但其不经意间将胸中诗意付诸笔端,以他渊博的德识才学,抒写出了一篇篇蕴含真情实感的唯美诗章。中华诗词学会副会长、著名诗人霍松林先生为《徐义生诗词集》题诗赞誉:"莽旷高原浩荡天,周情汉韵铸童年。敢驾扁舟游艺海,更攀危径上书山。胸舒锦绣诗中史,腕起烟云画外禅。三绝遗风谁复振,还期鼓翼迈时贤。"霍先生对徐义生的艺术生涯给予高度评价,并寄予厚望,期待他能重振"三绝遗风"、超越"时贤"。陕西省诗词学会副会长、陕西人民出版社副总编辑弓保安在为《徐义生诗词集》所作的序言中写道:"徐义生敢于走出书斋、走出个人的小天地、走出狭隘的'自我表现',到生活中去、到广阔天地中去;他的旧体诗词贴近现实、歌颂时代、针砭时弊,写出了真情。"陕西省诗词学会副会长、陕西师范大学文学院博士生导师郭芹纳教授在《点染山川长啸吟——读徐义生教授诗集》一文中指出:"中国的画家,向来以能诗善画为其至高境界之追求。画家作诗,最能达到诗情如画的境界。徐义生教授作诗,常常是以一个艺术家的眼光和胸襟来捕捉景观,取象立意的。(他)由画而诗,由诗而画,诗画兼具,诚为难得。而其画已臻纯青;其诗亦入佳境。"著名作家贾平凹在《身怀大艺,却万象在旁》中感慨:"徐义生的诗词一任率真,味苦而又雅致,品格是相当高的,可惜被画名遮掩,为一般人不知。……我是以他的画作读他的诗词,亲近了徐义生的仁慈宽厚,以他的诗词读他的画作,欣赏了徐义生的静水深流。"

诗中有画,画中有诗;诗如其人,画如其人。受业学生王江鹏说:"徐老师特别注重学生综合素质的培养提升,在教授山水画技法的同时,专门讲授古典诗词及艺术理论方面的课程,为学生的专业发展打下了全面坚实的基础。"陕西职业技术学院艺术学院副院长刘丹龙说:徐义生老师是公认的德艺双馨的美术教育家、艺术家。老师的画作大气磅礴,雄沉浑厚;老师的诗词率真味苦,品格高古。观其画如品其诗，品其诗如阅其人。世间变幻，人潮如织，徐老师用他独特的笔墨写尽人生沧桑，静水流深，沧笙踏歌。

二十多年前，徐义生为《陕西师范大学学人治学录》供稿《情注祖国山水间》，以这样的段落结尾："我崇尚中国传统文人的生活方式，身体力行而顺畅方便。多年来，每日读书、作画，有感时赋诗、填词。平时布衣、淡饭，生活非常简朴，自觉情趣盎然。画室中摆放瓷器与鲜花，洁净、儒雅，充满浓浓的文化气息，是我平生所爱。在我的生活中，还有一项重要内容，每逢周末假日，常约同行好友，远离都市，陶醉于山川、河流与乡间，得以'烟云供养'。生活是我取之不竭的创作源泉，它成就了我的艺术。"

【主要参考资料】

[1] 徐义生：《情注祖国山水间》，见《陕西师范大学学人治学录》，陕西师范大学出版社，2002年。

[2] 徐义生：《徐义生诗词集》，陕西人民出版社，2002年。

[3] 侯军编：《诗化山水映现诗意人生：徐义生画集》，人民美术出版社，2003年。

[4] 徐义生：《今天向石鲁学什么——石鲁品格漫谈》，载《西安晚报》2017年8月20日。

[5] 马文胜：《从"真境"到意境——论徐义生山水画的艺术特征》，"艺品长安"网，2018年3月29日。

[6] 王玉仁：《感悟画家徐义生》，"岐山作家"网，2020年9月22日。

[7] 泊木沐：《画中有诗意，笔墨有真情：徐义生山水画作品欣赏》，"国画佳苑"网，2022年2月10日。

[8] 译石斋：《屏峙青山翠色新丨长安画派名家徐义生作品赏析》，"水墨丹青——译石斋"网，2023年6月15日。

【人物档案】

　　罗增儒，生于1945年，广东惠州人。中国数学奥林匹克首批高级教练，"国培计划"首批国培专家，陕西师范大学教授、博士生导师。1962年就读中山大学数学力学系。1985年底入陕西师范大学数学系工作，先后任数学教育研究所所长、教务处处长。主要从事数学教学论、数学解题论、数学竞赛论的教学、研究与学科建设工作，多年参与数学高考和数学联赛的命题工作。出版《数学解题学引论》《数学竞赛导论》《中学数学课例分析》等10余部著作。成果获高等院校国家级优秀教学成果奖2次，省级优秀教学成果奖4次，省级优秀教材奖1次。1999年获曾宪梓教育基金会全国高等师范院校教师奖。曾任西安市中学数学教学研究会理事长、陕西省中学数学教学研究会副理事长、中国教育学会中学数学教学专业委员会学术委员、《数学教育学报》编委。

罗增儒：教育数学双兼顾　普及研究两担驮

从矿山工人到中学教师，再到大学教授、博士生导师，他传奇般的经历被中学数学界传为"罗增儒道路"。其教学经历可以看作中国数学教育的一个学习案例，或学习数学解题的一个中国案例，这个案例能从一个侧面呈现中国数学教学四十年和8次课程改革的历史画卷。退休多年后，他仍奔走20多个省区开展数百场讲座，将陕西师大的数学教育智慧播撒向五湖四海，几乎在每个省区罗增儒都能听到高级教师、特级教师、正高级教师类似的话："我是读着你的书（文章）成长起来的。"

数学界传奇般的"罗增儒道路"

罗增儒1945年1月出生于广东惠州，1950年上小学，自幼数学成绩优异。考入中学后，面对愈加深入的知识，他的数学天赋愈发凸显。高中阶段，经历了三年经济困难时期，缺衣少食是家常便饭，马路边读书、煤油灯下做题是罗增儒奢侈的文化享受。

但就在此时，他的父亲被提前退休，这让本就不富裕的家庭雪上加霜，罗增儒意识到，没有谁比他更应该去承担三代人八口之家的责任，他产生了退学打工的想法。罗增儒的父亲虽然文化水平不高，但他"望子成儒"，不赞成儿子辍学，却只能表示一个空洞的决心：宁愿讨饭也要供孩子上学。然而那时粮食有定量，普遍不够吃，更无饭可讨。但父亲的决心在罗增儒心中留下了深深的烙印，多年后他回忆道："即使是数学系毕业的我也无法计算出这种弱者的可怜的自语在我心头产生了多少自强的力量，'发愤图强'的社会标语引起了我情感上的、山呼海啸般的共鸣。"

1962年罗增儒高中毕业，当年全国高校招生仅有10万人，他对大学的情况不太了解，盲目填报了志愿。也许是机缘巧合，交表前一天一位学长认为他志愿填报得有问题，于是他临时贴纸条将第二、第三志愿交换调整。这样，他最终进入中山大学数学力学系学习。

得知录取的当晚，罗增儒全家却没有金榜题名的喜悦，昏暗的煤油灯光下时隐时现地闪动着母亲忧郁的眼神。从惠州到广州的船票成了天大的困难，更别说还有五年（该专业为五年制）的开销……但罗增儒心里还是那坚定的四个字——"发愤图强"，哪怕走路也要走去报到。令罗增儒没有想到的是，大学期间学校提供了困难补助，解除了求学的后顾之忧。他暗下决心，要为祖国的数学事业做点工作。怀着感恩报国的想法，罗增儒认认真真、扎扎实实地投入大学的学习，做了吉米多维奇《数学分析习题集》中的很多题。但后来由于下连队"当兵"、下乡搞"四清运动"等，他没能修完规定的课程，也没能在1967年按时毕业。直到1968年，罗增儒被分配到了陕西耀县（今铜川市耀州区）水泥厂，在矿山开采石灰石，当过索道推斗工、电铲司机和车间办事员，一干就是十年。现实中与数学"渐行渐远渐无书"，但脑海中数学却在徘徊，他想为祖国数学事业做点工作的初衷不能忘怀，时间的显影液又把"发愤图强"这四个字从罗增儒生命的白纸上显现了出来。

1978年"科学的春天"，西安交通大学愿为罗增儒提供专业对口的岗位，但没有得到水泥厂方面的响应，不过促成了他从矿山转到耀县水泥厂子弟学校。在矿山的十年里几乎没有接触任何数学，直面学数学与教数学双重任务的他，认真研究所能找到的全部教学资料，独立演算各种类型的习题，反复琢磨并练习教学细节，很快实现了从矿山职工到数学教师的角色转换。1980年，罗增儒开始陆续发表文章，覆盖了二三十家中学数学报刊。陕西师大数学教育的专家通过论文注意到了罗增儒，他因此于1985年调入陕西师范大学，分配到数学教育研究室，得以在新的平台上发挥潜能。罗增儒的教学工作广受师生好评，曾获多项校级、省级和国家级荣誉。

南粤学子，结缘西北。在陕西师大，罗增儒长期从事数学教学论、数学竞赛论、数学解题论的教学与研究，历经讲师、副教授、硕士研究生导师，于1996年6月聘为教授，2001年11月聘为课程与教学论（数学）博士研究生导师。曾担任陕西师范大学数学教育研究所所长、教务处处长、陕西省数学会常务理事、陕西省中学数学教学研究会副理事长、西安市中学数学教学研究会理事长、中国教育学会中学数学教学专业委员会学术委员、《数学教育学报》编委、中国数学奥林匹克首批高级教练等。在《教育研究》《数学教育学报》《数学通报》等30多种刊物发表论文600余篇，被人大复印报刊资料全文复印60余次；代表作有《数学解题学引论》《数学竞赛导论》《中学数学课例分析》《罗增儒数学教育文选》等，多次荣获国家级与省级教学成果奖。

致力"两教""三论""核心素养"

教学相长，俯首传薪。罗增儒从1978年至今的教学经历主要是对"数学教育"和"教育数学"这两个方向的学习与传播，可以分为三个时期：中学起步期（1978—1985）学"两教"（教什么、怎么教）；大学发展期（1986—2010）学"三论"（数学教学论、数学学习论、数学课程论）；退休坚持期（2011年至今）学"数学核心素养"。

1978年，33岁的罗增儒从耀县水泥厂调入水泥厂子弟学校，这是他第一次从事数学教学工作。得以与阔别十年的数学"破镜重圆"，他的内心有一个坚定的信念，那就是追回消逝的岁月，补回这些年的欠债。告别学生时代已久，经历了"学校—工厂—学校"的循环之后，他对数学的印象早已模糊，甚至连本数学书都找不到，这时他必须带着忘却之后所剩下的最后成果——数学的精神、思想、方法和价值，去"白手起家"重新学数学，尽快学会教数学。他开始自觉的理论思考和夜以继日的实践，争分夺秒地做了五项工作：反复阅读从省编教材到统编教材的各种课本，逐一推敲每个概念的本质含义，内在理解各个章节间的纵横联系；独立演算了各册课本的例题、习题，并反思解题过程；系统演算了历年高考试题和国内外数学竞赛题；将数学教学的全过程设计为 6 张教学表，并严格执行；订阅所知道的中学数学报刊，这个习惯一直坚持至今。罗增儒常常反问自己：作为教师你有专业学者的功底吗？你有教育理论家的修养吗？你有教学艺术家的气质吗？你有青年导师的榜样形象吗？他对标这四个方向，以此鞭策自己，反思每一个教学内容，反思每一道例题习题，反思每一天教学工作，向杂志学习，向全国的老师学习。他从教书匠的基本功扎实做起，立志攀登数学与教学的两个专业制高点，争取教学与研究的双重跨越，高起点、开放性学习全国名牌教师。"功夫不负有心人"，两三年的时间，他迅速适应中学各个年级的教学工作，很快成为全校数学老师的顾问。在做好教学工作之余，罗增儒对全国刊物"一周投一稿"地进行"地毯式全覆盖"投稿。

1985 年，在《中学数学教学参考》杂志上崭露头角的罗增儒得到陕西师大数学教育的魏庚人、李珍焕、兰纪正、张友余等老先生的认可，进而陕西师大发函、派人到水泥厂去商调罗增儒来校。进入陕西师大，罗增儒接过了数学教育前辈们的接力棒，在前人夯实的基础上开拓进取。同时他感觉到自己面临的工作发生了质的变化：对理论和实践的要求大大提高。为尽快适应大学教学，他持续进行理论和实践两个维度的充电。一方面大量购买并学习"教材教法"和"初等数学研究"方面的书籍，认真细致的备课常常进行到深夜一两点钟，另一方面逐一听取教研室开设的从本科到研究生的每一门课，弄清大学课堂到底是怎样授课的，斟酌大学课堂怎样上才能启发学生的思维、驱动学生的思考。1986 年，罗增儒第一次上课就受到学生的欢迎，有学生要求增加课时，听课人数常常超过全班总数，他也第一次上课就获得学校的"教学质量优秀奖"，并获学校"综合考评（试点）优秀个人"，第二学年又获学校"教书育人奖"等。1989 年，教育部开设"普通高校优秀教学成果奖"评选，他的"示范教学法"项目获首届优秀教学成果省级三等奖。

罗增儒治学严谨，作风谦逊，授课风格语言幽默，习题辅导精益求精，深受学生喜爱。他能将繁杂的数学知识深入浅出地娓娓道来，这源于多年的厚积薄发。很多学生在毕业多年后，仍对罗增儒当年上课或做讲座的情景历历在目。陕西师范大学数学系1986级3班的学生就是其中一众，2022年4月，他们在"老刀课堂"公众号上刊登了一篇题为《碧血丹青铸师魂——记我们的老师罗增儒》的推文。刘枫同学回忆与罗老师初相识过程：那是初夏的一天下午，他着一身棕色西装，夹着厚厚的讲义，推开教室房门，在掌声中他微笑着走上讲台，边走边与学生不断地点头打着招呼。放下讲义，他开始自我介绍："我叫罗增儒，男，汉族，广东惠州人……"不等老师说完，全班同学拖着长腔齐声应和："知道——！""臭名远扬！臭名远扬！……"同学们被老师幽默、谦逊的言语所感染，掌声、笑声瞬间爆棚。冶继民同学回忆道，1990年初罗老师在咸阳带队实习，应咸阳二中邀请做讲座，不料引起巨大轰动，咸阳市各中学纷纷邀请，令罗老师应接不暇。巨文峰同学表示，上高中时就读过罗老师的论文，还做过罗老师编的题目。有一次在师大校园里，偶遇罗老师。他想起解答过的一道题目，身为教授的他，竟然捡根树枝，蹲在路沿，就地画图，给学生讲起了他的新理解、新思路、新方法。杨秀香同学回忆起做毕业论文时，罗老师不但从文章结构、内容加以指导，甚至将错别字和标点符号等都画出来，还授之以渔，教会她发现问题、解决问题的方法。刘华丽同学谈起罗老师指导自己参加陕西师大首届学生五分钟讲课比赛的往事感慨不已，他时而示范板书，时而演示如何吸引学生，对教案中的每一个细节都进行推敲……后来成为教师的刘华丽，在工作中也传承着罗老师"学生永远是第一位的，对学生不仅要扶上马，还要坚持送了一程又一程"的理念。

多年来，罗增儒为本科生、研究生讲授了中学数学教材教法、初等代数研究、初等几何研究、考试学、数学解题论、数学竞赛论、数学教学论、数学方法论等课程，他高质量的教学工作得到了各级的高度肯定，曾获国家级优秀教学成果二等奖1次（1993）、一等奖1次（2009），省级优秀教学成果奖4次（1989，1995，1999，2003），1994年10月起享受国务院政府特殊津贴，1999年获曾宪梓教育基金会全国高等师范院校教师奖。20世纪90年代初，罗增儒曾申请调回惠州照顾年迈的母亲，但最终没有成行。罗增儒认为陕西师大对自己有"知遇之恩"，他"知恩犹未报"，他所从事的"数学教育"学科建设也还留有空白，于是他继续在陕西师大工作，后来就有了四年教务处处长的"双肩挑"服务。在担任教务处处长时期，陕西师大的发展面临师范院校的转型挑战，罗增儒把握时代赋予的发展契机，推动学生培养相关工作迅速步入新的快车道，同时在学科专业领域推动"学科教学论"博士点获批建设。

2010年3月后，罗增儒"退而不休"。他仍订阅中学数学刊物30多份，与时俱进地研究中学数学课标和"数学核心素养"，理解"数学核心素养教学"并向中小学教师讲解。他继续2000年开始的"园丁工程"培训工作，2011年入选"国培计划"首批国培专家。退休十余年来，走过20多个省区，从培训、评课到讲座，他与师生们接触的时间比在家里的时间还多。由长安大学中国人文社会科学评价研究中心评选的"中国哲学社会科学最有影响力学者排行榜：基于中文学术成果的评价（2020版）"显示，罗增儒退休十年之后，还入选教育学有影响力学者排行榜。

做科研工作的同时，罗增儒热衷于社会服务，每年都会有不下100学时做体现师范性和为基础教育服务的工作。1986年他初到数学系时就承接了老先生们的社会服务工作，包括作为陕西省数学会普及工作委员会副主任、省青少年科技辅导员协会理事承担相关工作。后又连年参与全省高考阅卷，成为"试卷分析"主笔和"阅卷中心组"成员等。每年带队实习时，都会为当地做几场到十几场"高考辅导""竞赛辅导"或"试题讲座"等。罗增儒多年来一直坚持回报社会，将陕西师大的教育智慧带到各地，年过七旬时，仍连续两年深入甘肃临夏"送教"，精准帮扶当地教育。

教学艺术、解题理论与竞赛学建设

科研反哺教学，这是教育发展过程中的必然要求，为推动数学学科师范教育在理论与实践上的共同进步，罗增儒数十年如一日笔耕不辍，他的教研成果纵横覆盖几十种报刊，这是"数学教育"和"教育数学"的文字记录与传播体会。四十余年来，他写干了多少瓶蓝黑钢笔水，写坏了多少支黑蓝签字笔，使用了几十本还是几百本方格稿纸，被报刊退稿了几十次还是几百次等，已经无法计数了。他悉心完成的一本本著作，成为五湖四海一批又一批学子的共同精神食粮，不仅开拓了读书少年的解题思路，教会了他们学习方法，更潜移默化地塑造了莘莘学子的一生。一名知乎网友 rezgr7 在网络上表示："陕西师范大学教授罗增儒写的《高中数学解题阐宗》是对我高中时期影响最大的一本书，当时看到各种思路与技巧醍醐灌顶，没想到数学还能这样子，更重要的是这本书激发了我主动思考的意识，否则可能一辈子我也就随波逐流，从某种意义上来说它是对我人生影响最大的书也不为过。"罗增儒则以谦虚的口吻来概括他的数百篇论文："我的文章来源于教案编写、课堂感受、作业记录，来源于刊物的学习、消化和思考，它们得以发表不是由于水平而是出于鼓励，是几十家刊物鼓励作者继续深入数学教研。这可以理解为数学教育的缘分。"

在水泥厂子弟学校执教的八年，罗增儒撰写了百余篇教育教学文章。带给罗增儒调入陕西师大契机的《中学数学教学参考》是他"地毯式全覆盖"投稿的杂志之一，这是由魏庚人教授等老先生推动创办的期刊，是陕西师大数学教育前辈心血的结晶，至今已历经了五十二载风雨，罗增儒多年来在此登稿 300 多次，退休后还担任编委，推动了师大数学教育的成果传承。常常既要上课又要学习还要写文章，罗增儒是如何办到的呢？为解决"负担重、时间缺"的问题，他一是把教学与研究结合起来，二是科学安排时间。他给"缺时间"的同行建议，写"工作记录"小纸条，每半个小时记一次自己干了什么，两周后回过头来分析、取舍和优化。利用零碎时间积累素材和卡片，利用周末备好一周的课，利用一个晚上写一千几百字的短文，利用假期写长文，是他的时间管理小经验。

到陕西师大工作后，罗增儒的科研写作优势发挥了出来，每年都有几篇乃至十几篇文章发表，连年获得学校科研奖，层次也逐年提高。同时，罗增儒也积极投身于教材建设。在教学科研领域逐年深耕后，罗增儒形成了自身特色和有社会影响的三个方向：

一是数学教学艺术的理论与实践。中学的经验积累加上大学的理论提升，促使他在师范性的工作中努力做出学术性的水平来，探索既区别于理工科又区别于中学的师范性教学风格，逐渐形成以省级优秀教学成果奖"示范教学法"、代表作《中学数学课例分析》（陕西师范大学出版社，2001）和大批"案例研修"文章为依托的数学教学成果。内容还包括参编《讲授艺术论》（王国俊主编，陕西师范大学出版社，1992）、《数学教育概论》（张奠宙、宋乃庆主编，高等教育出版社，2004）、《数学教育学导论》（罗新兵、罗增儒主编，科学出版社，2021）等著作，已经形成数学教学艺术的研究方向。

二是数学解题论的基础建设。罗增儒从 1980 年开始长期参与高考阅卷，1984 年开始长期参与竞赛命题，积累了很多高考和竞赛的解题经验。到大学工作后，从 1988 年开始，在本科生、研究生中开设数学解题理论课，对解题活动进行数学思维的总结和解题智慧的开发，逐渐形成以省级优秀教学成果奖"着眼数学素质，服务基础教育——数学高考解题理论的建设"、代表作《数学解题学引论》（陕西师范大学出版社，1997）和大批"解题分析"文章为依托的解题教学成果。内容还包括《数学的领悟》（河南科学技术出版社，1997）、《直觉探索方法》（大象出版社，1999）、《中学数学解题的理论与实践》（广西教育出版社，2008）等著作，已经搭起了"数学解题学"的一个理论框架。据《数学教育学报》2020 年第 2 期文章《数学教育领域高被引图书的学术特征研究——基于 CNKI 中国引文数据库的视角》介绍，高被引图书中《数学解题学引论》榜上有名。

华东师范大学张奠宙教授认为《数学解题学引论》的工作"为中国式解题做了宝贵的探索，资料之完备、系统，为今日所仅见"（1997年10月25日）。1998年、2003年张奠宙教授两次邀罗增儒在数学教育高级研讨班（简称"高研班"）上发言。在1998年"高研班"纪要中，于"中国的数学问题解决"标题下写道："以反思分析数学解题的思维过程为特征，倡导'数学解题'的理论框架有独到之处。"在2003年"高研班"纪要中，简述罗增儒数学解题三阶段之后说："大家认为，这一研究的背后有大量的数学解题实践加以支持，这是一件扎根本土的有价值的数学教育研究。"2009年，张奠宙教授又在《我亲历的数学教育》一书中说，"中国是数学解题王国，解题能手很多，奥赛金牌教练遍布各地，但是能够有解题理论著作的却很少。我所知道的是北有罗增儒，南有戴再平"，罗增儒的"《数学解题学引论》《中学数学课例分析》等著作，具有鲜明的中国特色。他以坚实的数学功底，破疑解难，能够看到别人看不到的数学本质，独树一帜"。

三是数学竞赛学的基础建设。从1984年向高中数学联赛成功供题开始，罗增儒对数学奥林匹克的试题研究和命题参与，激发他将这一活动进行"数学与教育学结合的理论思考"，进行"高等数学与初等数学相交叉的方法论总结"，产生以国家级优秀教学成果奖"奥林匹克数学学科建设"、代表作《数学竞赛导论》（陕西师范大学出版社，1993）和百余篇"竞赛研究"文章为依托的教育数学成果。内容还包括参编《竞赛数学教程》（陈传理、张同君主编，高等教育出版社，1996）、《中学数学竞赛的内容与方法》（广西教育出版社，2012）等著作，已经搭起了"数学竞赛学"的一个理论框架，主编从中学到大学的数学竞赛系列教材百余万字。

他与同行们所进行的"奥林匹克数学学科建设"，是国家级获奖项目中少见的一项关于"数学奥林匹克"和"奥林匹克数学"的研究成果。中国数学奥林匹克委员会原秘书长、中国数学会普及工作委员会原主任裘宗沪研究员在这项工作开始之初，立即表示肯定与支持。中国数学会普及工作委员会原副主任魏有德副教授认为"有新意和创造性"，"在陕西乃至全国都处于领先地位，并在陕西的数学普及实践工作中取得了好成绩（获国际数学奥林匹克一金一银奖牌就是突出的例子）"（1992年1月7日）。陕西省数学会原理事长张文修教授认为，这是"一项独创性的优秀教学成果"，对"提高我国，特别是我省数学奥林匹克竞赛水平有重大意义"（1992年11月3日）。

罗增儒退休后结合"案例分析""同课异构""教师发展""数学思想方法的教学""数学核心素养"等课题和培训实际，年过古稀仍笔耕不辍，继续在国培、省培和刊物上探讨数学教学和数学解题，发表文章100余篇，有7篇被人大复印报刊资料全文转载。退休后，罗增儒也仍连续十年参与陕西高考自主命题，提供高中数学联赛试题，应邀参与"中考数学压轴题讲题比赛"和"高考数学压轴题讲题比赛"评议与做主题报告等。从教数十载，罗增儒的教学与科研工作平行发展，比肩登攀，"教师不仅要教好书，而且要做出'教书育人'的示范，把真才实学的教、真情实感的爱、真心实意的帮结合起来"，这是罗增儒对自己的要求，更是对他培养的未来教师的殷殷嘱托。青年时期深深植根心中的"西部数学教育情结"，终于结出了累累硕果。

"十年休退眨眼间，忙事偏凑老来闲。课讲西东南北地，程行冬夏秋春天。方知铁粉跨世纪，又识新秀接前贤。文章见笑曾百发，杏坛边鼓尚流连。"真是千里之志，壮心不已。

【主要参考资料】

[1] 罗增儒：《教师素养与教师教学三境界》，见刘军主编：《中国基础教育年鉴·数学卷（2012—2015）》，人民出版社，2018年。

[2] 孔祥利、张莹:《"美丽园丁"浇灌"花儿之乡"》,载《中国教育报》2016年5月16日。

[3] 张新宽:《难忘罗增儒老师》,载《教师报》2019年5月19日。

[4] 袁芹芹、尚向阳:《数学教育的悠悠情结——罗增儒教授访谈二三事》,载《中学数学教学参考》(上旬)2020年第7期。

[5] 陕西师范大学数学系1986级3班全体同学(老刀执笔):《碧血丹青铸师魂——记我们的老师罗增儒》,"老刀课堂"公众号,2022年4月6日。

[6] 罗增儒:《罗增儒数学教育文选》,华东师范大学出版社,2022年。

【人物档案】

曲云,生于1946年,山东平度人。古筝演奏家,陕西师范大学音乐学学科的主要创建者,"中国古筝艺术杰出成就奖"获得者。1970年毕业于西安音乐学院民乐系,1983年从专业演出团体调入西安音乐学院任教,1989年进入陕西师范大学工作。秦筝派代表人物之一,创作《香山射鼓》《赚·梅花引》《弦板调》《满庭芳》等具有陕西风格的优秀筝曲。曾任中国音乐家协会陕西分会常务理事、北京古筝研究会理事、东方古筝研究会理事、陕西秦筝学会副会长、第十一届中国音乐金钟奖古筝组评审委员,以及陕西九三学社妇女委员会主任等。

曲云：妙音正声　曲入云霄

曲云是当代秦筝的标志性人物、享誉海内外的古筝演奏家，在民族音乐教学和人才培养岗位上辛勤耕耘四十年的教育家、在传统民族器乐领域深入探索的音乐理论家。她是陕西师范大学音乐专业的主要创建人之一，教授，硕士生导师。由于她在筝演奏及研究领域的突出贡献，2015年获得由中国音乐家协会古筝学会颁发的"中国古筝艺术杰出成就奖"。

师出名门　大器早成

曲云1946年出生于十三朝古都西安的一个艺术家庭。父母都是从外地迁居而来的，家里时常萦绕着荡气回肠、字正腔圆、响遏行云的京剧唱段，俩票友唱得颇具专业水准。在中国文化底蕴浓郁、传统戏曲功底扎实的家庭中，曲云受艺术氛围沾溉，很小就显露出非凡的艺术天赋，在小学阶段一直是学校的文艺骨干，经常登台表演。

1959年小学毕业时，尽管曲云各门文化课成绩优异，完全有能力考入西安最好的重点中学，但是父母支持她顺从个人旨趣和内心想法，如愿考入西安音乐学院附中，走上专业音乐之路。而当头一回见到古筝，听到那清丽、优雅、动听的筝声，她立刻被深深吸引，并当即决定放弃学校为她分配的钢琴专业，转而学习古筝。从那时起，曲云便把自己的青春、智慧都付诸秦筝，与这种古韵犹存、金声玉振的民族器乐结下一世情缘。

在西安音乐学院附中，曲云师从周延甲、高自成先生系统学习古筝演奏，是学校重点培养的苗子。1965年考入西安音乐学院读本科后，她除了随着周、高两位先生继续深造古筝，还师从张棣华先生学习琵琶。此外，她坚持学习秦地古乐和民间音乐，得到古筝教育家、理论家、演奏家曹正、李石根等学者的悉心指导。从附中到大学，曲云一直出类拔萃，引人注目，学校举办的各种主题音乐会几乎场场不落。

1970年大学本科毕业后，曲云进入西安木偶剧团担任古筝、琵琶伴奏演员。从压轴曲目的独奏演员跌落为剧团的伴奏演员，从"主角"退居幕后，连"配角"都不是，她很快适应了新的角色，并发现身处伴奏席的自己经常被民间木偶戏演员质朴生动的唱腔所感染。木偶剧团的工作经历使曲云得以深度浸润、学习陕西戏曲音乐。在这期间，曲云并未放松专业要求，而是以对民族器乐艺术、对热爱艺术的观众、对同台演出的同事高度负责的态度，一丝不苟地完成每一个音符、每一段曲目、每一场演出，其专业精神受到剧团领导和同事的好评。

20世纪80年代，曲云迎来事业的第一个高峰期。当时陕西省歌舞团正在筹建仿唐乐舞团，看中了曲云扎实的专业基本功、精湛的艺术造诣和娴熟的演奏技能，盛情邀其加盟。在仿唐乐舞团期间，高密度、高规格的演出，极大挑战也锻炼提升了曲云的舞台表现力和临场应变能力。仿唐乐舞团成立之初，上级安排了一项"政治任务"：接待来自世界各国的政要，向他们展示千年之前大唐盛世的繁荣鼎盛与恢宏气度，展示中国改革开放后的崭新面貌。但在这场演出中，曲云遇到"突发事件"。

据曲云回忆，那天晚上，她除了独奏、合奏等节目，还有一个与笛子演奏家马迪先生的筝、笛二重奏《梅花三弄》。笛子为主奏，筝以协奏配合为主。当时正值隆冬，气温较低，但演员们仍然以饱满的状态努力为观众呈现精彩的表演，让他们领略大唐的雍容气度和绰约风姿。轮到曲云和马迪上场演出了。他们高超的演奏、默契的配合令观众陶醉不已。然而，就在乐曲刚奏完"第一弄"时，意外发生了：因温度偏低，马迪笛子的笛膜破裂，笛子瞬间无法正常演奏。台下的观众和后台的演职人员，都替他们捏一把汗。此时专注于演奏的曲云，沉着淡定，泰然自若，不动声色地迅速将主旋律接过来，若无其事地继续表演。待马迪重新调整好笛膜，已接近"二弄"的尾声。于是，他们行云流水般把一曲完整的《梅花三弄》完美呈现在中外观众面前。台下爆发出长时间雷鸣般的掌声。这掌声，不仅是观众对他们在遇到突发状况后仍然成功演出的嘉许，更是对曲云深厚的演奏功底和临危不乱、处事不惊的应变能力的称赞。走下台后，曲云和马迪就被后台演员们团团围住，所有人紧紧抱在一起——大家都为他们以高超的艺术素养维护了集体乃至国家荣誉而感动、自豪。

稽古钩沉　溯源探流

在参加仿唐乐舞团巡演的同时，曲云又接受了一项任务：对西安鼓乐进行搜集、整理和研究。或许当时曲云并没意识到，这项工作竟会伴其余生。1980年，任职于陕西省燕乐研究室的曲云，带着古筝、琵琶演奏的特长，在陕西省文化厅西安鼓乐专家李石根先生指导下，开始研究西安鼓乐。回首当年的峥嵘岁月，曲云说："一蹬自行车就是一天，不管长途跋涉，就是要找农民集谱子、学技法。"深入田间地头、街头巷尾，和民间艺人面对面，以口传心授笔述的方式，探寻秦筝留存在民间的遗迹，将一个音色、一个技法的处理都一一记录。曲云跟着李石根先生遍访陕西大大小小的庙宇与乐社，四处采风、探访、搜寻古谱。

在挖掘、寻觅的过程中，曲云时有新的发现，甚至有影响深远的重大发现。例如，对西安市东仓鼓乐社《大琴门古段》的发现，证明筝在陕西是有延续的，改变了人们已基本达成的"筝已在秦地消亡"的共识，《大琴门古段》乐谱就是物证。这可以看作口述史和田野调查等研究方法在音乐史研究中的运用。此外，曲云将大批鼓乐译订为筝谱，同时创作了《香山射鼓》等具有唐宋古韵的乐曲，大大丰富了筝曲尤其是古乐筝曲的曲目品类。同时，曲云还创造性地将唐诗宋词与鼓乐筝曲融为一体，其珠联璧合、近乎完美的配合效果令人叹为观止。可见，西安古乐与千年前诗词的完美契合程度。

作为一名从西安音乐学院附中到民乐系受过专业、系统、科学教育和训练的现代艺术家，曲云探幽发微，追溯古筝、民族传统弹拨弦乐和中华古曲的源流，与古为徒、意与古会，不仅发思古之幽情，更注重古为今用，融古与今，实现传统筝文化的现代转型，让古老艺术在与时代精神的融汇中获得新生。曲云在音乐史专家指导下，稽古钩沉，从典籍中发现、探索筝文化传承的史料证据，追溯筝在西安鼓乐中的兴衰演变历史、历代古乐谱之传承。关于筝的发展历史，曲云对东汉许慎《说文》、应劭《风俗通》、刘熙《释名》，晋代傅元《筝赋序》，唐代颜师古《急就篇注》、杜佑《通典》，宋代陈旸《乐书》，明代方以智《通雅》等典籍中关于"筝"的文献记载，结合古乐谱、民间传承有序的曲目记谱等进行梳理，厘清秦筝文化的历史脉络。

在挖掘、整理、创作、演奏的实践中，围绕秦筝的创作与研究，曲云先后发表了一系列具有重要学术价值和影响的学术论文，如《独弹筝曲"香山射鼓"》（《秦筝》1983年第1期）、《关于筝曲〈香山射鼓〉》（《交响》1984年第2期）、《要重视榆林小曲、榆林筝的挖掘、抢救、普及、提高工作》（与翟学文合作，《秦筝》1985年第1期）、《西安古乐中的筝》（《秦筝》1986年第1期）、《古曲填古词：西安古乐由〈柳含叶〉填词》（与李武华合作，《中央音乐学院学报》1986年第3期）、《印第安乐曲〈祈祷〉与晋陕民间音乐之比较》（与李武华合作，《中央音乐学院学报》1986年第4期）、《西安鼓乐中的"大琴"》（《中国音乐》1987年第2期）、《潮筝与西安鼓乐》（《秦筝》1991年第1期）、《陕西筝曲及其调式音阶》（《交响》1996年第4期）、《陕西秦派筝曲详解及演奏指要——〈香山射鼓〉》（《小演奏家》2003年第8期）、《筝曲〈香山射鼓〉的创作与实践》（《中国音乐》2003年第4期）、《陕西秦派筝曲详解及演奏指要——〈赚·梅花引〉》（《小演奏家》2004年第10期）等，其中《西安鼓乐中的"大琴"》被日本水原渭江编集的《中国音乐关系著述论文目录》收录。此外，她还与李萌合作撰写了《陕西筝曲》（人民音乐出版社，1999）。

曲云的这些论著对于筝乐艺术的传承、创新和发展，增强公众对民族优秀传统的文化自信，都发挥了引领推动作用。甚至可以说，新时代公众关于筝文化的一些认知，在一定程度上都受到曲云相关研究的影响。越来越多的人知道：筝常用于独奏、重奏、器乐合奏和歌舞、戏曲、曲艺的伴奏；筝因音域宽广，音色优美动听，演奏技巧丰富，表现力强，而被称为"众乐之王"，亦称为"东方钢琴"，是中国独特的、重要的民族乐器之一；2008年6月，古筝艺术被国务院列入第二批国家级非物质文化遗产名录等。

古调独弹　余音绕梁

秦筝是古老的，历周秦汉唐千古不衰；秦筝艺术在新时代充满生机活力，文化传承生生不息。除过耳熟能详的《琵琶行》，白居易还有两首吟咏听筝的七绝。《夜筝》："紫袖红弦明月中，自弹自感暗低容。弦凝指咽声停处，别有深情一万重。"《听夜筝有感》："江州去日听筝夜，白发新生不愿闻。如今格是头成雪，弹到天明亦任君。"此外，李白的《春日行》也谈及筝曲："佳人当窗弄白日，弦将手语弹鸣筝。春风吹落君王耳，此曲乃是升天行。"这些诗句，无论是琵琶艺人生涯诗意叙事的，还是以筝为主题的，都说明琵琶和筝这些民族器乐由来已久，是中华民族优秀音乐文化遗产，值得为其传承、光大和新时代发展付出心血。

在"秦中自古帝王州"的三秦大地，曲云潜心于故纸堆里挖掘古曲、深入民间采风搜集地域音乐文化素材，古为今用，推陈出新，整理、编制、创作了一大批古风古韵、悠扬悦耳、博雅优美、独具陕西文化特色的优秀筝曲作品。

汪毓和《中国近现代音乐史》将曲云作品作为新中国成立后优秀民族器乐的代表作品进行专门介绍。据不完全统计，其代表作主要包括独立创作的《香山射鼓》（1980）、《弦板调》（2000，获陕西省政府首届民族器乐新作品征集奖二等奖），《满庭芳》（与王禾联袂创作），1986年起编订的《赚·梅花引》《连理枝》《柳含烟》《笑春风》《海玉莲》《五云登空》《五供养》《咏筝》《老龙苦海》《永寿庵》以及议配的《虞美人》《醉花阴》《山居秋暝》《清江曲》《柳含烟》等秦筝名曲。这些曲目在业内被作为经典作品广为流传，并多次斩获国内、国际高层次专业奖项，在中国乃至世界乐坛产生了深远影响。

《香山射鼓》是曲云倾注心血，在挖掘、整理西安鼓乐的基础上，创作的一首陕西秦筝代表性曲目，荣获由联合国教科文组织主办的第六届亚洲音乐论坛优秀作品奖，该作品被收录于《中国民族音乐大系》。乐曲采用了西安鼓乐曲牌《月儿高》《柳青娘》《香山射鼓》等音乐素材，描绘了陕西关中地区一年一度的"香会"活动。乐曲以深沉、内在、具有浓郁陕西地方风格的旋律，表现了香客虔诚的祷告和高远、深邃、空旷、虚无缥缈的神奇意境，以及伴随有鼓乐阵阵、咏唱轰鸣、人群熙来攘往的盛况。由于曲云深谙古筝演奏技法，又十分熟悉陕西地方音乐风格，乐曲中运用了秦筝按变音等演奏技巧，使得该曲更加具有浓郁的地方音乐色彩。引子部分以清脆的泛音与华丽的琶音描绘了香烟袅袅、梵音绕梁的场景；第一段运用了揉、吟、滑、按等技法弹奏出缓和而柔美的主题曲调，右手的触弦多用传统夹弹法，单元以上追求古朴、浑厚的色彩；第二段是在左手上行刮奏声中呈现出《月儿高》的曲调后，右手以摇指加上左手伴以低音，表现深林幽谷虚无缥缈之意境；第三段在演奏技法上以"勾搭"的指法组合，将全曲推向高潮，弹奏该段时，左手的变音和上下滑音的韵味尤其别具特色、饶有趣味；乐曲的最后是用双手快速交替演奏的技法，展现香会上人们虔诚的心境及现场热烈而欢腾的场面。

"古调独弹"，是鲁迅先生1924年到西北大学讲学之余，在易俗社欣赏秦腔演出后的题词，这四字拿来评价曲云的筝曲创作及演奏也甚贴切。作为秦筝演奏家，曲云不忘初心，始终以高度的热忱为观众和艺术爱好者奉献喜闻乐见的高雅艺术作品。

曲云追求真实的情感和完美的境界，讲究作品的气韵和意境，注重演奏的风骨和神采、高雅的格调和自然的音乐表现。数十年如一日，她潜心学习各家各派的筝曲，博采众家之长，丰富自己的技艺，开阔专业视野。经过长期的生活体验和艺术实践历练，她逐步形成了内涵丰富、雍容博雅的作曲特色，端庄典雅、娴熟纯正的演技，质朴无华、文雅大方的台风，独特鲜明、细致入微的艺术个性。

多年来，曲云参与众多重要演出活动，包括日本京都"中日友好筝曲演奏会"（1987年10月18日），香港沙田大会堂"中国南北古筝名家音乐会"（1995年5月5日），香港沙田大会堂"曲云古筝演奏会"（1998年3月28日），香港大会堂"筝筝2000年"古筝专场音乐会（1999年10月23日，与香港中乐团合作），北京音乐厅"飞跃古筝2000年"中、日、韩筝乐名家音乐会（2000年9月24日），长沙田汉音乐厅"曲云&孙卓古筝演奏会"（2003年1月3日），西安终南音乐厅"国乐大师刘德海&曲云联袂音乐会"（2006年10月13日）等音乐盛典。她创作、演奏的秦筝艺术作品出版的唱片、专辑有《乡韵》（2001，曲云、孙卓，筝独奏专辑，香港龙音制作有限公司）、《山居秋暝》（2004，个人专辑，中国唱片深圳公司）、《母女琴声——曲云、孙卓独奏专辑》（2 CDs，2008，中国唱片总公司）等。曲云在香港举办的古筝独奏会及"筝筝2000年"古筝专场音乐会，在社会各界引起轰动，获得强烈反响和巨大成功，她被誉为学者型的筝演奏家。

曲云德艺双馨、以文化人、高标独树、享誉艺坛。她的表演虽为阳春白雪，却雅俗共赏，如高山流水，自有知音共鸣。中国古筝一代宗师、中国古筝院校事业的奠基人曹正先生称她为"开元第一筝手薛琼琼再世"，评价其筝曲演奏"曲入云霄，名副其实"。

桃李满园　家韵传承

除了舞台演奏、理论研究，曲云发展艺术事业的另一重要途径就是教学。1983 年，曲云从专业演出团体调入西安音乐学院任教，任职于民族音乐研究室从事古筝及民族音乐教学研究工作。1987 年起，曲云开始参与创办陕西师范大学艺术系音乐专业。1989 年调入陕西师大后，在首任系主任、美术教育家周正教授带领下，曲云几乎单枪匹马，从古筝专业、钢琴专业开始起步，逐渐使艺术系发展壮大。

筚路蓝缕，以启山林。为了陕西师大艺术专业特别是音乐学科的建设发展，曲云奋斗、奉献了二十多个春秋。如今陕西师大音乐专业能在师范院校中占有一席之地，不能不说其饱含着奠基人曲云的心血。她回忆说，1994 年开创筝演奏课，由于当时没有古筝专业的学生，课程最先以通识选修课的形式开课。"从有学生愿意学，到后来开始招收专业学生，这个摊儿才算支稳了。"

从 1983 年起，曲云离开专业演艺机构，先后在西安音乐学院和陕西师范大学艺术系（后更名艺术学院，再后于 2005 年分设美术学院、音乐学院）任教。作为一名循循善诱、诲人不倦的音乐教育家，一方面，无论是上门求教的个别指导，还是根据教学计划安排的课堂教学，她坚持"有教无类"，以仁爱之心满腔热情对待每一个学生，一个音符、一个音节、一个曲目，她手把手指导，言传身教；另一方面，对于有志于从事筝演奏专业的可造之才，她因材施教，鼓励学生扬长补短，发挥个人主观能动性，逐步形成个人演奏风格和艺术个性。

曲云在《秦筝唐韵颂长安》中自述："我长期坚持在教学第一线，在教学中不断创新，本人在艺术学院开设了筝专业课，主持创建了民族器乐教研室和音乐学硕士点。我所讲授的筝专业课及民族音乐概论课深受历届学生的欢迎和好评。在校园、宿舍时常可以听到学生刻苦练琴和传唱课堂范唱的民歌。本人也因此获得学校教学质量优秀奖。在教学中，我不墨守成规，因循守旧，倡导并力求突破传统教学模式，创立新的教学规范。比如古筝教学长期以来一直采用一对一的师徒型授课方式，其最大弊端是教学资源的巨大浪费，教育效益的低下以及学生之间缺乏交流和对比。经过反复探索与实践，本人率先成功地实施大班集体授课法，大力提高教学效益并增强了学生的竞争意识。在民族音乐概论课教学中，'采风'是教学的重要内容。自1996年以来，我要求同学们在寒假深入家乡民间及民俗节日中进行采风活动，开学后，来自全国各省、地、市的同学们在课堂上汇报采风的内容和感受，再由老师引导分析。理论与实践相结合，使同学们感到收获很大。"

四十多年初心不改，曲云呕心沥血，孜孜不倦，培育和扶持了数以千计的新一代秦筝演奏者和民族器乐教师，可谓桃李满天下。在曲云教过的学生中，尤其值得一提的是她的两个女儿孙航与孙卓，得益于母亲的音乐熏陶、悉心教导，姊妹俩在民族器乐和音乐教育领域，均学有所成。长女孙航1989年考入陕西师大艺术系，是音乐专业首届学生。2001年毕业于广西艺术学院民族音乐学专业，获硕士学位。曾任陕西师范大学音乐学院副院长，主要致力于中国少数民族音乐、中国传统音乐研究，编撰、出版著述及教材多种。

幼承家学的次女孙卓，从小耳濡目染，先后攻读中央音乐学院筝表演专业学士、硕士，伦敦大学亚非学院民族音乐学博士。现任中国音乐家协会古筝专业委员会理事、陕西秦筝学会副会长，被视为新一代秦筝代表人物。先后主持完成教育部精品视频课《中国筝艺术》（与母亲合作）、国家社科基金中华学术外译项目、全国艺术专业学位研究生教育指导委员会项目及双语慕课课程《筝的音乐之旅》等。出版《中国筝——当代的嬗变》（英文版）、教材《松鼠古筝大师》（上、下册，中央音乐学院出版社，2017）等。在课堂上，孙卓经常引导学生："我们学的，不仅是一门现成的技艺，更是一脉有根的文化。"她表示："立足经典，探索前沿，传承陕西秦筝流派，这是师大古筝人不变的定位，也是几代秦筝人坚守的道路。"

因为有曲云这样的慈母严师，孙卓坚守弘扬中华民族优秀音乐文化的初心使命，与中国青年民族管弦乐团、西安音乐学院民乐团、谢菲尔德大学现代乐团、伦敦演奏家乐团、德国现代室内乐团、德国 E-max 室内乐团合作，长期活跃于国内外音乐舞台。多次在西班牙塞维利亚 Wormax 国际音乐节、爱丁堡国际艺术节、汉堡现代音乐节、伦敦 Womad 世界音乐节等举办音乐会，在伦敦大学、谢菲尔德大学、杜伦大学、汉堡国立艺术大学、香港文物探知馆、伦敦亚洲中心、伦敦皇家南岸音乐厅、汉堡音乐厅等国内外著名艺术院校及文化场馆举办音乐会及学术讲座，让秦筝这门古老的艺术走出国门，焕发出勃勃生机。

老当益壮，宁移白首之心？近年来，年逾古稀的曲云教授仍为弘扬中华民族优秀传统音乐文化遗产、传承秦筝艺术、培育秦筝艺术新人不遗余力，经常应邀赴全国各地讲学、演出，为各地音乐教育机构传经送宝，指导青少年学习秦筝演奏，产生广泛影响。在中国古筝网，曲云支持孙卓创建精品视频课《中国筝艺术》，陆续主讲"筝的发展历史""中国筝流派""秦筝的复兴"等，数以万计的受众获益。

古为今用，推陈出新。老树新花，根深叶茂。曲云，在繁荣中华民族音乐文化的乐章中，像一株迎风怒放的寒梅，"待到山花烂漫时，她在丛中笑"。

【主要参考资料】

[1] 曲云：《秦筝唐韵颂长安》，见《陕西师范大学学人治学录》，陕西师范大学出版社，2002年。
[2] 成倩：《曲入云霄风采不减，名副其实学者型筝人》，中国古筝网，2016年8月13日。

[3] 古筝人：《学者型的筝演奏家曲云：曲入云霄，名副其实》，网易号，2018年10月16日。

[4] 王瑾：《曲入云霄　琴韵流长》，载《西部法制报》2021年3月6日。

[5] 非遗之美：《发现非遗之美：古筝》，搜狐号，2022年6月4日。

【人物档案】

赵世超，生于1946年，河南南阳人。先秦史研究专家，曾任教育部历史教学指导委员会副主任、陕西省社科联主席、陕西师范大学校长。1965年考入北京大学历史系，1970年毕业后赴河北定县（今定州市）工作。1976年调入开封师范学院（河南大学前身）。1988年在四川大学获得历史学博士学位，同年到陕西师范大学任教，先后任历史系副主任、主任。主要从事先秦两汉史及中西早期文明比较的教学研究工作，重视民族学、文化人类学在先秦史研究中的参考价值，注重西方早期国家理论对重构中国上古史的指导作用。曾获陕西省教委优秀社科成果一等奖及曾宪梓教育基金会首届全国高等师范院校教师奖。兼任中国史学会理事、中国先秦史学会顾问、陕西省社科联名誉主席。

赵世超：经世致用　追求卓越

赵世超是中国先秦史学界的知名学者。他师出名门，在步入治史门径之初，曾得到多位名师点化，从而得以在高起点上开始自己的学术之旅。作为一位具有良知、个性鲜明的知识分子，他聚焦自己认定的学术方向，"咬定青山不放松"，但视野绝不仅仅局限于书斋和"故纸堆"，绝不"发思古之幽情"，而是密切关注现实问题。他以古为镜，古为今用，在传承灿烂历史文明，增强民族文化自信的同时，更满怀对现实和未来的忧患意识；他推陈出新，洋为中用，善于借鉴，用一切先进思想和文化的"他山之石"来"攻"新时代中国建设之"玉"。为此，近十年来，他对先秦服制、古代等级制度的起源、引礼入法、中西早期国家制度比较、东西方文化与文明演进等问题进行了反思和总结，提出了独到的新见解、新观点、新思维，引起学术界广泛关注。

转益多师　站在巨人肩上

英国物理学家牛顿曾经说过："如果说我比别人看得远，这是因为我站在巨人的肩上。"在中国先秦史研究领域造诣深厚、以专著《周代国野制度研究》名重于世的赵世超教授，是一位术业有专攻、学业有所成的知名历史学家。在谈及自己的治学道路和学术成果时，对个人付出的辛劳总是轻描淡写，而对在坎坷求学中曾给予他悉心指导的老师、前辈学者以及同人，总是充满崇敬和感激之情。

1946年10月，赵世超出生于河南省南阳市。他自幼酷爱读书作文，对历史尤感兴趣，用功颇多。1965年，赵世超以第一志愿被北京大学历史系录取。当时的系主任是翦伯赞，副主任是周一良、张芝联，系里名师云集，睿才荟萃，学习环境优越。入学第一年，赵世超听了汪篯、田余庆、张传玺、魏纪文、王文清等几位老师的课程，第二年赶上"文化大革命"。因此虽在"中国第一名校"读书，赵世超却与众多名师擦肩而过，未能聆听大学问家传道授业，每每念及，总感遗憾。

1970年大学毕业后，赵世超被派遣到河北省定县"接受贫下中农再教育"，不久被抽调到"三支两军办公室"，后他主动申请到博物馆从事更接近本行的专业工作，参与定县八角廊大型汉墓的发掘和整理研究。边实践，边学习，加之河北省文物工作队几位专家的指点，赵世超很快掌握了文物考古的基本知识。

1976年，赵世超调入开封师范学院历史系，被中国古代史教研室主任朱绍侯指派为孙作云先生的助手。孙作云是闻一多的学生，以《诗经》《楚辞》研究闻名全国。可惜未及两年，孙作云先生溘然长逝，赵世超又转向郭人民请教疑难。郭人民是古文字学家孙海波先生的弟子，因特殊情况，当时只允许为低年级学生讲授《中国古代历史文选》。于是，郭先生像教授私塾学生一样，耳提面命、口授笔述，把史学经典中很难啃的《左传》向求学若渴、主动上门求教的赵世超系统讲解了一遍，"老师长期积累的心得如春风化雨般融入胸中"。

随着"文革"结束，特别是党的十一届三中全会以后，学术界气氛日渐宽松，郭人民先生的教学、研究和著述活动越来越频繁，于是，他便推荐赵世超先后参加了教育部委托四川大学徐中舒教授主办的先秦史师资培训班和国家教委委托华中师范大学张舜徽教授主办的中国文献学研究班，从而使赵世超得见大家风范。徐中舒教授不顾高龄，每周为培训班授课两次。徐中舒关于史学方法论的真知灼见——"在研究古史时，倘能取民族材料、考古材料、古文字材料，同文献材料相印证，便会有左右逢源之乐"的精辟论述和教诲，被赵世超和同班师友在后来的学术研究中当作自觉遵循的圭臬。赵世超就读北京大学时，新中国的少数民族社会历史调查活动刚刚结束，参与此项调查的北大学者顾文璧曾向北大师生介绍过一些地区少数民族的历史和文化。徐中舒先生研究方法新颖，著述论据充实，在多重证据法中，又特别强调民族材料的作用，赵世超的研究路径深受其影响，也多有尝试和创见。例如，在讨论周代指定服役制度时，赵世超就参考了16世纪云南丽江土司对傈僳族村落、傣族景洪召片领对布朗山各寨的剥削方式；在探讨周代生产关系时，参考了怒江地区独龙族、傈僳族和怒族社会的共耕制。正是由于恰当地运用了民族学资料，从而弥补了先秦史研究过程中传世文献史料不足的缺憾。无论是在制度史还是思想文化史领域，赵世超始终坚持以唯物史观为指导，在具体研究中实践徐中舒倡导的运用民族资料佐证先秦史的学术方法。学习过程中，赵世超希望能有更多机会得到这位先秦史大家的指导。于是，1985 年他考入四川大学历史系攻读博士学位。彼时，徐老的身体已大不如前，便指定罗世烈教授为副导师来做具体工作。

在徐老的亲切关怀和罗先生的帮助下，赵世超于 1987 年底完成 23 万字的博士学位论文《周代国野制度研究》。1988 年，缪钺教授主持毕业答辩，该论文得到胡厚宣、赵光贤、王玉哲、邹衡、俞伟超、李学勤、裘锡圭、田昌五、马曜等教授的好评。赵世超以优异成绩通过答辩，获得历史学博士学位。后经加工完善，其博士论文于 1991 年由陕西人民出版社出版（1993 年台湾文津出版社出版繁体字本，2020 年人民出版社推出修订本）。论著从国、野问题入手，理清了中国古代早期文明逐步摆脱氏族制羁绊的成长轨迹，认为西周的国、野关系是在两种族团间结成的服役关系，国、野制度和指定服役制度是西周的两大基本制度。经春秋至战国，国、野对立渐渐消失，指定服役让位于履亩而税和按乘丘出兵赋，中国由此完成早期国家向领土国家的转变。这是赵世超关于中国古代早期国家制度研究的代表作和标志性学术成果，也是该研究领域的扛鼎之作。对于论文出版后获得的学术界的广泛赞誉，赵世超表示："写《周代国野制度研究》，自己虽投入了一定精力，但书中凝结的更有徐中舒、罗世烈等先生的心血，不少地方则是对郭人民先生学术观点的整理与归纳。如果这本小书能够为学术界接受，成绩绝不属于我个人。"尊师重教，站在巨人肩上，不断把目光投向更广阔的视域，这也许是赵世超勇于超越、在学术研究中不断向深远维度掘进的原动力。

以《周代国野制度研究》所阐发的古史观为基础，赵世超早年的研究主要集中在周代制度及早期国家的统治模式等方面，后来逐步扩展至先秦两汉思想史、文化史等领域。近年来，他对先秦服制、古代等级制度的起源、引礼入法等问题进行重新思考与诠释，走出了一条从制度到思想的研究之路，引起了先秦史学界的广泛关注。其主要论著有《周代国野制度研究》《中西早期历史比较研究》《历史人物评传选》《春秋史谭》《浴日御日与铸鼎象物研究》及学术论文集《瓦缶集》等，在《历史研究》《中国经济史研究》《中国史学》《史学月刊》《古代文明》《社会科学战线》《北京师范大学学报》《陕西师范大学学报》等刊物发表学术论文《巡守制度试探》《浴日和御日》《周代的均齐思想和救济制度》《铸鼎象物说》《天人合一述论》《巫术盛衰与西汉文化》《中国古代引礼入法的得与失》《论战国时期的百家争鸣运动》《指定服役制度略述》《西周为早期国家说》《炎帝与炎帝传说的南迁》《中国古代等级制度的起源与发展》《服与等级制度》等 50 多篇。

恪尽职守　培育一代新人

1988 年，赵世超到陕西师范大学历史系任教，多年来为本科生、研究生开设过中国古代史、先秦史、《左传》选读、中国古代经济史、先秦思想史、西周史等多门课程。他视野开阔，思维敏捷，博闻强识，出口成章，无论课堂讲授还是讨论交流，都深受学生的欢迎和好评，也得到同行的交口称赞。

1991 年起，赵世超先后担任历史系副主任、主任。1994—2004 年担任陕西师范大学校长期间，尽管学校繁杂的管理事务让他不堪重负，但他仍坚持从繁忙的行政事务中挤出时间，以独立的思考和执着的热爱，在中国古代史研究这片沃土上辛勤耕耘。他在调研中发现，师范大学当时的一些教师只满足于照本宣科完成教学任务，不重视科学研究，高层次科研成果产出较少。针对这种情况，他倡导"教师不要做那些拾人牙慧、人云亦云、没有自己创见的低层次重复，要瞄准有学术价值的选题，啃硬骨头。板凳宁坐十年冷，文章不写半句空，见他人之未见，敢为天下先，通过科研成果，成一家之言"。作为一位具有高水平研究能力，又深受学生喜爱的名师，赵世超在多种场合强调，教书育人、为国育才是高校教师的天职，教学与科研如鸟之双翼、船之双桨，要相互促进、协调，共同提高。

2002年1月，时任校长的赵世超在接受《光明日报》记者采访时，称赞该报"请名师走上讲台"这个问题抓得好，抓得及时。他说："对于以培养未来教师为主要任务的师范大学，本科教学状况直接关系到基础教育师资的教学能力和教育质量。"因此，他认为提倡名师走上讲台给本科生讲基础课，绝不仅仅是一种姿态，更是推进教学改革、提高教学质量的切实举措。赵世超不仅倡导名师为本科生上课，而且自己率先垂范，克服校领导工作繁忙、科研压力大的困难，坚持为本科生讲授中国古代史。《光明日报》当时的报道称，在他的带动下，陕西师大名师上讲台蔚然成风。

"奇文共欣赏，疑义相与析。"赵世超反对学术上的自闭与狭隘，对于自己尚未发表的研究成果从不吝惜在课堂上提出来公开讨论，向同行、学生以及各界朋友和盘托出，共同交流，并主动推荐相关参考文献。他对自己的学术敏锐性、文献解读能力、独抒己见的治学个性充满自信，愿意与持不同观点的不同派别百家争鸣。这也是一位良师坚守三尺讲台、分享学习心得、探讨治学之道、共襄学术繁荣的情怀与境界。

守正创新　自成一家之言

古人云：以史为镜，可以知兴替。作为一位长期致力于中国古代史研究的历史学家，赵世超当然对继承与创新的关系了然于胸。他师古而不泥古，尊师而不盲目迷信权威，敢于坚持真理、守正创新、以理服人，形成了自己独特的研究个性和学术风范。

师承关系对赵世超学术思想形成影响很大。比如，孙作云从民俗和神话入手研究古代文化，郭人民重视古代制度渊源的考察等，都使赵世超感到受益无穷。特别是随史学家徐中舒先生在先秦史师资培训班进修和攻读博士学位期间，其《耒耜考》以及《殷周文化之蠡测》《殷人服象及象之南迁》《井田制度探源》

《论东亚大陆牛耕的起源》《试论周代田制及其社会性质》等有关先秦历史的系列论著，更成为赵世超在中国古代的汪洋中摸索、探寻方向的"航标灯"。受到诸先生及其论著的启发，赵世超治史之初，主要聚焦于对西周制度史的探讨，并在这一领域深入掘进，新见迭出，取得引人注目的学术成果。

西周时期的中国尚处于早期国家的发展阶段，社会组织中血缘性家族尚未解体。这就决定了西周的政治体制和国家统治模式与后世中央集权制国家大不相同。赵世超的《周代国野制度研究》便是依据这样的历史背景，探讨当时的个体家庭是如何从血缘家族中挣脱而出、私有制如何摆脱公有制束缚的过程，以及早期国家如何向成熟领土国家转型等重大论题。

关于早期国家的统治模式，赵世超先后发表了《西周不存在井田制》《巡守制度试探》《指定服役制度略述》等论作，其中，"指定服役制度"这一概念最早是由徐中舒在《试论周代田制及其社会性质》［《四川大学学报（哲学社会科学版）》1955年第2期］中提出，赵世超的《指定服役制度略述》［《陕西师范大学学报（哲学社会科学版）》1999年第3期］对该制度的内涵予以进一步阐释，提出指定服役制度是早期国家的基本制度。

赵世超遵循孙作云先生从《诗经》《楚辞》入手，较早地引入民俗学、文化研究的方法探究中国古代国家制度的起源与变迁的这一研究理路，在思想文化史领域不断探索，特别注重对科学、法治、公平、民主等重大问题的探究与反思。

在世界范围内，人类从蒙昧向文明进步，大多都会经历一个图腾崇拜、巫术信仰阶段。赵世超在《藏冰新解》《浴日和御日》《铸鼎象物说》《巫术盛衰与西汉文化》等文中，从不同角度揭示了巫术信仰对先秦两汉时期的思想、文化、生活及制度等领域的影响。在《巫术盛衰与西汉文化》［《北京师范大学学报（社会科学版）》1997年第5期］中，赵世超认为：西汉文化的形成和发展，有民间文化为其提供丰富营养；植根于民间的原始巫术在这一历史阶段演进的清晰轨迹，也可以说明西汉文化的民间性。值得注意的是，他在《天人合一述论》（《史学月刊》2002年第11期）中认为，"邹衍的天人合一理论和它所自出的巫术原理一样，归根结底是错误的和虚妄的，……完全不是什么至今还需要倍加珍爱的'国粹'"，从根本上修正、颠覆了对于"天人合一"这一命题的庸俗理解和长期误读。

在《论战国时期的百家争鸣运动》［《陕西师范大学学报（哲学社会科学版）》2006年第4期］中，赵世超分析了春秋战国时期的历史条件和文化环境，他认为，随着以礼乐制度为核心的古典专制主义的崩坏、瓦解，而新的中央集权式的专制体制尚未成熟，为这一时期的文人、学者自由著述、讲学传道保留了空间。到了秦汉时期，新的集权统治逐渐完备，特别是独尊儒术的"大一统"出现后，百家争鸣的自由制度和宽松环境便不复存在了。围绕春秋战国诸子百家最具影响力的儒法之争，赵世超撰写发表了5万多字的长文《中国古代引礼入法的得与失》［《陕西师范大学学报（哲学社会科学版）》2011年第1期］，系统回顾了中国古代的法治起源与发展历程，分析儒家与法家为建构新型中央集权国家提供理论支持方面的作为与得失。

革故鼎新　求索大学之道

1992年，邓小平南方谈话发表后，中国改革开放进入新的历史阶段。1994年出任陕西师范大学校长的赵世超面临新的机遇和挑战，他夙兴夜寐、殚精竭虑，陷入深深的思考之中：新形势下，陕西师范大学全面协调可持续发展路在何方？

1997年1月，陕西师范大学开展"突出师范特色，服务基础教育"大讨论。作为制定发展规划的主持人和大讨论的发起者，赵世超在《光明日报》的《大学校长访谈》栏目报道中表示："作为整个教育事业的'工作母机'，师范院校必须认真解决'定向'问题，切实突出师范特色，做好为基础教育服务这篇大文章。"他认为，师范院校有着其他院校不可替代的特殊使命——造就一代善于教书育人、乐于为人师表的人类灵魂工程师，担当提高全民族素质的重任，高师院校必须发挥自身优势，服务基础教育，以实实在在的活动为载体，解决教学一线的迫切问题。基于这样的认识，1995年陕西师范大学与地处贫困山区的革命老区旬邑县签订了"共建1995—2000年旬邑县教育发展工程"协议，每年接受该县10名教师到校免费进修，定期派附属中学、小学、幼儿园教师到旬邑县支教，派专家到旬邑县巡回讲学、培训当地教师，逐步把旬邑县建成陕西师大农村教育综合改革研究试验基地、基础教育研究成果的推广基地和学生教育实习基地，积极鼓励教师深入研究基础教育理论，把先进教学理念和方法直接送到基础教育第一线。此项工作被《中国青年报》等誉为"不一样的共建"。

赵世超是一位教育改革者，敢于向陈规陋习和惰性思维宣战，始终坚持教学和科研是学校的中心工作，大刀阔斧推进学校管理体制综合改革，从根本上遏制高等学校衙门化的不良倾向。他认为，学校事业要发展，就必须营造尊重知识、尊重人才、鼓励人干事业、让人能干成事，有利于人才成长和发挥作用的良好氛围。机关机构改革旨在将重心由管理转向服务、改变工作作风、提高工作效率。据《中国教育报》(《极目曲江满眼春》，2003年3月12日)报道，1999年底，陕西师范大学全面推进旨在建立设置合理、职责明确、运转协调、办事高效的管理体系机构改革，建立科学规范的用人机制，建设结构合理、素质优良、精干高效、开拓创新的管理队伍。通过合并、转制、剥离、撤销等措施，学校党政机关从原27个处级单位精简为17个，机关的管理服务职能得到进一步加强。在此基础上，实行定岗定编，"精兵简政"，机关工作人员按全校事业编制数的8%厘定，使机关工作人员从原有332名精简为185名，其中56名副处级以上干部精简为47名。

在专业人才队伍建设方面，赵世超明确提出"教师为本，人才第一"的新理念。陕西师范大学从1999年开始推进人事制度改革，重新核定和调整了各类人员的编制结构及比例，大力引进并积极培养高层次人才，严格限制非教学人员调入，努力提高教学科研专业人员的占比。为了将"教师为本，人才第一"

的指导理念落实到人事工作中去，学校按照"大力引进、积极培养、确保规模、优化结构、提高质量"的方针和"高学历、高素质、高水平"的人才标准，制定并实施学校师资队伍建设规划、优秀人才引进办法、旗帜型人才引进暂行办法等，同时设立专项奖，对人才引进工作成绩突出的集体和个人给予奖励。

此外，作为一所地处西北的教育部直属师范大学，为高层次人才提供的经济待遇和物质条件有限，赵世超提议由党委宣传部组织编撰弘扬广大教师扎根黄土地、献身祖国科教事业的《陕西师范大学学人治学录》《陕西师范大学博士风采录》等。此举在全国高校尚属首创，以高尚情操激励人，以教育情怀感动人，以人生价值启迪人，让立德树人、为国育才的教授们受到尊重，让"西部红烛两代师表"精神得以弘扬与传承。同时，党委宣传部与人事处联合举办"成功之路"系列报告会，邀请霍松林、郑哲民、王国俊、章竹君、陈锦屏等知名学者面向全校中青年教师和研究生传授教学、治学经验。时任校长赵世超全程听讲并进行点评、总结讲话。这对于提升年轻教师的业务水平收效显著，促进了高学历、高素质、高水平人才"引得来、用得上、稳得住"。《光明日报》曾以《大海龙腾　高岗凤鸣》为题整版报道陕西师范大学高层次人才队伍建设情况。

作为全国高校最早实行后勤社会化改革的院校之一，1999 年 6 月，陕西师范大学在西北地区率先成立后勤集团，并将其从学校整体剥离，按照企业化运行模式组建了饮食服务中心等 11 个独立运作的实体，与学校形成服务与被服务的甲乙方关系，为学校提供计价服务，创造了全国高校后勤社会化改革"上海模式""武汉模式"之外，唯一以学校命名的"陕西师大模式"。全国各地高校竞相到陕西师大参观、取经，多家媒体大篇幅报道，推广陕西师大经验，其中《光明日报》两次以头版头条的显著位置予以报道。这在陕西师大校史上前所未有，在全国高校也极为少见。2001 年第三次全国高校后勤社会化改革现场会在西安举行，时任中共中央政治局常委、国务院副总理李岚清莅校视察，高度肯定学校后勤改革的成功举措。

为适应西部大开发、高等教育跨越式发展的新形势，为了从根本上改善办学条件，在学校财力拮据的情况下，2000年在校党委全力支持下，赵世超率领学校领导班子拿出大手笔：力主在长安区郭杜镇征地拓展办学空间，开工兴建长安校区。2002年陕西师范大学排除万难，成为第一个入驻长安大学城的高校。二十多年来，陕西师范大学长安校区筚路蓝缕，栉风沐雨，如今已成为主校区，承载着面向新时代"双一流"大学建设的光荣与梦想。

有评价认为，赵世超担任校长期间有"三大贡献"：一是进一步明确学校为基础教育服务的教师教育办学特色和建设综合性研究型大学的目标定位，明确提出并坚持"教师为本，人才第一"的新理念，确立了教学科研工作的中心地位，确立了教师、学生在学校的主人翁角色，增强了党政机关干部的服务意识；二是利用评价和分配杠杆调整导向，引导教师开展高层次、高影响力的科学研究，提高了学校的科研水平和学术声誉；三是改善学校教师的学缘结构，减少"近亲繁殖"，优先选用国内外名校培养的高学历、高素质、高水平师资，从根本上为加强学科建设、提高教学科研和人才培养质量奠定了坚实的人力资源基础。

回首陕西师范大学建设发展的历史长河，赵世超校长时期的大刀阔斧、革故鼎新，坚守和凸显教师教育特色、推进教学科研并进、强化人才强校、开展绩效评价和后勤社会化改革等举措，为陕西师大后来进入"211工程"和"双一流"建设高校奠定了坚实的基础。陕西师范大学虽然不是赵世超学于斯、长于斯的母校，但从1988年来到师大的那一刻起，他就始终将个人荣辱与学校的兴衰紧密相连，像坚定不移的胡杨那样"坚持、坚持、再坚持"（赵世超语），扎根西部，教书育人，潜心治学，办学兴校，教育报国，为陕西师大的奋发与腾飞、党的教育事业高质量发展和中华民族伟大复兴，不计名利、不惧非议，呕心沥血、鞠躬尽瘁……

【主要参考资料】

[1] 赵世超：《站在巨人肩上》，见《陕西师范大学学人治学录》，陕西师范大学出版社，2002年。

[2] 赵世超、胡莉：《一个史学工作者的探索之路——访赵世超教授》，载《历史教学问题》2012年第2期。

[3] 黄明磊：《从制度到思想——赵世超的史学研究之路》，载《中国社会科学报》2020年11月4日。

【人物档案】

刘学智，生于1947年，陕西西安人。陕西师范大学文科资深教授、哲学书院博士生导师。1977年考入陕西师范大学政治教育系，1982年毕业后留校任教，从事中国哲学史教学与研究。主持教育部重大课题攻关项目"儒释道三教关系史研究"和国家社科基金重大项目"乡约文献辑考及乡约文化与乡村治理体系建构研究"，出版《中国哲学的历程》《儒道哲学阐释》《儒道释与中华人文精神》《关学思想史》等专著和编著10余部，在《哲学研究》《中国哲学史》《哲学与文化》《孔子研究》等刊物发表学术论文150余篇。曾获教育部高等学校科学研究优秀成果奖（人文社会科学）二等奖1次、三等奖1次。主编的"十二五"国家重点图书出版规划项目《关学文库》获全球华人国学成果奖。兼任陕西省政府文史馆特聘研究员、西北大学关学研究院名誉院长、中华孔子学会副会长、学术委员，中国孔子基金会学术委员，国际儒学联合会顾问、理事、学术委员、顾问联络委员会委员，陕西省孔子学会创会会长、名誉会长等。

刘学智：鸿儒硕学　启人以智

陕西眉县横渠镇横渠村西街045号，古柏苍翠，瓦殿肃穆，一座青砖砌成的仿古门楼矗立着，门庭上悬黑漆匾额"张载祠"。进门，青石上的"为天地立心，为生民立命，为往圣继绝学，为万世开太平"映入眼帘。千载流传，万里流芳，大儒张载的"横渠四句"已成为中华民族宝贵的精神文化遗产。在距此约110公里的陕西师范大学，学者刘学智作为关学研究的传人，接起了当代关学传承的重要一棒，带着师长的殷殷期盼，解读着大儒张载、横渠精神，为关学研究和关学在新时代的哲学阐释和价值阐发奉献着毕生光热。他生于秦地、长于秦地，将自己的研究和思想汇入这片土地。在教坛，他是严谨治学的良师，育人无数；在学界，他是上下求索的学者，笔耕不辍。即使成就斐然，他始终保有一颗谦虚朴素的心，行稳致远，久久为功，传播前人的学思、探索历史的璀璨，指引后来的希望、铺就前行的道路，在热爱的关学研究领域孜孜耕耘、熠熠生辉。

坎坷求学　潜心育人

1947年1月，刘学智出生于陕西长安这片历史文化底蕴深厚的土地上。不幸的是，父亲早逝，10多岁起，他就开始为母亲分担家庭生活重担，本该无忧的少年时代在艰难中度过。在成长过程中，有三位长辈对他产生极大的影响。一位是他的伯父，伯父的善良、宽厚、纯朴、任劳任怨以及面对艰苦生活的毅力给刘学智留下刻骨铭心的印象。在此后的学术生涯中，他依然秉持着这种耳濡目染的品德，孜孜不倦、励志笃行。另外两位分别是他的小学老师杨世华和中学老师邓铨，他们的教诲与帮助使刘学智从小便树立起坚持求学的志向，磨砺出面对各种复杂境遇的勇气和毅力，还在人生的关键阶段为他指明方向。生活的困苦让刘学智的求学之路倍显艰辛，但身边人的爱护和引导，鼓舞着他乐观面对、奋发图强。

数年寒窗，时间来到 1966 年，刘学智高中毕业，适逢"文革"开始，他失去了进入大学读书的机会。两年后他返乡劳动，1971 年参加工作，先后在长安县细柳中学、长安县教师进修学校任教。在此时期，他从未停止学习，也打下教学基础。1977 年国家恢复高考，他考入陕西师范大学政治教育系。

1982 年大学毕业后，刘学智留校任教，学校安排他负责中国哲学的教学任务。中国哲学涉及内容广泛，海纳百川，对于耽误了十年宝贵学习时间以及大学期间主攻政治教育的刘学智来说，这是一个巨大的挑战。一贯谨慎踏实的他陷入思考，经过几番犹豫与慎重考量之后，还是选择接受这次挑战。他明白自己就此走上了又一条艰辛的学习道路，这是需要他用一生去探寻的一片大海。

在刘学智进入中国哲学的学习过程中，冯契、张岂之、丁祯彦、陈俊民、赵吉惠、赵馥洁、施炎平、田文棠、裴大洋等师长，都为他提供了很多帮助。1982—1983 年，在华东师范大学哲学系研究班进修期间，刘学智曾多次聆听冯契和丁祯彦两位先生的讲演，此后他们还数次来信予以鼓励和教导，从中刘学智懂得应该和怎样从思想的逻辑联系和深层结构上去把握中国哲学的发展。另外，陈俊民对关学的研究、赵吉惠对儒学和黄老之学的研究、赵馥洁对中国价值哲学的研究、田文棠对魏晋玄学和佛教的研究等等，都从不同角度对他有过深刻的启示。求学之路上遇到的众多良师使刘学智对教学有了更加明晰的定位与目标，"教育者，非为已往，非为现在，而专为将来"。他将心血投之于教育，既是对自己教师职责的坚守，也是给自己恩师的答卷。

刘学智对教学工作严要求、高标准，力求将自己所学所知倾囊以授，为中国哲学史领域培养更多的优秀年轻人才。在教学过程中，他注重观点和方法的不断更新，持续吸收新资料和新成果，为学生讲述前沿的新知识、好观点，启发学生对学术前沿的关注与思考。在教学方法上，他尽可能激发学生主动参与学习，有意培养学生的能力、境界、素质、思想等多方面素养。1997 年刘学智晋升为教授，依旧不改初心，授人以渔，启人以智。他认为教学的过程也是催促自己不断努力、不断思考和深入学习的过程，"教学绝不仅仅是知识传授，更是一个创造的过程，要把相关知识讲清楚，不仅要有大量的知识储备，还要有思想方法、教学方法的总结、提升和创新，这就必须逼迫自己不断学习和思考，这反过来又对自我形成有效的促进，从而带动学术研究。对高校教师来说，教学和科研是密切联系、相互促进的，两者不可偏废"。

刘学智兢兢业业站讲台，勤勤恳恳育英才，培养的大批人才目前已成长为国内多所高校及研究院所的中坚力量，如厦门大学哲学系谢晓东教授、华东师范大学哲学系朱承教授、西北大学哲学学院魏冬教授等，他们在中国哲学或关学研究领域不断探索更深的层次，取得显著的成绩。刘学智常说："学生的成才有老师的影响、社会环境的影响、学术团队和工作环境的影响等多种因素，我个人对他们有一定的影响，但不是主要的，甚至是微乎其微的。我比较自信的是，我希望他们有远大的理想和学术追求，不要凑热闹，而是扎下根、静下心，心无旁骛地去做自己确信有意义的事、对国家民族有益的事，能以中国哲学或中国传统文化去安身立命，这一点他们基本做到了。我相信他们一定能或已超越了我自己！"从1982年到如今四十余载光阴，刘学智始终坚持在教学、科研第一线，潜心于先秦诸子研究、关学研究、儒释道三教关系研究等领域，学习研究、教学相长。

著书治学　行稳致远

因幼时读书环境艰苦，刘学智既缺乏"小学"的基础，又没有从小读"四书五经"的"家学"，从而导致研究基础较为匮缺。但中国哲学资料浩瀚、头绪复杂，儒、道、佛诸方面相互交错，在研究中既难以"全线出击"，又不能对任何一方面有所忽略和遗漏。这就要求他必须花费大量时间和气力去弥补自己的不足。几十年来，刘学智坚持在节假日静心工作，平时除去读书、撰文、上课等事项外一般没有娱乐和休闲活动，偶尔有机会和亲友去登山，对他来说已是奢侈的事情。这就是刘学智先生自谦而言的"笨鸟疾飞"。1993年，他所撰写的第一本专著《中国哲学的历程》出版，《中国教育报》《西安晚报》

《陕西师大学报》《祁连学刊》等都相继发表评论，给予较高评价。赵馥洁教授评价其"创见迭出"，李国士教授称此书"主线明晰而又内容充实，简明而又深刻，入乎其内而又出乎其外"。《中国哲学的历程》2014年获陕西省第十一次哲学社会科学优秀成果一等奖，由西安工程大学胡伟华教授精心翻译英文版，于2024年7月由美国学术出版社出版，在全球发行。

通过经年累月的坚持，刘学智逐渐总结出两点研究经验：一是随时发现和捕捉理论"困惑"，这常常是研究的重要突破口；二是既不重复别人，也不重复自己，这样才能有所创新。他初步形成了相对稳定的学术研究范畴，即以关学思想史与关学学风的研究，以及儒、释、道三教关系的研究为主攻方向。

在关学研究方面，刘学智做出重大贡献。在宋明理学史上，涌现出诸多思想家，其中北宋张载、南宋朱熹、明代王阳明分别代表了理学史上不同时期的三座思想高峰，张载关学则是宋明理学史上的第一座高峰。关学是儒学发展到宋明时期，在陕西关中兴起的一个地域性的理学学术流派，它是由张载创立并在关中一直传承发展着的"关中理学"。张载思想对宋明理学起了开创和奠基作用，在整个理学史上占有重要的地位。张载及其关学不仅影响了关中人的思想和精神风貌，也在全国产生广泛影响。

2003年，刘学智主持申报了教育部人文社会科学研究课题"关学思想史"并获得批准，此后他便把相当一部分精力用于这一课题。一边收集资料，一边进行专题性研究，相继发表一批论文。2011年，陕西省人民政府参事室（文史馆）和西北大学出版社共同策划，成功申报国家新闻出版总署"十二五"国家重点图书出版规划项目《关学文库》，并将《关学思想史》立项其中。关于关学专著的著书工程从此时起成为刘学智的重大课题。虽然已有一些资料储备和思想准备，但同时还要兼顾繁忙的工作和其他研究，刘学智一直没有整段的时间来撰写书稿。直到2013年夏，刘学智住进了秦岭深山，在一个小山庄里，开始了《关学思想史》的撰写。

山庄地处柞水县营盘镇一个幽深狭长的小山沟高碥沟，那里风景如画，幽静安谧，眼前可见层峦叠嶂，绿树葱葱，芳草萋萋，山庄对面溪水潺潺，特别是那里清新的空气沁人肺腑、令人心醉。这个难得的静谧"仙境"不仅能使人排除世俗的干扰，还能激发人的心智、引发人的静思。在《关学思想史》后记中，刘学智回忆那段著书生活："我每天早上6点半起床，到狭长的山间小道上散步半小时后用早餐，随后开始一天的工作。晚饭后再散步半小时，然后工作到晚上12点或凌晨1点左右休息。日复一日，就这样，在山里度过了难忘的40余天，完成了《关学思想史》宋代部分17万字的书稿，每天平均约撰4000多字，就这样打下了这部书稿的基础。元明清部分因为原先有相当部分专题研究的论文，经过一年多的补充和整合，于2014年7月完成了全部初稿，又经过大半年的修改到2015年3月方最后完成。记不清具体是哪天完稿的，只记得当写完最后一行字时，我把键盘狠劲地用力一推，身心一松，一下子软瘫在床上……"

坚持学术史视域的科学研究，是刘学智学术研究的一个特点。早在20世纪末，他已注意到应把中国哲学研究与中国学术史研究结合起来。1998年始，他在张岂之先生的指导下，组织国内学者如刘宝才、梁涛、郑杰文、徐兴海、陈国庆、李似珍等多人，编纂《中国学术思想编年》（六卷本）。这是一部集资料性、思想性、学术性为一体的编年体史料学性质的著作，于2006年出版，全书260余万字，由张岂之先生任主编，刘学智任副主编。北京大学楼宇烈先生、清华大学彭林先生、聊城师院王世舜先生等知名学者，参加了该书的审定。刘学智不仅参与主编工作，还亲自撰写了《魏晋南北朝卷》（第一作者）、《隋唐五代卷》，书中诸多考辨具有较高的学术价值。其中，《中国学术思想编年·隋唐五代卷》于2009年获教育部高等学校科学研究优秀成果三等奖。

2015年3月，《关学思想史》书成，以书稿形式参加国际儒学联合会、四川大学儒学研究院"纳通国际儒学奖"（征文奖）评奖申报，获优秀征文奖二等奖。《光明日报》2017年2月25日国学版发表米文科教授的评论文章，称《关学思想史》是"关学思想通史研究上的开山之作"。《孔子研究》2016年第2期发表刘宗镐副教授的评论文章，称该书"是一部真正意义上的关学思想通史"。《关学思想史》2018年获陕西省第十三次哲学社会科学优秀成果一等奖。《关学思想史》（增订本）2024年获教育部第九届高等学校科学研究优秀成果奖（人文社会科学）三等奖。

此外，刘学智还在各大刊物发表数篇与张载、关学相关的论文，可谓硕果累累。同年，刘学智任总主编的《关学文库》由陕西省文史研究馆和西北大学联合出版。《关学文库》分为两部分，一部分属于文献整理，一部分属于综合研究。文献整理类涉及关学史上29位重要学人的著作，综合研究类撰写了《关学精神论》《关学思想史》《关学学术编年》等，同时为10位最能反映关学发展历史进程和基本面貌的学人撰了评传。全套书共计47册2300万字。提及《关学文库》编辑出版的过程及学术价值，刘学智说道："《关学文库》是对八百年来关学文献的首次系统整理和研究。秉持关学宗师张载'为往圣继绝学'之志，以传承、弘扬和创新中华优秀传统文化为宗旨，在考究学术源流的基础上，以文献整理的系统性、学术研究的开拓性为目标，以综合研究与个案分析相结合、经典解释与思想阐发相结合为特点，通过对关学学人著述的抢救、挖掘、整理与研究，展示关学的历史面貌、发展脉络、鲜明特色、理论贡献及其当代价值。"如有的学者所言，文库的出版填补了自南宋学者吕本中提出"关学"概念以来，八百余年全方位梳理与研究关学学派的空白，对于赓续中华文明，弘扬关学精神，彰显文化自信，推动传统文化创造性转化、创新性发展具有里程碑意义。2015年，"十二五"国家重点图书出版规划项目《关学文库》（47册）出版后，引起学界广泛关注，《光明日报》《陕西日报》整版报道专家学者对《关学文库》的评论。2016年，该书获第二届全球华人国学成果奖，《关学文库·关学文献整理系列》获第六届中华优秀出版物奖。2020年，《关学文库·关学文献整理系列》获教育部第八届高等学校科学研究优秀成果奖（人文社会科学）二等奖。由于刘学智在西部儒学研究方面的突出成就，国际儒联、四川大学国际儒学研究院于2019年3月，为他颁发2018年度"西部儒学贡献奖"。刘学智中肯地说："《关学文库》主要是以文献整理和研究为目的，其工作难度较大，整理经验亦有不足，仍存在缺点和疏漏。所以，当代关学学人不能止步，丛书质量仍需进一步提高。"可见他对关学研究抱有极高的要求与期望。

2018年1月5日，《中国社会科学报》以《关学文献整理与研究不断走向深入》为题，对刘学智教授进行专访报道。刘学智从学术史的角度阐释了关学及关学研究，回答了关学学派演变、当代关学研究现状等问题，这次访谈也促进学界提高了对关学的重视度，使关学进一步走近民众。陕西师范大学地处关中，深受关学学风熏化浸染，在关学研究中形成质朴精进、笃实践履的优良传统，2019年12月7日，陕西师范大学关学研究院正式揭牌成立，蔚为海内外"关学"研究重镇。

刘学智将张载及其关学的思想特征概括为躬行礼教、求真务实、重视践履、经世致用、崇尚气节，这些思想特征对关中的文化精神、思维方式、行为方式都产生了较大的影响。张载提出"为天地立心，为生民立命，为往圣继绝学，为万世开太平"的"四为"是经世致用的经典之说，影响深远。关学研究虽历经曲折，但随着中国学术环境日渐优化而趋于兴盛，方法日渐科学，相关文献的搜求和整理也日臻完善。刘学智及一代代关学研究者的接续奋斗，有力地推动着关学研究不断走向深入。

除去关学研究之外，刘学智先生还对儒、释、道三教关系有着深刻的探究与思索，以求在尚有争议的问题上实现突破性进展。2012年，由刘学智担任首席专家的教育部重大课题攻关项目"儒释道三教关系史研究"开题报告会举行。2015年10月，为期两天的"儒家的使命与当代中国"学术研讨会暨中华孔子学会成立三十周年纪念大会在上海举办，来自全国各地学术机构的专家学者共100余人出席大会。会议围绕当代中国背景下的儒学使命开展学术研讨，并举行了中华孔子学会换届选举，刘学智当选为副会长。

刘学智认为，北宋时的儒学受晋唐以来儒与释、道交融的文化背景的氛围影响，思想家们克服了汉唐儒学之弊，借鉴了佛教、道家和道教的本体论、心性论及思辨方法，形成了理学。关学是理学的重要一脉，是"理学的一座思想高峰"。谈及关学思想的"使命"与"担当"，刘学智教授指出，"横渠四句"最能体现关学学人的博大胸怀、精神气象和哲学使命，一直以来为古今志士仁人尊崇，至今仍有很大影响。当代陕西精神以"爱国守信、勤劳质朴、宽厚包容、尚德重礼、务实进取"闻名，这项精神就与横渠精神有着密切的联系。张载"四为"启发我们培养使命意识，提升自己的精神境界，从"躬行礼教"的理论与实践获得遵纪守法的深刻启示，以"民胞物与"培育仁爱精神，从"笃实践履"的关学特征引发求真务实和实践精神的思考，从关学学人的风骨和气节获得心灵的净化和精神升华。

传承文脉　弘扬精神

近年来，刘学智先生在学术领域内不懈探索的同时，也不断发掘着中华文化中启迪人心的正向价值力量，力求走出书斋、走出象牙塔，将研究与社会服务、文化传承结合起来，全力做好关学在新时代的哲学阐释和价值阐发，让中国文化不只是学界的学术养分，更成为中国人共有的精神养分。

2016年，刘学智应四川大学和贵阳孔学堂之邀，赴贵阳进行讲学交流，在黔城引起不小的"关学热"。3月12日，由刘学智教授主讲的阳明文化系列讲座之一《南大吉与王阳明》在贵阳孔学堂举行，300余座位的讲堂座无虚席。讲座结束时听众还与刘学智教授进行了热烈互动，反响强烈。后续，刘学智接受了贵州电视台专访，参与《对话孔学堂》节目录制，与有关学人就南大吉与王阳明的学术交往、心学对关学的影响以及传统文化的当代转化等问题，从多个角度进行了对话交流。3月18日，刘学智在孔学堂主持题为"关学、闽学与阳明学在理学史上地位探讨"的第四期孔学堂讲会，来自北京大学、北京外国语大学、湖南大学、贵州大学等全国多所高校的专家学者到会参加。此次行程中，刘学智还为贵阳市民做了题为"张载关学的思想及其精神气象"的公益演讲，社会各界百余名民众到会聆听，再次引起强烈共鸣。贵州师范大学一位老师听完报告后致信刘学智教授："今晚冒着大雨、赶着30多公里路来听您的报告，很值得，很欣喜！您学者的风范不经意之间再次感染了小杜。"

2016年，由中共中央党校发起，以第九届、第十届全国人大常委会副委员长许嘉璐先生为总顾问的大型公益文化传播活动"领导干部学国学全国行"公布首批顾问团专家名单，刘学智教授成为陕西省唯一入选专家。该活动旨在使领导干部从丰富的国学经典中汲取和领悟修身做人之道、知人用人之道、为官为政之道及治国理政之道。刘学智参与其中,以讲传学,既是响应国家号召,也推进了国学的发展。在一次次讲学中,听讲的受众从国家领导干部到广大民众,刘学智努力将优秀传统文化与学术进步思想传递给更多民众。这是一位师者对传道解惑的坚守,也是一位学人对自身所学的热爱。

2016年3月2日,陕西师范大学哲学与政府管理学院与中共蓝田县委协商共建的"农村乡规民约研究实践基地"揭牌,刘学智被该基地聘请为首席专家。同时,以陕西师范大学教师为基地成员主体,并有关高校和蓝田县委及社会人士共同参加的"《吕氏乡约》的创造性转化——《蓝田新乡约》的制定和实践"项目课题组成立,该项目亦同时启动。创制于北宋的《吕氏乡约》被认为是中国最早的成文乡约,由陕西蓝田吕氏兄弟制定,以"德业相劝,过失相规,礼俗相交,患难相恤"为四大宗旨。"蓝田四吕"集纳儒家礼教精华,以自己的体悟、实践,诠释关学,从礼仪道德标准入手,对民众进行约束和教育,扬善抑恶,规正民风。项目启动以来,刘学智与众位老师一起潜心研究、系统梳理乡约文化的渊源流变,在总结现当代乡约与中国乡村治理理论成果和各地实践经验的基础上,通过实地调研、专家论证、各界参与、基层试点等方式逐步展开新乡约的理论与实践研究。中央纪委国家监委网站于2017年10月24日刊发刘学智文章《陕西蓝田〈吕氏乡约〉:中国历史上最早成文乡约》,在全国范围内宣传推广蓝田县《吕氏乡约》,受到各方高度关注。由此,课题组在科研成果转化、服务社会方面,迈出了坚实的一步。在多次实地调研、召开调研会议、征求当地村民和乡贤建议的基础上,经过反复修改打磨,《蓝田新乡约》最终于2017年12月基本定稿。

2018年7月14日,《光明日报》刊登了刘学智教授《〈吕氏乡约〉与〈蓝田新乡约〉》一文,《蓝田新乡约》由此公布于世,并引起社会广泛关注。《蓝田新乡约》以传统乡约四大宗旨为基本内容架构,结合现代乡村生活实际和新的时代观念,制定了与当代乡村治理和道德建设相适应的乡约条款,尤突出乡村自治、道德教化的文化精神。这次由刘学智主要负责的《蓝田新乡约》的修订，是高校与社会结合，承继传统、服务社会的一次有益尝试，也是"农村乡规民约研究实践基地"在科研工作方面取得的关键性成果。随着基地和课题组"传约""行约"活动的展开，《吕氏乡约》的创造性转化、创新性发展得到有效的推进和深化，并使之在道德教化、乡村治理方面发挥积极作用。

2018年12月21日，《中国社会科学报》以《耕读传家久　诗书继世长》为题，通版刊发了陕西师范大学7位专家学者的文章。他们分别从不同角度就家训的历史起源、哲学基础、文化内涵、时代意义等问题展开阐释，以期能够深刻认识家训文化的传统地位与内涵，深度理解家训文化的当代价值与意义，发挥家训文化的现实功能与作用。其中，刘学智教授提及民间儒学与家风、家训的问题。他认为，目前儒学研究出现多元开展的特征，民间儒学就是一个重要的面向，无论从儒学的历史存在形态来说，还是从研究应该关注的不同方面来看，都应该关注民间儒学的研究。刘学智表示，民间儒学要通过老百姓喜闻乐见、通俗易懂的方式来展现和传播，通过世俗化的生活样式来体现。以民间儒学为桥梁，儒家的核心价值观被化为广大民众的行为方式、生活理念、思维方式，融化在民族的血液里。这也是儒家文化之所以根深蒂固、持久存在的重要原因。今天，我们对民间儒学进行创造性转化和创新性发展，就是要对家风、家训等传统文化进行深入挖掘、系统整理、研究阐释、活态利用，使其有益的文化价值深度嵌入百姓生活。这是弘扬优秀传统文化的一项重要任务，也与我们学习和践行社会主义核心价值观的目标相一致。在上述研究的基础上，刘学智于2020年12月成功申报了国家社会科学基金重大项目"乡约文献辑考及乡约文化与乡村治理体系建构研究"。该项目于2021年5月在《吕氏乡约》的诞生地蓝田县成功举行开题研讨会，国内知名学者20余人参加了会议。目前该项研究工作正在进行中。

关学以"化育人心"为宗旨，从三秦尤其是关中的人文历史传统中汲取养分，以"学风笃实、注重践履，崇尚气节、敦善厚行，求真求实、开放会通"的文化精神，屹然屹立于世，彰显中华文明源远流长、经久不衰的巨大生命力，是涵养新时代中国特色社会主义文化与价值观的重要源泉。对关学的研究和传承，是中华民族文化繁荣路上浓墨重彩的一笔。刘学智为这门大学问奉献着无限的热情与心血，也传承其无限的智慧与哲思。

【主要参考资料】

[1] 刘学智：《中国哲学的历程》，陕西人民出版社，1993 年。

[2] 高华夏：《刘学智教授赴贵州孔学堂讲学交流》，陕西师范大学网站，2016 年 4 月 13 日。

[3] 陆航：《关学文献整理与研究不断走向深入》，载《中国社会科学报》2018 年 1 月 5 日。

[4] 刘学智：《〈吕氏乡约〉与〈蓝田新乡约〉》，载《光明日报》2018 年 7 月 14 日。

[5] 刘学智：《耕读传家久　诗书继世长》，载《中国社会科学报》2018 年 12 月 21 日。

[6] 黄诗煊：《黄诗煊对话〈关学文库〉总主编、哲学书院刘学智教授》，陕西师范大学哲学书院网站，2019 年 6 月 3 日。

[7] 刘学智：《寻道"关学"一脉，赓续千年文明》，载《半月谈·文化大观》2020 年第 3—4 期。

[8] 刘学智：《关学思想史》（增订本），西北大学出版社，2020 年。

[9] 刘学智、魏冬：《关学二十二讲》，西北大学出版社，2020 年。

[10] 魏冬、米文科：《业师刘学智先生关学研究之主要创获》，见《关学谱系与思想探研》，陕西师范大学出版总社，2020 年。

[11] 刘书芳：《三代关学人弦歌不辍，传横渠精神》，载《陕西师大报》2021 年 3 月 15 日。

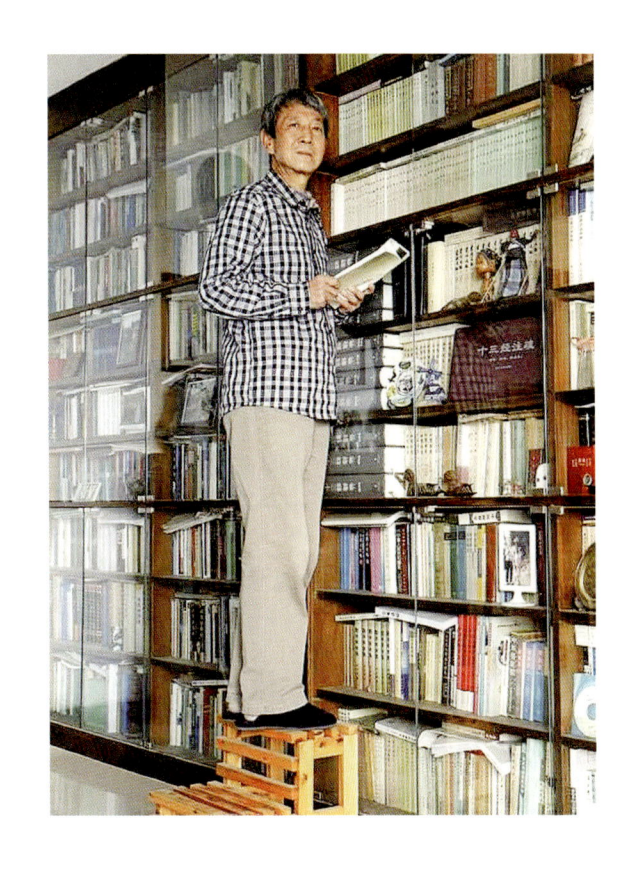

【人物档案】

尤西林，生于1947年，祖籍陕西榆林，生于四川成都。陕西师范大学文科资深教授、文学院博士生导师，校通识教育研究中心主任、哲学社会科学高等研究院首席专家，教育部马克思主义理论研究与建设工程重点教材《美学原理》首席专家，首届全国教材建设先进个人，陕西省哲学社会科学中心顾问。1966年高中毕业后插队，1982年陕西师大中文系毕业后留校工作，致力于人文科学信仰论与现代性理论相结合角度的文艺学、美学研究。曾获教育部高校人文社科成果三等奖3项。兼任清华大学道德与宗教研究中心研究员、香港汉语基督教文化研究所研究员、澳门利氏学社学术顾问、香港法住学院研究院教授、中国大学人文研究会副会长、中华美学学会外国美学学术委员会副主任。

尤西林：传道以美　育人以真

尤西林曾说：任何功利或贫穷的民族都会将最宽敞的空间与最美丽的风景奉献给大学，因为大学是现代社会知识原理与终极价值观的传承创新母体。这一母体的核心是讲坛。讲坛乃神圣之地。一代代教师以生命智慧融于此地，先师虽逝，音容笑貌永在此地；一代代优秀青年的纯真目光汇聚于此地，社会让教师向这些优秀的子女传道授业并进入他们的精神，这是最高的委托；社会让这些青年聆听人类最重要的思想与知识，这是最重大的传承。幸为人师，接受此委托与传承责任，让我们共勉！

下乡：时代使命感下的理想主义与现实关怀

1966年，尤西林高中毕业后，申请到陕西汉中的黎坪农垦场，希望成为一名农业工人。1968年，尤西林又赴秦岭山区插队，并在插队期间开始组织理论小组研读马克思主义与社会科学。插队对"老三届"一代人来说具有普遍性，他们以俄国民粹主义与青年毛泽东为榜样，沉浸于劳苦磨炼、与社会底层贫苦农民交往之中。

尤西林很珍惜下乡的那段岁月，他认为，一名城市青年与基层贫苦人民一道生活，从事艰苦劳动，得以熟悉基层社会，了解国情，也使得自己自此非常尊重用自己的劳动维持生活，而且支持整个社会的底层民众。也正因为带着对国情民意的了解及体验感情，尤西林与当时插队的大多数人一样，选择了人文社会科学，希望以学术更深刻地把握包括自己经历在内的国家与民族的道路。

在插队期间的一次经历让尤西林终生难忘。一个雨天，他从深山老林背着200多斤柴归队，不承想在路上滑倒了，而前面同伴的背影已经消失。按照常理，如果没有别人的帮助，他自己一个人是不可能将那么重的一捆柴扛起再走的。当时，他感到非常恐惧。然而，就在不到一分钟的犹豫、放弃、坚持、自责等复杂情绪的斗争中，尤西林爆发了非常大的力量，咬牙在泥水中将柴奇迹般地扛了起来。他认为，类似这样的劳动和经历，使自己在体力、心力和意志力方面得到了锻炼，也使自己后来能有持续的意志力去进行学术研究。

尤西林始终认为，下乡并不只意味着苦涩，那段经历对他有着更多的主体性象征意义，当时的自己并不是处于随波逐流的强迫状态，而是很自觉地将其视为一种时代使命感的自由行动，这里面蕴含的理想主义和现实关怀也始终贯穿其此后的生活和治学。而他选择美学也可视为这种自由行动的有机延伸，他在一段自传文字中说："我永远爱着那些纯朴的工人农民（至今常有插队时老乡来家住宿办事），我们同时以超越世俗（庸俗）价值的高尚意义境界为生活目标。这一境界在我进入学术后指认为'美'。"

正因为尤西林的学术研究立足于这样一个深刻的生存背景，所以他的美学研究、宗教学研究以及人文学科研究都绝不仅仅是知识系统内部的积累和完善，学术对他来说，"既不是无奈的生存工具，也不是概念游戏"，而更多的是一种美的品质的生活追求。

求学：四年如一日的孜孜苦读

尤西林出身传统的知识分子家庭，外祖父系东京帝大博士与西北联大教授。在当时，像他这样的出身，是很难进入大学读书的。由于这个原因，再加上自己在下乡插队时的体验，恢复高考后，尤西林非常珍惜自己在大学的读书机会。

尤西林在上大学时，多系自学（初中时已读过《神曲》《浮士德》），经常每晚只睡五个多小时，总是凌晨1点以后才回宿舍，而第二天6点就要出操。因为回去得晚，怕拿脸盆时的响声惊醒宿舍里的其他人，他就事先在盆下垫上一块毛巾，然后悄悄出来在厕所或走道里洗漱。为了充分利用时间，尤西林甚至没有耐心去排队买饭菜，而是经常到旁边的"五七"食堂买一毛八分钱一份的面条，连汤带面一并吞下，然后到图书馆占位置读书。现在的学生可能觉得这样的学习太过刻苦、艰辛，而尤西林认为那是一种追求真理的幸福生活。

求学期间，尤西林有幸得到几位老师的鼓励和支持，这对他以后研究学问和从事教学有着积极的影响。他回忆说，在自己晚自习时，当时的中文系主任王守民经常坐在附近一起看书，深更半夜，偌大教室只剩他们二人，常常是他不起身对方也不走。而师从名师熊十力、冯友兰，与牟宗三同学的李景贤教授则使他"在一个并无悠久历史的地方学校体会到现代已稀见的中国传统知识分子品质"。李景贤是福建闽侯人，1935 年北京师范大学中文系毕业，1949 年后在西安师范学院、渭南师范专科学校任教，后在陕西师范大学从事古籍整理工作。尤西林曾回忆说，李景贤教授"从不关心利益与名声，只是以闽南普通话执着地与我辨析学术"。一年除夕，"爆竹声中李先生把我从书桌边拉起，去他极为简陋的房间喝一杯用煤油炉煮的咖啡，描述熊十力在北大讲课时的风格"。这些老师的言传身教深深影响了尤西林的学术与大学生活风格。

教书：远眺知识真理精神地平线

1982 年，陕西师范大学中文系主任王守民顶住压力，决定让应届毕业生尤西林给 1979 级的学弟们讲新开的美学课。他也是学校从恢复高考后的首届毕业生中选拔出来的第一位教师。尤西林后来回忆说："我几乎背诵了讲稿，试讲那天发高烧喉头水肿，我看着台下学校、系、教研室领导与老师，窗户外黑压压的人头，对讲题内心升起一股激情。"自此，一届届学子纯真的目光支持着他二十余年的教学生涯，让他始终视讲台为神圣之地。

尤西林讲课以清晰的语言阐述深层原理为特色，在融会贯通广博的学科知识中突出学科逻辑结构，尤其是能更深层涉及知识逻辑的人文价值观，因而讲课在理性思辨中透有激情。他历年来不仅是本校学生评价最高的教师之一，也是西安高校教师与学生旁听最多的教师之一。

尤西林认为，讲课的语调是课堂语言与教师心态的定位。他与李景贤先生交谈时，"清晰地明白了'训政'与'恳谈'不同的讲课风格含义"。在后来的教学生涯中，尤西林也将"恳谈"的讲课风格传承、发扬，他在《在神圣的讲台上传播美》中如此写道：

> 即使作为人文学科，价值观阐释也必须以理性论证，切忌煽情或直陈颁布式训政语调：不要高声朗诵，而宁可接近日常恳谈风格。

恳谈使教师不是将结论灌输给学生，而是以平等邀请的语调将学生带入共同思考的氛围。教师每次都以新鲜的眼光演示自己无数遍探讨过的知识行程，吸引学生与自己一起经历这一思考过程。结论是双方共同获得的，听众成为主动的发现者。尽可能使学生更真切细致地目睹知识的脱胎过程与经历源初的思路历程，并引导学生尽可能丰富地看到知识的相关母体环境。要让学生直观到教师敏锐、忖度、犹豫、决断的目光（甚至允许停顿沉思片刻，这比演讲式流畅语言更能作用于学生内心）。由此不仅使学生思想操作（而不是静观旁听）式掌握了知识，而且体会了方法，甚至感受有魅力的教授远眺知识真理精神地平线的优雅高贵气质，从而领略大学教育最深层的境界。而在那些平庸的宣讲中，人们听到的则是无个性的结论与独断判语。后者犹如穿上了一件铁壳外衣，知识的诞生过程已被封死。

尤西林的博士生、现在陕西师大文学院工作的杨国庆说："先生备课非常认真，他使用的100多页的《巴黎手稿》，被多种色彩的笔批注得密密麻麻，中间夹满了纸条，看起来有400页的书那么厚。""他的课堂没有废话，但却不因为思辨的抽象性而剥夺听讲者的兴趣。先生授课尽管没什么外在技术手段的辅助，只是通过大家在课堂上按顺序朗读文本，逐句解读与研讨，但却使自己在先生的课堂上平生第一次感到了思考的乐趣。"文学院2005级本科生朱俊霞说，尤老师讲课最大的特点就是深入浅出，能将非常抽象的道理具体明晰化，同时能引人思考，让人"受益终生"。

尤西林是首届陕西省教学名师、省级精品课程主讲人、省级优秀教学团队带头人。自20世纪80年代开始编写教材。先后出版有《人文科学导论》（普通高等教育"十五"国家级规划教材，被视为人文科学领域代表性与开拓性著作，被海内外许多大学使用）、《大学新语文》（普通高等教育"十一五"国家级规划教材，参编）、《美学原理》（马克思主义理论研究和建设工程重点教材，主编）、《通识教育文献选辑》（本科通识教育教材，三卷本，主编）。先后获陕西省优秀教学成果一等奖、二等奖，2021年9月获首届全国教材建设先进个人称号。他不仅承担校通识教育基地哲学书院的教学设计，而且指导深圳锦田小学集团复兴陶行知新生活教育运动，以及劳动教育基地建设。

关于主持编写教育部马克思主义理论研究和建设工程重点教材《美学原理》，博士生杨国庆说，2009年尤老师作为首席专家承担教材编写工作。六年间，教材编写七易其稿，尤老师曾一月数次往返于京陕之间，为教材定稿不辞辛劳地奔走。尤老师认为，教材不同于一般学术著作，一定要本着对后代负责的精神，每个概念都要力求严格准确，经得住时间的考验。2015年11月教材出版前，厚厚的书稿他已经校读多遍，书稿上每个关键概念的汉译后面都标注了外语词源，这项工作看似简单，但细细翻检核实起来，却是一件耗时费力的苦差。这期间，尤老师查出晚期癌症、糖尿病与心脑血管病变，他不顾编委与责编劝告，坚持精心完成修订工作，出版后又给全国教材培训班授课，此后才连续进行了切除手术与支架安装。

科研："千万不要迷恋于发表！"

还在读大学一年级时，尤西林的一篇作业就被他的老师寇效信、张积玉赞赏，并被刊于学报，成为1977级的第一篇刊发论文。但寇效信此后对他最常讲的话却是："千万不要迷恋于发表！"现在，尤西林也经常拿这句话教育自己的学生。

尤西林在一次接受陕西师大电视台记者的采访时说：学术文章的发表，往往和个人的世俗、功利绑在一起，目前的体制固然无法因个人力量去改变，但一定要对它有清晰的认识。"千万不要迷恋于发表！"代表着中国学人一种非常重要的学风和传统，这种传统不会简单地在市场化的冲击下消失，相反，它应该且必然继续传承下去，并影响到年青一代的学者。《人文学科及其现代意义》与相关的三部专著，被视为汉语文化界人文科学原理的奠基著作，中华书局与中山大学实践哲学中心对他的专访亦着眼于此。《阐释并守护世界意义的人——人文知识分子的起源与使命》二十年间被海内外四家出版社再版，多位当代著名学者都谦称是读此书成长起来的。《孤立他人——起源、机制与演变》

被海内外高度评价，法国高等社会科学研究院张崑认为："不得不承认是我至今读过的中文世界发表的最高水准的哲学论文。我个人揣摩这份研究的工作性质是超越福柯的，较承袭福柯超越福柯的阿甘本亦有过之而无不及。"

杨国庆在《尤西林：以生命追求真理的人》中说："每次学生去看望尤老师，他很少客套和寒暄，最爱和大家聊学问，无私分享他的研究心得，学生往往在不经意间受到最深刻启发。一次谈到写一篇论文时涉及计算机与人工智能方面的内容，他不仅专门查阅了大量有关人工智能的资料，还专门邀请他人补习高等数学。治学作文能'熟处见生'，每篇文章均力图在相关论域有所创新，这是和尤西林老师多年坚持的写作原则紧密相关的。他曾自述论文写作的两个原则，一是无创意不写，二是做学问不要赶时髦，要关注根本性问题。"杨国庆说，尤老师在 2011 年北大高等人文研究院与李泽厚的对话中如此表达："中国问题自然会诞生中国思想与中国哲学。""我们不仅要研究李先生的理论术语和概念系统，如果我们有更高的责任，就应该使自己比他更有勇气地正视与更深切地理解这个时代的问题，同时以更加融通的专业方式说出来。"

尤西林被誉为"在人文科学领域探索美的智者"，个人论著有《文学批评的类型》《阐释并守护世界意义的人——人文知识分子的起源与使命》《人文学科及其现代意义》《人文科学导论》《心体与时间：二十世纪中国美学与现代性》《人文科学与现代性》等，论文在《中国社会科学》《文化：中国与世界》《德国哲学》《二十一世纪》《九州学刊》《读书》《文学评论》《文艺研究》《基督教文化评论》《文史哲》《高等教育研究》，以及 China Study Journal（伦敦）等期刊上发表。早在 1982 年，尤西林发表于《学术月刊》的《关于美学的对象》，"批评传统美学对客体形式的静观偏见，强调生存境界先于艺术对象"，就在美学界引起很大反响，被《文汇报》列为美学四派之一。自 20 世纪 90 年代末开始，尤西林扩展向基督教文化研究。

并不迷恋发表的尤西林何以能有如此成就？除了长期、广泛的辛勤积累，"什么时候都皱着眉头"思考，他的为学执着也是一个重要的因素。杨国庆说：

先生为了集中精力搞科研，把社会活动占用的时间追回来，每天晚餐后都会步行到办公室工作到很晚才回家休息。先生在写作《人文科学导论》一书时，刚做完手术，身体状况很不好，而高等教育出版社又催稿甚急。因为手术的原因，先生不能正常坐卧，只能趴在床上写作。尤老师在没有给我们缺一节课的情况下，硬是在不到一年的时间里把书稿完成了。

育人：望之俨然，即之也温

尤西林为人严肃认真，其已毕业的硕士生邓春燕说：长于思考的尤老师，经常使人在与之初接触时紧张，但相处时间长了，就会觉得老师温婉可亲，正应了"望之俨然，即之也温"的古语。尤西林是知名学者，社会事务繁杂，但他几乎没有让自己的学生为他承担任何额外的劳务。相反，对于学生的请求，他都会倾力相助，为他们的学习排除后顾之忧，同时，不遗余力地为学生们提供进一步深造的机会。

尤西林在年轻时，经常和学生为学术争论彻夜长谈。他的书橱向学生敞开外借，就连自己的未定稿和珍贵资料也毫不吝惜。他重视过程，不在乎结果。他虽然经常鼓励学生要有信心去做学问，但并不强调学生都要待在高校里做专职科研。他认为，学生能力禀赋高低有别，但必须有一颗真诚的心，真诚待人、处事、为学。

尤西林教导学生要重视问题意识，特别强调理论反思的距离意识，教导学生不要迷信权威、追逐时髦，轻易地放弃自己的立场。杨国庆回忆说，在一次海德格尔《尼采》的讨论课上，尤西林指出海氏的这个讲稿有些部分水分很大，大家完全没必要在大师面前丧失自己的自由判断，在学术研究上，一定要通过沉潜读书，努力做到平视古人。在尤西林看来，那些普通听众、精神同道者的肯定性来信远比一些行政机构、社会团体给予的奖励重要；而学生纯真、渴望的求知目光，让他非常珍惜教学，认为这才是自己真正的生活。

陕西师大2009年文学院硕士学位课程班的高晓娜说："老师为我们提供了一个真正的大学精神信托、精神引领的典范，那种对学术的尊重以及不懈的追求精神深深地感动着我，做一个精神上的追求者，在这个以利益为杠杆的社会确实令人感动。"

为师：师范教育的人文精神

尤西林研究文艺学、宗教学、美学，强调人文精神，作为教师，他又重视师范教育的研究。他认为，师范教育的系科专业虽然也具有专业性的内容，但它作为知识技能并不直接成为生产活动，因而处于更远离经济基础的上层建筑与意识形态地位。

对师范生人文素质的要求，在根本上即是要树立将对象当作主体来看待的精神态度。具体来说，师范生不仅在理智、思维上，而且在感情态度上都应具备善解人意、富于同情心与感受体会能力等。这类人文素质对于师范生来说不仅是一般的道德教养，而且是更为直接的专业能力素质。

高晓娜在听了尤西林人文科学导论课后，在总结课程学习时深有感触地说：师范教育应区别于纯技术性的学习及教育，它理应是一种基本精神原则，它本应不仅体现在师范技能课中，而且应渗透于师范教育的全部课程乃至师范的整个生活中，也就是说我们作为老师应注重教育对象的特性，以及他们的人文性和主动性。

从这个意义上说，无论文理科，师范生均不仅需要接受教育学、心理学、教育实习等培训，还应普遍接受修辞讲演、艺术等传统人文学科的培训与熏陶。人文精神应当贯穿于师范院校各系科各门课程的教学中，并尽可能广泛地渗透于师范院校的文体活动、业余社团组织、校园环境风气营建等日常生活中，形成浓郁的人文氛围。师范生应该具备高素养，富于良好细腻的精神感受力，他们应处在更高的教化水平上。因为他们在日后的工作中面对的既非客体的物，也非客体的人，而是尚未进入职业分工、包含着未来丰富潜能的主体的人。

尤西林在讲授课程时，向学生渗透这些理念。听过他课的陕西师大原化学与材料科学学院的黄辉说：通过听尤老师课，我知道了大学的"大"不在地盘面积，而在"大师"之多，在于一个很好的氛围来全面提高你的素质，包括很重要的"人文精神";同时也使我认识到即使是化学专业,化学也不是全部,还有更广阔的空间。而体育学院的学生李吉鹏说:体育应该表达身体的人文意义,在未来的工作中应该切实担当起一名体育教育者的职责,去教育自己的学生。曾为物理学院学生、现为宁夏特级高中教师的马亚鹏,在校期间听了人文科学导论两节课,后来在尤西林教授的鼓励下撰写了专著《物理人文科学》。

【主要参考资料】

[1] 尤西林:《大学人文精神及其社会功能》,载《学习时报》2008年11月10日。

[2] 尤西林:《大学人文精神及其信仰渊源》,载《科学时报》2010年2月1日。

[3] 本刊:《尤西林的美学道路》,载《美与时代(下)》2012年第9期。

[4] 支丽蓉、韩星媛:《尤西林的书房》,载《湖南工人报》2016年4月29日。

[5] 尤西林:《以马克思自由劳动思想为美学原理奠基》,载《光明日报》2016年7月21日。

[6] 杨国庆:《尤西林:以生命追求真理的人》,陕西师范大学微信公众号,2016年9月18日。

[7] 尤西林:《师范教育对通识教育发展具有示范意义》,载《社会科学报》2017年10月26日。

[8] 陕西师范大学文学院:《文学院特藏资料馆藏推介(第四期)——尤西林》,陕西师范大学微信公众号"昭文工作室",2020年9月5日。

[9] 尤西林:《中国当代通识教育的起源与现状》,载《中国社会科学文摘》2022年第12期。

【人物档案】

赵学勇，生于1953年，陕西乾县人。陕西师范大学文科资深教授、博士生导师。1977年兰州大学中文系毕业后留校任教。曾任兰州大学文学院副院长，中国现当代文学研究所所长，《兰州大学学报（社会科学版）》主编、编委会主任等。2006年引进陕西师范大学文学院，任现当代文学博士点负责人、延安文艺研究中心主任。著作主要有《沈从文与东西方文化》《传奇不奇：沈从文构建的湘西世界》《革命·乡土·地域：中国当代西部小说史论》《生命从中午消失：路遥的小说世界》《延安文艺与20世纪中国文学的价值体系重建》等10余部，在《中国社会科学》《文学评论》《文艺研究》等刊物发表学术论文百余篇。作为首席专家，主持完成国家社科基金重大项目"延安文艺与20世纪中国文学研究""红色文艺与百年中国研究"等。获教育部及省部级优秀科研成果一、二等奖10余项。获国务院政府特殊津贴、陕西省高校优秀共产党员称号、宝钢优秀教师奖等。兼任中国现代文学研究会副会长、中国鲁迅研究会常务理事、中国当代文学研究会理事等。

赵学勇：以下沉的姿态求知、问学与授业

回望赵学勇教授近五十年来从事中国现当代文学研究与专业教学的历程，很容易看到的是，他一直以下沉的姿态求知问学，潜心研究与授业。在青少年时期的读书时光中，一方面，赵学勇游于各类书籍，沉浸在审美与艺术想象的世界里；另一方面，由于插队经历与矿工生活的淬炼，他的阅读与思考紧密地贴合现实，深深揳入承载着欢欣与苦难的大地，成为一种"及物"的求知。在正式踏入中国现当代文学的研究领域后，面对纷至沓来的各种文学现象、文学思潮、重要作家，他没有追新逐异，而是冷静地选择从大量原始期刊文献的阅读开始，沉潜其中触摸历史，把握现代文学的历史发展图景。正是对原始期刊的广泛阅读，使赵学勇发现了现代文学研究领域的种种问题，并开辟出了自己的研究路径。赵学勇一直坚持两个基本意向——整体性观照与学理性探讨。在他看来，无论是学术视角的深化还是研究范畴的扩展，其内在动力都是为了进一步认识文学史的整体性和复杂性。在潜心研究的同时，他格外重视对学生的培养，对自己指导的硕士生、博士生，他一直都是在学业上严格要求，在这种"严"与"慈"的指导过程中，学生们收获多，成长快，也因此，赵学勇培养的学生很多都成了各自工作岗位上的佼佼者。

求学问道，负笈尘游

赵学勇出生于 1953 年，祖籍陕西乾县，成长于甘肃临洮。1968 年，时年 15 岁的赵学勇赴临洮与康乐县交界的一个山村插队，经历了一段真正融入"三农"的岁月，使他体验和认识到了中国农民的生存状况。艰苦的劳动环境并没能阻挡赵学勇求知向学的愿望，每天休息及睡前他都会抽空读书。现实生活的磨炼与洗礼，连同由书籍构建起的精神世界，促使赵学勇埋下了一颗理想的种

子，只待日后破土而出。而后，赵学勇被招工到一个煤矿工作。矿区的五年生活经历，不仅加深了他对中国最为艰辛的产业工人生活的认识，对他们的感情也深深地融入了自己的生命之中。无论是当农民还是当工人，赵学勇都从未放弃对于学习的持续渴望及追求。凭借优异的工作表现与丰富的文学阅读储备，赵学勇被推荐到兰州大学中文系就读，由此找到了一个值得自己为之奋斗终身的志业，正式开启了他甘之如饴的学术人生。

1977年，赵学勇从兰州大学中文系毕业。毕业时面临重新择业的问题：做教学科研还是行政工作？赵学勇选择了前者，为此，他放弃了一些比较难得的机会。"印象比较深的一次是，在某场全校师生大会上，我撰写的代表教师的发言稿受到了比较热烈的反响，也得到了校领导的赏识。此后，时任校长，后任甘肃省委副书记、中宣部副部长的聂大江先生多次动员我去校办做秘书工作。虽然感激于聂先生的邀请，但是相比于那些最后没能留在自己专业的老师，我还是更加珍惜能够留在中国现当代文学教研室工作的机会，所以最终还是婉拒了这次聘请。"赵学勇回忆说。

赵学勇说，在当时兰州大学中文系良好的学术环境中，能够得到认可留校工作非常荣幸。"得益于特定的历史机缘，那时的兰州大学师资力量十分雄厚。早在1959年，著名教育家江隆基由北大调往兰大任校长，有许多毕业于北京大学的优秀学子便相继汇聚于此，使其一度有'小北大'之称，其中中文系尤是如此。譬如系里的胡垲、吴小美、祝敏彻、刁在飞、齐裕焜、黄伯荣、徐清辉、黄湘龄等先生，都毕业于北京大学中文系，此外还有诸如清华大学、复旦大学、中山大学、四川大学、山东大学及兰州大学留校的小部分老师，共同组成了兰大中文系的师资力量。由于有这样一个来自各名校的师资队伍，加之'文革'刚刚结束，因而当时的中文系的学术气氛相当浓厚，学术风气也显得严谨务实。"

任教之初，赵学勇十分重视抓住身边机会，努力夯实专业基础，提升学术能力。在做1978级辅导员时，他跟随同学们再一次系统地接受了四年的专业课程训练。赵学勇认为，这"对于自身知识结构的补充以及专业知识的系统化训练"是非常重要的一个环节。

1980年7月到1981年9月，赵学勇赴吉林大学进修。在这段时间内，他除受刘柏青、刘中树、郝长海、孙中田等名家的指点外，更重要的是基本上较为系统地阅读了中国现代重要文学期刊，如"五四"时期的《新青年》《每周评论》《小说月报》《现代评论》等等，以及20世纪30年代的《现代》《文学》《文学季刊》《文学月报》《北斗》等左翼文学刊物，乃至40年代的《七月》《抗战文艺》《文艺阵地》《文艺生活》《文化杂志》《中国文艺》等。"这其中我会尤其注意到作家初版本作品以及彼时各评论家的文章。当看到初版本的有些作品与后来我们所看到的版本的差距之大，各种问题意识便开始逐步浮现出来。""之后，我才感受到这个过程对于自己真正步入对现代文学专业领域的认识多么重要，无论是知识结构的较为系统的补充还是学术视野的拓展，这些都是不可或缺的。"

到了80年代初，赵学勇在兰州大学师从吴小美教授攻读硕士学位。吴小美在北大中文系时师从工瑶先生，在中国现当代文学史、鲁迅研究、老舍研究及中外作家比较研究领域都卓有建树。她虽然对于学生的选择非常严苛，但是平日里又较为宽和自由，和赵学勇等学生聊天也不仅仅限于学术领域，还包括诸如生活及读书方面的近况等。"在天南海北式的聊的过程中，我们的思路得以进一步开朗，认识人生及文学的视野眼光也更加开阔起来。"

回忆硕士阶段的读书历程，赵学勇感慨地说："应当说20世纪80年代确实是一个交织着思想激情、学术理想以及价值重估的年代。它不仅改变了整个学术界的面貌，当然也极大地改变了现当代文学研究的整体方法、视野以及格局，而这一转变所带来的影响是极其深远的。彼时，各种各样的新思潮蜂拥至我们的视野之中，让人应接不暇，那种文化气象所带来的最大的影响就是所有人对知识有着强烈的渴望。"对于赵学勇个人来说，"印象比较深的一次是，因为那时买书还比较困难，为了买到一本刚得以再版的茅盾的《子夜》和巴金的《家》，我从凌晨 3 点钟去市里的新华书店排队，直到早上 8 点钟书店开门以后才能买到。可见那个时候大家对新知的获得确实是满腔热忱，现在回想起来真的是觉得非常难得的了"。

沈从文研究：构筑自栖的"希腊小庙"

攻读硕士学位期间，在确立了现代文学的研究方向后，赵学勇开始考虑自己的研究选题。加之当时正处于 80 年代学术界对于文学史整体反思的背景下，所以选择一个什么样的研究对象作为切入点，对于当时的他而言非常重要。

在其时的学术背景下，一个曾经被国外研究者认为是"世界级作家"然而又被国内冷落多年的作家沈从文进入赵学勇的视野。"对于长期阅读左翼文学作品的我而言沈从文极有吸引力。令我感喟到现代文学中竟然还有这样的一类作家和文学现象，他们的真实面目完全不像我们过去所接受的文学史所描述的那样。"随后，"对沈从文的兴趣就开始进一步扩展至类似的作家群体，譬如 20 年代、30 年代的新月派、现代派诸位作家等。也开始逐步将以往文学史中的某些内容替换为带有个人理解的阐释"。

当时恰逢一个机会，就是他受《文学评论》编辑部王信先生之约，撰写一篇有关沈从文研究的论文。"为了把握好《文学评论》给予的这次机会，我决心要在这一块儿做出点成绩来。"赵学勇敏锐地察觉到，国内的沈从文研究有进一步走向深化的可能性，研究"这样一个从 20 世纪 30 年代起创作旺盛一直延续至 40 年代但又受到左翼等极力挤压和冷落的作家，或许能够呈现丰富的中国现代文学场域中的另一个面向"。怀持这样的思路，他完成了《在历史的反思中探索——近年来沈从文研究述评》一文并交予王信先生。王信是一位学界公认的资深编辑，针对这篇论文的相关修改，王信曾与他多次通信，每一次来信都多达五六页纸。经过多番细致的修改，这篇论文 1986 年在《文学评论》

发表后，反响甚大，收获了现代文学学科奠基人、时任中国现代文学研究会会长的北京大学王瑶先生的认可，被录入由他主编的《中国现代文学研究：历史与现状》一书。国内外著名"沈研"专家凌宇教授高度肯定此文对其时沈从文研究的引领性作用。

"我在充分掌握了沈从文的相关材料后，也希望把沈从文作为一独特个案，从文化的角度看取中国现代文化与文学的进程及其关系，并用比较的方法，研究作为现代作家的沈从文究竟在文学史上是以什么样的姿态出现并从事创作的，于是便产生了我的第一本专著《沈从文与东西方文化》。"这本书是赵学勇前期研究的代表性著作，也使他在学术界崭露头角。在该书中，他提出了一些相关的重要论题，譬如：沈从文的文化创造及其"民族精神重造"的独特思路；以沈从文为代表的现代自由主义知识分子的作家群体，以怎样的姿态忧患于民族的复兴与新文化的建设；沈从文所提出的"人的重造"和"文化的重造"问题，是不是代表了自由主义知识分子另谋中国出路的另一种思路；这种现代的文化"重造"思潮之于当代中国有什么样的价值和意义；等等。而这些问题长期被文学史极力否认或有意遮蔽。专著出版后，曾任中国现代文学馆副馆长的著名学者吴福辉来信道贺，颇为动情地指出："透过本书的论述，可以看到你在背后所付出的精力与心血。"

与此同时，赵学勇陆续发表"沈研"系列论文20余篇，由此建构起自己的"沈从文研究"学术领地，成为当时国内继凌宇（湖南师范大学）、赵园（中国社科院）稍后的知名沈从文研究学者。21世纪以来，他发表在多家刊物的数篇"沈研"系列论文如《1979—2009：沈从文研究的几个关键词》《"美丽总是愁人的"——〈边城〉的悲剧诗学解读》《人性的建构与解构——沈从文与张爱玲比较论》《1940年代：沈从文的思想与创作》等，在学界产生较大影响。著作《传奇不奇：沈从文构建的湘西世界》2016年由商务印书馆出版，2019年获教育部人文社会科学优秀成果二等奖。

西部文学研究：作为文化西部的拓荒者

"从沈从文研究到乡土文学研究，再延伸到当代西部文学研究，与其说是一次学术重心的转向，倒不如说是我对研究对象的一个扩展而已。"说起西部文学研究，赵学勇谈到，其原因"一方面，80年代以来中国现代文学研究的前沿性，充分表现在它和中国当下社会的紧密联系"，另一方面则是"以鲁迅为代表的中国现代文学的发生，首先是从写农民开始。它既是鲁迅创作的两大题材领域（农民、知识分子）之一，也形成了其后中国现当代文学的优秀书写传统"，"因此，带着这样一种思考问题的意识去研究中国现代文学，能够更好地认识中国社会的面相、文化结构及特点，当然对于了解乡土中国的现代艰难进程也是很有意义的"。

赵学勇是较早涉猎西部文学领域的研究者。从20世纪80年代起至今，他对西部文学进行了长达数十年的跟踪研究。其西部文学研究的特色在于采用文化批评、审美批评的方式，对西部作家的"文化基因"与"精神结构"进行深入剖析。

从地域空间的层面而言，他指出西部文学只是把"'生于斯，长于斯'的地域作为一个背景，西部文学在这块广袤的土地上滋生、成长，却又不时地逸出地域的限制，与其他地域的文学相互缠绕、碰撞"，由此西部文学源于地域又超越地域，与各区域、各民族文学形成广泛对话。从作家创作的层面而言，他认为西部文学"不仅指作家的'西部身份'指认，也不仅指作家叙说了西部的自然景观、世态人情、生活境遇等，还应该包括那些以西部地域为支点，言说西部历史的、现当代的、未来的并能体现西部多民族的生存相、生态相、情绪相、精神相的文学"。因而他所关注的西部作家群体，就不只是长期扎根西部的本土作家，如路遥、陈忠实、贾平凹、红柯、雪漠、董立勃等，还包括迁徙或下放到西部的作家，如王蒙、张贤亮等。在他看来，对西部作家身份的确认，要以他们的文学创作是否反映了西部的历史人文与自然景观作为最重要的标尺，要以作家长时段地表现西部文明形态、持续性地张扬西部文学精神为内在规定性，这一看待西部作家的视角，丰富了学界对于西部作家群体的认知。

长期生活、工作在西部的赵学勇教授，在西部文学研究领域深耕多年，著述丰赡，影响甚大，尤其在西部文学概念界定、建构西部文学史、揭示西部作家的文化基因及精神结构、剖析西部文学重大现象及理论命题等方面，颇有建树。他将自我生命体验、社会责任担当与学术研究志业紧密结合，以建构西部地域文学史、服务西部地方文化建设为研究导向，不仅使其西部文学研究别具真挚、热忱的"主体建构"属性，富有学术厚重感与学术前瞻性，还回应现代化进程中当代西部的一些社会文化问题，构筑起独具特色的西部文学研究格局。

总之，无论是基于重要作家的沈从文研究，还是基于地域视角的西部文学研究，赵学勇都以在西北一隅持续深耕的姿态取得了令学界注目的成绩。其中尤为值得记录的是，新时期以来中国最具影响力的人文学者之一的北京大学中文系资深教授钱理群先生曾来信鼓励，并郑重地将赵学勇教授列为继王瑶、吴小美、钱理群等之后的中国现代文学研究领域"第四代学人中的优秀代表之一"，这无疑从学人风范、学术品格、人文情怀等各个方面肯定了赵学勇的学术追求及建树。

延安文艺研究：以延安为钥，赓续百年中国文脉

赵学勇一方面延续西部文学研究，一方面将研究重点转向延安文艺。"在专业领域，我开始在以往的基础上向两个方向继续深化。一方面，陕西作为'华夏民族之摇篮，东方文明之滥觞'的地区，不但有十三朝古都的文化积淀，也拥有强劲的文学生命力和丰富的当代文学创作实绩；而省内不同的地理地貌特征使得陕北、关中、陕南等地又造就了风格相异的三类作家群体。这种创作的

地理现象形成了陕西作家间'和而不同'的写作风格,也造就了20世纪90年代初文坛陕军崛起的难得盛景。因此,我展开了针对以陕西地域为代表的西北作家群的研究。"应该说,这是赵学勇在乡土文学研究领域的延续、拓展和深化。

"另一方面,21世纪以来,作为本学科关注度较高的启蒙、革命、现代性等相关话题在学术界持续发酵,甚至波及历史、哲学等其他人文社科领域,成为一个具有引领性质的众所思考的问题。"为此,赵学勇结合以往广泛阅读左翼文学史料的积累,开始关注左翼文学,进而"在左翼文学研究的基础之上,我就需要将它所产生的历史背景以及直接影响下的历史进程纳入进一步思考的范畴"。为此,延安文艺进入研究视野。赵学勇认为,延安文艺是作为中国现代文学整体进程中不可或缺的、忧患于民族解放的、努力于新文化建设的现代文学形态,它是新文化建设在特定阶段的必然的历史诉求。延安时期文学的现代化追求已经由"五四"时期西方影响下的文化焦虑中的被迫的现代化追求转变为积极的自主的本土化的现代化实践,且这一历程已经与一个民族国家的整体现代化追求紧密地融汇在一起。延安文艺的形成及其所产生的对中国文学、中国文化、中国意识形态的深远影响更是持续至今,其重要性自然不言而喻。

2011年,赵学勇作为首席专家承担的国家社科基金重大项目"延安文艺与20世纪中国文学研究"立项,2015年获得滚动资助研究。除统筹整个项目的推进工作外,赵学勇还承担其中一个子项目,形成专著《延安文艺与20世纪中国文学的价值体系重建》。该著破除以往延安文艺研究的意识形态框架及相对狭窄的"视角"经验,多向度、全方位地深入阐发延安文艺本体形态及其与20世纪中国文化(文学)复杂、深层的历史联系,力图重构延安文艺与20世纪中国文学价值体系再认知的历史图景和当代意义。阔深的"问题域"是该著的鲜明特色,结合学界之于延安文艺研究的诸多颇有争议的问题,该著从新的理论视界,对延安文艺与中国新文学的历史关联和发展、对延安文艺的重大历史价值和影响、对延安文艺之于中国现当代文学的"经验"借鉴进行系统性的研究和价值重估。特别是在延安文艺与当代文学间存在的精神赓续与价值延伸等联系中，试图引入一种现代民族国家的共同体建构意识，旨在从文艺观念、创作实践与民族文化肌体、国家身份认同等诸多层面，缔结精神与文化的深层纽带关系，以寻求面对"中国经验"与"中国话语"而实现的文化自觉与文化创造的努力。

赵学勇作为首席专家主持的这一重大项目，终期成果以10本著作出版，广受学界瞩目。而他发表在《中国社会科学》的系列论文《天地之宽与女性解放——延安女作家群述论》《域外作家的延安书写（1934—1949）》《延安〈讲话〉与中国文艺的文化创造》等在学术界产生了广泛影响。此后，李继凯、袁盛勇、李跃力教授也在延安文艺研究领域获批国家社科基金重大项目，陕西师大一跃成为延安文艺研究之重镇。2022年，赵学勇再次获批主持国家社科基金重大项目"红色文艺与百年中国研究"、重点项目"红色中国的域外书写及传播研究（1934—1979）"，将延安文艺研究进一步推向深化。

从沈从文研究到西部文学及至延安文艺研究，赵学勇教授研究视域的每一块园地都彰显着其自身的特质，但同时它们又如同蛛网一样旁涉多边，彼此相互联结及牵动着。在赵学勇的研究中，无论是作家创作还是文学现象、历史问题或是当代联结，确实有一种问题意识和反思的特点。他认为，学术研究中，反思能力和问题意识应当作为一种学术的自觉追求。作为从事现当代文学研究的学人，应该有一种担当和忧患意识。他说，在研究评价作家时总要求他们如何要有一种于民众、于民族的责任和忧患，其实，作为研究者又何尝不是如此呢？赵学勇认为，80年代现当代文学研究成为显学，其最重要的原因就在于它以文学研究的方式直接参与并回应当代社会生活及文化现象中的诸多重大问题，其背后贯注的，是学人们对于学术的敬重与追求。

以西部为躬耕沃土，立树人为终身大计

从个人的成长经历而言，赵学勇一直对西部这片土地怀揣着相当深厚的感情。他的祖籍是陕西乾县，自 1 岁起就跟随父母来到甘肃一个比较偏远的县城生活。父亲是学农的，一辈子和农村、农业、农民打交道，这对赵学勇影响很深。他在那里长大、上学、插队、当矿工，此后才进入省城兰州上大学。

毕业留在中文系后，赵学勇做助教、辅导员，上讲台，练内功，不断提升业务能力。在他心中，"教育是一份需要情怀去支撑的事业"，因此视讲台为神圣之地。对于任教之初的经历，他回忆说："当时我带的是本科生的中国现代文学史课程，给我的任务是其中八个课时的工作量，这对于初上讲台的我来说异常重要。""即使是八个课时的教学量，也需要一个较长的备课时间，甚至要达一年之久。此外，还有很重要的一点是，现代文学史课程并不能一次备全部课，我只能备其中指定的一两章，因此对某些经典作家作品要'深掘一口井'，达到比较精深的程度才行。即便是备好课后，也要在后期不断磨课的过程中受到其他老师的监督，听取他们的建议。""由于在吉林大学系统地学习了茅盾专题研究，加之在此基础之上我又整理了许多相关的观点及史料，因此选择了重点准备'茅盾专章'的授课内容，当时这个课程在 1980 级学生中获得了不错的反响。比较周详的准备收到了回馈，这让我感到十分慰藉，也更有信心站得住讲台了，这一站就是四十多年的时间。"

在兰州大学教书育人的生涯中，赵学勇留下了深深浅浅的探索足迹：主持的"在配套改革中全面提高《中国现代文学史》的教学质量"与"办特色教育，抓实践培养，创国内一流硕士点"等教学课题，均获得甘肃省优秀教学成果奖。到陕西师范大学任教后，他所带领的现当代文学点获得省优秀教学团队，所主讲的《延安文艺与中国新文学》被评为国家级精品视频课。值得称道的是 2000 年，由他作为学科第一带头人带领的兰州大学文学院现当代文学学科点申报获批了西部高校第一个中国现当代文学专业博士点，其业绩得到国家教委

领导和国务院学位办的肯定。赵学勇教授的努力对于西部现当代文学学科的整体发展及高层次人才的培养无疑有着重要的推进作用。

从教近五十年中，赵学勇教授始终坚守教学一线，为本科生主讲了中国现代文学史、中国当代文学史、中国现代小说流派、沈从文研究等数门专业基础课程，为研究生讲授了20世纪中国文学史论、中国当代文学思潮、中国现代作家专题研究、中国当代作家专题研究、中国现代文学与中国现代社会、中国当代小说研究、中国现当代文学史论、中国现当代文学重要问题研究等多门专业核心课程。从课程设置的角度而言，这些课程的体系结构设计具有融合性，课程定位清晰地指向了经典化与多元化两个面向，课程评价方式也相应地由单一趋于综合。此外，赵学勇教授还善于针对不同的学生群体相应地调整其课程设置，从而最大限度地实现因人制宜、因材施教的教育理念。譬如为推进学校"新文科"建设，促进学科交叉融合、培养拔尖人才，陕西师范大学于2019年组建了"新文科实验班"，赵学勇教授被邀请为他们讲授中国现代文学史课程。为响应"新文科"人才培养理念，他在既往的现代作家作品欣赏的过程中穿插讲授了相应的历史学、哲学等相关内容，并不吝于将学界最前沿的相关学术成果第一时间分享给年轻的学子们，循循善诱地培养他们独立思考、敢于创新的学术能力。那么实际效果如何呢？每次上课前数十分钟便座无虚席的教室、学子们企足而待的神情或许便是最好的证明，由此可见赵学勇教授于课堂教学方面的守正与创新之处。

在四十多年的研究生指导生涯中，赵学勇教授培养了将近90名硕士研究生与50名博士研究生，直到今天仍然在为学术界输送着源源不断的新鲜血液。在学生们的学术成长之路上，大到学术生涯的规划与选题方向的制定，小到论文观点的补充与文章词句的修改，赵学勇教授从来都是不厌其详地对每一名学生认真细致地加以指导。他的学生郭大章博士曾回忆道，寒假期间完成论文并交予老师，却没想到"在腊月二十九的那天，先生给我打来电话，足足说了半个小时,从框架结构到思路方法,给了我很多建议,而后叫我尽早修改,改完再传给他看",仅仅通过这一个细节,便能看到赵学勇教授日常对于研究生教学之勤奋与严谨,令人心生敬意。

桃李不言,下自成蹊,在如此心血与汗水的浇灌下,赵学勇教授的学生已经遍布西北各省乃至全国,他们大多已成为学界的知名学者或学术带头人。现任天水师范学院文学院院长的王贵禄说:"先生为人敦厚儒雅,但眼光锐利,常常三言两语便击中要害,博士期间更是与我经常研讨些前沿的学术问题,大大开阔了我的视野。先生待我如同兄长,充满关切与宽容之心,不管我提出多么尖刻的问题,总是耐心细致地予以解答。"任教西安外国语大学的王鑫说:"在老师指导之下的这段研究经历,极大地扩宽了我的学术视野,也令我识见了学术研究的艰难和魅力,这于我而言是最为珍贵的收获。"在陕西师大文学院任教的于敏等赵学勇教授的弟子们常说:"有幸跟随先生求学读书,是难得的福分与造化。"

君子之儒,行而为教。赵学勇先生在学术研究上对学生悉心指导,以严谨专注的治学态度与谦和宽厚的为人品格影响着莘莘学子。通过对赵学勇先生五十年如一日治学修身、笔耕砚拓的面影的回顾,也能够感染更多的后学之辈努力看清自身的位置与当下的使命。

【主要参考资料】

[1] 克军:《赵学勇教授与中国现当代文学研究》,载《社科纵横》1999年第6期。

[2] 魏巍、龚万琴:《荆棘中的求索——评赵学勇两部中国当代西部小说史论》,载《百家评论》2016年第4期。

[3] 赵学勇、魏欣怡:《以下沉的姿态求知问学——赵学勇先生访谈录》,载《新文学评论》2020年第1期。

[4] 郭大章:《文化心理与审美研究的融合——赵学勇教授的沈从文研究》,载《大西北文学与文化》2023年第1期。

[5] 吕惠静:《激情与理性兼容的学术自觉——赵学勇的西部文学研究》,载《大西北文学与文化》2023年第1期。

[6] 魏欣怡:《历史建构、主体生成与价值重估——赵学勇的延安文艺与20世纪中国文学研究》,载《大西北文学与文化》2023年第1期。

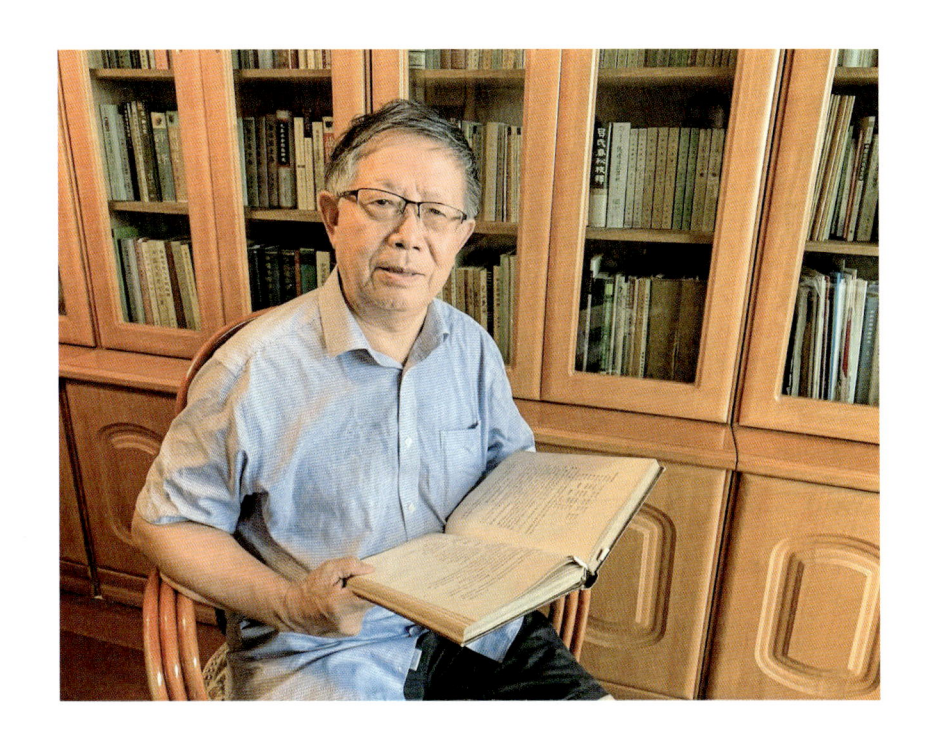

【人物档案】

　　王晖，生于1953年，陕西洋县人。陕西师范大学文科资深教授、中华古文明研究中心主任、国家重点学科中国古代史专业学术带头人。先后在陕西师范大学图书馆古籍部、学报编辑部、历史文化学院工作，主要从事先秦史、中国古代文明、古文字学方面的研究工作，在周原甲骨属性研究、商周文化比较研究及古史传说时代、金文和西周制度研究等方面成果卓著。出版《商周文化比较研究》等专著5部，主编出版《周王畿——关中出土西周金文整理与研究》丛书，在《历史研究》《中国史研究》《考古学报》《民族研究》《中国哲学史》等期刊发表论文190余篇。兼任中国先秦史学会副理事长、中国殷商文化学会理事、中国社会科学院中国古代文明研究中心客座研究员暨专家委员会委员、日本长崎大学客座研究员、国际考古学暨历史语言学会学术会长等。

王晖：思游经籍　书继仓颉

一代书架，二代书架……五代书架，历史文化学院王晖教授酷爱读书，他书房中的每个书架都蕴藏着精彩的故事，鲜活地道出其半生书旅的浓滋厚味。与书为伴，前溯上古，在严谨与创新之间，先生顺着历史的脉络探寻文字的源头，透过书页倾听着代代相传的袅袅余音。文游经籍，书继仓颉，王晖教授对书的情，一往而深；对学术的爱，绵绵无期。

负笈求学，奋发不息

1953 年，王晖出生于秦岭巴山之间、汉水流域溢水河畔的汉中市洋县溢水村，故他自号"汉水洋溢"。1966 年 7 月小学毕业后考入洋县智果中学（原洋县二中）上初中，没上几个月课就遇上"文化大革命"。中学时王晖喜欢上了绘画和书法，此后几年返乡从事生产劳动、去附近工厂当临时工期间，他总是在劳动之余不间断地绘画，常常给工厂、生产大队和公社办墙报、绘壁画，参加过县、地区和省里举办的美展活动。

1973 年，王晖被推荐进入汉中师范学校，在那里他有幸遇见国画大师方济众。方济众是著名画家赵望云的三大弟子之一、"长安画派"主将，其时为汉中地区革委会筹办汉中群艺馆，暂住在汉中师范学校。王晖常去拜访方济众，拿自己的绘画和速写请他指导，也时常观摩其挥毫作画。1976 年王晖被招聘到洋县剧团任美工，1978 年考入汉中师范学院（今陕西理工大学）中文系，1982 年 7 月毕业后留校任教。工作后，他由古文字学转入先秦历史文化研究之路，绘画书法成了业余爱好。

读大学本科时，王晖对判断句系词"是"的产生年代提出疑问。当时学术界以北京大学王力先生的看法为主流，即认为系词"是"产生于魏晋南北朝，后来提前到汉代。王晖利用一个暑期的时间读完《十三经注疏》《诸子集成》等书籍，将书中出现的"是"作为判断句和疑似判断句的地方一一记录下来进行归纳分析，认为判断系词可以提前到先秦时代。他将研究成果发给王力先生，收到回信并得到对方的肯定。大学期间，王晖将这部分研究成果整理后发表。

20世纪80年代后期，攻读硕士的王晖研读甲骨文，在查阅并搜集有关殷历岁首的资料时，发现已有论文著述中的有关研究结论与出土的甲骨文资料基本不符。古人把夏商周时代的历法称为"夏历""殷历""周历"，夏历其实就是农历，现在普遍称为"阴历"，但实际上是阴阳合历。根据甲骨文资料和农作物与气象等物候学现象，特别是商代卜骨上的卜辞"月一正，曰食麦"（山东博物馆藏一级甲骨），以及物候中的种黍、出虹、打雷、多雨季节等，他初步判断，殷历中是以夏历五月作为岁首的。后来，王晖拜访史念海先生，介绍他的研究发现，并说明研究方法和所寻证据，得到对方支持，而且经过与史先生的谈话，启发他进一步将天文学史知识运用到殷历研究之中。后来，王晖将研究成果写成《殷历岁首新论》发表于《陕西师大学报（哲学社会科学版）》1994年第2期上，被人大复印报刊资料、《高等学校文科学报文摘》、《中国天文学文摘》等多家刊物转载。研究结论得到北京师范大学赵光贤教授、南京紫金山天文台张培瑜研究员、中国社科院常玉芝研究员、中国科学院自然科学技术史研究所陈美东研究员等学者肯定，获得重大反响。

1989年王晖从陕西师范大学中文系硕士毕业后留校，先后在图书馆古籍部、学报编辑部工作，1996年调到历史系。1999年在北京师范大学历史系取得博士学位。大学本科、硕士攻读期间，王晖对学术研究的严谨、解决疑问的执着，一直影响、激励着他在之后的学术研究领域勇攀高峰。

与书为伴，博观求是

"做研究，不是你拿着书，双目茫茫，手指翻飞就好了。也不是聚精会神，拿着笔看懂句读就好了。所谓读书之妙方，在于融会贯通、书籍之相互印证方能窥其真知。"王晖是一位对书有着"大胃口"的学者，对知识的渴求度极高，仅一个书架是远远不够的。1998年至今，根据购买的时间顺序，王晖将自己的书架划分为五代。时光荏苒，现在王晖的藏书不仅占了一个书房、一间卧室，还"占领"客厅、阳台的空间,从古朴木质书架到现代简约书架,变的是外观,不变的是对书和知识的钟情。

王晖购买的书籍,第一类是专业所需的基本资料,包括先秦两汉时期及古代史的基本资料——《十三经注疏》、《诸子集成》、前四史等及其不同的注本,还有先秦时期各类研究专著。第二类是基本史料中的甲骨文、金文、简帛文字等一手资料,例如《甲骨文合集》《殷周金文集成》《商周青铜器铭文暨图像集成》《陕西金文集成》《近出殷周金文集录》《郭店楚墓竹简》《上海博物馆藏战国楚竹书》《清华大学藏战国竹简》等,以及先秦时期考古学的基本史料和重要研究论著。第三类是古文字学、先秦史研究领域的重要专家学者和中青年学者的代表性著作,其中含不同学科重要专家学者的论著,如政治史、文化史、史学史、文化人类学、结构人类学、古代文学史、中国古代哲学史、思想史、希腊哲学史等方面的书籍。

"学习研究需要买书,从不同注本到不同译本再到不同年份出版的版本,这些都是课题研究必不可少的。学科之间也不是独立的,这就要求买书时不仅需要买本专业书籍,还要买其他学科和专业方面的书籍,这有利于扩大自己的知识面。除此之外,各种各样的工具书更是不可或缺。"王晖一生与书为伴,书于他而言不仅是工具,更像是老友。

刚工作时,王晖的工资并不高,但他只要看到喜欢的好书,就会毫不犹豫地买下来,"借来的书总是不方便做笔记,在其他方面可以节约一点,但是书必须买下来,慢慢看,细细做批注,这样才对学术研究有真正的帮助"。他还经常告诉学生,"看书时一定要拿起笔来,做好笔记,有什么问题在笔记本或书后及时记录下要点、问题、批注和页数。等以后需要的时候,就有据可查,方便找寻、查阅和引用"。

"现在经济条件好了,购买能力变强了,买书成了一件很日常的事,所以书架常常放不下,经常只能在书架的顶上挤一挤。"几度迁居,累增书架,但王晖教授家中书籍和空间的"矛盾"从来都没有彻底解决过,毕竟对于"书痴"者,空间愈大,书籍便会愈多,因为他对知识的深入研究从未停止。

百折不回，古史新声

"研究古文字通假一定要采取谨慎小心的态度，所谓'战战兢兢，如履薄冰'，时刻提防陷入'危险'的境地。"回忆起几十年的治学经历，王晖教授常把"严谨"一词挂在嘴边。治学之严谨，突出的是面对问题实事求是的精神，对于真理求索不止的信念，其中蕴藏着他饱含生机的求知欲，心存疑问，便去寻找，不到终点不罢休。"初极狭，才通人。复行数十步，豁然开朗。"研究的漫漫长路上狭路不少，很多人止步于途，觉得途中某处风景就是终点，但王晖总会沿着自己认定的方向多走几步，抵达人迹罕至的地方，享受豁然开朗的通达。

"严谨"与"创新"是两种看似相悖的气质，但它们在王晖教授身上同时存在，相辅相成——"严谨"是他的治学态度：对待科研工作一丝不苟，从不发表尚未成熟的研究成果；"创新"是他的治学方式：勤于探索，勇于创新，敢于向重大和棘手的问题做艰苦攻关。"用任继愈先生的话说就是做学问就像'修铁路'，不仅要修平路直线，而且要打隧道、架桥梁。专业是我们的立身之本，专业知识的学习一定要把基础知识的广博和研究方向的深入很好地结合起来。"王晖主要从事先秦史、中国古代文明、古文字学等方面的研究，研究中充分运用古文献与古文字资料互证的方法，并十分重视文化人类学的研究成果。王晖教授的学术成果丰硕，许多原创性研究在学术界产生较大反响。

旧的课题，新的层次。商周文化比较研究是王晖教授的博士学位论文选题，也是其重点研究方向之一。围绕商周文化比较问题，王晖出版、发表《商周文化比较研究》（人民出版社，2000）、《季历选立之谜与贵族等级名号传嗣制》（《中国史研究》1996年第1期）、《周原甲骨属性与商周之际祭礼的变化》（《历史研究》1998年第3期）等，把该课题的研究提高到新的层次。《商周文化比较研究》出版后，被中国社科院历史研究所王震中、曹定云研究员，台湾郭静云、曹玮教授等引用达198人次；北京大学哲学系杨适教授甚至购买20多本送给学生，并邀请王晖加入其创办的原创文化研究会；中国殷商文化学会名誉会长、荣誉学部委员王宇信研究员评价说："这是目前学术界最全面而系统进行商周文化比较研究的力作。文中提出和解决了不少问题，颇具新意和创造性，不仅对商周史研究，而且对甲骨文研究也颇有启示，将有力拓展商周史和甲骨文研究的广度和深度。"《周原甲骨属性与商周之际祭礼的变化》一文提出了许多新的观点，例如：指出商代神权崇拜是以日月星辰为主的上帝天神崇拜，并形成以商族为中心的日月星辰文化圈；周人则是继承了商代日神上帝崇拜的传统，又有以山岳崇拜为特色的天神崇拜，形成了以姬姜联盟为基础的山岳天神崇拜文化圈。指出商代宗法制始于康丁之后，周代则是通过封邦建国完善了等级关系，并建立了与政治统治方式结合在一起的宗法制度等。中国社科院历史所学部委员、中国先秦史学会理事长宋镇豪在王晖博士学位论文的评议书中说："这项研究既有理论性的探讨，又有共性与个性的宏微观分析"，"达到了一个新的水平"，是"显然已居于学术领先地位"，"有着探索精神和学术开拓性的著作"。

  旧的问题，新的方法。王晖将新材料、新方法引入古史传说时代研究，产出了诸多突破性的成果。他认为对古史传说时代的历史，全盘相信或否定的做法都不妥适，因为"原始生民人神混杂、民神不分，故传说中人王与神帝可以互相转化，历史人物与神话人物也可以互相转化"。在著作《古史传说时代新探》（科学出版社，2009）中，王晖采用将出土的古文字资料、古文献所记的传说资料和考古资料以及历史文化人类学充分结合起来的方法，对五帝时代历史传说人物、气候环境视域下农业与畜牧业的关系、史前社会组织形态、尧舜大洪水与早期国家的起源、中国古代宇宙星云说、盘古等神话原型等诸多问题进行了探讨，使得古史的真实面貌逐渐清晰起来。

  旧的疑问，新的突破。在汉字起源问题上，王晖通过主持教育部哲学社会科学研究重大课题攻关项目"中国早期文字与文化研究"，发表了一系列论文，取得重要突破，把汉字起源的时代提前到距今 5500—5000 年之间，比一般认为汉字正式起源于夏商之际的看法早 1000 多年，是目前汉字起源理论及其时代研究的最新成果。王晖在出版的《古文字与中国早期文化论集》

（科学出版社，2017）中，不仅讨论了上述中国汉字起源问题，还把古文字形体结构与考古实物相结合，把汉字形体结构作为认识古代社会生活的原始资料，就甲骨金文形体结构研究史前社会生活，对中国早期文化相关领域的研究进行了新的突破。

旧的资料，新的整理。王晖教授 2012 年主持国家哲学社会科学重大攻关项目"关中地区出土西周金文整理与研究"，2022 年由三秦出版社出版《周王畿——关中出土西周金文整理与研究》丛书（5 卷 6 册，共计 258 万字）。该丛书打破金文资料自宋人《考古图》以来以青铜器物分类组合、以铭文字数多少为序来进行编排的方式，分别对西安市、宝鸡市及周原地区（岐山、扶风），以及咸阳市、渭南市、铜川市所属各区县的出土金文资料分类和整理，其编排方式按市、县（区）、镇（街道办）、行政村、自然村排列，以出土时间先后为序，按窖藏、墓葬出土器物为次序一一进行介绍。正如北京大学朱凤瀚教授在该书序中所说，"这种编排方式，自然有利于考察出土的青铜器铭文内涵与所在区域的政治地理因素之密切关系……其次是在同一地区内，按有铭文青铜器的出土地点与单位集中编排，尽量保存青铜器出土时的聚合状态与出土信息，从而为研究同组（群）的青铜器断代，了解同组（群）器物铭文所反映的宗族关系、家族形态提供便利"。

旧的领域，新的交融。王晖的论著力主创新，务去陈说，打破了史学同考古学、民族学、哲学和语言学等学科的界限。在研究中，能够把古文字资料和古文献资料有机结合，善于利用文化人类学或社会人类学甚至自然科学的知识、理论和方法，利用文字音韵训诂等传统的"小学"工具，产出原创性成果。例如古书上常说龙"能兴云致雨"，王晖教授"据天文学、气候学相关知识"认为，这种现象"是战国秦汉时期黄河中下游流域降水量高度集中的时月，当时星宿'东方苍龙'整体形于天空，尤其是它横亘于正南方时，正是黄河多雨时节"。澳门大学杨兆贵教授在《古史传说时代新探》书评中说："王教授擅用古代文献，并参考、运用自然科学知识，对古代一些神异现象给予科学解释"，"善于融合古文献各种资料、借用人类学理论，就一些旧问题，提出新看法"。

截至目前，王晖教授共出版《商周文化比较研究》《古文字与商周史新证》《先秦秦汉史史料学》《古史传说时代新探》《古文字与中国早期文化论集》等专著；主编《周王畿—关中出土西周金文整理与研究》5卷6册丛书。在《历史研究》《中国史研究》《考古学报》《民族研究》《中国哲学史》等期刊发表论文190余篇，其中45篇次为《新华文摘》《中国社会科学文摘》《高等学校文科学报文摘》和人大复印报刊资料等转载或转摘。研究成果获第六届高等学校科学研究优秀成果奖（人文社会科学）三等奖1次（2012），陕西省政府哲学社会科学优秀成果二等奖3次（2004、2007、2012）、三等奖1次（2001），陕西省教育厅人文社会科学优秀成果一等奖2次（2003、2004）、二等奖1次（1996），陕西省高校人文社会科学优秀成果一等奖1次（2011）。

王晖教授治学严谨，勇于创新，对待科研一丝不苟，教书育人尽心尽力，立志要为中国史学的今天和明天穷尽毕生之功。"学风端正、治学态度严谨，自觉带领课题组坚持正确方向，努力推出高质量的研究成果，体现了较高的责任感和使命感"，正如全国哲社规划办的赞誉一样，王晖教授永远和研究团队一起站在历史研究的一线，守望着中华民族的起点，照料着人类文明的心园。

秉烛燃灯，春风桃李

"风雨书声皆入耳，古往今来俱关心"，在潜心治学的同时，王晖教授也时时关注着学校学科建设和人才培养工作。

王晖教授作为陕西师范大学中国史一级学科和中国古代史国家重点学科的带头人，先后为历史文化学院申获中国古代史专业博士学位授权点（2000）、历史学博士学位一级学科授权点（2003）和历史学博士后科研流动站（2003）、中国古代史国家重点学科（2007）做出了重要贡献。先后于1998年获宝钢优秀教师奖，2017年受聘陕西师范大学文科资深教授。

王晖教授 2002 年主持完成国家社会科学基金项目以及教育部"九五""十五"人文社科规划项目（1998、2001）；2005 年以首席专家主持的教育部哲学社会科学研究重大课题攻关项目"中国早期文字与文化研究"，是陕西师范大学独立完成的第一个国家哲学社会科学重大攻关项目，也是西北地区的第一项；2008 年以首席专家主持并完成的国家"211 工程"三期重点学科建设项目"中国古代文明研究"，在 2012 年的评估验收中被评为学校 7 个建设项目的第一名；2010 年主持完成的国家社科基金项目"古史传说时代新探"，经审定被评为优秀。2012 年又申报并主持国家社科基金重大攻关项目"关中地区出土金文资料整理与研究"。王晖积极参与学校、学院开展的各项科研规划、课题评议及项目申报座谈讨论，并提出意见建议。

王晖教授善于团结同事，能有效组织协调老中青教师投入项目研究，特别关注青年教师的成长，注重调动其积极性，形成了一支团结协作、能打硬仗的研究团队。正如历史文化学院卢中阳副教授所说："历史文化学院古文字队伍，是王老师带出来的。"此外，对本学院之外的青年教师也尽心竭力给予帮助，面对学校音乐学院党允彤副教授关于音乐史论文的请教，王晖耐心指导，该论文经修改被《北京舞蹈学院学报》刊用。

在对本科生与硕士、博士研究生培养中，王晖教授善于将研究中获得的新认识、新成果转化到教学实践中，尤其注意将科学的方法思维、严密的逻辑思考过程和方法传授给学生。王晖教授秉持学术规范，是学生眼中有名的"严导师"。"治学严谨，严格要求"，是博士新生白嘉慧对王晖教授最深刻的印象："这种精神不仅体现在他对知识的深入研究和精确掌握上，更在于他传授知识时的细致入微和求真务实上。王老师总能提纲挈领地指出我论文的不足，告诉我如何引入问题、怎样合理地运用史料分析问题，与我谈论自己的看法并督促我进一步深入思考。这让我明白：一篇好论文绝不能一蹴而就，而是需要一步一步认真打磨。"博士毕业后在海南师范大学任教的武刚副教授也说，"对学生论文的指导，王晖教授总是孜孜不倦。从论文结构的建立、论据的分析，到材料的运用、出处的核对，甚至小到标点符号的使用方法，经老师一次次修改、批正后的学生论文往往'面目全非'，但学生却能从字里行间学到做学问、做研究的基本方法和原则"。目前博士在读的孙雪原认为，王晖老师是学生治学道路上的"严师"，更是学生人生道路上的"慈父"，注重对学生人格的塑造，重视学生兴趣的培养，在学生情绪低落时予以安慰，在学生生活困难时提供帮助，使师生之间结下了深厚的情谊。

王晖教授培养的不少硕士、博士研究生，其学位论文被推选为校级或省级优秀学位论文，其中，辛田、吕亚虎、邵英、何飞燕、谢耀亭、郭旭东等博士的学位论文已由科学出版社出版。吕亚虎博士的《战国秦汉简帛文献所见巫术研究》2011年获陕西省高校人文社科优秀成果二等奖、陕西省哲学社会科学优秀成果三等奖、西安市第七次社会科学优秀成果二等奖。邵英博士的《古文字形体考古研究》2011年获陕西省高校人文社科优秀成果三等奖、西安市第七次社会科学优秀成果二等奖。

"博学之，审问之，慎思之，明辨之，笃行之。"王晖在"严谨"与"创新"之间治史穷经，于中华民族的文化源头探源，为中华儿女寻根，以书为伴，陈心纪事，撇捺纵横，字字流芳。

【主要参考资料】

[1] 梁枢：《中国哲学思想的发生学背景》，见单纯主编：《国际儒学研究》第18辑，九州出版社，2011年。

[2]《王晖教授和他的"五代"书架》，陕西师范大学微信公众号，2018年1月12日。

[3] 历史文化学院：《王晖》，陕西师范大学历史文化学院网站，2021年2月26日。

【人物档案】

　　傅钢善，生于1955年，陕西富平人。国家级教学名师，国家"万人计划"教学名师，陕西师范大学教育学部教授。主要研究方向为网络与远程教育、智能技术教育应用、教育信息化理论与实践。主讲课程《现代教育技术》被评为全国教师教育优秀课程资源、国家级精品课、国家级精品资源共享课、国家级精品在线开放课、国家级线上一流课、国家级线上线下混合式一流课。获得四届国家级教学成果二等奖（主持两届、主要参与人两届）。被评为全国优秀教师、全国教育系统职业道德建设标兵，全国高校优秀思想政治教育工作者，陕西省名牌专业和特色专业教育技术学科带头人、"陕西省高校黄大年式教师团队"负责人，陕西省中小学现代教育技术立项课题研究"特别突出贡献专家"，陕西师范大学首届"教学终身成就奖"获得者。

傅钢善：漫漫耕耘路　悠悠师大情

"是陕西师大培养了我，我是陕西师大人，我爱陕西师大，我爱西部地区这片沃土，'西部红烛两代师表'的精神早已成为我们每个陕西师大人的灵魂。"这是傅钢善的真情流露。任教四十余载，他始终以教书育人和学生发展为己任，坚持工作在教学第一线，累计为数百万名学子授课。他曾忍着高烧病痛坚持奋战在三尺讲台，曾认真分析学生特点，"量身定制"培养方案因材施教，曾克服重重困难坚持攻关课程开发，也曾多次捐款资助家庭经济困难学生渡过难关……在信息化浪潮席卷全球的时代，傅钢善聚力信息化教学创新，示范引领信息化课程建设和混合式教学改革，悉心耕耘，育林一片，在传道授业的实践中尽显名师风采。

勤学上进，立志当一名好老师

1955年7月，傅钢善出生于陕西富平县。1971年就读于富平县美原中学，1974年1月高中毕业后返乡参加劳动。1975年10月作为优秀返乡青年选拔为农村小学民办教师，至1978年1月在富平县晨光小学任教，教小学三年级和五年级数学课，同时兼管学校事务工作。其间，1977年11月被评为富平县模范教师。1977年恢复高考后，以优异成绩考入陕西师范大学物理系学习，1982年1月留校任教。任教初期，于1983年2月至1986年1月，在西安电子科技大学（原西北电讯工程学院）通信工程专业学习，还曾先后在东北师范大学物理系、北京师范大学电子系学习。

1986年至1995年，傅钢善在陕西师范大学物理系电子技术教研室任教，先后担任教研室副主任、主任，兼任教研室党支部书记。1995年6月调到电化教育系任教，担任系教学副主任兼实验室主任，1999年1月兼任电化教育系党总支书记。2000年6月，陕西师范大学中文系新闻学专业与电化教育系、电教影视中心合并，成立新闻与传播学院。傅钢善担任学院党委书记，兼任教学副院长、实验中心主任，以及陕西师范大学中小学教育信息化研究所所长。

"国盛教育兴，是党和人民给了我重新学习深造的机会，把我培养成为教授和国家级教学名师。生逢其时，躬逢其盛，永存感恩，牢记'爱与责任'，永远做让党放心、学生欢迎和人民满意的教育工作者。"这是傅钢善时常念叨的座右铭。

选择陕西师大，热爱陕西师大，奉献陕西师大，傅钢善为什么对这所学校有着如此深厚的感情？这与他中学读书时接触到的老师有关。马可闻是傅钢善就读美原中学时期的班主任、语文老师，高中时马可闻学习非常优秀，当时富平县教师队伍亟待补充，他高中毕业直接留美原中学任教，工作间隙就读陕西师大本科函授。数学老师张继国、化学老师邹喜中、物理老师田志凌等，都是陕西师大毕业的。他们对教育的忠诚、对学生的关爱、对西部教育的情怀给少年时期的傅钢善留下了终生难忘的印象，他们受到陕西师大的教育，能到农村学校从教，而且一干就是一辈子，这是一般人很难做到的，这就是陕西师大学子传承弘扬西部红烛精神的具体体现。正是因为这些老师的敬业，傅钢善学习没有偏科，语文、物理、化学、数学等各门功课都很好，当时上大学竟然不知道报哪个专业好。傅钢善认为，一个人遇到好老师是人生的幸事，因为这些老师，他对陕西师大由知道到关注再到向往。1977年，傅钢善参加高考，成绩在全县名列前茅，报考志愿有很多选择机会，甚至一些成绩比他低的同学也被录取到北大、北航、交大、西工大等名校，但他报考的第一志愿依旧是陕西师范大学。他向往陕西师范大学，一心想当一名好老师，这些都源于那些从陕西师大毕业，扎根美原中学服务基础教育的老师，对他潜移默化的示范和引领。

"多少年后，我们可以说，这就是陕西师大扎根西部、甘于奉献、追求卓越、教育报国的西部红烛精神熏陶涵养的结果。"

来到陕西师大后，傅钢善十分珍惜这宝贵的学习机会，无论是必修课、选修课还是各类讲座都能积极参加。他努力勤勉，勇于进取，好学善思，社会责任意识强，踊跃参与校内外相关社会实践和公益活动。毕业后留校任教，虽然有多次在外校外地发展的机会，但他依然选择回到陕西师大。傅钢善在工作中爱岗敬业，勤奋努力，在相关领域成绩卓著，南方有几所高校提供优厚的待遇和良好的物质保障，多次联系和动员他前往发展，都被他婉言谢绝。他常说："是陕西师大培养了我，我爱西部地区这片沃土，'西部红烛两代师表'精神早已化入每个陕西师大人的灵魂。"

爱岗敬业，四十载耕耘教学一线

任教四十多年来，傅钢善始终以教书育人和学生发展为己任，认真践行"四个回归"，坚持工作在教学一线。

1982年1月留校工作后，经过四年的学习和助教锻炼，傅钢善于1986年2月正式登上讲台，为物理系1983级两个本科班讲授模拟电子技术基础。多年来，他曾为本科生讲授模拟电子技术基础、数字电子技术基础、电路分析、黑白电视与彩色电视工作原理、电声技术等，独立开设信号与系统、模拟电路故障诊断、计算机网络、现代远程教育、数字媒体技术教育应用、网络教育应用等课程，同时还承担了本科生实践实训、毕业论文、教育实习等教学工作。

1986年至1995年，傅钢善先后为物理系1000多名本科生讲授专业基础课，1996年至2024年，先后为教育技术系近1000名本科生讲授专业基础课。自2001年以来，将主讲的全校师范生和教育硕士的公共必修课现代教育技术开发为线上课程，在全国率先开展线上线下混合式教学，承担了3900多名教育硕士、2300多名全日制教育硕士和"4+2+1"教育硕士、46000多名本科师范生、60000多名校外线上学生的教学任务。

"讲台就是战场，教学任务就是国家和人民的嘱托，就是对学生的承诺，要对学生负责。"傅钢善从未因个人原因缺过课，"我讲授的现代教育技术是全校师范生和教育硕士的公共必修课，每年平均有2400多名同学参加学习，采用了网络教学与专题讲座相结合的混合式教学模式，每场专题讲座经常是

300多人的大课，如果晚去1分钟，我就耽误了学生300多分钟的时间呀。"即使有时病得很重，他仍坚持站在讲台上。"2009年4月7日前两天就感到身体不舒服，这天上午我已发烧到39度，但还是坐校车从雁塔校区赶到长安校区文津楼的五层教室，坚持为教育技术专业的两个班分别讲授了两节计算机网络专业基础课，后背冒出的汗水早已将衣服湿透，差点晕倒在讲台上。中午，从长安校区回到雁塔校区的家里，已经十分疲惫，午饭也没怎么吃，服了几粒药就昏昏睡去。下午3点40分，坐校车又赶到长安校区逸夫科技楼北报告厅，坚持为同学们讲授现代教育技术公共课。一想到教室里坐着350多名同学等着我上课，我就觉得应该有力量讲完这两节课。当时我站在讲台上，两个小时里感觉好几次要晕倒，硬是扶着讲台坚持讲完全部内容。当我从讲台上走下来，同学们看到我满头大汗，面色苍白，才知道老师是带病坚持上课，全场当即报以热烈掌声……到医院一查是急性肺炎。"

"傅老师那段时间病得很重，住院一个月天天打点滴，但是他从未耽误我们一节课，经常是药水没打完，就拔了吊瓶针头按时出现在教室。住院实际是个'走读'患者，医院大夫对他也很有意见，看着他虚弱的样子，我们十分难过，也非常感动。"2008级研究生李婷回忆说，"傅老师用使命和责任认真地为人处世，他的品质、他的为人，对我影响很大，让我终身受用。"

在傅钢善眼里，每个学生都是情感丰富并具有认知差异的个体，在培养学生时，他从学生的个性出发，正确引导学生发展。在他的课堂上没有优差生，只有个性的不同。他上课的惯例之一就是第一节课让每名学生介绍自己，讲出自己的优缺点，以及今后的规划发展。他在下面一个个做好记录，在教学中尽量做到因材施教，比如说学生内向，表达能力差，不喜欢与他人交流，那么在教学中他就会多给这些学生展示的机会，并且在课下主动找学生谈心，鼓励他们。傅钢善说，对待学生，应该从个性出发，这样培养出来的学生才是一个个独特的人才，而不是工厂流水线上生产的产品。

傅钢善认为科研和教学应该互相促进，教师应该把科研成果及时转化为教学内容，积极做到科教融合、理实融合。他说："一个教师，无论科研搞得多么好，也只是一棵大树，哪怕是参天大树。教书育人则是培育栋梁之林，一个好教师的贡献应是一片森林。"

耕耘讲坛，花开有果。傅钢善教授于 2009 年被评为国家级教学名师，2017 年获评陕西师范大学首届"教学终身成就奖"，2018 年被评为"万人计划"教学名师。

持之以恒，不断探索教学新模式

傅钢善始终聚力信息化教学创新，示范引领信息化课程建设和混合式教学改革。20 世纪 90 年代，计算机及网络通信技术悄然兴起，傅钢善以极具前瞻性的眼光开始了网络教育实践。

自 1999 年 7 月开始，针对当时全校师范生公共必修课现代教育技术课程师资队伍匮乏、教学基本条件和环境亟待解决的瓶颈，傅钢善带领两名青年教师和 8 名本科生，开始了前所未有的网络课程设计与开发。经过近两年艰苦探索，2001 年 2 月，现代教育技术网络课程作为选修课面向 1998 级师范生上线试用，2002 年 2 月作为公共必修课面向 1999 级师范生正式开设，采用线上线下混合式教学。在期末网络考试那几天，傅钢善一天最多接打过 500 通电话。这些热线电话太过火爆，以至晚上睡觉的时候，脸上都还有麻木的感觉。

作为探索网络教学模式的先行者，由于缺少经验，当时遇到了各种各样的困难。对他来说，那个时期非常艰难。但是他没有半途而废，强烈的责任感和笃定的信念让他坚持教学改革，持之以恒探索新方法，将课程思政、教书育人和价值塑造贯穿课程全过程，注重培养学生的创新意识和发现问题、解决问题的能力，形成了"问题牵引，能力导向，思教互动，激趣励志，个性发展"的课程文化，在全国起到了很好的示范和引领作用。

现代教育技术多媒体网络课程集基本理论与基本技能、音视频、文字与动画为一体，辅有大量学习资源，对精品课程建设和课程开发具有良好的示范性和引领性。傅钢善所探索的教学与实践方法，对改革传统的教育教学方式和开展网络教学起到了积极的示范作用，课程面向全国开放，实现了资源共享。

2012年开始，为了适应教师教育改革需要，为培养造就优秀教师和未来教育家提供优质课程资源，实现优质教师教育教学资源共享，傅钢善教授带领团队在现代教育技术国家级精品课程的基础上，按照《教师教育课程标准（试行）》进行教师教育精品资源共享课建设，在内容和知识结构、教学过程设计和资源建设方面积极创新。2014年12月，现代教育技术课程被评为教师教育国家级精品资源共享课。课程面向全国正式上线后，受到广大学习者的高度评价。

2014年3月开始，为了适应高等教育国际化和信息时代的学习需要，傅钢善教授团队积极开展MOOC研究，在平台设计与开发、内容设计与组织、资源设计与开发、教学方法和学习方法创新等方面做了大量的工作。经过近两年的精心准备，2015年12月，现代教育技术课程正式上线中国大学MOOC平台。该课程因其丰富的特色资源、灵活多样的教学方法和行之有效的学习活动，受到学生的普遍好评。

自2000年以来，傅钢善教授团队在全国推出的创新性地设计和开发的立体化、数字化的师范院校现代教育技术网络公共必修课，创建的线上线下混合式教学模式和多维多元评价体系，在全国400多所高校推广应用，线上登录课程学习人数超过670万人次。该课程2018年上线"学习强国"平台，在两个月时间内，学习人数就超过了360万人次。基于该课程的教学研究与改革的成果获得2005年国家级教学成果二等奖，现代教育技术课程2017年获评国家级精品在线开放课，2021年获评国家级线上一流课程，国家级线上线下混合式一流课程。

"您的学生有很多，也许您不知道我是谁，但是我想告诉您：我会永远记住您的！感谢在我读书期间您传授给我的知识和道理。"这是数学与信息科学学院2005级教育硕士柳席宁在现代教育技术课上给傅钢善教授的留言。"您的严谨和认真都给我留下了深刻的印象","永远不会忘记我们和您在一起学习教育技术的美好时光,从您身上我学到的东西远远超出知识本身",学生梁小红、袁红娟这样留言道。

经常被学生视为"可有可无"的公共课,为什么如此深入"生"心?傅钢善说,自己经常对学生进行"点对点"辅导,在线解答学生问题,常常要熬到凌晨两三点。"记得有一天晚上,我在网上学习傅老师的国家级精品课现代教育技术,有一个问题百思不得其解,遂向傅老师发了一封邮件请教。没想到,半个小时之后竟收到了回复,短短四五百字一下子就解决了我的疑惑。后来我得知,每年都有3000多人同时参加傅老师的精品课程学习,傅老师每周需要回复大量邮件或短信。"2008级研究生毛仁兴如是说。傅钢善认为,人才培养质量是高等学校的中心,精品课程建设也是提高教学质量的需要,因此课程建设必须以学生为主导,体现为学生服务的意识,构建以学生为主体的教学方式,通过多种学习渠道,帮助学生进行开放性学习。他说,教学模式不是技术模式而是"人心模式",只有让学生觉得你就在他身边,是他可亲可敬的师长,才能让学生在平等自由的基础上自主畅心地去学习。

多年来,在学校组织开展的学生网上评教活动中,傅钢善多次被评为优秀。2018年4月17日,陕西师范大学微信公众平台以"傅老师,您好"为主题,对傅钢善从教三十六年来教书育人的先进事迹进行了系统翔实的报道。在五天时间里,报道的点击浏览量达到43089人,跟帖点赞737人,给予傅钢善充分肯定和很高评价:"学过傅老师的精品课,真的很佩服老师熟练运用各种新型教学软件,讲解生动,真的是走在时代前沿,教师的楷模!"

关爱学生,用"心"教书育人

在日常教学和科研工作中,傅钢善坚持立德树人,弘扬"西部红烛两代师表"精神,形成了"德融课堂,示范引领,学思践行"的特色育人模式。他坚持以身作则,对学生的价值情怀、心理健康、专业学习、实习就业和职业发展等方面给予积极指导和热情帮助。他认为，热爱学生是教师职业最基本的素养，对每一个学生应充满爱与责任。这份爱与责任使他乐在其中，从不觉得苦和累，想到自己的努力对学生未来的发展有益，对教育事业有益，他就会倍感幸福和快乐。"只有攒钱的，没有攒劲儿的。有劲儿不使，有智慧不贡献，就太个人化了，太自私了。我也无非就是少睡一会儿。我把睡觉的时间用来培养和指导学生，本身就是快乐。"他把教学、科研这些工作，不仅仅当作一种职业，更是一种生活、一种事业。教育事业对他而言，就是自然的生活，是人生的意义所在。每天心里想着学生，关心着学生的学习、生活和发展，已经成为他的一种习惯。傅钢善希望，自己的努力能让学生最大限度地受益，将培育学生健康成长看作人生最大的收获。

"我觉得一个人不要等到有钱了才去献爱心，爱心与贫富是没有关系的。"一直以来，傅钢善都坚持力所能及地关爱和资助贫困学生。20 世纪 80 年代的时候，他曾经为了买半斤油，翻遍了家里，凑够了八毛钱，在那样拮据的生活状态下，他还攒下一些钱，给学生买书和资料。2009 年被评为第五届国家级教学名师后，学校一次性奖励傅钢善 3 万元。他分文未留全部捐给学校，用于资助贫困学生完成学业。

有人问他为什么不把钱攒下来买车，他这样回答道：上课，坐校车；外出，坐公交，挺方便啊，时间紧的话就打车。在傅钢善看来，一辆车对他的生活不会有多大的改变，也就是舒适一些而已，但是这些钱对于困难学生却是一切，有时候，没有那一点点资助，学生就迈不过那道坎儿，有的学生就会心灰意冷。

傅钢善十分感慨地回忆起自己上大学生病的一段经历。那天，想着第二天就可以领到助学津贴，就将手里的钱全部用来买书和资料。但不巧的是，"这天晚上，我发烧了，没有五分钱的挂号费，一个人在师大校园的路灯下徘徊，那时候觉得五分钱就是一座不可逾越的高山，挡在那里过不去，虽然只是五分钱。发着高烧熬到第二天早上，同学给了我五分钱"。就是这五分钱给了当时的傅钢善极大的温暖和力量。后来，做了教师后，他总是尽可能资助贫困生。

他说，作为一名老师，一个经历过贫困的人，不能眼睁睁地看着学生没钱去看病、没钱买教科书、没钱吃饭，只有让学生没有后顾之忧地学习和生活，他才会觉得安心和快乐。多年来，傅钢善坚持以学生为本，理解学生，热爱学生，特别是给予贫困学生诸多关怀。有的学生身体患病，他主动帮忙联系医院医生，甚至垫付医疗费；有的学生家庭困难，他就积极在生活上热情帮助；有的学生产生心理障碍，他能耐心细致地做好思想引导工作。多年来，他曾给来自新疆、山西、陕西、河南、青海、宁夏等地的 20 多名学生以不同程度的资助，帮助他们完成学业。

学高为师，身正为范。教育是启人心智、育人品德的过程。教师的魅力是德才兼备的升华，来源于宽阔的视野、渊博的学识、严谨的教风和不懈追求的执着精神。教师是"人影响人"的职业，在情感交流中传承知识，在和谐认同中理解意义。"'亲其师，则信其道；爱其人，则受其教。'我们要以言传身教、行为世范为道德情操，做学生健康成长的指导者和引路人。"几十年来，傅钢善是这么说的，也一直是这么做的。2010 年前后，傅钢善教授先后被评为陕西省优秀教师、全国优秀教师、全国高校优秀思想政治教育工作者、全国教育系统职业道德建设标兵等。

热心公益，倾心服务教育需求

在教学科研工作中，傅钢善主动聚焦国家教育发展战略，倾心服务教育需求。多年来，他专注学校事业，热爱学校工作，关心学校发展，积极主动为学校建言献策，曾兼任陕西师范大学教学委员会委员、督导委员会委员以及陕西师范大学国家教师教学示范中心专家委员会主任委员、卓越教师培养计划改革项目专家委员会主任委员，中国基础教育质量监测协同创新中心陕西师范大学分中心首席专家、陕西师范大学中小学教育信息化研究所所长等职，深入参与学校的公共服务工作，投身教学质量评估、学科建设、人才培养、新入职教师培训指导、师范生教学能力大赛、青年教师赛教、研究生说课比赛、教育硕士教育实习成果汇报、本科生创新实践项目策划、指导和评定等活动。

傅钢善还兼任全国教师教育课程资源专家委员会委员、信息技术教育专业委员会副主任委员、教育部师范类专业认证专家组成员、陕西省高等学校"教学信息化和教学方法创新"教学指导委员会副主任委员、陕西省教育信息化专家委员会副主任委员、陕西省MOOC建设专家委员会副主任委员、陕西智能教育研究院院长、西安教育技术与网络学会理事长等。2003年至2010年，傅钢善深度参与国家农村中小学现代远程教育工程和数字化教学点工程，多次到湖南、湖北、河南和西北五省区进行现场指导和义务培训。2010年以来，傅钢善积极推进高等教育和基础教育信息化进程，全程参与陕西省教育信息化的顶层设计和具体的实施方案研制。作为陕西省教育信息化试点项目专家组组长，他全面指导陕西省86个单位（国家级试点单位21个、省级试点单位65个）系统开展教育信息化研究工作，同时作为陕西省"电子书包"试点项目专家组组长，对全省20个市县的试点单位予以精心指导。在以他为代表的陕西多位专家学者的努力下，陕西省教育信息化成效位居全国前列。在数字化赋能基础教育均衡发展过程中，傅钢善创新性地构建了"双师课堂"之"成长教师、成就学生、成功学校"的"3C"发展模式，已在陕西省旬邑县中学、富平县中学等10所学校及青海省格尔木市等地义务推广应用。该项目2019年被旬邑县委评为"六大民生工程"之一。

傅钢善服务基础教育工作，在国家实施的新课程改革、校校通工程、农远工程等重大项目的推广与应用中发挥了重要作用。作为陕西省中小学现代教育技术实验学校专家组组长、陕西省基础教育"十五""十一五""十二五"教育技术规划课题专家组组长，傅钢善每届指导全省320多所中小学开展课题研究与实践，经常利用业余时间到中小学开展现场指导、讲座培训等工作，受到一线教师的欢迎和高度评价，为现代教育技术的普及应用做出了突出贡献。2006年，傅钢善被评为陕西省中小学现代教育技术实验学校"十五"立项课题研究"特别突出贡献专家"。

"动人以言者,其感不深;动人以行者,其应必速。"傅钢善将少年时期从中学老师那里初识的师大印象,作为自己高考择校与职业选择的航标,将获取的丰富知识和育人智慧融入四十余载春风化雨的教书育人实践中,将"西部红烛两代师表"精神寓于对一届届学生的言传身教中,以实际行动践行着新时代的教育家精神。

【主要参考资料】

[1] 傅钢善:《信息化课程建设与教学实践》,中国远程教育杂志社网站,2015年9月29日。

[2] 孙志莉:《傅钢善》,载《数字教育》2017年第5期。

[3] 刘书芳、陈佳薪、黄红云、张洋等:《傅老师,您好!》,陕西师范大学微信公众号,2018年4月17日。

【人物档案】

　　房喻，生于1956年，陕西西安人。中国科学院院士，陕西师范大学化学化工学院教授。1982年、1987年分别在陕西师范大学、华中师范大学获理学学士、硕士学位，1998年在英国兰卡斯特大学获博士学位。1998年回国任陕西师范大学化学系主任，2002年任陕西师范大学副校长，2004年至2014年任陕西师范大学校长。主要从事薄膜荧光传感器和分子材料研究。兼任国家教材委员会委员、中国化学会常务理事、中国化学会应用化学学科委员会副主任、国家高中和义务教育化学课程标准修订组组长，以及中国化学会《物理化学学报》《化学进展》《应用化学》及 *Research* 和 *Journal of Physical Chemistry Letters* 等刊物顾问编委。曾获全国优秀教师、全国先进工作者、国家级教学名师等荣誉称号，以及全国五一劳动奖章、宝钢优秀教师特等奖提名奖、中国软物质研究杰出贡献奖和"庆祝中华人民共和国成立70周年"纪念章等。

房喻：学者良知　大国良师

在科学家、校长、教授和其他众多的专业及社会兼职中，房喻院士对教师这个身份情有独钟。在他看来，教育是用自己的爱唤醒学生的爱、用不含任何功利目的的付出升华受教育者的境界、用教书育人的师表情操荡涤学生灵魂，是太阳底下最光荣、最高尚的事业。他在接受《光明日报》记者采访时说，"大学文化最基本的时代特征是追求真理、崇尚学术、严谨求实、开放包容"，"文化育人的着力点应体现在责任担当的意识、独立思考的能力、开拓创新的精神、引领文明的典范四个方面。通过高雅和谐、健康向上的校园文化，使当代大学生真正成为引领先进文化、主流价值、健康风尚、科学理性、文明礼仪的时代青年"。

广阔天地　大有作为

1956年9月，房喻出生于陕西省临潼县（今西安市临潼区），这个因出土秦始皇兵马俑而举世闻名的地方。小时候的房喻虽然在同龄玩伴中较高大壮实，但生性好静，不会学着其他孩子去地里偷瓜摘果、去水库游泳，更不敢跟人打架滋事，与同伴喜欢热闹相比，他更喜欢静静地看书。这在当时农村的经济条件和阅读环境下无疑是奢侈的,也被村里许多大人当作"不打粮食的料儿"。可想而知，在当时物质生活相对贫瘠的农村，要找到能读的书并非易事。

房喻的爷爷是老中医，在方圆几里威望很高。房喻从小跟在爷爷身边，耳濡目染，深受影响。爷爷对他说："好好念书，识字了，爷爷教你给人看病。"那时的房喻也立志要成为悬壶济世的医生。房喻是家里三代单传的男丁，受到全家人的宠爱。阁楼里有很多书，爷爷只允许当时在通灵寺小学读书的房喻去看。房喻在上面一待就是半天，虽然认不得多少字，但有空就泡在书堆里。爷爷的医书里有很多中草药形状描绘的图画，令少年房喻格外着迷。后来，姐姐的初中课本成了房喻的主要读物，语文、数学、地理、历史，几乎所有的书都被他翻来倒去看了个遍。村里的老支书家里有些藏书，听说房喻爱看书，就允许他在每天生产队收工后到其家里看书。《水浒传》《红楼梦》等从此走进了少年房喻的世界。这一抹知识的烛光，点燃他的梦想，激发着他对未知世界的探求。

在通灵寺"戴帽学校"（五年小学＋两年初中）毕业后，房喻到离家三里的马额中学上高中。读高中的房喻似乎赶上了"学好数理化，走遍天下都不怕"的时代，学校开始印刷一些复习资料，并举办数学和物理竞赛。有一次，临潼数学竞赛得 100 分的只有 5 个人，房喻是其中之一。物理竞赛得 90 分以上的只有 3 个人，房喻考了 93 分的好成绩。1974 年，高中毕业的房喻回乡当了农民。

命运关上了一扇门，却开启了另一扇窗。由于房喻中学阶段勤奋好学，回乡后也一直没有泯灭求学的梦想。一年后，他被选拔、派往一所新建的"戴帽学校"担任民办教师。20 世纪 70 年代中国西部乡村教师的生活虽然辛苦、清贫，但获得了与知识亲密接触的难得机会。他倍加珍惜、竭尽全力，无论是做班主任，还是讲授课程，都争取做到最好，在领导、同事和学生中赢得良好的口碑。两年多的乡村民办教师经历，不仅丰富了房喻的人生阅历，为其后来参加高考奠定了知识基础，也为日后步入更广阔的世界积累了宝贵的经验。

然而，在房喻心中，通过努力学习、参加高考、知识改变命运的梦想从来没有泯灭。1977 年 7 月的一天，房喻突然收到了一个在西安市区工作的好友来信，做梦般获悉高考即将恢复的消息。高考复习、教学工作，还有照顾家人，哪一样都割舍不下。房喻为自己制定了苛刻的日常生活、工作和学习计划：早上 8 点到晚上 9 点，认真为毕业班的学生备课、授课、改作业；利用中午和晚上吃饭的时间照顾患病的父亲；晚上 9 点以后到第二天早上 8 点，复习高中课程，仅留很少的几个小时睡觉。一天二十四小时，大多时候只睡四个小时，这是一种怎样的拼搏精神和进取情怀啊！从盛夏到初冬，满打满算也就是四个月时间，青年房喻如同着魔了一般，宿舍墙上挂着公式，走路背诵公式，吃饭盯着书本，就连上厕所也手捧书本。

1977 年 11 月，房喻走进考场。1978 年 2 月，房喻迎来改变命运和生命走向的人生"拐点",作为恢复高考后的第一届大学生,考入陕西师范大学化学系学习。四年后以全年级总分第一的成绩留校任教。

1993年8月,房喻应邀到国际著名生物工程学家、英国伯明翰大学化学系约翰·肯尼迪教授的碳水化合物和蛋白质工程实验室从事研究工作。1995年初转到英国兰卡斯特大学大分子中心,师从高分子光物理学家兰恩·苏塔教授攻读博士学位,1998年3月通过博士论文答辩。之后,受英中友好协会资助,在苏塔教授的实验室继续工作。

大国良师　为国育才

房喻从教经历丰富,曾先后在小学、中学和大学任教,深知教育对国家、民族,乃至个体的极度重要性。他利用各种场合宣传教育,阐述教师的责任、教育的重要性,为我国教育事业发展做出了突出贡献。房喻说:"大学的学习不仅是一个知识获取的过程,更是一个人格陶冶、能力发展、思想完善的过程。因此,我一直希望我们的学生在大学阶段,既要重视知识吸纳,又要重视知识运用,更要重视人格养成。我也相信一个富有责任、懂得感恩、乐于学习、勤于思考、敢于担当的大学生终归会成长为对国家、对民族、对家庭承担重任的人。"

在房喻看来,有教无类,以传道授业解惑为己任的教师要常怀仁爱之心,他并不崇尚"学而优则仕",却认为教师应该属于马克思所说的"最能为人类谋福利而劳动的职业"。在众多的社会角色中,房喻表示:"我还是最看重教师这个身份。只要用心,每个孩子都是宝。"在鲜花簇拥和纷至沓来的各种奖励和荣誉面前,他仍旧保持难得的平常心,一直觉得自己就是一名教书育人的教师,格外珍视全国优秀教师、国家级教学名师、宝钢优秀教师特等奖提名奖等教学类荣誉称号。

在课堂教学中,房喻坚持启发式和互动式教学,以落落大方的教态、富有感染力的语言和极富亲和力的人格魅力,使得原本严肃枯燥的课堂变得妙趣横生,深得历届学生好评。作为一名恪尽职守的教师,房喻认为对学生必须因材施教，对于不同阶段的学生，不但应有不同的教学内容，也应有不同的教学方法。

无论是作为化学与材料科学学院院长，还是此后出任学校副校长、校长，房喻都积极倡导并带头践行教授为本科生授课。他说，本科阶段，首先要培养学生对学科的兴趣，学生对学科产生了兴趣，才能在求知的道路上享受学习、科研的乐趣；同时，要加强学生基础知识的积累，如果没有广博的知识积累，没有基础理论的支撑，想在科研上做出成绩是不现实的。因此，在给本科生上课时，他强调学生专业基础知识的积累和基本素养的训练，并能结合学科前沿知识，联系实践研究，将抽象的理论具体化、直观化，深入浅出地呈现给学生。为了拓展学生的学习视野，他在担任学院院长期间，牵头组织骨干教师为高年级本科生开设化学前沿系列讲座。

给硕士生授课，房喻坚持用英语教学，一来巩固学生英语语言知识，更能拓展学生学习、研究的视野。授课时坚持板书教学，他认为学生抄笔记的过程，应该是一个消化新内容的过程；对于抽象的理论，采用PPT并非一劳永逸，会导致教师形成依赖性、学生失去自主学习的过程。他经常不惜耗费大量时间重新编排课程体系，以便将新的研究内容传授给学生。对于博士生，他要求必须看相关的英文原版著作，主张学生多浏览本学科前沿知识，了解学科发展动态，并力求从中发现可以探索的领域，确定自己努力的方向。教学神圣，树人为本。正如房喻科研团队成员刘静教授所言："我们团队有一个传统，就是学生的事情最大，不能耽误学生的事情。"

房喻挚爱教育事业，是国家级物理化学教学团队负责人、国家级物理化学精品课程主持人、"化学笃学班"班主任。曾任国家教材委员会委员，国家基础教育专家工作委员会副主任（2009—2018），教育部国家化学专业教学指导委员会副主任（2012—2018）；2014年担任国家高中化学课程标准修订组组长，2018年担任国家义务教育化学课程标准修订组组长。2001年被评为全国优秀教师，2004年被评为全国劳动模范，2008年被评为全国高校教学名师，2019年被评为全国先进工作者，2020年获宝钢优秀教师特等奖提名奖。2016年、2017年、2019年先后三次被评选为陕西师范大学化学化工学院本科生"学生最喜爱的老师"，2016 年被评为陕西师范大学首届研究生"我心目中的好导师"。2022 年房喻领衔的教学团队申报的"素养为要　能力为本"：物理化学类研究生五维一体培养模式的探索与实践获国家级高等教育教学成果（研究生教育）二等奖。

"教育是一项神圣的事业，是一项可以惠及千家万户的事业，更是一项可以让个人成才、国家强大、民族进步的事业。"房喻用实际行动诠释着"西部红烛两代师表"精神。作为一名资深教育工作者，他笑称："自己一辈子都在和教育打交道，要么是被老师教，要么是在当老师。"如果有选择的机会，他表示："我愿意一辈子做老师。"

胸怀祖国　经世致用

到过房喻工作室的人都对他墙上贴满小纸条的"广告板"印象深刻：层层叠叠的小纸条，上面写满密密麻麻的"房体"，查阅文献的"摘要"、阅读书刊的"札记"、某项实验的"进度"、发现的特殊现象、修改论文的"要点"以及脑海里一闪而过的"火花"，林林总总，不一而足。

房喻强调在做好基础研究的同时，继续积淀、提升，做有价值的、有应用的研究，产学研用一体，努力通过科研创新突破关键技术瓶颈，用具有自主知识产权的"中国制造"打破国际垄断，提升国家高新科技产业的国际竞争力，将原创性研究转化为新质生产力，带动高新技术产业和高附加值产品的高效产出，进而推动中国式现代化建设高质量发展。他说："真正有意义的研究是顶天立地的，是对知识、国家、社会真正做出贡献的。"

胸怀"国之大者"，房喻长期致力科技攻关。20 世纪 90 年代初，美国率先启动"电子狗鼻"计划，逐渐形成技术垄断，控制了相关产品的全球定价权。一台重量不足 1 千克的设备进口到国内，售价 42 万元。我国 70% 以上的民用传感器市场份额，被国外产品占据。2004 年受教育部委托，时任校长的房喻率中国教育代表团访问澳大利亚。在墨尔本机场偶遇七八只正在执行公务的嗅爆犬，与别人紧急避险、绕道而行不同，房喻下意识地追着犬跑，就是想看清楚嗅爆犬究竟对哪些气味敏感。

其实，早在1998年返回陕西师大任教之初，房喻就带着学生开始破解传感器"薄膜荧光探测"技术之谜，致力于研发替代嗅爆犬的"智能狗鼻"，即微痕量物质的气相探测技术，以实现对各类危险物质，如爆炸物、毒品等的高灵敏度探测。其中核心技术便是传感器，传感器研究周期长、投入多、风险大，但他深知核心技术必须牢牢掌握在自己手中。于是，二十多年来，房喻的研究一直和"危险"密切相关：扫雷、反恐、寻找爆炸物、监测危险化学品，实验室经常"浓烟滚滚、气味扑鼻"。与专业嗅爆犬"气味识别"的工作模式相似，荧光探测也是基于嗅觉，但需要在敏感薄膜材料上取得突破。为了排除"异味"干扰，房喻常常举着臭袜子、托着烂苹果，和学生一道做分析实验。这些在房喻看来都是再平常不过的小事，因为在他的心目中，团队负责人一定是走得最晚、来得最早的那个人；自然科学必须踏踏实实，做好每个环节，容不得半点马虎大意。

"化学讲变化，重转化，如果思维僵化，可能一事无成。"正是在不断求变、反复试验的"化学"思维引领下，房喻团队从领域内专家"轻车熟路"的共轭高分子路径毅然转向小分子，成功实现了对敏感材料技术的突破。在传感器硬件结构方面，首创了叠层式薄膜传感器结构，打破了波导管结构一统天下的局面，研制出中国人具有完全自主知识产权的隐藏爆炸物荧光气相探测技术和装备，实现了对30余种常见制式、非制式爆炸物的超灵敏、高选择和快速探测，探测范围之宽、灵敏度之高、速度之快，均达到世界先进水平。房喻因此被国际同行誉为"国际薄膜荧光传感领域的领军人物"。

地铁进站，飞机起航，党的十九大、G20峰会、博鳌论坛、港珠澳大桥通车典礼等重大国务活动或场所安保的平稳有序，背后都离不开高质量的安保守护。二十多年来，房喻团队倾注心血的，正是面向公共安全重大需求而展开的薄膜荧光传感器研究。2014年，房喻团队研发的"隐藏爆炸物超灵敏探测装置"问世，在爆炸物探测种类、敏感器件使用寿命等关键指标上，相比国外同类仪器均实现了超越，已成为安保工作中必不可少的设备。此后由房喻院士主持的"爆炸物/毒品薄膜荧光传感器关键技术及便携式探测装备"，入选国际纯粹与应用化学联合会（IUPAC）"2022年度化学领域十大新兴技术"。

依托房喻团队技术创建的深圳砺剑防卫技术有限公司，现已发展成为业界具有重要影响的化学传感器公司，产品销售额超过3亿元。"装过爆炸物的容器清洗四十次以上，触摸过爆炸物的手洗后三天……任何接触过爆炸物的物品，在它面前都无可遁形，测出只需一秒钟。"足见其检出限、灵敏度和响应速度等技术指标在同类产品中的国际竞争力。看着自己的产品投入市场，走出国门，房喻曾经的"心病"变成了自豪。

2021年，房喻成为1955年以来在陕西任职的科学家中唯一一位当选中国科学院化学学部院士的人。他表示，"当选院士，是荣誉，更是责任与使命，也是一个新的开端。要更加主动地对接国家重大战略需求，争取在原始创新上多出科研成果。千秋大业，教育为先，我会始终怀着一份教育情怀，努力为国家为社会多做贡献"。"一代人有一代人的责任，如果每一位导师都能负起责任，教学中方法得当，那对国家、对民族、对孩子都是功德无量的事情。"

开放包容　团结奋进

2008年，房喻教授带领的物理化学教学团队获评国家级教学创新团队。他说，一个良好教学团队的形成，不仅需要大家的教学、科研做得好，更要有一个明确的目标，而在实现这个目标时要同心协力、包容进取，有坚强的凝聚力。

1998年放弃国外优厚待遇回国的房喻，主持筹建了大分子科学实验室。经过几年努力，该实验室于2005年升格为陕西省重点实验室，2007年建设成为应用表面与胶体化学教育部重点实验室。房喻不仅重视实验室的硬件建设和制度建设，倡导科学精神，带头恪守学术道德，弘扬正气，还十分重视实验室文化建设，力求以健康向上的实验室文化和浓郁的学术氛围熏陶培养品格高尚、科学严谨、乐观向上的青年人才。房喻院士团队一直倡导"有苦有乐、无怨无悔""我爱我学、我学我爱""将每一件简单的事情做好就是不简单，将每一件平凡的事情做好就是不平凡"的实验室文化，凝练形成了雷锋精神＋钉子精神＋铁人精神＋"阿Q"精神的团队精神，打造了一支特别能吃苦、特别能战斗、特别有凝聚力的高素质科研团队。

在房喻院士团队凝胶推进剂和高能量密度材料的研究过程中,"雾化效果不好""能量密度低""储存时间短",遇到的瓶颈问题一个接着一个。但房喻带领团队,历经上千次试验,耗时近半年,终于前瞻性地提出了分子凝胶策略,发展了凝胶推进剂和高能量密度材料公斤级制备技术,逐步解决了凝胶推进剂雾化效率低、高能量固液悬浮体系长期稳定化难等"卡脖子"难题,开创了国内小分子凝胶推进剂的先河,为我国国防事业做出了突出贡献。

法国微生物学家、化学家巴斯德说过:"在发现的领域里,机遇只偏爱那种有准备的头脑。"化学史上有许多"偶然"发现。在房喻科学研究的生涯中,也有类似"偶然"的发现。凝胶化学研究领域的突破也是房喻团队不懈的追求。2007年,房喻的博士生彭军霞在做选择性胶凝实验时遇到"异常":预想的水油分离结果没有出现,"两种物质竟然融合了"。苦思冥想,排查原因,她确定自己一切都是按规操作的,究竟是哪个环节出现了"失误"?她百思不得其解,只好把结果告诉导师。

房喻的第一反应是:做研究,要尊重、正视事实,不能逃避、掩藏问题。房喻敏锐地察觉到"灵感"带来的机遇:"这个现象不容错过!"沿着彭军霞的实验现象顺藤摸瓜,团队不断探索,在国际上首创出小分子胶凝剂稳定的凝胶乳液,突破了分散相体积分数不能低于74%的限制,拓展了凝胶乳液的模板应用空间,"利用我们的凝胶乳液模板法制备的高分子泡沫材料,兼具了轻质、高强两大优势,实现了品种和工艺的双重创新"。所生产的高性能泡沫材料可用于航天、航空、深海、汽车制造等领域。

房喻教授在科研育人方面成效卓著。他培养的23名博士中,1人获全国百篇优博论文奖,5人获陕西省优博论文奖,1人入选国家特聘教授青年项目,1人获国家自然科学基金委优秀青年基金资助,1人入选国家博新计划,3人获"东方胶化杯"全国胶体与界面化学优秀研究生一等奖,另有两名博士毕业生分别获得洪堡基金和JSPS基金资助,分别在德国和日本从事博士后研究。他所带领团队中的青年教师涌现出了国家自然科学基金委杰出青年基金获得者、优秀青年基金获得者，陕西省杰出青年基金获得者，教育部"新世纪优秀人才支持计划"入选者，以及陕西省"青年科技新星"称号获得者等多位人才。2014年以来，房喻教授指导的20名硕士毕业生中，6人获得硕博连读资格，9人赴国外攻读博士学位。

房喻院士团队主持"863"重点、重大科学仪器专项、重点国际合作、国防"973"课题、教育部/财政部科技成果转化专项、国家外专局/教育部学科创新引智基地等项目30余项，在 *JACS*、*Angew. Chem. Int. Ed.*、*Adv. Mater.*、*Nat. Commun.* 等相关领域刊物发表论文240余篇，独立撰写、出版学术专著《薄膜基荧光传感技术与应用》（科学出版社，2019），获授权发明专利40余项。主持研制了爆炸物、毒品薄膜荧光传感器和探测装备，首创了轻质高强交联聚苯乙烯泡沫及其凝胶乳液模板制备技术，孵化了（深圳）砺剑防卫技术有限公司和深圳市方科马新材料有限公司等两家高技术企业。他以第一完成人获教育部科技成果一等奖1项，陕西省科学技术奖一等奖3项、二等奖1项，国家知识产权局优秀专利奖1项，获颁中国化学会胶体与界面化学专业委员会全国软物质研究杰出贡献奖。在事关国防能力建设的凝胶推进剂和高能量密度材料研制中，为解决相关"卡脖子"技术问题做出了决定性贡献。

在房喻团队实验室的墙上挂着一张《中国智造2025》全景图，从国家政策到战略任务再到重点发展领域一目了然。在这张全景图的"注视"下，房喻和他的团队从酸到碱，从烧杯到试管，从无机到有机，在略显枯燥烦琐的科研工作中，全力以赴奔向他们的星辰大海。

聚焦发展　敢于担当

2004年到2014年，房喻在担任陕西师范大学校长十年间，以其先进的教育理念进行大学治理的成功探索，为"教育家办学"理念做出了无愧时代的实践诠释。作为校长，他自觉贯彻党委领导下的校长负责制，为人坦率，作风务实，处事干练，注重实效，以开阔的国际视野、前瞻性的战略思维、开放包容的人文情怀、只争朝夕的进取精神，团结和带领全校师生，凝聚智慧，形成合力，争取学校改革发展最大加速度，形成了以"三南一陕"为代表的师范院校快速发展新模式，开创了陕西师大发展态势良好的局面，尤其是 2005 年学校进入"211 工程"重点建设大学，为 2017 年进入"双一流"建设高校奠定了坚实基础。

房喻具有丰富的学习、工作阅历，他深入思考学校发展的重大问题，全身心投入学校管理工作，在教师教育特色发展、学位授权点与学科建设、人事分配制度改革、教职工住房改善、大学文化建设等方面，取得显著成效。在认真调研论证的基础上，他带领班子成员明确学校改革、建设和发展思路，系统提出学校在新形势下的定位、目标与奋进路径，主持制定了学校发展战略规划、学科建设规划、师资队伍建设规划和校园建设规划等，明确了"争取用 20 年左右的时间，将学校建设成以教师教育为主要特色的综合性研究型大学"的发展目标，创造性提出并实施"特色发展战略""人才兴校战略""教育教学质量提高战略""学术环境优化战略"等，全面推进学科建设、教学科研、人才队伍建设以及校园建设等。这一时期，学校人才培养质量稳步提升，学科建设取得突破性进展，科学研究长足进步，师资队伍建设明显加强，办学条件得到极大改善，社会服务功能明显增强，学校事业快速发展，综合实力显著提高。

为了彰显教师教育办学特色，房喻带领全校老师充分发挥高水平师范大学办学优势，多渠道创造性为西部基础教育服务：发挥综合优势，努力构建多层次、全方位、多功能的基础教育服务体系；在实施"校县共建"教育发展工程的基础上建立了覆盖西部六省区的教师教育创新实验区；针对西部区域特征，积极为民族地区培养优秀人才；建成陕西省基础教育资源研发中心，搭建基础教育信息化服务平台；办好教育出版集团，为基础教育提供优质教育资源等。

2007 年 9 月，房喻在接受《中国青年报》记者采访时说，培养未来教师"最重要的是文化熏陶"，"以教师教育为主要特色的师范大学，不能仅注重让学生在知识、能力和专业素质方面得到应有发展，只有经过大学校园文化的熏陶、人文情怀的温暖、自由空气的呼吸，培养出的教师才能闪耀智慧之光，洋溢仁爱之美"，"一流大学更多的应该反映在一种精神、一种气质上，这种精神和气质只有通过长期的历练和积累才可以养成"。

房喻坚持的"诗性"教育落地生根，花开有果。陕西师范大学生命科学学院"背着妈妈上学"的李强同学之母李春霞，曾将自己身残志坚、自强不息的前半生写成"自传体"纪实文学作品《活着是为了心》。在这本书中，作者写道："陕西师大的门是幸运的门"，经历了半个世纪的颠沛流离，"闯进师大校园，总算看到了曙光"；在这里"有了大学校园文化的沾溉、人文情怀的温暖、自由空气的呼吸"，是师大的师生"传播和光大了大学精神，丰富了教育的诗性内涵，张扬了大学的理性、智性和德性力量"。

【主要参考资料】

[1] 房喻：《有苦有乐，无怨无悔》，见《陕西师范大学学人治学录》，陕西师范大学出版社，2002年。

[2] 谢湘、孙海华：《师范教育应造就有个性的教师——专访陕西师范大学校长房喻》，载《中国青年报》2007年9月5日。

[3] 《走进陕西师范大学》，载《光明日报》2008年12月5日。

[4] 吴国彬、张行勇：《传道拓新　琢玉成器——记全国先进工作者、陕西师大校长房喻》，载《科学时报》2010年5月27日。

[5] 李国华、张行勇、温才妃：《房喻：做有价值的研究，做有应用的研究》，载《中国科学报》2019年5月29日。

[6] 党委宣传部：《中国科学院院士房喻：潜心四十载　以学术为生命　以教育为使命》，陕西师范大学网站，2021年11月24日。

[7] 吕扬、石健芳：《以学术为生命，以教育为使命——记中国科学院院士、陕西师范大学教授房喻》，载《陕西日报》2021年12月1日。

【人物档案】

乔全生，生于1956年，山西临汾人。教育部"长江学者奖励计划"特聘教授，中国语言资源保护工程核心专家组专家，陕西师范大学文学院教授、博士生导师、语言科学研究所所长。1979年毕业于山西大学中文系，1988年获山西大学文学硕士学位，2003年获南京大学文学博士学位。多次赴美国、日本、韩国、新加坡、爱沙利亚等国和我国港澳台地区访学。主要从事现代汉语、方言学、语音学、语音史等研究。2009年获第十三届王力语言学奖二等奖，2013年获山西省五一劳动奖章，2020年获评"中国语言资源保护奖"先进个人。兼任中国音韵学研究会会长、《北斗语言学刊》主编、《中国语言学》编委。

乔全生：索古求今问九州

方言学是主要以各地方言为研究对象的语言学分支学科。音韵学是我国传统语言学的分支学科，是研究汉语各个历史时期的语音系统和历史演变规律的基础学科。音韵学素来被称为"绝学"。方言语音的研究可以为音韵学这门绝学提供材料与支持，因此，方言学与音韵学是天然的姊妹学科。多年来，乔全生教授立足三晋，兼涉三秦，视瞰九州，心怀"国之大者"，志于"为往圣继绝学"，在方言与音韵领域勤勉耕耘，不懈奋进。

求学：只为一种最好的答案

1956年11月，乔全生出生于山西临汾一个普通家庭。出生不久，做塾师的爷爷就因病去世，虽未得爷爷亲炙，但留下的一些书籍使他终身受益。他的父亲对他要求非常严格，珠算、写字、作文，在入小学前便都得到全方位的培养。入学后，乔全生尤为用功，成绩优异。即使小伙伴们都放下课本整天玩耍，但年少的他仍然坚持学习。要知道，在当时的大环境下，坚持并努力读书学习殊为不易。

1976年，乔全生进入山西大学中文系学习。大学期间的他，很快对语言学产生了浓厚的兴趣。他说，对于文学而言，某一个问题总会有不同的答案，而且这些答案都有一定的道理。相比之下，面对某个语言学问题，它的答案往往只有一个是最好的。"语言学只有一种最好的答案，而这正是我想做的。"

1979年大学毕业后，乔全生留在中文系任教。工作期间，他开始关注文学语言与科学语言风格的异同。撰写的论文《试谈文艺语言与科技语言的风格同异》在《山西大学学报（哲学社会科学版）》1985年第1期发表。后来被人大报刊复印资料全文转载，其观点被《高等学校文科学报文摘》摘录并在《建国以来三十年的风格学述评》一文中受到好评。乔全生也因此在学界崭露头角。

1981 年 7 月初至 8 月底，受中国语言学会委托，福建省语言学会在福建省建瓯县举办了为期两个月的全国汉语方言研究班。该班由黄典诚、李如龙教授主办，邀请黄家教、许宝华、王福堂等全国知名专家授课，除讲授方言和方言调查知识外，着重训练方言调查技能，并分组在当地调查实习。乔全生出于对方言研究的好奇和对家乡话的偏爱参加了该班。对于一直生活在北方的乔全生来说，南方的夏天太过炎热，在那个武夷山下的县城，他常常汗流如注，但他对在这里学习却甘之若饴，上课听得津津有味。两个月时间学习了国际音标、听音记音。学习期满，乔全生返回学校，决定将自己的研究方向从语言风格学转到家乡的晋方言上。

1982 年 3 月至 7 月，乔全生参加武汉华中工学院（华中科技大学前身）由著名语言学家严学宭先生主办的语言学理论研究班，现场聆听了徐通锵、石安石、范继淹、胡明扬、詹伯慧、邢福义、周耀文、戴庆厦等多位国内知名专家的讲座，又一次学习了国际音标、方言及方言调查、语言学理论、语法理论等。

1985 年，乔全生在山西大学中文系攻读硕士学位，师从田希诚教授研习方言。毕业之际，经田先生引介，乔全生带着论文《从洪洞等方言看唐五代以来助词"着"的用法》专程赴北京向山西籍的侯精一先生、胡双宝先生求教。1988 年乔全生顺利通过硕士学位论文答辩，毕业后留在中文系任教。1992 年、1996 年，他先后破格晋升为副教授、教授。其时，经过多年钻研，乔全生已在晋方言共时研究方面积累了丰富经验，发表了多篇论文，出版了《洪洞方言志》《汾西方言志》《晋方言语法研究》等专著。但此时晋方言的历时研究仍是薄弱环节。为了获得构建方言史的本领，2000 年，乔全生毅然远赴方言史研究重镇南京大学，师从著名语言学家鲁国尧教授攻读汉语言文字学博士学位。鲁先生不仅重视汉语语音史教学，也颇为注重学生方言记音的基本功训练。攻读博士期间，乔全生再次练习国际音标并着力记录粤方言音系。2003 年，其博士论文《晋方言语音史研究》顺利通过答辩，毕业后重新返回山西大学任教。

为了更好地寻求语言学"最好的答案"，乔全生于 2006 年以后多次赴日本、美国、新加坡、韩国等国以及我国港澳台地区访学交流，大大开阔了学术视野。在晋方言研究道路上，乔全生始终坚守初心，不断奋进，取得了一系列研究成果，得到了学界的高度认可。2005 年，山西大学以乔全生为第一学术带头人的汉语言文字学博士学位授权点获批，2006 年，乔全生被聘为博士生导师，2007 年创建山西大学语言科学研究所，出任首任所长，2010 年当选为中国音韵学研究会会长，2011 年入选教育部"长江学者奖励计划"特聘教授、国务院政府特殊津贴专家，2012 年入选山西省首批"三晋学者"特聘教授，任山西省高校人文社科基地"方言与口传文化典藏"负责人，2013 年获山西省五一劳动奖章，2016 年被聘为中国语言资源保护工程（简称"语保工程"）核心专家组专家，2019 年入选山西省"三晋英才"高端领军人才，2021 年任山西省"1331 工程"重点创新团队带头人，2023 年受聘为语保工程二期专家委员会专家。

学术：聚焦晋方言语音语法研究

"研究方言首先要从家乡话入手"，在方言学界有个经验性定论：最好先研究自己家乡的方言，因为这里是自己最熟悉的土壤。作为山西临汾人，乔全生本应首选临汾方言开展研究，但考虑到位于临汾的山西师范大学已有学者从事这方面的研究，再加上他的夫人是洪洞人，他就转而研究与临汾方言相近的洪洞方言。1982 年，在时任洪洞县委副书记刘郁瑞的支持下，乔全生顺利完成相关调查，于 1983 年出版首部专著《洪洞方言志》（后扩充为《洪洞方言研究》）。

乔全生在方言学界迈出的第二步是 1984 年对汾西方言的调查。汾西县与洪洞县同属邻汾地区，由于汾西地处山区，交通闭塞，与外界接触少，使得汾西方言与邻近的洪洞等地方言差别很大。他几乎借助不上洪洞方言的调查成果，只能从头调查，由于记音难度较大，前后共赴汾西调查核实 3 次。经数年潜心整理，于 1990 年出版《汾西方言志》（后扩充为《汾西方言研究》）。

2000 年，乔全生的《晋方言语法研究》由商务印书馆出版。该书是乔全生近二十年研究山西方言语法的结晶,首次系统地阐述了山西方言语法的突出特点,总结了山西方言语法的演变规律,是第一部研究山西方言语法的专著。2023 年,他将该著扩充为《山西方言语法研究》,由中国社会科学出版社出版。

2002 年,正在南京大学攻读博士学位的乔全生获批国家社科基金一般项目"晋语史研究"。学界深知,语音转瞬即逝、不留痕迹,要开展语音史研究,除可用山区方言中保留的古代语音活化石做参照外,必须大量搜集历代文士笔记、诗文用韵、地方志书中的有关内容,充分利用唐五代藏汉、梵汉等对音资料所反映的西北方音研究成果。乔全生知难而上,爬梳文献,沙里淘金,书海千里,终有所获:2005 年结项成果《晋方言语音史研究》鉴定等级为优秀,并于 2008 年由中华书局出版。

《晋方言语音史研究》运用历史比较法和历史文献考证法相结合的新的二重证据法研究晋方言语音演变史,择取晋方言 20 余条音韵特征,征引大量历史文献考其历史演变和发展脉络,通过时空考察,提出"现代晋方言是唐五代西北方言的直系支裔""山西西南部中原官话汾河片反映的是宋西北汉语某方音"的观点,从历史角度考察,得出晋方言与官话非同步发展的结论,将晋方言历史研究推进了一大步,在学界引起极大反响。中国语言学会原会长、中国社科院荣誉学部委员侯精一研究员在该书序言中曾评价:"全生的晋方言与官话方言非同步发展的观点,以今溯古,以古论今,今古兼之,古今贯通。用新的视点,为晋语的'分立'提供支持"。中国音韵学研究会原会长、南京大学鲁国尧教授在该书序言中称该著为"异军特起之著""包举、囊括之著""可以传世之作"。《方言》原主编、中国社科院张振兴研究员评价该书"是第一部探讨个别方言语音历史的成功作品"。北京大学李小凡教授曾在一次学术会议上评价道:"一般的研究方言的著作,着重于共时的平面描写而缺乏历时考察,可是乔全生的这本书不仅有共时描写,而且有立足于大量文献资料的历时考证。"青岛大学李行杰教授在一次音韵学研讨会上称赞该著是方言与音韵结合得最好的一部著作。2009 年该书获第十三届王力语言学奖二等奖,2010 年获山西省第六次社科优秀成果一等奖。

此后，乔全生于2007年获批国家社科基金重点项目"晋方言语音百年来的演变"，2011年结项获"免于鉴定"。2010年获国家社科基金重大招标项目"近代汉语方言文献集成"，2019年结项会上专家鉴定为优秀。

2022年，乔全生发表论文《晋方言研究史胜论》，首次对晋方言研究史做了梳理。首次提出：真正意义上的晋方言研究，首推山西大学建校之初山西大学堂赴日留学生景耀月1907年发表的《晋语》，这是新发现的研究晋方言的开篇之作。该文的发现将"晋语"一词的提法提前了四十一年。

乔全生带领团队成员聚焦晋方言语音语法研究，在共时与历时研究方面取得了丰硕的成果，将晋方言研究打造为汉语方言研究的重镇。此外，乔全生提出山西方言研究的"三个结合"：全面研究与专题研究相结合、历史比较法与历史文献考证法相结合、横向研究与历史探源相结合。这不仅为山西的方言研究做出了全新的定位，也为其他方言区的方言研究提供了参考。

团队：语保工程的"山西模式"

2015年，中国语言资源保护工程启动，山西作为试点省份，乔全生任山西省语保工程首席专家。他连续四年带领团队成员赴调查点完成57个方言点及3个"语言方言文化调查"点的调查摄录任务，形成语保工程的"山西模式"。工作中，他提出"立打造精品之志向，选打造精品之人才，树打造精品之标杆，尽打造精品之责任，求打造精品之实效"，首创"领导专家互信制、首席专家负责制、重大项目管理制、摄录团队独立制"的工作机制，受到领导、专家的一致好评。山西语保团队提交的材料准确、完整，音像规范、清晰，具有代表性和示范性，被作为质量模板在全国推广。2020年乔全生获评"中国语言资源保护奖"先进个人，他领导的语言科学研究所获先进集体奖。

2016年9月，山西再次作为试点省份由乔全生负责山西55个方言点的材料汇集。历经六年多的努力，其团队完成的《中国语言资源集·山西》（全10册）

由商务印书馆于 2023 年出版。该著分语音卷、词汇卷、语法卷、口头文化卷，对山西近年来语保调查成果进行了全面的总结和展示。

2017 年教师节前夕，时任山西省委书记骆惠宁专程来到山西大学语言科学研究所看望乔全生教授，感谢他为汉语方言保护、研究所做的突出贡献。次年 4 月，时任山西省委组织部部长吴汉圣专程到山西大学语言科学研究所调研指导。

在此之前，乔全生已多年致力于为晋方言"拍照"留档工作，他多次提出：方言是不可多得的语言样品，方言是不可恢复的历史记忆，方言是不能再生的文化基因，方言是无以替代的乡情符号。方言失传意味着文化链的缺失，抢救方言就是拯救文化。保护濒危古语，让古老优雅的晋方言得以留存，让数千年的传统文化世代流传。截至目前，乔全生主编的《山西方言重点研究丛书》已正式出版至第 11 辑，共 70 部。在一个省，能持续多年不间断地出版《山西方言重点研究丛书》，全面地记录各县市方言的全貌，放眼全国都是少见的。这不仅对山西方言进行全面保护，还为山西方言的共时、历时研究提供了重要材料。2012 年，《山西方言重点研究丛书》第 5 辑获山西省第七次社会科学研究优秀成果一等奖。

从 1981 年开始，乔全生教授坚持晋方言研究，不仅自己身体力行，还带出一支精明强干的方言研究团队。乔全生及其团队以"坚守、探索、创新、超越"为所训，以"擎天拄地言三晋，索古求今问九州"为研究理念，不仅在基础理论研究方面深入挖掘晋方言内涵，不断扩大晋方言研究的影响力、辐射力，还在方言与音韵结合、方言应用、开发服务方面开展协同创新研究，探索学科发展驱动力，在晋方言研究方面接连取得多项突破。

选择：致力于秦晋方言与音韵研究

2018 年 11 月，为促进西部高校中国语言文学学科建设，乔全生离开工作多年的山西，加入陕西师范大学中国语言文学"世界一流学科建设"队伍。除了继续进行语言文字的学术研究外，他还参与学院 2021 年教育部重点实验室的申报工作，邀请鲁国尧、张振兴、张惠英、李宇明、黄德宽、徐正考、内田（日本）等国内外知名学者前来为文学院师生做学术报告，主持学院"中国语言文学研究前沿问题对话"系列讲座。2020 年，陕西师大成立语言科学研究所（挂靠文学院），乔全生任所长，旨在搭建以秦晋方言共时研究与历史研究为鲜明特色的高水平高质量科研创新平台。

2019 年至 2023 年，在陕西师范大学的大力支持下，乔全生任首席专家的国家社科基金重大招标项目"近代汉语方言文献集成"结项成果《近代汉语方言文献集成》在商务印书馆陆续出版。该著共 14 辑 309 卷，全部书摞起来有 9.5 米高。这种面向古今中外，大规模、超时空的汉语方言原始文献的整理出版，在国内外尚属首次。该丛书之搜集、编纂，历时八载。整个项目由国内外 20 余位专家学者组成 14 个子课题组，收集唐五代宋至 1949 年以前汉语方言中外文献近千种，其中收集孤本、善本、抄本等珍贵文献百余种。这套大型文献丛书的出版，对汉语方言史研究、汉语方言学史研究、汉语语言学史研究方面的学术价值不言而喻。

2022 年 7 月 25 日，《中国社会科学报》以"文献集成研究为学科体系建设夯实基础"为主题专版评介该套丛书。鲁国尧用"自家无尽藏"来评价该丛书之"体量之大，成就之高"，坚信"这套超大型丛书必将会在国内外语言学界产生重大学术影响"。张振兴评价该丛书是"一部充满文化自信的鸿篇巨著""一项语言科学研究的重大基础建设"。胡安顺评价丛书对近代汉语方言文献整理具有"开山之功"，"是汉语方言学界的一件盛事"。

近年来，乔全生主持国家语委专项项目"山西方言口传文化典藏综合调查研究及音像摄录""第一次全国汉语方言普查成果汇编"等两项；主持国家社科基金西部项目"清末民初报刊汉语方言语料挖掘、整理与研究"以及其他子课题项目多项，总经费达 160 余万元。与团队成员合作出版方言研究专著 5 部，如《临汾方言研究》（北岳文艺出版社，2019）、《赵城方言研究》（北岳文艺出版社，2022）、《沁源方言研究》（北岳文艺出版社，2022）、《中国语言文化典藏·洪洞》（商务印书馆，2022）、《山西方言语法研究》（中国社会科学出版社，2023）。教材1种：《晋方言区怎样学好普通话》（语文出版社，2023）。发表C刊学术论文15篇。

除方言研究论文外，在音韵学、方言与音韵结合的研究方面，也有多项标志性成果。论文《中国音韵学研究70年》[《陕西师范大学学报（哲学社会科学版）》2020年第1期]，对新中国成立70年来的中国音韵学研究四个时期的重要论著进行了系统梳理。论文《中国音韵学研究的未来走向》（《吉林大学社会科学学报》2022年第2期），指出中国音韵学未来要着力推进五方面的研究：上古音研究要继承传统，推陈出新；中古音研究要突出重点，各个击破；近代音文献要充分挖掘，加强整理；音韵学研究要注重新方法，融入新手段；音韵学研究要建构"三史"，实现飞跃。提出信息化时代，音韵学人要集中思考、共同发奋与通力合作，实现建设"汉语语音系统研究大数据平台"的宏伟目标。该文指明了中国音韵学研究的未来发展方向，在学界引起了较大反响。人大复印报刊资料全文转载，2024年1月获得陕西省第十六次哲学社会科学优秀成果一等奖。此外，他还发表方言与音韵结合、方言研究对音韵学贡献的论文多篇。

对于下一步工作，乔全生表示，除带领团队继续致力于秦晋方言与音韵教学、研究之外，还要服务于国家语言安全，培养语言学后继人才。具体来说，一是在语保工程项目成果基础上建立山西语言资源数据库平台、山西方言口传文化典藏调查数据库平台，为学院申报教育部重点实验室奠定基础；二是开展基于中国西部地区社会治理的司法语音学研究，助力解决西部地区社会治理难题，探索实现国家治理体系和治理能力现代化的"西部方案"；三是尝试利用方言语音识别的方法将方言语段文本化，利用语音合成技术转化为目标方言，从而实现不同方言使用者都可以进行沟通的目标。

育人：严谨、严厉的背后是希冀

从 1982 年首登大学讲台开始，乔全生已有四十余年的教育生涯。他长期主讲现代汉语、方言调查与研究、汉语语音史、汉语史专题、音韵与方言等课程，2024 年 2 月又在全校为本科生开设了一门新的通识选修课语言礼仪与语言规范。

语言学是一门严肃的学科，理性而抽象，需要很多原理做支撑，教师如果没有雄厚的知识储备与很强的逻辑思辨能力，很难使学生全神贯注、消化和吸收。乔全生治学非常严谨，讲课旁征博引，每次授课总能融入自己的研究心得环环紧扣地去展开论证，让学生听来津津有味。"只有严谨治学，学生方有所获。"生活中随和的乔全生，却绝不容忍学生在学业上的懒惰，如果哪个同学、哪个团队成员没有充分利用时间，学业上没有明显进步，便会受到严厉的批评。

学生们明白，老师严谨、严厉的背后是希冀。陕西师大文学院青年教师王晓婷说："乔老师与其说严厉，倒不如说是对学生极端的负责与殷切的希冀。这种严厉的鞭策才使我们受益终生，才能使我们秉持红烛精神，为西部教育事业贡献自己的力量。" 2020 级博士研究生张长江说："乔老师治学严谨，对学术研究精益求精，对学生的培养和教导既包容又严厉，老师经常鼓励我们'年轻人不要怕犯错，每一次的挫折都是一次进步的开始'。"2022 级博士研究生陈刚说："作为一名追随乔老师多年的学生，我从参加工作多年到再次成为学生，其中少不了老师的激励和鞭策。老师时常鼓励我'学科交叉研究有困难，但只要坚持就有大学问'。"

乔全生希望学生们能够多读书。他说，书中积累的案例可以有效增加学生的知识储备。为了不让学生漫无目的、随心所欲地读书，他提出读书的"三名"原则：名家、名刊物、名出版社。他说，名家写的东西，多是经典，没有废话，富有逻辑，譬如语言学界的名家王力、吕叔湘、朱德熙、李荣等老先生，他们写作时通常使用的是毛笔，在方格纸上一格一格地写，必须一遍成功，在如此严谨写作方式之下撰出的作品，经得住历史的检验；而名刊物登载的文章，都是学界前沿的研究成果，已经过了严格审阅；名出版社的作品，即使作者暂时不太出名，但能出版，一定是经过了层层把关，证明作品值得一读。

从教四十余年来，乔全生培育了一届届优秀的硕士、博士毕业生，为汉语方言、音韵研究事业注入了新的力量。乔全生团队成员、陕西师大文学院的余跃龙说："我师从乔全生教授二十年，他严谨的治学态度使我受益匪浅，正是先生的严格使我在学业上能有所进步，每次进步，都凝聚了老师极大的心血。博士毕业后，我能留在乔老师身边工作，继续聆听教诲是十分幸运的事。作为弟子，在今后研究工作中，我会继续秉承师志，坚持不渝，在方言研究事业上贡献自己的力量。"2020级博士研究生谷少华说："每天清晨，总能看到老师骑着自行车到工作室的身影，不管工作日还是节假日，老师总会很早出现在办公室。他提醒我们要勤于'学术练笔'。用自己的实际行动规劝我们'为学之道在于勤'，'为研之策在于真'，'为人之方在于实'。"2023级博士研究生邸恩嘉说："成为乔老师的学生，实属幸事。老师的高尚师德、严谨治学都对我们影响至深。"已毕业参加工作的2019级博士高晓慧深情回忆道："做乔老师的学生，何其有幸！师恩难言谢，只有将老师的教诲铭记于心，加倍努力，才能不辜负老师的厚望！"硕士研究生李涛、段棚、何莎莎、苏吉光、陈晓璐、杨楠、王妲等也有同样的感悟，他们表示跟随乔老师求学期间，不但学做学问，更学会了做人，乔老师是他们人生道路上的引路人和启明灯。

乔全生自加盟陕西师大以来，已招收博士生5人、硕士生8人。学生中获国家奖学金2人，积学一等奖学金7人，积学二等奖学金13人，获陕西省优秀毕业生荣誉称号1人，校级优秀团干、优秀研究生、优秀学生工作者等称号7人。这不得不说是其"严厉"与"希冀"相融的动力所致。团队成员以及历届学生跟随乔全生教授行走于阡陌之间，记录方音乡愁，保护语言资源，传承乡土文化，在追求卓越的道路上，为秦晋方言及口传文化的保护和传承贡献着自己的力量。

【主要参考资料】

[1] 鲁国尧：《"异军特起"之著，"包举""囊括"之著——序乔全生〈晋方言语音史研究〉》，载《语文研究》2008年第3期。

[2] 张振兴：《坚实、会通、创新——评乔全生〈晋方言语音史研究〉》，载《语文研究》2011年第2期。

[3] 李行杰：《创新是学术著作不息的生命力——读乔全生〈晋方言语音史研究〉》，载《语文研究》2011年第2期。

[4] 王晶、苑立立：《"长江学者"乔全生：抬头远望是山，低头脚下是路》，载《中国研究生》2015年第12期。

[5] 山西大学语言科学研究所：《乔全生教授与他的晋方言研究团队》，载《山西大学学报（哲学社会科学版）》2017年第6期。

【人物档案】

尚永亮，生于 1956 年，祖籍河南，长于西安。陕西师范大学文学院教授、博士生导师，教育部"长江学者奖励计划"特聘教授。1982 年毕业于陕西师范大学，同年留校，嗣后于 1984 年、1987 年师从霍松林教授攻读中国古代文学硕士、博士研究生；1997 年、1999 年先后调赴湖北大学、武汉大学工作，历任武汉大学文学院院长、教育部高等院校中文教学指导委员会副主任委员、国家社科基金学科规划评审组专家、中国唐代文学学会副会长、中国诗教学会副会长、中国柳宗元研究会会长等，以及日本京都大学、德国特立尔大学、巴黎第七大学等海外高校客座教授；2022 年回到陕西师范大学任教。四十年来，他潜心中国古典文学和思想文化研究，尤致力于两汉、六朝及唐代文学研究，在贬谪文学、唐诗学、中国文学传播接受史及人与自然关系诸领域多有开拓性研究和贡献。出版《贬谪文化与贬谪诗路》《中国古典文学的接受理论与实践》等学术专著 30 余部，在《文学评论》《文艺研究》《文学遗产》等期刊发表学术论文、译文 260 余篇。有 10 余项成果获省部级、国家级学术奖励，部分成果被译为英、日、俄、韩文发表或出版，在海内外具有较大学术影响。

尚永亮：学问尚实　理念求新

《庄骚传播接受史综论》"具有学术史研究的导向意义"，《中唐元和诗歌传播接受史的文化学考察》"选择一个有特色的时代，从社会文化角度进行传播接受史的考察，对中国文学史的重写是一个新创"，《唐五代逐臣与贬谪文学研究》"无疑是世纪开头唐五代文学研究里程碑式的成果，从内容到研究角度、研究方法，对学界都是重大贡献"……一部部经典著作、一座座学术高峰、一次次重要突破，这些都与一个响亮的名字有关——著名中国古典文学和思想文化研究学者尚永亮。这是他永远朝向光亮前进的不竭动力，亦是他学术跋涉的真切写照。

结缘《楚辞》的经历

尚永亮最初接触《楚辞》是在 1978 年陕师大中文系大一的课堂上。上古代文学课的赵光勇老师在讲完《诗经》后，开始讲极具难度的上古第一长诗《离骚》。赵老师学问好，讲得细，对每一字词、句意都详加解说，有些疑难问题还要专门考辨，以致一篇《离骚》足足讲了数周之久。那段时间，尚永亮完全被这篇作品吸引住了，"屈原'信而见疑，忠而被谤'的遭际、深婉哀愤的情感、'虽九死其犹未悔'的志节，都深深打动了我"。于是他"口而诵，心而惟，朝于斯，夕于斯"，课还未讲完，便能将这篇长达 370 多句近 2500 字的作品倒背如流。

就在尚永亮如饥似渴地沉湎于屈原作品中时，一个突发事件打断了他的学习进程。1979 年初春，他的母亲查出癌症。听到这一消息，他焦急万分、五内如焚。母亲辛苦操劳一生，刚过花甲之年，即得此绝症，实在令人难以接受。为了给母亲治病，他毅然向学校请了长假，东赴中原，南入商山，西至关西，四处延医求药，并在医院陪护母亲，因此耽误了大半年学业。为了不至在学习上落下过远，他充分利用可以利用的时间，在求医的路途、候车的间隙、病房外的走廊，坚持阅读、记诵古诗文，而涉及最多的，还是《楚辞》。在屈原传世的 25 篇作品中，大概除了《天问》，其他多数篇章都是在这期间背诵下来的。

在城南铁路医院陪母亲做化疗的三个月时间里，他把学校图书馆可以借到的历代《楚辞》注本都借了来，摆放在租住的一间仅几平方米小屋的床上，时时翻览。其时正当盛夏，天气酷热，又无风扇，房间根本待不住人。他让母亲在外边的树荫下乘凉，自己则猫在屋中，光着脊梁，肩上搭条毛巾，一边擦汗，一边围绕《楚辞》原文，将汉宋明清间的诸种注本细加对勘、研读，力求搞清每句话、每个字词的含义和相关解说。几个月下来，他不仅深化了对屈原作品的体悟，而且对汉代王逸《楚辞章句》，宋代洪兴祖《楚辞补注》、朱熹《楚辞集注》，以及明代汪瑗，清代王夫之、蒋骥等人的相关阐释，都有了比较系统的了解。

1979 年 11 月，经过近一年的治疗，尚永亮的母亲终因回天乏力而病逝。这给他精神上造成极大打击。回到学校后，他几乎谢绝了一切交游活动，把痛苦埋在心底，全身心投入专业学习，每天早出晚归，往返于图书馆和教室之间，有时甚至夜半时分才回到宿舍。

随着对《楚辞》研读的深入，他发现的疑难问题越来越多，于是一方面扩大阅读范围，一方面围绕文本做深入思考，相继写成《屈原生年榷论》《刘勰对屈原及其辞赋的态度》《屈原人格与屈赋风格》等文。与此同时，他还对屈原的流放年代、地域产生了浓厚的兴趣，结合内证和外证，写成《论〈哀郢〉的创作和屈原的放逐年代》约两万字的初稿，并在全系举办的学术研讨会上做了宣讲，赢得老师和同学们的较高肯定。这篇文章于 1980 年发表在《陕西师大学报（哲学社会科学版）》第 4 期上，随后获得 1981 年陕西省第一届社科论文优秀奖。这大大增强了他从事学术研究的信心。

1982 年，尚永亮毕业留校任教，教研室安排他从事宋元明清时期的教学任务。到了 1984 年、1987 年，他跟随霍松林教授攻读硕士和博士，其研究方向先后集中在元明清文学和唐宋文学。不过，其间有几件事，又使他与《楚辞》

发生了时断时续的关联。

一次是1982年6月,因武汉大学胡国瑞先生的关照,尚永亮受邀参加在屈原故里秭归举办的首届屈原研讨会,得以聆听前辈学者和同道的高论,并由张国光先生推荐,于1983年在《长江文艺》第1期发表了《评徐迟〈《九歌》——古代社会各阶级的画廊〉》一文,该文随后被人大复印报刊资料全文转载,产生了一定影响。另一次是1984年,上海师范大学的马茂元先生应湖北人民出版社之约,拟编纂《楚辞研究集成》大型丛书。因机缘巧合,尚永亮得以参与编纂工作,与两年前在屈原研讨会上结识的潘啸龙、汤彰平、王从仁诸友一起,编成《楚辞评论资料选》,于1985年出版。通过文献爬梳和整理,他对《楚辞》的影响以及后人的接受态度有了更深入的了解。第三次是1997年秋季,因学科建设需要,尚永亮来到当年屈原曾留下足迹的武汉工作。既触景生情,又因初到异地,他尽力摆脱杂务,挤出时间对当年曾下过功夫的《楚辞》及其传播接受脉络展开考察研究,花了近两年的时间,陆续写出多篇文章,最后结集成《庄骚传播接受史综论》,于2000年在文化艺术出版社出版。其中的《忠奸之争与感士不遇》一文,还获得了2001年湖北省社科研究优秀成果二等奖。最后一次是因承担国家课题的缘故,尚永亮又一次将学术兴趣转向先秦,从弃逐文化的新视角考察屈原和《楚辞》,撰写了《〈离骚〉与早期弃逐诗之关联及承接转换》《〈离骚〉的象喻范式与文化内蕴》《回归:流亡者的心理情结与逻辑展演》等文,构成《弃逐与回归——上古弃逐文学的文化学考察》一书的若干章节,于2017年由上海古籍出版社出版。这部书像一颗精心培育的果实,为他历时近四十年的《楚辞》研究画上了一个暂时的句号。

后来,尚永亮的研究重心虽已转向唐诗,但内心深处仍留有深深的《楚辞》深痕,用他的话说便是"'路漫漫其修远兮,吾将上下而求索!'每当想起屈原在两千年前说的这句话,渐趋懈怠的我便有了某种时不我待的警觉,也强化了取法前贤、不断求索的动力"。

苦练硬功夫，拓展新领域

20世纪80年代末，尚永亮的博士论文第一次将贬谪与"贬谪文学"作为中国历史上一个独特文化现象加以审视。历经十多年的持续研究，在数十篇相关论文及《元和五大诗人与贬谪文学考论》《贬谪文化与贬谪文学》两部专著的基础上，尚永亮推出了由其主撰的《唐五代逐臣与贬谪文学研究》。这部50余万字的著作将研究视野拓展到整个唐五代，并首次对三百余年的贬谪制度、政治文化、逐臣心态史与创作史进行了全面系统的考论分析，建构了"贬谪文学"研究的立体框架。著名学者王兆鹏（现为四川大学讲席教授）深有感触地评论该书是"以元和五大贬谪诗人为代表的唐代知识分子的人生苦难史"，"唐代知识分子的灵魂搏斗史、生命抗争史"。已故唐诗专家余恕诚先生评价该书"无疑是世纪开头唐五代文学研究里程碑式的成果，从内容到研究角度、研究方法，对学界都是重大贡献"。《文学评论》《光明日报》《武汉大学学报（哲学社会科学版）》以及日本《中国文史论丛》等刊物曾发表10余篇书评高度肯定，认为该书"是对唐五代贬谪文化史和贬谪文学史的重新书写，更是对古代贬谪文化体系进行的一次再建构和新阐释"。近两年来，尚永亮注目贬谪与唐诗之路的关联，对相关问题再加探讨，由中华书局推出了他在旧著基础上增删改订而成的《贬谪文化与贬谪诗路》一书，由此进一步拓展了相关学术领域。

在论析贬谪文化与贬谪文学的演进轨迹时，尚永亮曾由屈原、贾谊之贬，上溯至伯奇之弃，在"贬谪文化原始发生"的大视野下，从原始弃逐现象谈到弃子逐臣与君臣合一的宗法社会，得出"弃子—逐臣"同源置换的结论，进而清理出弃子逐臣与贬谪文学的关系。在此基础上，他后来的研究兴趣，上溯延展至对上古弃子逐臣与弃逐文学的文化学考察，发现弃子、弃妇与逐臣是中国早期历史中广泛存在的文化现象，三者既各自独立，分别反映了父子、夫妇、君臣三种基本关系，又紧相关合，由家庭层面扩展到国家层面，构成独特的家国一体的弃逐文化，并形成从弃逐到回归的具有原型意义的文学母题。尚永亮敏锐意识到这一主题学研究包含诸多新路向，遂展开基于神话学视角的英雄型弃子考察，基于伦理学视角的忠孝型弃子考察，基于文献学视角的《诗经》弃逐诗考释，基于文化学视角的弃逐诗之关联与发展嬗变考察，基于政治学视角的孤臣被逐及其心态考察，由此多种面向，最后集合成《弃逐与回归——上古弃逐文学的文化学考察》一书。其中的《后稷之弃与弃逐文化的母题构成》《上古弃子废后的经典案例与经典文本》《儒家孝文化的两种价值取向》等文，深刻揭示出以弃子、弃妇和逐臣为关键要素的中国弃逐文化特点，以及其所融贯的家与国、宗亲伦理与政治道德的内涵，可以说立体地展示了中国弃逐文学的早期图景，并为已成热点的诗、骚研究重开新境。

20世纪80年代后期，传播学和接受美学等理论传入，中国古典文学领域学者开始认识到传播接受史研究的价值。还在国内接受学研究初兴之际，尚永亮就开始了对传播接受学理论的探索，并从实证和理论两个层面展开对《庄子》和《楚辞》传播接受史的考察。他的研究，与过去传统的"庄""骚"研究迥然不同：注重对接受地域和接受群体的纵横考索，着力考察"庄""骚"传播接受史上的疑难问题和缺失环节，辨析文本变异和接受主体的心理态势、文化背景，总结接受规律并加以理论提升。其出版于2000年的专著《庄骚传播接受史综论》通过考察《楚辞》在汉代的传播途径和地域，以翔实材料认定西汉中前期有两个楚辞传播中心，一为长安，一为寿春（今属安徽淮南，曾为楚国都城），并对二者间的主从、互动关系展开深入辨析。此后他又接连发表一系列重量级文学传播接受研究论文，不但在文学接受学领域产生很大影响，也扩大了文学传播接受学研究在学界的影响。

毋庸讳言，古典文学的传播接受研究在取得相当实绩之后，出现了理路模式化、方法单一化、成果同质化的现象，一度陷入瓶颈。如何才能突破？2010年，武汉大学出版社出版了百余万字的《中唐元和诗歌传播接受史的文化学考察》（上、下卷），这是尚永亮承担的国家社科基金项目，结项等级为优秀，前后历时八年方告完成，一出版即为学界瞩目。该著选取中唐元和时期元白诗派、韩孟诗派及刘柳贬谪诗人群三大群体为研究对象，纵向考察其在中晚唐五代、两宋、金元、明清四个时段的传播接受状况，采用文体分析、心理分析、文化分析、计量分析等方法，对元和诗歌在不同时代接受者之间的复杂关系做出多方位观照。其显著特点是：将接受史研究由个体接受转向群体接受，首次提出"第二读者"的理念，并为文学接受史研究创建了由"六大层次""三个结合"和"首尾两端"构成的新范式。"六大层次"即接受主体、接受内容、接受方式、接受原因、接受过程和接受效应；"三个结合"即道德接受与艺文接受结合，隐性接受与显性接受结合，批评接受、选本接受和创作接受结合；"首尾两端"则为接受主体（接受者）和接受对象（被接受者），前者重在作者的身后史，后者重在作者的生前史，由此构成接受史的首尾关联和呼应。在国内接受学研究面临僵局之际，该书在理论和实践层面均有大的开拓，展示出若干可以填补空白的创新性，成为文学传播接受研究的突破和超越之作。此外，他还撰写、出版了《中国古典文学的接受理论与实践》一书，主编了 5 辑由中华书局出版的《文学传播与接受论丛》，扩大了文学传播与接受研究在学界的影响。

在唐诗学和文化学领域，尚永亮深耕已久，出版论著多部、发表论文 80 余篇，其研究特色是文史兼顾，考论并重，态度严谨而笔法放达，既精深又通贯，成果极为厚重。尚永亮在《浪漫情怀与诗化人生——唐代文人的精神风貌》和《科举之路与宦海浮沉——唐代文人的仕宦生涯》中，依据大量史料，揭示出唐人自由心性之养育、浪漫情怀之生成、社会责任之担承、凡俗世界之超越、壮大和平之美等文化品性和审美特质；在《唐代诗学》中，以"风骨论""意象论""韵味说""声律论""创作论"架构全书，结合唐诗创作实践，考察了不同时期诗学思想倾向、美学理想的发展；在《唐诗艺术讲演录》中，设置声律、立意、结构、语言、比兴等 11 个标题，将唐诗艺术的要害关目尽行拈出，并和精彩的作品讲析相结合，使听者获纲举目张、沿波讨源之益，进而领悟诗歌创作和欣赏的妙法。早在 20 世纪 80 年代末，尚永亮就在《生命在西风中骚动——中国古代文人与自然之秋的双向考察》一书中率先提出"悲秋意识""生命意识"的概念，十年之后在其与友人合著的《人与自然的对话》中，再次深入探讨人与自然的关系，从哲学层面确立人在与自然对话中的主体地位，归纳出这种对话的神话、哲学、艺术（文学）三种范式。早在 21 世纪之初，尚永亮即在《光明日报》刊文指出，中国古典文学研究由五个层面构成：文献学层面重在基础知识的坚实，文艺学层面重在感悟力的敏锐，文化学层面重在多学科的交融，人本学层面重在人文精神的贯穿，哲学层面重在深层内蕴的发掘。它们既各具相对的独立性，又有着不可分割的关联性。反观他的唐诗学和文化学研究，正融会贯通了这五个层面。

在古典文学研究方面，尚永亮首推"实"字。他认为倘若根底不坚实，没有自己的看家本领，只顾向外求索，于诸种方法又乏深入体悟，有可能会"乱花渐欲迷人眼"。这种看家本领，简言之就是通用于文史学界的实证方法，通过对材料的搜集、梳理、分析，以探寻历史的真相，发现事物间的内在联系和发展规律。这种方法看似笨拙，却最为扎实、深透，最能解决实际问题，最易养成一种无征不信、论从史出的踏实学风。

在"实"的同时，尚永亮在古典文学研究上还主推一个"新"字。首先是眼光，尤其是统领全局的敏锐眼光。尚永亮认为，要有对研究领域、研究对象和研究现状的深明洞达，知道哪些是荒地，哪些有价值，哪些还有当下开拓的空间，哪些更具持续展开的余地。眼光的养成，有赖于知识的积累，更有赖于思考和发现。其次是创造性思维。他认为，所谓创造性思维是区别于线性思维、单向思维的发散性思维，亦即多向度思维，面对一个研究对象要尽力从不同角度、不同关联点去思考、探寻，要敢于怀疑已有的结论，尽力扩大自己的思考空间。再次是研究者的问题意识。问题意识应定位在这样一个基点上，即通过对材料的筛选、诠释、解读，力争得出一些更接近事物本真而又具有突破性的判断，力争具有原创性和重构性，也就是说，依据这些判断，文学的若干历史需得改写，若干遗失的环节能够得到补充、复原，由此带给学术领域革命性的影响。尚永亮还认为，除眼光、创造性思维和问题意识之外，还有另外一点，其重要性也不可轻忽，那就是研究视角的更新。在他看来，不同的研究方法对视角的取向具有内在的规定性，如采用接受美学的研究方法，注意力自然会由作者本位向读者本位移动；采用定量分析的研究方法，数据的来源及其真实性、准确度必然成为主要关注点，数量的多寡及其所占比例便不再无足轻重。因而，只有更新视角，才能发现此前未曾留意的新问题，才能在旧材料中读出新见解，才能变已知为未知，化腐朽为神奇。

亦师亦友"摆渡人"

在《唐诗艺术讲演录》一书的后记中，尚永亮这样说道："讲课是一门艺术，能不能把课讲好，不光在于口才的好坏，也不完全在于知识面的广狭，其中最重要的，我以为还在于能否授人以渔，让听者既知其然，亦知其所以然，改变思维，举一反三，由此养成独立分析问题和解决问题的能力。在'唐诗艺术'这门课里，我很少单独去讲述抽象的理论，也尽量避免孤立的作品赏析，而是试图把文学批评、文学理论与对作品的具体分析结合起来，让同学们以理论为线索，顺藤摸瓜，获得对作品艺术特点的深入解会，并围绕作品的艺术特点，把握唐诗的某些创作规则。"在多年教学过程中，尚永亮有自己独到、系统的教学体系认知。在他看来，大学教育，教师、学生和教材是三元素。其中，教师是决定因素，教师学术根基的深浅和授课水准的高下，在相当大程度上决定了教学的质量及效果。

尚永亮认为，教师的知识结构和治学功力，关键在"打通"。一是文学与语言学的打通，文学教育的老师往往容易忽视语言学，语言学包括文字、训诂和音韵，如果没有语言学这三方面的基础，很难将文学研究做实做深。二是文史哲打通，学者有"哲（学）长在新，短在空；史（学）长在深，短在窄；文（学）长在博，短在泛"一说，故文史哲要打通互补，没有深厚的历史、哲学修养，文学就成了跛脚将军。三是学科的打通，原本文史哲不分家，随着学科专业越分越细，学科贯通也愈发困难，教师在教学中就要有意识地进行学科间的交叉互通、彼此为用。

几十年稳站三尺讲台，尚永亮的课，成为学生们眼中的"宝藏课"。上过他唐诗名篇研读、中国文学史等课程的学生，提到尚老师，总是频频点赞。在期末评教环节，他每年的好评率都保持在99%以上，并因此获得武汉大学杰出教学贡献校长奖。"能得到学生的肯定，我很高兴。""在这个时代，学习中国古代文学的意义何在？"面对学生的发问，尚永亮感受到作为一名文化"摆渡人"肩上沉甸甸的责任。

"孟子曰君子有三乐，其中之一即为，得天下英才而教育之。"在教学上，尚永亮希望用更多的生命体验来感悟自己的学生。"教学相长"是他始终追求的境界。"教学不应该是死的，特别是教授古代文学方面的知识。"尚永亮提倡真正的学习应该是启发式、引导式的，对待古代文化要用"生命的参与"来体会。

他的学生说："尚老师从来不会照搬教材上的内容，对经典文献随手拈来。最打动人的是，他对经典作家和作品，往往有自己独特的体会，这一点最让大家佩服。"说起这独特的体会，尚永亮认为是这门学问本身对学习者提出的要求。"要接受古代文化的熏陶，就必须身体力行，离功利远一点。"尚永亮把"淡泊以明志，宁静而致远"当作生活的金钥匙。这把"钥匙"不仅能打开学术的大门，更能打开生命本质的大门。

"入乎其内，出乎其外。"尚永亮认为这是学习古典文化、研读古代文学的最高层次。入乎其内，就是深入古代文学的内里，体悟其中蕴含的悠长韵味与深刻意义。出乎其外，则是体验古典文化对于现代人生活的启示。"学生如果研读唐人诗歌，就会发现唐朝是一个令人向往的时代。特别是盛唐时期，诗人表现的旺盛的生命力与青春朝气正是我们现在所缺失的。"尚永亮兴致勃勃地说。"盛唐人值得称赞的地方就在于他们懂得在痛苦中搏击，不断努力向前。无论对学生，还是老师，这种精神都具有感召、催发心志的强大作用。"

如今，尚永亮把朝气勃发的唐人生活从校园的课堂推向了社会。《唐代文人生活与创作》《唐诗艺术》均录制成视频公开课在网络上推出，一亮相就获得网友与学生好评，并跻身首批国家精品课程。除了在课堂上下功夫，深深认识到一部好教材重要性的尚永亮，从 20 世纪末便开始潜心思索，打造出多部备受好评的精品教材，先是参与编写"面向 21 世纪教材"的中国文学史，获得国家图书奖等多个奖项；而后主编《中国文学分类选讲》《大学语文》，被列入国家级规划教材。此外，还出版了《中国古代文学作品选》《唐诗艺术讲演录》《唐诗艺谭》《尚永亮说唐诗》《诗映大唐春——唐诗与唐人生活》等多种相关书籍。一路走来，尚永亮并没有沉浸在成果颇丰的喜悦中，而是认为"编写教材就是一个再学习、再整理、再思考的过程，这其中的收获远远超过出版教材本身"。

尚永亮重视学术交流，曾赴北京大学、日本名古屋大学、早稻田大学、大阪大学、马来西亚拉曼大学、台湾大学、台湾师范大学、逢甲大学、台湾中央大学、台湾东华大学、佛光大学、香港浸会大学、香港城市大学等高校进行学术访问和讲学，并兼任日本京都大学、德国特立尔大学、法国巴黎第七大学等海外高校的客座教授。

2017 年，尚永亮的业师霍松林先生与世长辞。尚永亮回忆感慨道："当年从学之日，霍先生曾一再以孟子的话告诫我们：'先立乎其大者，则其小者不能夺也。'先生对现实的关注，对国家前途的忧虑，对自我品格的自觉砥砺，以及由此发乎外的胸襟、器局、格调，都在其诗、书、文中有所体现。似乎可以说，在霍先生身上，既呈露出学者之严谨，诗人之敏锐，又具备智者之眼光，仁者之情怀。"某种意义上，尚永亮的学术足迹与霍先生的影响紧密相关。2021 年 6 月，尚永亮被评选为陕西师范大学第八届"杰出校友"。当他回到母校接受颁奖时，再次唤醒早年在这里读书、任教的记忆。于是，经过艰难的抉择，2022 年底，年逾花甲的尚永亮北渡长江，回到母校陕西师范大学，继续奉献生命之光热。"西部红烛"的光亮闪烁在这座美丽的校园，"两代师表"的品格在传承接力中得到赓续……

【主要参考资料】

[1] 尚永亮:《唐诗艺术讲演录》,广西师范大学出版社,2008年。

[2] 汪泉:《尚永亮:古典文化"摆渡人"》,武汉大学新闻网,2014年5月26日。

[3] 熊海英:《执着与超越——尚永亮先生的中国古典文学研究》,载《天中学刊》2015年第4期。

[4]《尚永亮教授》,载《中国诗歌研究动态》2016年第2期。

[5] 尚永亮:《一代骚坛唱大风》,载《光明日报》2017年2月20日。

[6] 尚永亮:《一个教师的知识结构和治学功力》,2017年12月9日在湖北省暨武汉地区大学语文第十三届年会上的发言。

[7]《长江学者尚永亮》,载《长江学术》2018年第1期。

[8] 尚永亮:《我与〈楚辞〉》,载《武汉大学报》2018年4月20日。

【人物档案】

　　王喆之，生于1958年，陕西西安人。全国优秀教师，首批"全国高校黄大年式教师团队"负责人，陕西师范大学生命科学学院原院长。1979年入陕西师范大学生物系学习，1983年毕业后到汉中教育学院任教。1985年入陕西师范大学生物系攻读硕士，1988年毕业后留校任教。现任西北濒危药材资源开发国家工程实验室主任、陕西省中药材规范化栽培与品种选育工程技术研究中心（"13115"科技创新工程）主任、陕西省GAP工程技术研究中心主任、陕西省"三秦学者创新团队"负责人、陕西省植物学会名誉理事长。兼任中国科学院水土保持研究所特邀研究员、林业部黄土高原林木培育重点开放实验室学术委员会委员、中国中药材GAP研究促进会（香港）理事、陕西省陕南中药产业专家顾问组成员、宝鸡市中药材专家大院首席科学家、陕西省应用生物技术实验室学术委员会主任、陕西省园艺学会副理事长、陕西省生物化学与分子生物学会副理事长等。

王喆之：足迹踏遍山川壑岭　论文写在西部大地

"多年来立足西部、坚守田野、心系三农，积极弘扬陕西师大西部红烛精神，大力推进药用资源规范化生产关键技术研究与升级，推动陕甘宁革命老区、秦巴山区及云贵川连片等贫困地区中药产业发展。团队以山茱萸、白及、华中五味子、党参等秦巴山区和黄土高原名优、道地、大宗和珍稀濒危药用资源为研究对象，突出产业应用，推动 30 余个贫困县中药产业发展。在陕西、云南、重庆、青海、西藏、甘肃、宁夏等地区帮助陕西盘龙药业、葵花药业、云南恩润生物科技等 30 余家企业规划建立中药材规范化种植示范基地和野生资源抚育示范基地……累计帮扶百余万百姓脱贫致富，为当地贫困群众开拓出一条脱贫致富的示范之路，为贫困地区的经济发展留下了守土尽责的师大故事，把学校科技成果写在了祖国贫困地区'希望的田野'上。"这是陕西省教育厅关于王喆之教授负责的"全国高校黄大年式教师团队"先进事迹的介绍文字。

立德树人，仁爱师者传薪火

1958 年 5 月，王喆之出生于西安鄠县（今西安市鄠邑区）的一个农家。为了减轻家里负担，他青少年时期便早早工作，成为一名农机手，辛勤劳作以资家用。与大多同龄人不同的是，他坚持一边工作，一边学习。1979 年，这名开拖拉机的农家子弟考入陕西师范大学生物系，1983 年毕业分配进入汉中教育学院，成为一名光荣的人民教师。1985 年考入陕西师范大学生物系攻读硕士，毕业后留校任教至今。任教期间，他师从西北植物学泰斗、西北大学胡正海先生，获得博士学位。

从教以来，王喆之将"学高为师，身正为范"默默作为座右铭，情注桃李，乐育英才，多年坚守在教学一线，先后为本科生、硕士和博士研究生，开设生物技术概论、基因工程、细胞工程、中药生物技术等课程，每年都超额完成教学工作量。

王喆之非常重视科学研究在本科人才培养中的作用，"高校科研工作，不仅是为了探索发现未知的世界，更要着眼于培育未知世界的发现者"。他积极鼓励相关专业的本科生进入专业实验室，了解生命科学研究前沿动态，并率先将自己负责的实验室大门向本科生敞开，在实验条件上予以大力支持，推进科研人员、硕士、博士与本科生"手拉手"活动，使本科生在接受培训后可以亲自操作各种大型仪器，学习各种专业技术知识。

多年来，王喆之积极打造一支专业能力过硬、责任心强，紧扣国家社会需求、扎根西部、甘于奉献，具有西部特色的"黄大年式"导师团队。团队成员由教师、技术人员与管理人员组成，各个成员立足岗位职责，协力并举，引导研究生投身国家重点研发计划等科技任务。支持学生结合专业背景参与教育部以及学校"三下乡"等社会实践活动，鼓励学生开展药用植物资源调查及山区特有中药材种植等研究，推广产业科技成果，使学生在科研实践活动中深入社会，深入基层，深入生产实际，在实践过程中提高认识，完善自我，历练品质，增强能力，培养吃苦耐劳、甘于奉献的精神，锻炼良好的沟通能力与合作精神。

几十年如一日，王喆之经常带领学生进入西部山区乡野与丘壑丛林，常年奔波于农村田间地头、种植基地、制药企业等生产一线，开展与药用植物相关的考察、调研与种植推广培训，在获得第一手科研资料的同时，学以致用，指导当地药材生产。他所带领的学生在多年研究与实践过程中，多能真真切切地认识西部、感受西部，从而立下扎根西部、服务西部的志向。

"良药苦口利于病，忠言逆耳利于行。"作为一名研究生导师，王喆之诲人不倦，尽心尽力，严格要求所带的硕士生、博士生既要潜心学问，又要学会做人做事，成为德才兼备的高素质人才。科学研究需要大量精力的投入，王喆之言传身教，率先垂范，二十余年来，他几乎放弃了所有的节假日和休息时间，长期的高负荷工作透支了他的身体，但他依然常常带病工作，始终站在教学科研一线。他总是告诫他的研究生，"科学研究要求真、求实，不能有半点虚假，只有持之以恒的投入，才会有回报"。为了营造良好的学术氛围，他坚持每周主持实验室学术会、研讨会，引导带领团队学生潜心学术。

王喆之坚持教书与育人相统一，但他从不用大道理来进行空洞的说教。他善于利用自己丰富的社会经验，针对不同学生的性格特征，从学生的切身感触和切身利益出发，从小事入手，谆谆教导，真正解决学生内心深处的思想问题。他相信行胜于言，用自己渊博的学术知识，执着忘我、孜孜不倦的敬业精神，独特的人格魅力以及"吃亏是福"的处世格言，影响和激励着一批批青年学子奋发向上、自强不息。

"做经师易，做人师难。"王喆之以身示范，在教书中育人，在科研中育人，在管理中育人。在学院和他的实验室里，他从不让学生称他为院长、主任或教授，称呼永远只有一个，就是"王老师"，在他看来，只有"老师"，才是至高无上的称号。"说王喆之老师爱生如子，一点都不为过，在他和旁人交谈的话语里，从来都是将学生称为'娃'（陕西方言，意为'孩子'）。""全国高校黄大年式教师团队"核心成员、生命科学学院闫亚平教授深有感慨地说。

王喆之出身农家，深知寒门学子求学之不易，不时在经济上和生活上对他们予以照顾。多年来，他先后资助数十名贫困学生完成学业；遇到寒暑假学生食宿不便，他时常带学生去家里吃饭，或让爱人将做好的肉菜等送往学校。药用植物调研工作常常需要在户外作业，带学生外出采样，上山过河，他总是身先士卒，和学生同甘共苦。

每次学生外出，王喆之都会再三询问行程路线，嘱咐安全事宜，要求每到一地都要向其报送平安。2005年，王喆之的研究生宋婕去山西采样，晚上学生的手机停机。他联系不上，焦虑不安，就一直在实验室坚守等待，动用自己和朋友的各方力量打探学生行踪。直到夜半听到学生安全到达的消息后，王喆之才将悬着的心放下。2008年5月汶川地震，当学院大楼摇晃摆动之时，王喆之不顾个人安危，沿着走廊敲击各个实验室的大门，大声呼喊学生撤离，待他自己从楼中走出时，楼外安全地带已聚满了学生。

数十年来，王喆之为陕西中医药产业的发展，指导和培养出140余名硕士、博士研究生，一大批青年才俊奋战在陕、甘、宁、青、云、贵、川等西部省区的科研、教学与生产一线，用实际行动实现科技报国、奉献西部的理想。2006年王喆之被评为陕西省师德标兵，2007年荣获全国优秀教师称号，2011年入选"全国教书育人楷模"提名，2018年入选西安市教育领域"西安之星"。

滋兰树蕙，琢玉成器。在四十年的教育生涯中，王喆之坚持教书育人、言传身教，以执着教育事业的责任与担当，将自己的知识和经验毫无保留地传授给学生，用仁爱之心彰显师者的大爱情怀。"春风化雨般的关爱换来了学生们的真心喜爱，学生们不仅将他当作学业良师，更把他当作人生的指路人和生活中的知心朋友。"

至诚报国，用心苦研硕果繁

作为一名高校的科研工作者，王喆之深知科学技术是第一生产力，而只有将这种生产力与生产实际相结合，才能有助于国家提升核心竞争力。他在学术上脚踏实地，锲而不舍，甘于寂寞，潜心治学，主要从事植物生物技术、新品种选育与培育、次生代谢物生产、重要功能基因克隆与转化、中药材有效成分分离提取和中药材规范化种植等领域的研究。

自1985年起，王喆之一直从事棉花、水稻、辣椒和槐树等植物和多种中药材的组织细胞培养、花药培养、原生质体培养以及外源抗病、抗虫基因转化等工作。曾以主要参加人身份参与国家"七五"棉花育种攻关项目和教育部有关棉花组织培养方面的研究工作；以主持人身份开展国家"八五"攻关项目"棉花优异新材料创造"子专题、教育部和陕西省科委有关植物组织培养及抗病、抗虫基因转移等方面的课题3项;1996年至2000年主持国家"九五"攻关"普通棉花育种材料与方法新技术、新方法研究"项目。

在前期的科研探索中,王喆之开展的工作主要集中在两个领域。在果树方面,先后研究苹果、水晶梨、大枣、猕猴桃、葡萄等多种果树的组织培养、脱毒与无菌苗培养及快速繁殖技术。目前,在应用基础研究领域已有多项成果,如马哈利樱桃砧木繁殖方法(专利号为ZL03114507.8)、澳洲青苹快速繁殖方法(专利号为ZL03114690.2)、含喜树碱的喜树愈伤组织培养方法等获得国家发明专利。在植物组织培养与快速繁殖方面,研发植物组织培养快速繁殖半自动工厂化及自动化生产线,取得相关专利4项,指导重庆嘉顿、陕西中富、西安闻天集团等多家公司建立珍稀濒危植物快速繁殖工厂多个。研究项目脱毒种苗培育与快速繁殖技术2001年通过陕西省科技厅鉴定,被认为达到国际先进水平,其研究成果被陕西闻天集团采用。澳洲青苹组培快繁技术已转让陕西恒星果汁加工厂。植物低温保护剂自1999年以来被新疆石河子棉办、天津市蔬菜所、陕西渭南等地应用于大田生产。

20世纪90年代,国家开始大力推进中医药现代化发展,在当时的中药资源和中药材生产领域,存在着家底不清、种源混杂、生产不规范、濒危药材资源不够、研究团队稀缺与科技支撑不足等亟待解决的问题,严重制约着产业的发展,国家药用资源安全需要进一步保障。在这种情况下,科技部会同国家中医药管理局等部门在1996年明确提出中药现代化发展的整体战略构想,并在各个省市逐步推进。

面对国家需要和产业所急,王喆之积极投身中药现代化的研究与实践工作。作为国家实施中药材规范化生产的早期专家,他参与推动了中药材生产质量规范(GAP)等一系列政策规定的制定,1998年成为中国中药材GAP研究促进会(香港)理事。同时,在陕西省内,王喆之作为陕西省陕南中药产业专家顾问组成员以及科技厅等部门的重要专家，在 21 世纪初为陕西省中药产业发展布局出谋划策，从专业方向起草修订了省内一系列指导性文件。

2003 年，以王喆之为主要带头人的陕西省 GAP 工程技术研究中心，在陕西师范大学生命科学学院立项建设，这是陕西省开展中药材规范化生产的首个省级科研平台。2004 年，他组织申报的药用资源与天然药物化学教育部重点实验室获批，这是陕西师范大学第一个教育部重点实验室。2008 年，他组织申报并获批组建陕西省"13115"工程技术研究中心，经国家发展改革委批准，建立陕西师范大学第一个国家级实验室——西北濒危药材资源开发国家工程实验室。

多年以来，王喆之团队依托国家级工程实验室和教育部重点实验室研究平台，立足西部，以影响中药用药安全的濒危药材繁育、新品种选育与推广、高品质药材生产与质量控制等共性关键技术为突破口，致力于保护珍稀濒危药材资源及生态环境、维护生物多样性、解决药材供应短缺与需求不断增加的矛盾，服务中药资源安全国家战略。

"生物多样性丧失和生态系统退化对人类生存和发展构成重大风险"，一种药材的消失将导致一批中成药和处方药无药可用。为此，王喆之团队围绕红豆杉、白及、川贝母、重楼、黄精等珍稀濒危药材繁育开展重点攻关。

以国家二级保护植物白及为例，它是 100 余种中成药的主要组分，种子微小、种胚发育不全且无胚乳，自然条件难以萌发，加之乱采滥挖造成野生资源枯竭，亟须人工繁殖和栽培。实验室利用自主分离的兰科共生菌，辅之以种子营养包衣与后熟处理，创立白及种子直播育苗技术，实现了 95% 以上种子可萌发生长，育苗效率达 5000 株每平方米，被学界认为是"不可思议的突破"，解决了白及种子种苗大规模繁育的技术瓶颈问题。

基于共生菌种子包衣技术，结合基质育苗、设施育苗、组织培养等技术手段，王喆之团队将该技术体系扩展至太白贝母、川贝母、山慈姑、手参等兰科濒危药材和黄精、白鲜皮、苍术等珍稀药材，为珍稀、濒危药材种苗繁育开拓了新方法，获得陕西省科技工作者创新创业大赛金奖和中国中西医结合学会科学技术一等奖。同时，建立山茱萸、南五味子、连翘等药材的（半）野生抚育以及林—药套种、药—药套种、粮—药套种等生态栽培模式，形成木本上山、草本下川、大力发展林下药用资源的山区高品质中药材生产新模式。

以上述技术突破为基础，王喆之团队建立的36种中药材规范化生产技术体系，有效保障了新冠疫情期间高品质抗疫药材的生产与供给。加大技术推广应用，积极实施精准扶贫，指导陕甘宁青、云贵川等集中连片特困地区脱贫致富。相关技术获得陕西省科技进步一等奖。

多年以来，以王喆之为带头人的学科团队，以秦巴山区和黄土高原名优、道地、大宗和珍稀濒危药用资源为研究对象，从药用资源及其可持续利用、药用植物次生代谢及调控、天然药物化学成分与功能等三个方向开展重点突出、相互关联的研究与实践，紧盯中药材新品种选育、濒危药材种苗繁育、生态种植模式创新、高值产品开发等中药产业"卡脖子"技术，取得了重大突破，在科技创新与产业带动、扶贫示范与乡村振兴、保障人民群众用药安全等方面发挥了重要作用。

多年来，王喆之团队先后主持国家科技攻关计划、国家科技支撑计划、科技惠民计划、"十三五"国家重点研发计划、国家自然科学基金以及省重点产业链等各类项目，近年来授权发明专利70余件，选育中药材新品种（品系）70余个，发表学术论文500余篇，获得陕西省科技进步一等奖等省部级以上奖励11项。担任院领导期间，先后组织、主持申请获批陕西师范大学植物学硕、博士点，生物学一级学科博士点、博士后流动站。这些工作有效促进了生物学、中药学等学科发展，2023年中药资源学成为国家中医药管理局发布的高水平中医药重点学科。研究成果更是广泛应用于陕、甘、宁、青、藏、云、贵、川、内蒙古等西部地区，得到国家发展改革委、科技部、教育部、农业农村部及地方各级政府领导的肯定,运行情况优良。西北濒危药材资源开发国家工程实验室已经成为我国西北地区重要的药用资源研究、人才培养、技术成果孵化和产业技术推广基地。

扎根西部,坚守初心促发展

怀抱奉献地方、为民服务、助推发展的初心,二十余年来,王喆之行程60余万公里,足迹遍布陕、甘、宁、云、贵、川等西部偏远山区,促进中药产业高质量发展。

2004年10月25日,由王喆之总负责的陕西汉中佛坪山茱萸规范化种植基地通过国家食品药品监督管理局的GAP认证。当晚11时,当他带领科技人员从佛坪风尘仆仆赶回时,迎接他们的所有人都报以热烈的掌声。

这掌声背后,是王喆之艰辛的付出。多年的奔波使他患上了慢性肠胃炎,无数次去基地的路上,他都需要停下车来缓解病痛。同样具有威胁的,还有山区存在的各种危险。2002年6月9日佛坪暴发大水,两万人被洪水围困,交通、供电、供水、通信全部中断,当时,他就在佛坪山茱萸规范化种植基地。2003年3月29日佛坪山林大火,他在佛坪山茱萸规范化种植基地。2003年4月26日陕西石泉地震,他在陕南药材基地。2008年汶川地震后半年内,他不顾余震危险,仍然坚持在宁强、略阳、武都等震区的药材基地工作。此外,还有崎岖难行的山道带来的交通障碍,毫无征兆滚落的石块……但是,这些都没有阻滞他前进的步伐。

作为陕西省生物产业专家组成员,王喆之积极响应党中央"把论文写在祖国的大地上,把科研成果应用在实现现代化的伟大事业中"的号召,大力促进政府对中药农业与中药产业现代化的投入,鼓励高校、科研单位与企业的合作,建立了园区设计规范、在国内有一定影响的种质资源圃,同时建立起一整套完善的中药材规范化栽培技术体系,为西部200多个中药材产区县的中药企业提供规范化栽培技术指导服务。其中自主选育的 12 个优良新品种在西部 7 省份 30 余个县市区进行推广，种植面积 20 余万亩，产量和质量提升 30% 以上；以设施农业和生物技术为主要手段，指导企业、合作社建成育苗工厂和种苗基地 130 余个，建立并完善天麻、猪苓、白鲜、苍术、白及、黄精、太白贝母等 36 种珍稀濒危药材种苗繁育技术体系及种子种苗标准，累计繁育种苗 100 亿株，实现经济效益 50 亿元以上。依照高品质药材"仿野生栽培"需求，遵循国家中药材生产"不与粮食争地"的要求，针对秦巴山区、陕甘宁革命老区、六盘山区、滇西地区等集中连片特困地区林下资源量大的实际，研究与推广山茱萸—白及、杜仲—华细辛、南五味子—天麻、苦杏—黄精、酸枣—板蓝根等，林—药、药—药套作等模式，指导建立林下中药材生态栽培、野生抚育基地 300 余万亩，助力山区精准脱贫和乡村振兴。

在产业推广的过程中，作为中共党员的王喆之积极发挥所在党支部的先锋堡垒作用，形成了党建为引领、科技为支撑、产业为依托、群众增收为目标的推广服务模式，带领支部党员与基层党支部共建，长期奋战在西部地区的田间地头。在陕西省镇安县、留坝县、略阳县以及教育部对口帮扶的云南省景谷县，王喆之带领党员牛俊峰、郑鹏、王世强等同志，围绕濒危药材白及、黄精、重楼等品种，建立了白及等中药材良种繁育基地。通过产学研技术合作，形成了以陕南三市为中心，逐步向南辐射云贵川的濒危药材种植格局，先后在陕西省商洛镇安县，汉中市留坝县、略阳县，云南省普洱市景谷县、思茅区等区域推广白及种植，实施产业脱贫；同时作为云南省院士专家工作站的入站专家，王喆之团队已指导普洱、西双版纳的企业和群众种植珍稀濒危药材达 6000 余亩，建立珍稀濒危药材资源圃及良种繁育基地 300 亩，仅种植产业规模效益可达 6 亿元。在榆林佳县、子洲及汉中佛坪、洋县、镇巴等地，王喆之指导康杰芳、曹晓燕、张艳等同志，积极对接基层党支部开展共建工作，下沉基层，围绕酸枣、黄芪、山茱萸、银杏等品种，开展优良品种选育与推广、高品质药材规范化种植和生态种植、病虫害综合防治、采收加工、质量控制溯源体系建立等技术推广与培训。目前已通过审定山茱萸优良新品种"大红枣1号""石碌枣1号""秦丰""秦玉",现已大面积繁殖并在适生区推广,建立山茱萸与黄精、重楼、猪苓、淫羊藿等林药套种技术体系,制定山茱萸、银杏SOP操作规程、质量标准,建成山茱萸、银杏质量控制溯源体系,实现药材生产全过程的质量监管与追踪,编制培训教程、视频,培训药农5000余人次。在科技部对口帮扶的陕西省柞水县,王喆之指导强毅、崔浪军同志,围绕南五味子、丹参、太白贝母、黄精、白及等道地药材品种,在柞水县西川、蔡玉窑、马家台、丰北河等地指导建立中药材生产重点基地9个,指导柞水县科技开发中心、盘龙制药、柞水县林潦种养殖专业合作社等骨干企业10余个,通过产业发展带动2000余户贫困农户脱贫增收,培训基层技术骨干及农户3500余人次,在线培训3万人次以上。

王喆之教授及其团队多年艰辛付出得到了社会各界的认可。团队中的15名中青年教师作为国家中医药管理局中药材扶贫行动技术指导专家、陕西省中药材科技服务团成员等,为国家及西部省区提供专业咨询与建议,常年开展基地建设与产业推广。团队承担的产学研项目荣获陕西省科学技术进步奖4项。2013年以来,王喆之先后被科技部授予"中药现代化基地建设先进个人"称号,被授予"陕西省中医药突出贡献奖"称号,三次被评为陕西省产学研结合先进工作者。王喆之作为团长的陕西省科技特派员中药材产业服务团获科技厅"优秀服务团"称号,作为带头人的西北濒危药材资源开发教师团队获"陕西省工人先锋号"称号。

滋兰树蕙若甘霖,潜心学术结硕果,领军科研惠民生。王喆之带领的实验室团队,不论严寒酷暑,几乎全年无休地坚持在科研岗位上,不是在实验室,就是在去基地的路上。他们说:"王老师是我们的榜样和标杆,在'药材王国'里,我们停不下来,要做的事情还有很多……"

【主要参考资料】

[1] 张莹、王煜等：《教授的实验室：王喆之教授和他的"药材王国"》，陕西师范大学微信公众号，2017年10月27日。

[2] 孟星晨：《科学研究不能有半点虚假——记陕西师范大学教授王喆之》，载《陕西科技报》2019年11月19日。

[3] 秦观察：《一流专家走入田间地头，王喆之率专家团队助力蒲城黄芩规范化种植》，新浪网，2020年5月10日。

[4] 韩承伯：《陕西中药材如何才能优质优价》，载《陕西日报》2020年9月9日。

【人物档案】

李玉虎，生于1958年，陕西白水人。著名档案、文物保护专家，陕西师范大学二级教授、博士生导师，历史文化遗产保护教育部工程研究中心主任，感光与纸质等多种材质档案保护国家档案局重点实验室主任，兼任中国感光学会影像保护专业委员会主任、中国档案学会档案保护技术委员会主任。曾获第五届中国十大杰出青年、全国先进工作者、全国优秀科技工作者、国家有突出贡献的中青年专家等荣誉称号，是全国五一劳动奖章获得者、国家"百千万人才工程"入选者、全国创新争先奖获得者。自1983年起从事档案与文物修复保护工作，获国家发明三等奖2项，国家档案局优秀科技成果特等奖1项、一等奖3项，中国感光学会技术发明特等奖1项，国家文物局文物保护科学和技术创新奖二等奖1项，陕西省科学技术一等奖2项，编制国家标准2项。

李玉虎：科技创新守文脉　不忘初心育匠人

"一本字迹几乎全已消褪的会议记录摆放在十多名专家学者围坐的一张长方形桌案上，一位年轻人用镊子夹起一块蘸着药水的小棉球在上面轻轻擦了几下，那记录本上立即神奇地现出清晰的字迹来。四座皆惊。这是日前在古都西安举行的陕西省档案保护科研成果鉴定会的情景，现场表演者就是这项成果的研制人李玉虎。"这是1987年7月29日《光明日报》上一则新闻报道的开篇。自此以后，李玉虎的名字屡次出现在《人民日报》《半月谈》《科学时报》《中国社会科学报》《中国教育报》等大型主流媒体上。作为我国历史文化遗产保护领域的专家，四十年间，李玉虎破解了"褪变档案字迹恢复与保护"等国际性难题，收获了第五届中国十大杰出青年、国家级档案专家领军人才、全国先进工作者、全国五一劳动奖章、全国创新争先奖等荣誉。

历坎坷、经波折，艰辛困苦砺人生

陕西渭南的白水县，处于关中平原与陕北高原的过渡地带。1958年全国文物普查，在白水发现仰韶文化时期的陶罐中存有谷物残迹。此前，在白水已发现用于生产的、新石器时代的石犁和汉代的铁铧。西汉末期，白水更名为"粟邑"。明代万历年间白水知县刘梦阳所撰《白水县志》中有当地关于五谷及其他农产品的种植记录。这些说明，至少在西汉时期，白水的农业生产已有较好发展，而且此后一直以种植业为主且达到相当高的发展水平。

1958年至1960年，白水进行商业体制改革，实行商品分级管理，关闭自由市场。1961年至1965年，调整商业管理体制，开放集市贸易，调整农副产品收购政策，凭票证实行供应分配。1958年出生的李玉虎，童年和少年时代正值特殊时期，他和全国大多数少年儿童一样，经历了食不果腹、衣难御寒的艰难生活。回首这段生活，李玉虎说："有困难是坏事也是好事，困难会逼着人想办法，困难环境能锻炼人。"

中学时代，老师在课堂上讲到牛顿、爱因斯坦的故事时，李玉虎总有些触动，他说："也许从事科研的种子就是那时埋在了我的生命里。"虽然酷爱学习，但李玉虎的求学生涯却坎坷丛生。因为历史原因，李玉虎高中毕业后回乡下做了三年多农活。渭北旱塬土地贫瘠，粮食产量低且不稳，每年青黄不接时，相当部分农户上顿不接下顿。白水盛产煤，李玉虎常用人力架子车拉上几百斤的煤，送到邻近的蒲城、渭南等地，换来小麦和玉米。李玉虎说："当时生活很艰辛，但回头来看，正是这些苦难锻炼了我的意志，让我在后来的学习和科研工作中不怕吃苦，也特别能吃苦。"

高考制度恢复后，为了脱离农村艰苦的生活环境，实现理想与抱负，李玉虎回到学校复习。复习的时候，李玉虎很拼命，每天吃的是白开水泡玉米馍馍，经常学习到凌晨。高强度的脑力劳动和缺乏营养的伙食，让年轻的李玉虎体重急剧下降。"高考前，我的体重只有45公斤，脸色如患了大病一样苍白。"功夫不负有心人，1979年李玉虎考上西北大学化学系，开始大学学习生活。1983年大学毕业，李玉虎被分配到陕西省档案局工作。

择一事、终一生，不为繁华易匠心

档案是中华精神的承载者，留存着国家和民族的记忆。用李玉虎自己的话来说，他是误打误撞进入档案保护行业的。1983年，分析化学专业毕业的李玉虎被分配到陕西省档案馆从事用糨糊修裱破损档案的技术工作，看似与专业毫不相关，他却从中发现了自己专业的用武之处。李玉虎接触到的档案中有很大一部分因岁月侵蚀而字迹褪变、扩散，无法辨认，他感到十分痛心。

"做一件事情就要把它做好，要对得起你的使命。"知识分子强烈的历史使命感，让李玉虎明确了要做的事情——恢复出清晰字迹，保护好历史档案。

为了解决这一问题，他从零开始研究，没有资料，没有仪器设备，没有指导老师，一切都靠自己摸索。经历了千百次单调而又枯燥的实验，几十个昼夜连轴转，终于获得了6000多个数据。1983年至1998年，他完成了"褪变档案字迹的恢复与保护"系列科研课题，包括13个子项目，提出了各种档案字迹褪色、扩散以及字迹恢复与保护机理，能使严重褪色、模糊扩散、无法辨认的各种档案字迹清晰恢复原貌，并耐久保存。其成果在中央档案馆、解放军档案馆、外交部档案馆、国防科技档案馆等国家档案馆和全国各地有关档案馆推广应用，恢复抢救了一大批国家珍贵档案，并分别于1987年、1990年、1998年通过国家档案局鉴定，获两项国家发明二等奖和两项部级科技进步一等奖，李玉虎也因此获得中国青年科技奖。

面对成绩和荣誉，李玉虎没有就此止步，而是把目光坚定地放在了一个新领域——历史文化遗产保护。他说："文物保护领域有更多未攻克的技术难关，直接影响文物的存续。进行档案和文物保护工作，是我的责任和使命。"

文物保护不仅是一种传统技艺，更是一门专业的科学技术。纸质文献、壁画、彩绘、胶片等的风化、褪色、剥落、霉变中有化学、物理变化的作用，因而它们的修复也需要创新性科学技术的"加持"。从20世纪90年代初开始，李玉虎为自己确立了三个工作方向：纸质档案、影像资料和文物修复与保护。

文物档案修复要与时间赛跑，但又绝不能急躁。"文物轻易不能碰，它所包含的历史信息一旦伤害就难以挽回了！"李玉虎总是告诫自己要守得住寂寞、坐得了冷板凳。四十多年来，他带领团队埋头苦干，攻克了古代壁画文物彩绘、感光影像、纸质文献、土遗址与砖石文物等文物保护工作中的多项技术难题，先后在"古代壁画、文物彩绘、建筑彩画病害治理关键技术""感光影像档案濒危病害治理与修复保护关键技术""整卷、整本档案图书规模化脱酸与加固""环保型四防耐久收藏装具"等方面取得国际领先的创新性成果，填补了国内空白。

在纸质档案文献与古旧字画修复与保护方面，李玉虎团队完成了"修复过程中易损毁档案加固与原貌保持"关键技术，研制出"壳聚糖加固剂""微量沉淀加固剂""纯棉网常温加固"等创新发明，能完全防止修裱过程中字迹洇化、纸张浆化。共实施国家重点档案修复保护工程40余项。科研成果推广至全国各地以及新加坡、韩国等230余家档案机构。

在感光影像档案修复与保护方面，李玉虎团队针对珍贵照片、底片档案发生褪色、模糊、霉变，电影胶片发生扭曲、变形、粘接等"醋酸综合症"病害，完成了"褪色照片显现加固""霉变底片保护性去除""胶片档案醋酸综合症治理"等创新技术，以其为主要支撑，实施了南京大屠杀照片修复保护、抗日战争长沙会战照片修复保护、"四·八"烈士现场照片修复保护、辛亥革命的照片修复保护、5·12汶川地震照片修复保护等，抢救修复了中央档案馆、中国第二历史档案馆、解放军档案馆、延安革命纪念馆、中国电影资料馆、四川省档案馆、陕西省档案馆、福建省档案馆、湖北省档案馆、上海市档案馆、西安市档案馆、呼和浩特市档案馆、南充市档案馆以及民间收藏的大量珍贵照片、底片、电影胶片、缩微胶片、航拍片等感光影像档案，实施感光影像档案修复保护工程20余项。特别是抢救修复了国核集团公司某核电厂需终身检测设备性能的X光底片，为国家核安全保障做出了重要贡献。2016年，国家档案局鉴定认为"项目研究成果达到国际领先水平，丰富了感光影像保护理论"。以此为基础，李玉虎团队正在形成系列创新技术，打造国际感光影像档案保护中心。

在土遗址与砖石文物保护方面，李玉虎团队发明了"深渗透、通透性微量沉淀与吸附加固材料与工艺""松动脱落夯土层兼容性回位修复"等专利技术，实施了唐皇城墙含光门土遗址修复保护、大唐西市土遗址修复保护、蓝田猿人遗址黄土剖面修复保护等全国重点文物修复保护工程。

古代彩绘文物出土后，相当部分发生龟裂、起翘、脱落、酥粉、褪色等自毁性病害，最重要的成因是彩绘文物在地下高温缺氧的环境中埋葬并平衡上千年，出土后到一般室内外环境中，环境温湿度发生了大幅度变化，打破了这种平衡。李玉虎及其科研团队研究设计了一种高湿缺氧的箱体，其与出土前环境趋近，能防止彩绘文物出土后发生前述多种病害，保持原貌。

这其实又涉及李玉虎团队第五个研究方向"保存环境与特藏装具"。针对档案、图书、文物收藏环境中大量使用挥发性化学药品，污染文物本体与环境的现实，团队研制了环保型防火、防虫、防霉、防酸功能的耐久性特藏装具，已完成国家图书馆、延安革命纪念馆、新加坡国家档案馆等古籍善本特藏装具工程。此外，团队还研究设计了石刻、铁器艺术品动态养护体系，建设了国内外文物保护领域第一个石刻与铁器艺术品环境模拟试验场，研制了"出土易损毁文物稳定环境营造"装置，防止出土文物自毁现象发生。

依托上述科技成果，李玉虎牵头编制国家标准 2 项，出版专著 4 部，获发明专利 100 余件，科研产品在全国 700 余家单位推广应用；获国家档案局优秀科技成果特等奖 1 项、一等奖 3 项，国家文物局文物保护科学和技术创新奖二等奖 1 项，中国感光学会技术发明特等奖 1 项，陕西省科学技术一等奖 2 项。相关科研成果成功转化落地陕西秦创原。

守文脉、传文明，科技创新显担当

"保护好、传承好历史文化遗产是对历史负责、对人民负责。"四十多年来，李玉虎深耕历史文化遗产保护领域，从壁画、彩俑、感光资料到各种遗址古迹，无数看起来已经面目全非的文物，在李玉虎团队的抢救下又重新焕发出光彩。

李玉虎说："文物是珍贵的，也是不可再生的。纸质文献、照片、壁画、彩绘、陶器、建筑等文物的蜕变是自然的过程，而自然蜕变的过程其实是化学和生物结合的缓慢反应，文物修复工作也要基于自然科学，以此为理论和实践基础。我进行了一系列技术创新，并收到良好效果，在业界得到广泛关注。"

2019年2月25日《陕西日报》专题报道了"文物医生"李玉虎，报道提及"陕西历史博物馆壁画馆展出的新城公主墓壁画《仕女图》是他们'化腐朽为神奇'的代表性杰作之一"。2020年，央视纪录片《我在故宫六百年》报道了李玉虎团队的彩画保护技术应用，全面展示了李玉虎主持的故宫建筑彩画修复工程。

2024年4月，河北省雪村战斗牺牲烈士手握八十二年的照片一经发现便刷屏全网，复原照片女子容貌能为确定烈士身份和寻找烈士亲属提供线索，具有重要历史价值。6月18日，新华社报道李玉虎带领团队在河北省肃宁县退役军人事务局工作人员的见证下，仅用半天时间就完成了照片修复的科学研判、方案设计、影像显现加固等一系列修复工作，让历史影像获得"重生"。这并不是李玉虎团队第一次修复革命档案文物。从纸张到照片、底片、电影胶片，其修复的范围越来越广，攻克了一个又一个技术难关，先后完成了记载党在延安时期光辉历程的革命历史档案、记录日寇暴行的日寇侵华罪证档案、孙中山先生手书"博爱"等国家重点档案修复保护工程。

在李玉虎的带领下，团队完成了故宫古建彩画、唐皇城墙含光门遗址等修复保护工程70余项，修复秦遗址宫殿壁画及西汉彩绘兵马俑3000余件、明清古旧字画300余件、纸质古籍文献8万余张，用科技创新守护中华文脉；修复保护革命历史档案近万件、南京大屠杀等日寇侵华罪证档案等3万余卷、毛泽东等重要历史人物照片2000余张、民国时期美驻华使馆情报缩微胶片等1300余盘，用工程技术保护国家记忆。

长一技、授一徒，咫尺匠心育匠人

用李玉虎自己的话来说，文物保护修复仅靠一枝独秀是不可靠的，需要源源不断的人来接续奋斗。李玉虎在实践中意识到我国在文物病害产生机理、文物修复材料和工艺选择等基础研究领域人才缺口较大，现有的文物保护专业不能满足当今文物保护修复需求，科技创新需要一支强有力的专业化人才队伍支撑。

2004年，李玉虎放弃在档案系统事业发展的可能，选择到陕西师范大学工作。"相当多的人由高校走向政府职能部门，我反其道而行之，由政府职能部门走向高校。"李玉虎说。同年，陕西师范大学联合陕西省档案局、陕西省文物局共建陕西历史文化遗产保护科学研究中心，2006年成立历史文化遗产保护教育部工程研究中心，李玉虎任中心主任。该中心聚焦文物保护领域的瓶颈性、国际性难题，注重知识型、技术型、创新型技术人才培养及队伍孵化与成果转化，成为我国第一个集文物、档案和影像资料保护材料及工艺研究于一体的科学研究和人才培养机构。

李玉虎坚持在工程实践中培养学生，带领学生参与文物保护修复全过程。他对学生都是手把手地教，在实践中教会学生把握关键科学技术，指导学生围绕关键问题开展探索性实验，系统分析实验数据，获得有效结论。经过一系列教学实践探索，总结创建了"基础研究、技术开发、工程转化"三结合的文物保护人才培养模式。以材料学科基础课程群与文物保护专业课程群相结合的课程体系匹配相应的师资队伍，搭建基础性与专业相结合的硬件平台，创新性建立集成果"孵化、转化、应用"于一体的校企馆多元化实践平台基地，形成文物保护人才培养的教学和实践资源体系，保障了多学科交叉文物保护创新性复合人才培养需求。2021年获得陕西省学位与研究生教育教学成果二等奖。

在李玉虎看来，文物修复不仅是在修复作为器物的文物，更是在呵护我们民族的历史遗产。李玉虎先后培养硕士、博士研究生400余人，每年培训专业修复技术人员10余次，累计5000余人，面向全校开设"我在师大修文物"、文物保护材料等课程，吸引8000余名学生关注并系统学习文物保护知识。他特别注重培养学生对档案和文物的情怀，格外强调要培养学生的历史感和创新性。李玉虎始终认为，作为现代创新型培养的文物保护修复理工科人才，需要具备扎实的专业素养与良好的人文素养。作为《文化遗产保护导论》的主讲教师，他将课程思政贯穿本硕博人才培养始终，他强调文物的保护与修复，不仅是让历史遗迹、文化瑰宝重见天日、重获新生，也是让更多人能在触摸历史中感知中华文明的独特魅力，在思接千载中读懂"何以中国"。在这个意义上，文物不仅是历史的见证，也是坚定文化自信的重要物质载体。

在李玉虎的影响下，形成了引领学生成长、成才、成人的育人环境，毕业研究生多为全国各地博物馆、高校等机构科研骨干，其中教授、副教授15人，入选江苏省"333拔尖人才工程"2人，陕西省"三秦学者"1人，获评"最美宁波人"1人，重庆市"担当作为好干部"1人，有国家级档案专家领军人才1人、国家级档案专家1人、全国青年档案业务骨干6人、全国档案工匠人才2人。

道相传、义相承，不舍初心得始终

李玉虎与学生之间始终维系着浓厚的师徒传承情谊。他是严格的老师，对学生无私倾囊相授；也是朋友，会关心关注学生的生活；亦是家人，给予学生最真挚的温暖；更是战友，一起为传承中华文明而奋斗。

学生谈起李玉虎教授，都说他爱科研、爱学生，可敬、可亲、可爱。"李老师对文物和档案可谓痴迷，是真的有感情。每当看到损坏严重的文物，他的表情会很严肃，甚至会伤心落泪。而当文物修好时，他又会像个孩子一样开心。"李玉虎的硕士研究生霍一娇说。

跟随李玉虎教授从事文物保护研究近二十年的博士生、西北工业大学文化遗产研究院领军人才汪娟丽感慨道："在科研工作中，李老师是一个废寝忘食、精益求精的人，经常为一个项目忙碌得忘了吃饭，为一个方案指导我们前前后后修改十几遍。他甚至会在睡梦中获得解决难题的灵感，半夜惊醒直奔实验室验证。作为学生，每每看到老师都会很心疼，但也很敬佩。他这种孜孜不倦的科研精神，一直激励着我们在科研道路上勇毅前行。"

从山东负笈西行的李晶，跟随李玉虎教授攻读博士学位。"在对故宫博物院、曲阜孔庙等古建筑进行彩画保护时，双鬓斑白的李老师毫不含糊，总会爬上高梯仔细查看文物现状。老师的勤奋、谦逊、负责以及满腔热爱，都深深打动了我。"跟随良师学习的时光，是李晶念念不忘的"黄金岁月"，成为她做好这份事业的底气和动力。

李玉虎总是尽自己最大的能力帮助生活上有困难的学生，解决其后顾之忧，让他们能够安心读书。他了解每一位学生的家庭情况，重视每一位学生的需求，他会悄悄帮学生缴纳学费，也会为学生介绍实习工作获取补助。桃李不言，下自成蹊。李玉虎对学生的一片赤诚与关怀，为青年人的科研之路撑起了一片自由翱翔的天空，他也因此深受学生爱戴。

作为陕西师范大学历史文化遗产保护党支部书记，李玉虎带领全体师生党员依托历史文化遗产保护教育部工程研究中心及文化与科技融合基地，积极开展以传承中华文明及文物保护科普教育为特色的社会服务。以科技创新抢救性保护红色文物资源，开展了"庆祝中国共产党成立100周年党史文物修复展"、"讲好延安故事，传承红色基因"主题研学等多种形式党史学习教育和社会实践活动，赓续红色血脉，服务历史文化传承；主持举办了"绽放青春·国宝逢春——青年档案保护科学研究与大国工匠"等10余场研讨会，吸引数千名青年文保科技工作者参与；通过文物保护科普报告、文物修复过程沉浸式观摩、传统修复技艺体验等多种形式面向中小学生、大专院校师生及社会各界开展科普活动，服务公众文化需求。近年来，接待各类参观人员8000余人，科普宣传累计覆盖万余人。2022年入选中国科协党史学习教育"我为群众办实事"典型案例。2023年，李玉虎牵头申报的"感光与纸质等多种材质档案保护重点实验室"入选首批国家档案局重点实验室，是西部地区唯一获批建设单位。2024年3月，"李玉虎档案与文物修复保护工作室"获批陕西省教科文卫体系统职工创新工作室。

四十余年间，李玉虎扎根文物与档案保护一线，组建全国首个专门从事文物与档案修复、预防性保护和防灾减灾研究的多学科交叉团队。四十余年间，他倾心三尺讲台，创新打造科学研究与工匠实践为一体的文保人才培养新模式，为文物保护与修复行业培养了一大批科研人员和技术骨干。以初心致匠心，以匠心守初心，他就是李玉虎，用四十年如一日的坚守，为国家修文物，为民族留记忆，为文物保护事业育人才！

【主要参考资料】

[1] 刘炳琦：《李玉虎解决档案褪变字迹恢复的难题》，载《光明日报》1987年7月29日。

[2] 单晓娟：《李玉虎档案科研发明应用效果显著》，载《陕西档案》1996年第2期。

[3] 王乐文：《李玉虎：给文物整容的人》，载《人民日报》2005年4月18日。

[4] 周亚军：《文物保护技术的领军人物——李玉虎》，载《人类文化遗产保护》2008年年刊。

[5] 张开颜：《黄牛耕田 滴水入海——记我国著名的档案与文物保护专家李玉虎》，载《中国档案》2010年第1期。

[6] 杨永林、张哲浩：《陕西师大：关键技术破解文物彩绘病害》，载《光明日报》2014年10月12日。

[7] 巩育华：《文物"医生"：与岁月较劲儿》，载《孔子学院》2015年第3期。

[8] 张梅：《"文物医生"李玉虎》，载《陕西日报》2019年2月25日。

[9] 霍强：《李玉虎：为国家修好文物，为民族留住记忆——记"陕西最美科技工作者"代表李玉虎》，载《陕西日报》2019年4月16日。

[10] 蔡馨逸、李亚楠：《修复文物要有敬畏之心》，载《半月谈》（内部版）2022年第9期。

[11] 吕扬、石萍、贾举：《书香墨浓，故纸芬芳——陕西师范大学让古籍"活"得更精彩》，载《陕西日报》2022年5月13日。

【人物档案】

张新科，生于1959年，陕西眉县人。陕西师范大学文学院原院长，教育部"长江学者奖励计划"特聘教授，国家"万人计划"教学名师，国家级精品课程中国古代文学课程建设主持人，第二批"全国高校黄大年式教师团队"中国古代文学教师团队负责人。专著《〈史记〉文学经典的建构之路》入选"国家哲学社会科学成果文库"，获教育部第九届人文社会科学优秀成果一等奖。兼任国务院学位委员会第六、七届中文学科评议组成员，教育部高等学校中国语言文学类专业教学指导委员会委员，全国博士后管委会第七、八、九届专家委员会委员，中国民间文艺家协会民间文化教育指导委员会副主任；中国《史记》研究会常务副会长，中国赋学研究会副会长，中国古代散文研究会副会长，陕西省司马迁研究会会长；中国社会科学院《文学评论》编委，《光明日报》文学遗产研究院专家委员会委员，人大复印报刊资料《中国古代近代文学研究》学术委员等职。获评陕西省高等学校优秀共产党员、陕西省先进工作者、陕西省教书育人楷模等，入选全国教书育人楷模候选人。

张新科：矢志不移　终能"三立"

从大学时代起，张新科就将研究《史记》作为自己的学术目标。四十多年来，他坚守初心、矢志不移，坚持不懈读《史记》、讲《史记》、研究《史记》，先后在专业期刊发表学术论文160多篇，出版著作10余部，编写论著20多种。张新科与《史记》结缘，立志要像太史公那样，"究天人之际，通古今之变，成一家之言"。作为薪火相传的陕西师大新一代杰出代表，张新科以"大先生"的形象，扎根西部大地，执教三尺讲台，绽放学术之光。

志存高远：漫漫上下求索路

1959年8月，张新科出生于陕西省宝鸡市眉县的一个普通农家。眉县地处关中平原西府故地，在秦岭主峰太白山北麓、渭河南岸，物华天宝、人杰地灵，历来人文荟萃，文化底蕴深厚，是西周文化的重要发祥地之一，也是宋代理学家、关学鼻祖张载的故里。张载的名言"为天地立心，为生民立命，为往圣继绝学，为万世开太平"，不仅是其一生抱负和追求的哲理概括，也是对文人士子的一种人生期许，还对当时、后世的有志之士产生了巨大的精神激励作用。

"乡党得师范，后学式仪刑。"这是明代文渊阁大学士杨荣《送检讨陈嗣初还姑苏》中的诗句，以此形容张新科师法眉县先贤、关学大儒张载也很贴切。有志于"为往圣继绝学"的张新科对乡党的"横渠四句"烂熟于胸，并融会贯通于自己的教育教学、科学研究和人生体验之中。张新科似乎没有豪言壮语，"站稳讲台，教学第一"，"学生的事永远是第一位的"，这些朴实无华的话语，似乎不像出自一位满腹经纶的"大先生"之口，倒像是一个普通农民面对土地、面对庄稼的郑重承诺。

1979年，张新科以优异成绩考入陕西师范大学中文系。在藏书丰富的陕西师大图书馆，他犹如弄潮儿扑进浩瀚无际的汪洋大海，如饥似渴地阅读。第一次接触到传统文化典籍，系统阅读《张子全书》，他就被张载的精神深深感动，暗下决心："一定要向先贤张载学习，做一个顶天立地的人！"一部《史记》，半部中华史。从上大学时起，张新科便对《史记》产生了浓厚兴趣——从帝王将相到贩夫走卒，从天文地理到文化思想，司马迁将大千世界和芸芸众生都写进了《史记》，成就了"史家之绝唱，无韵之《离骚》"。带领张新科走上《史记》研究的领路人是陕西师范大学文学院已故教授赵光勇。当年，张新科求学期间拥有的第一套中华书局出版的《史记》，就是赵光勇老师买来送给他的，10本书10多块钱，这对一个每月生活费靠国家补贴的穷学生来说，无疑是非常大的支持和帮助。

1983年，张新科开始攻读本校硕士研究生，师从王守民教授，学习中国古代文学专业。1986年毕业后留校任教。1995年通过博士研究生入学考试，师从一代宗师霍松林教授。张新科刻苦勤奋，常常读书到深夜。当时住在老旧的筒子楼里，炎炎盛夏，从公用水房接一盆凉水，热了就用湿毛巾擦一把脸，数九寒冬，没有"绿蚁新醅酒，红泥小火炉"的闲情逸致，冷了只能坐在做饭用的蜂窝煤炉子前取暖。但是无论条件多么艰苦，张新科从未失去求知若渴的激情，反而更加坚定锲而不舍、勇攀高峰的决心。

20世纪七八十年代，学界有这样一个说法："《史记》是中国的，但'史记学'在日本"。因为日本学者泷川资言撰写完成《史记会注考证》，走在了国际史记学前沿。"陕西是司马迁的故乡，当时陕西的一批学者拟策划成立司马迁研究会，就是要给中国争一口气。"从研究生时起，张新科就在赵光勇、张登第、徐兴海等老师的带领下，为成立司马迁研究会多方奔走。1988年，全国《史记》研讨会在陕西师大召开，这是《史记》研究史上的一次空前盛会。1992年6月，陕西省司马迁研究会成立，首任会长是被称为"秦俑之父"的袁仲一先生。"中国学者必须站在《史记》研究的第一线"，研究会甫一成立，就决定编纂一部《史记研究集成》，以取代《史记会注考证》。历经二十多年的艰难曲折，《史记研究集成·十二本纪》于2019年正式出版，在国内外产生强烈反响。作为《史记研究集成》总项目负责人之一,以及《史记研究集成·十二本纪》的作者之一,张新科为此投入的时间、倾注的心血、付出的努力,是常人难以想象的。"集成"的出版,体现了陕西学者的责任担当,对《史记》研究产生了重要影响,也为中国《史记》在学术界赢得了国际声誉。

坚守讲台:愿将金针度与人

从事中国古代文学教学工作以来,张新科承担本科生先秦文学、两汉文学、魏晋南北朝文学、中国古代文学作品选等基础课的教学,开设先秦两汉散文研究、史记研究、中国传记文学研究等专题课;给研究生讲授先秦两汉韵文散文研究、先秦两汉专书专家研究、六朝韵文散文研究、六朝专书专家研究、中国文学研究通论等课程。三十多年如一日,张新科不忘初心,永远将学生放在第一位。他教过数以千计的本科生,培养了102名硕士研究生、32名博士研究生。

"玉壶存冰心,朱笔写师魂。谆谆如父语,殷殷似友亲。"这是学生们对张新科的共同印象。他的一名研究生记得,一天清早,在教学楼前偶遇手提行李箱的张新科老师,原来他刚出差回来,6点多一下火车,不顾旅途劳顿和身心疲惫,就匆匆赶回学校上课,"在张老师心里,学生永远是第一位的";在他心目中"课比天大"。担任文学院院长的八年里,即便事务性工作再繁重,他依然坚持给学生们上课,甚至连本科生的教学工作量也年年饱满。

"站稳讲台,教学第一,学生的事无小事。"这是从三十年前踏上讲台的第一天起,张新科在心中立下的从教信条。他说,只有把每堂课备好、讲好,才能让学生获取更多的知识;教师必须在备课与讲课上舍得下功夫,以引入学科前沿动态,引导学生尽快进入专业角色、领会新知识、主动探索未知领域。

多年后,张新科在身患重病做了手术后,仍然尽可能坚持上课。每次上课,他依然衣着整齐,春风满面,有意向学生掩饰化疗后的痛苦。其实,消瘦、色斑、脱发等外貌上的改变以及讲课中不自觉的喘息,学生们都看在眼里疼在心上。学生们关心起他的身体状况,他总是用"好着呢"来宽慰大家。其实,"好着呢"是张新科对大学讲台的敬畏、对师者初心的坚守。

一名毕业二十多年的学生回忆,在张新科的秦汉文学课堂上,大二的他对《史记》和司马迁产生了浓厚兴趣,写了一篇探讨司马迁悲剧意识的学术论文,惴惴不安地交给了张老师。没想到张老师大加赞赏,主动找他讨论,多次提出修改建议,并将其推荐到学术期刊上发表,后来这篇论文被人大复印报刊资料《中国古代近代文学研究》全文转载。"二十多年过去,那一幕依然清晰如昨日:教学楼前,张老师一手推着自行车,一手挥着一本人大复印报刊资料,叫住了我。停住车,张老师兴奋得大力拍着我的肩膀,比他自己发了一篇文章还要高兴……"

教师担负传道授业解惑、塑造人类灵魂的神圣使命,容不得半点马虎。张新科深知,教师不仅要有崇高的理想信念、高尚的道德情操、渊博的学识储备,更需要常怀一颗仁爱之心。原中文系主任寇效信教授介绍说:"刚工作时,为了上好课,张新科不知熬了多少夜,阅读了多少相关材料,做了多少资料卡片,修订了多少次教学方案。教学是良心活,但也是试金石,老师下没下功夫,有没有真才实学,学生们心中是有杆秤的。"

中国古代文学是文学专业"四梁八柱"、顶天立地的基础课,张新科担任该学科教学工作期间,不仅将作品中复杂的人物关系、事件的时空联系梳理得井井有条,还围绕作家和作品的时代背景,穿插了历史、地理、科技,甚至哲学、民族学、人类学等学科知识。2002级汉语言文学专业有学生这样评价道:"张老师讲课,如行云流水,滔滔不绝,酣畅淋漓。可以说,正是上了张老师的课,我才喜欢上了原本晦涩、枯燥的古代文学,也明白了大学缘何要有大师。"2009级基地班有同学则评价认为,张老师的课条理清楚,信息量大,讲解不仅仅局限于对文本文字的解读,还会对其思想内容进行阐释和升华,让学生们从中领略中华优秀传统文化的精华。

现在的大学课堂,要开展探究式、讨论式、研究型教学,这是对教师吃透教材、做足功课、应变能力的一个严峻考验。张新科的课堂教学，自由讨论是亮点，"教学相长"是方法。他认为，教师要具备丰富的知识和不断创新的能力，教师教书的过程，是知识不断更新与扩展丰富的过程。为了解决教学中的疑点、难点问题，教师必须不断学习新的知识、新的理论，掌握最新研究动态，从而提升自己对教学内容的认知与把握能力，进而提高教学质量。张新科鼓励学生开动脑筋、大胆思考、敞开言路、"百家争鸣"。他时常对学生说："不怕想错，就怕不想。"他尤其注重以互动式教学启发学生，讲解古诗时，他经常让学生自己朗读、分析、讨论，然后再进行点评和总结。这样的教学，不但课堂气氛活跃，还能提升学生的学习能力。在他的引导和鼓励下，学生们在课堂上积极发言、相互探讨、展开辩论，各种各样的新想法、新问题，也在脑洞大开中被激发出来。

在教育信息化技术日新月异的新时代，张新科守正创新，积极开展教学改革，像研究《史记》一样，刻苦钻研新媒体技术。他主持国家精品资源共享课程，录制《中国古代文学》的MOOC课程，既有生动的讲课视频，又提供大量的学习辅导资料。他还经常通过在线课程的互动栏目为听课者答疑解惑。后来，张新科专门为《中国古代文学》MOOC精心主编了配套教材，针对多年来《在线答疑》栏目中学生提出的问题集中整理，主编出版《中国古代文学600题》。目前，古代文学MOOC和辅导丛书，被全国50多所高校选用，数十万师生从中获益。

教学工作中，张新科特别强调学生的基本功训练。他说，"基础要牢、眼界要广、思路要活"；"做学问就像盖房子，基础一定要打好。基础不牢，地动山摇"。他引导学生"读原典，读第一手资料"。然而，先秦作品生僻拗口、奇辞奥旨，学生理解起来非常不易。面对这些困难，张新科要求学生勤查词典，多做卡片，鼓励研究生和青年教师："做学问必须下笨功夫、坐冷板凳。没有一步一个脚印的积累，没有踏踏实实认认真真的磨砺，是做不成学问的。"他要求大家查阅第一手资料，确保文献的真实可靠、准确无误。对于学生提交的论文作业，从选题拟定到结构设计，从论据选择到措辞表述等，张新科都会仔细地批注，一一指出其中存在的问题。

"望之俨然，即之也温。"在专业学习上，张新科要求严格，责任心强，但在生活中，他温和宽厚、充满爱心。他坚持用中华传统美德涵养师德，以仁爱之心去唤醒另一颗心，用身正为范的师表风范，诠释大国良师的人生价值观。教学中，他将文学经典渗入课程思政的素材，常以蔺相如、苏武的爱国精神和民族气节，商鞅、赵武灵王的革故鼎新精神，屈原"路漫漫其修远兮，吾将上下而求索"的忧民情怀，司马迁"究天人之际，通古今之变，成一家之言"的伟大志向，张骞"凿空"的开拓精神，张载"为天地立心，为生民立命，为往圣继绝学，为万世开太平"的理想抱负，范仲淹"先天下之忧而忧，后天下之乐而乐"的广阔胸怀等勉励学生，做一个志存高远、胸怀家国的人。他把这一切融入课堂教学、融入座谈交流、融入谈心谈话，如春风化雨，在潜移默化中，鼓励学生扬起青春的风帆。

张新科在教学岗位上恪尽职守，以崇高的操守和坚韧的品格诠释了一位师者的风范，受到师生的敬重和信任。他主持的课程分别获国家级精品课程（2008）和国家级精品资源共享课程（2013），主持的教学成果《中国古代文学博士研究生培养模式与实施路径的探索实践》（2018）、《师德引领四位一体——十五年汉语言文学专业公费师范生培养体系的构建与实践》（2023）均获国家级教学优秀成果二等奖。他是陕西省优秀教学团队"中国古代文学系列课程教学团队"带头人，是宝钢优秀教师奖获得者，被评为陕西师大教学标兵、陕西省高等学校教学名师，更被历届学生交口称赞。

张新科认为，人类对真理的追求，是一代又一代人前后接续的过程。知识、学术的传承，就是前人所说的"薪火相传"。站在这个高度，用心讲好每一节课，关注每一个学生，做好他们的引路人，才能更好地理解为什么课堂教学是主阵地、为什么教师的职业是神圣的。张新科以自己近四十年的教师生涯践行教育家精神，用粉笔一笔一画写出了新时代"大先生"的大写人生。

皓首穷经：无限风光在险峰

在张新科身上，有一股老陕的执拗个性和文化韧性，一旦认准的目标，"亦余心之所善兮，虽九死其犹未悔"。他的研究领域是先秦两汉魏晋南北朝文学，随着时代的发展，《史记》的价值愈来愈受到人们的重视。为进一步汲取文化营养，传承文化瑰宝，他最终把学术研究聚焦于中国纪传体史书的开山之作——《史记》。他自从在《陕西师大学报（哲学社会科学版）》发表《史传文学中人物形象的建立》起，就一发而不可收，发表《滴泪为墨，研血成字——〈史记〉与屈赋精神实质纵谈》《毅力胜挫折　心血铸长城——从挫折心理学角度看司马迁的创造意识》《〈史记〉研究应走出误区》《从吴文化记载看〈史记〉的文化综合特点》《〈史记〉所体现的创新精神》《〈史记〉文学经典的建构过程及其意义》《20世纪史记学的发展道路》《从唐前史传论赞看骈文的演变轨迹》《当今〈史记〉研究应走综合化之路》等100余篇论文；出版《史记研究史略》《〈史记〉与中国文学》《唐前史传文学研究》《史记学概论》等10余部著作；编写《史记导读》《〈史记〉中的治国理政智慧》《史记研究资料萃编》等20余部论著，并主编"长安文化与中国文学研究"丛书、"海外司马迁与《史记》研究丛书"和《〈史记〉文学研究典籍丛刊》等。

据不完全统计，张新科主持国家社科基金重大招标项目"中外史记文学研究资料整理与研究"1项，承担国家社科基金一般课题2项，教育部、陕西省等项目10多项。其研究成果获得国家级、省部级奖励20多项（次），其中教育部高等学校人文社会科学研究优秀成果奖一等奖1次，陕西省哲学社会科学优秀成果一等奖2次、二等奖2次、三等奖5次，陕西省高校人文社科优秀成果一等奖4次、二等奖1次、三等奖2次。特别是其独立主持的国家社科基金项目"史记文学经典的建构过程及其意义"，其结题成果《〈史记〉文学经典的建构之路》，2021年由中国社会科学出版社出版，表明这一成果"代表当前相关领域学术研究的前沿水平，体现我国哲学社会科学界的学术创造力"，入选"国家哲学社会科学成果文库"，荣获陕西省第十六次哲学社会科学优秀成果一等奖（2024）、教育部第九届人文社会科学优秀成果一等奖（2024），并于2023年列入国家社科基金中华学术外译重点项目译成英文出版。此外，其著作《史记与中国文学》于2017年入选国家社科基金中华学术外译项目译成英文出版，主编的《〈史记〉中的治国理政智慧》2020年入选国家丝路书香工程项目，已译成俄语在俄罗斯出版。

张新科经常告诫学生："读书要以《史记》为核心，上钩下联，努力拓展研究领域。"他的《文化视野中的汉代文学》，就是由《史记》入手，将研究拓展到汉代文学。《唐前史传文学研究》进一步将研究范围扩展到更加宽广的时空领域。《史记学概论》开创性地建立了"史记学"的框架结构，被学界誉为"史记学的开山之作"。《中国古典传记文学的生命价值》则从学理上建构了"中国古典传记文学生命理论"。张新科说："创新是学术的生命。要扩大学术视野，多向优秀学者请教，多获得一些治学方法，这样才能进步。"这种真诚严谨的治学态度，也是他传授给年轻学子的治学经验。

日本著名《史记》研究学者藤田胜久，曾辗转找到张新科，表示希望重走"司马迁之路"。张新科不辞辛劳，陪他走访了甘肃天水清水县、陕西凤翔雍城遗址、蓝田武关等周秦文化发祥之地。藤田胜久还走访了当年司马迁到过的全国其他地方，回国后撰写了一部《司马迁的旅行》。日本学者追根究底的治学精神和研究方法，使张新科深受触动。"做学问还是要讲究实事求是，踏踏实实。时代发展到今天，给学术带来了一些技术上的革新，甚至是革命，但是冷板凳还得坐，不能一味或者说完全依赖互联网。人们常说'有一份资料说一份话'，就是强调做学问要对原典著作、研究资料等做充分的积累。"

张新科至今仍会跟学生们说起自己的硕士导师王守民教授。王老师在讲《左传》时，把这部大书拆分成战争、诸侯结盟、外交人物等8个类别来讲，并要求学生分门别类统计做资料卡片。这个方法让张新科受益匪浅，后来他也用这种方法启发自己的学生。张新科说，他在写博士论文《唐前史传文学研究》的过程中，就是通过统计7部唐前史书收录的辞赋，发现了文体发展与史书之间的关系。那些天头地脚、字里行间写满批注的书本和重逾百斤的稿纸，令每一个有幸见到的学生咂舌。他做的资料卡片，有许多至今还保存着。

张新科经常给研究生讲两句话：第一句就是做学问要"顶天立地"。"顶天"就是要有一个宏大的学术志向；"立地"就是要踏踏实实，甘于坐冷板凳，不能浮躁。第二句话就是写论文要有"五定"，即定边、定界、定量、定性、定位，要求学生对论文的选题范围、边界、数据统计、意义、价值与研究方法胸有成竹。事实证明，这两句话几乎成为张新科指导的100多名硕博士研究生从事学术研究的成功秘籍。

宝剑锋从磨砺出，梅花香自苦寒来。经历近四十年的磨砺，张新科已然成为国内《史记》研究的领军人物之一，把中国当代"史记学"推向了新的高度。他兼任中国《史记》研究会常务副会长、陕西省司马迁研究会会长，经过中国学者们的共同努力，《史记》研究的中心已然回到了中国，终于实现了他们当年"为中国争一口气"的夙愿。

不辱使命：俯首甘为孺子牛

在其位谋其政。研究《史记》需要一代代像张新科这样的学者和多学科专家齐心勠力，不断发扬不屈不挠、持之以恒、矢志不渝的奋斗精神，将专业研究向着更深广的新境界推进；治学同样需要张新科这样的责任意识和担当精神，以严谨细致、实事求是的态度向莘莘学子传授知识，为广大青年指引人生方向。

从2004年担任文学院副院长到2021年积劳成疾卸任院长一职，张新科作为一名"双肩挑"的中层管理干部，殚精竭虑，精益求精，为学院的教育教学、人才培养、学科建设贡献力量。在提升学科影响力和学院综合实力方面，他以崇高使命、无我精神、坦诚之心、家国情怀，不遗余力地在管理之路上上下求索。张新科领衔的"中国古代文学教师团队"入选教育部第二批"全国高校黄大年式教师团队"，中国古代文学的五门课程被评为国家一流课程；中国语言文学被列入世界一流学科建设学科，2022年进入第二轮一流学科建设期，在教育部第五轮学科评估中进入第一方阵A-层次。

在张新科身上，既有乡贤张横渠的精神和追求，又兼具太史公在逆境中不屈服、不虚美、不隐恶的求真精神，堪称一位"经师"与"人师"相统一的"大先生"。2019年，长期超负荷工作的张新科积劳成疾，罹患重病，住院手术治疗。曾经壮实宽厚、笑声爽朗的他，几乎一夜之间，鬓发尽白，体重骤降。由于要定期到医院诊治，张新科不得不停下本科生的课程，但指导硕士生、博士生依然尽心尽力。虽身患重病，但他的教学、科研工作并未停止，只要身体允许，他依然坚持给学生上课，给学生逐字逐句修改论文。正是由于学术信念的支持，他精神依然矍铄，脚步更加稳健，胸怀更加豁达……虽然在《史记》研究领域已然成为翘楚，但他认为"弟子不必不如师"，学生不必为尊者讳，不能碍于导师已有的成果而丧失突破前人、超越导师的创新精神和挑战勇气。

中国古代君子志在修齐治平，以立德、立功、立言为三不朽。2023年4月，中共陕西省委教育工委下发《关于在全省教育系统开展向张新科同志学习的决定》，号召在全省教育系统中开展向张新科同志学习的活动，在社会各界产生了广泛影响。张新科获评2023年陕西省教书育人楷模，入选2023年度全国教书育人楷模候选人，《人民日报》等全国各大媒体纷纷报道其事迹。于张新科教授来说，此可谓立德；其以教育家精神立德树人，为国育才，可谓立功；治《史记》之学，可谓立言。四十年矢志不移，方得此"三立"，难能可贵。扎根西部、甘于奉献、追求卓越、教育报国，张新科传承弘扬"西部红烛两代师表"精神，在三尺讲台上为国育才，在学术研究沃土上辛勤耕耘，为传承中华优秀传统文化默默奉献。

【主要参考资料】

[1] 张新科：《在传记文学研究中光大生命的意义》，见《陕西师范大学学人

治学录》，陕西师范大学出版社，2002 年。

[2] 陈桐生：《文史在各自独立中展开互动——〈史记〉如何走向文学经典》，载《中国社会科学报》2022 年 7 月 13 日。

[3] 张哲浩：《辛勤汗水浇灌出丰硕果实》，载《光明日报》2022 年 8 月 6 日。

[4] 冯丽：《张新科：〈史记〉人生》，载《中国教育报》2022 年 9 月 16 日。

[5] 张新科：《为山集》，陕西师范大学出版总社，2022 年。

[6] 吕扬：《一生与〈史记〉结缘的大先生》，载《陕西日报》2023 年 9 月 18 日。

[7] 李雅琪：《〈史记〉人生四十载 顶天立地大先生——张新科同志先进事迹宣讲（治学篇）》，《陕西省教书育人楷模张新科教授宣讲材料》，2023 年 9 月。

[8] 缪阳：《情系莘莘学子 倾心教书育人——张新科同志先进事迹宣讲（育人篇）》，《陕西省教书育人楷模张新科教授宣讲材料》，2023 年 9 月。

[9] 孙清潮：《铁肩扛起重任 平凡造就伟大——张新科同志先进事迹宣讲（管理篇）》，《陕西省教书育人楷模张新科教授宣讲材料》，2023 年 9 月。

[10] 张丹华：《一辈子一件事：陕西师范大学文学院教授张新科——钟爱〈史记〉，潜心研究四十余载》，载《人民日报》2023 年 12 月 12 日。

【人物档案】

邢向东，生于1960年，陕西神木人。教育部"长江学者奖励计划"特聘教授，陕西师范大学文学院教授、博士生导师，语言资源开发研究中心主任。1977年考取陕西师范大学中文系，1982年春毕业。1983年考取内蒙古师范大学研究生，师从马国凡教授。1986年硕士毕业后留校任教。1997年考取山东大学博士研究生，师从钱曾怡教授。2004年博士学位论文获全国优秀博士论文奖。2000年调入陕西师范大学文学院工作。2001年9月至2003年7月在南开大学文学院进行博士后研究。获第四、七、九届全国高等学校科学研究（人文社会科学）优秀成果二等奖2次（2006、2024）、三等奖1次（2015），获第十二届王力语言学奖二等奖（2007）。兼任全国语言文字标准化技术委员会汉语语汇分标委委员、中国语言学会副会长、全国汉语方言学会理事、陕西语言学会会长，以及《南开语言学刊》《陕西师范大学学报（哲学社会科学版）》"清华语言学博士丛书"编委。

邢向东：一生痴绝为乡音

"上大学那时候经常去古旧书店，有一次碰见赵元任的《汉语口语语法》，为了吃一碗葫芦头没买。结果整整后悔了二十年！直到2000年到北京去给评审专家送博士论文，才在商务印书馆买到一本重印的。"说起读大学时候的趣事，邢向东脱口而出的竟是遗憾错过一本好书。作为乡音守护者，邢向东在中华大地奔走，全身心地投入语言的传承与创新；致力于教学科研，用热情和智慧点燃学子们对母语的热爱之火。他说，语言是文化的根，是民族的魂，自己的使命就是努力去传承这份珍贵的文化遗产。

在西部大地守护乡音

邢向东是一个土生土长的陕北人，作为恢复高考后的第一届学生，1978年2月进入陕西师大中文系学习。在师大校园，他亲炙辛介夫、吴士勋等先生教诲，叩响了语言学研究的兴趣之门。"读本科的时候，我们十来个同学组成现代汉语兴趣小组，讨论语言学问题，搞学术报告会。"不知不觉，邢向东把自己书架的"大半壁江山"都让给了语言学的书籍。"一旦发现了自己的兴趣所在，就坚定地朝这个方向努力。这辈子就搞语言学了！"

1982年初，邢向东大学毕业，回到家乡陕北神木教研室工作。闭塞的陕北生活，让他下定决心考取研究生，继续进行语言学学习和研究。1983年，邢向东考取内蒙古师范大学汉文系现代汉语专业词汇、语法方向研究生，师从马国凡教授。1986年毕业后留校任教。这段时期，邢向东以家乡方言和内蒙古晋语为研究原点，逐渐扩大"学术地图"。为了进一步深造，已经是副教授的邢向东于1997年考取山东大学文学院现代汉语方言学专业博士研究生，师从钱曾怡教授。

在山东大学读博期间，邢向东以极大的毅力克服生活中的困难，如饥似渴地读书、调查、研究。他曾经和妻子以及年幼的儿子在一间阴暗潮湿的 12 平方米的宿舍中挤过一年；当时他边工作，边读博，经常奔波于呼和浩特和济南之间，三年间没有坐过一次卧铺车。博士毕业之际，邢向东交出了 60 万字的博士论文《神木方言研究》。这篇论文 2001 年获山东省优秀博士论文奖，2004 年获全国优秀博士论文奖。

2000 年，在人才"东南飞"的大潮下，邢向东逆风而行，受聘回到陕西师大执教。其间，面对开放地区优越的生活条件和宽松的工作环境，他曾犹豫、动摇过，并两度试图离开，但是，深深的母校情结和对西北方言的眷恋，还有陕西师大领导对人才的爱惜，最终使他坚守在母校，耕耘在西北这块语言研究的沃土上。

随着城市化进程加快，现代教育普及，承载地域文化的方言日渐式微。作为方言学研究者，邢向东对此深有体会。"方言是文化的承载体，地方方言承载着地方的文化，皮之不存，毛将焉附？如果方言消失，文化也就逐渐消失了，这个损失对于社会和后代来说是巨大的，所以我们心里常常有一种焦虑感。"

2015 年，教育部和国家语委牵头实施中国语言资源保护工程（简称"语保工程"），这为记录、保存语言和方言文化提供了绝佳的契机。陕西师大随即成立语言资源开发研究中心，邢向东担任中心主任。他联合校内外 10 余位专兼职研究人员，组建起专业研究团队。作为中国语言资源保护工程核心专家和省项目首席专家，邢向东团队依托设备先进的语言实验室和多年来丰富的方言调查研究经验，开始向语言资源保护与研究和方言与地域文化研究全力进发，承担了所有语保工程陕西汉语方言调查以及陕西境内濒危方言、陕西方言口传文化调查的组织、培训、试调查、中检、预验收、验收等工作。

为了推进这项工作，语言资源开发研究中心承办了第四届中国语言资源国际学术研讨会，为语保工程提供了高质量的摄录场地和语音分析设备。陕西省 33 个调查点的调研保护项目，有 20 个是在中心实验室完成摄录的，中心人员共主持 15 项。目前，由黑维强、邢向东担任主编的《中国语言资源集·陕西》

已经出版，"全国汉语方言普查成果继承"项目已经完成验收，"陕西方言口传文化遗产典藏与综合研究"项目即将迎接正式验收。在陕西省档案局开展的陕西方言语音建档工作中，邢向东教授担任首席专家，柯西钢教授担任建档工作成果《陕西方言集成》丛书的副主编，协助主编将10个市108个点的陕西方言语音建档材料全部组合起来，丛书10本共计1000多万字，目前已经全部出齐。

邢向东还负责语保工程中第一批全国濒危汉语方言调查项目的组织领导。他利用2015年暑期时间，同课题组负责人吴伟军教授深入黔西南，开展该项目子课题"晴隆喇叭苗人话调查"的调查，并组织其他课题组，在密不透风的贵州师范大学实验室中进行了试摄录，作为整个项目的试点。由曹志耘教授担任总主编、张振兴教授和邢向东教授担任主编的《中国濒危语言志·汉语方言》（10册）已经出版，并荣获中国出版政府奖提名奖。

在邢向东教授及其团队成员看来，推广普通话和保护方言并不矛盾。在社会发展的滚滚车轮面前，语言不是一成不变的。随着普通话日益普及，方言的式微和一些濒危方言的消失是必然趋势。团队很清楚，他们要做的就是留存乡音，尽自己所能让方言及其所承载的文化消失得慢一点；而为其提供适当的生存环境，需要全社会共同努力。更重要的是，要努力挖掘和传承、弘扬方言所承载的地域文化精华，以更好传承中华优秀传统文化和服务于国家的文化建设。

坚持教学与科研并进

说起走上语言学教学与研究之路，邢向东回忆道：重要的是发现自己的专业兴趣和特长所在，并根据兴趣和特长确定将来的目标。兴趣和特长往往是互为表里的，最有兴趣的方向也一般是最能发挥自己潜能的。还在陕西师大读本科的时候，邢向东已经对语言学产生了浓厚兴趣，并暗下决心致力于语言学的研究工作。

作为一名以教书育人为己任的教师，邢向东为中文系本科生、研究生、博士生讲授过现代汉语、语言学概论、国际音标与汉语方言调查、汉语方言学、语言理论与方法、语言学方法论、汉语词汇研究、近代汉语研究、方言学名篇名著导读、教师口语等课程，为留学生讲授初级汉语、中级汉语、古典文学等课程；主编《教师口语辅助课本》《现代汉语》等教材。由于他专业基础扎实，对待教学认真负责，教学内容生动，方法灵活，效果良好，深受学生欢迎。2005年获陕西师大教学质量奖，2006年被评为陕西师大教学标兵，2009年获宝钢优秀教师奖。

在科学研究方面，邢向东曾主持完成国家博士后基金科研项目"陕北晋语沿河方言语法比较研究"，主持国家社科基金项目"秦晋两省黄河沿岸方言的现状与历史研究"、国家社科基金重点项目"近八十年来关中方音微观演变研究"，承担国家出版基金资助项目"汉语方言图典·西安卷"等，现正主持国家社科基金重大招标项目"西北地区汉语方言地图集"。他主持的社科基金项目均被评为优秀等级，其中《近八十年来关中方音微观演变研究》入选"国家哲学社会科学成果文库"。他出版了《内蒙古人学习普通话》《内蒙古西部方言语法研究》《内蒙古汉语方言志》《呼和浩特话音档》《神木方言研究》《陕北晋语语法比较研究》《合阳方言调查研究》《吴堡方言调查研究》《秦晋两省沿河方言比较研究》《近八十年来关中方音微观演变研究》等著作，在《中国语文》《方言》《当代语言学》《语言暨语言学》《陕西师范大学学报（哲学社会科学版）》等期刊发表论文140多篇，主编《西北方言与民俗研究论丛》《语言与文化论丛》等刊物。

邢向东的研究具有学风扎实、注重实际、注重理论探讨等鲜明特点。多年来致力于对内蒙古晋语语法、陕北晋语语法的研究和秦晋两省黄河沿岸方言的考察，为纠正晋语研究的不平衡状况，全面深入地揭示晋语的特点，解决晋语分区问题和开展晋语史研究等做出了不懈的努力。在多年调查研究西北方言的基础上，提出了"西北方言的词调"等重要概念及研究方法。他的方言研究注重语音与语法相结合、描写和比较相结合，在国内外独树一帜，具有重要影响。

对于正在主持的国家社科基金重大招标项目"西北地区汉语方言地图集",邢向东的期望值很高:"项目的完成将使西北地区的方言研究达到新的高度。我希望这会成为一个精品,成为里程碑式的研究成果!"

2002年,邢向东出任陕西师范大学西北方言与民俗研究中心主任。为了改变陕西方言乃至西北方言系统研究的落后面貌,他发起成立西北方言与民俗国际学术研讨会(已举办10届),主编出版《西北方言与民俗研究论丛》,不断推进西北方言研究工作。他主持完成全国优秀博士论文获奖者专项基金资助项目、教育部"新世纪优秀人才支持计划"项目"陕西重点方言研究",主编的《陕西方言重点调查研究》丛书由中华书局出版。21世纪以来,他与香港中文大学张双庆教授合作开展当代关中方言的系统调查,申报了香港特别行政区政府资助局项目和国家社科基金重点项目。以上努力,彻底扭转了陕西方言研究零散落后的局面。陕西师大一跃成为学界公认的方言研究重镇,其西北方言系统研究被海内外广泛关注。

"学术乃天下之公器。"不论对同行还是学生,邢向东在学术上从不保留。他对从事语言学研究的同行学者,积极予以支持、协作;对后起之秀,则不遗余力地指导、帮助。2008年,邢向东主编的《陕西方言重点调查研究》丛书第一部出版,南京大学方言与文化研究所所长顾黔教授正在组织编写《江苏方言研究丛书》,来电与他讨论写作大纲。邢向东将自己花费很大精力编写的《陕西方言重点调查研究》丛书的调查大纲、写作大纲甚至编写体例,都毫无保留地送给了对方。2011年,《江苏方言研究丛书》第一批首发式举行,顾黔教授特邀邢向东出席,并在会上向诸多语言学同道讲述了此事,向他表达由衷敬意,并聘其为南京大学方言与文化研究所兼职教授。2001年,北京大学博士生范慧琴撰写毕业论文,要参考邢向东的《神木方言研究》,他毫不犹豫地将尚未出版的书稿电子版发了过去。2007年范慧琴的《定襄方言语法研究》出版,书中对邢向东的帮助充满钦佩地进行了记述。

"为我付出最多的是陕西师范大学的邢向东先生。我的《陕西平利话的归属》在一次研讨会上报告之后，立即引起了他的注意。为此他专程到安康进行实地考察，并指点我先写出家乡平利洛河话的同音字汇。本书也正是在他的规划和指导下写成的。初稿完成后，又得到他的悉心指点和修改。如果说这本书还像个样子，我首先要特别感谢这位导师和朋友。"这是安康学院周政教授《平利方言调查研究》（中华书局，2009）后记中的文字。得到邢向东帮助的周政教授不仅获得了国家社科基金项目，还在安康学院带起了一支老中青结合的方言研究力量，过去备受冷落的陕南方言调查研究，现今已初具规模。

邢向东在方言研究中取得的突出成果得到社会的高度认可，先后获得教育部第四届高校人文社会科学优秀成果二等奖（2006）、教育部第七届人文社会科学优秀成果三等奖（2015）、第十二届王力语言学奖二等奖（2007）、陕西省普通高校人文社会科学优秀成果一等奖（2009）、陕西省人文社会科学优秀成果二等奖（2009）、陕西省哲学社会科学优秀成果一等奖（2022）等多项荣誉。2004年入选教育部"新世纪优秀人才支持计划"，2009年入选教育部"长江学者奖励计划"特聘教授。2014年入选中宣部文化名家暨"四个一批"人才，2016年入选国家"万人计划"哲学社会科学领军人才。

愿为语言付此生

邢向东在给研究生做报告时曾说："要用心来做研究。"而他自己，更是将生命融入对学问的孜孜追求中。其早期代表作品、2004年获得全国优秀博士论文的《神木方言研究》，集中体现了邢向东方言研究的基本精神和个性特点。他开宗明义地表达了自己在研究中遵循的两个原则：一切以语言事实为准；语音、词汇、语法并重。他将神木方言置于晋语的宏观格局中，以多种语言理论为指导，静态描写、共时比较、古今比较相结合，力求有所深化、有所突破、有所创新。这部广受好评的专著，凝聚着他多年调查、研究的心血。书中利用他十几年积累下来的方言材料，大量运用比较方法，对有关现象进行深度解释，在事实描写上下足功夫，细致深入地分析了神木方言的语音、词汇、语法的复杂现象，还在余论中提出一系列新的理论认识。导师钱曾怡教授在该书的序言中评价说，这部书"将方言的单点研究推进到一个新的高度，树立了一个很好的样板"。

2004年至2005年，邢向东负责曹志耘教授主编的《汉语方言地图集》中陕西、内蒙古的调查工作，项目要求必须调查农村方言，他独自一人下乡调查了20多个点。在咸阳永寿县，为了找到合适的发音合作人，他拖着行李箱走乡串村，整整步行了两天。心急加上劳累，起了满嘴燎泡。他曾在研究生课上以自己的论文作为分析对象，指导学生如何写作论文，其中一篇《论现代汉语方言祈使语气词"着"的形成》，从2001年写作初稿，到2004年底《方言》杂志发表，修改了长达四年。他不仅在自己的调查、写作中一丝不苟，而且对主编的《陕西方言重点调查研究》丛书各分册，也倾注了很大的心血，不厌其烦地反复审读，提出详细的修改意见，力求达到最好水平，"对每一部著作的质量负责"（《陕西方言重点调查研究》丛书前言）。在方言学界，邢向东的投入、勤勉、低调、扎实，受到同行的一致好评。

为了提高陕西方言的研究水平，邢向东竭力争取国内外同行的支持，让陕西方言研究走向世界。2007年，他应日本学术振兴会邀请赴日本爱媛大学访问研究，并在早稻田大学、东京大学、日本关西语言学会开展学术交流。利用这个机会，他和多位日本语言学家接触恳谈，邀请他们来陕西调查，研究西北方言。在他的努力下，几年来先后有法国、日本及中国香港的著名语言学家柯理思（Christine Lamarre）、太田斋、秋谷裕幸、张双庆等来陕西调查方言，开展合作研究和学术交流。其中秋谷裕幸还承担了《陕西方言重点调查研究》丛书中《韩城方言调查研究》的写作任务，柯理思、太田斋承担了《淳化方言调查研究》的写作任务，目前正在核实语料。通过与海内外语言学家的合作、交流，陕西语言学界的年青学子大大受益，也极大地提高了陕西方言研究在海内外学术界的影响力。

对眼下急功近利的浮躁学风，邢向东深恶痛绝，经常反思学者自身的责任。

在《合阳方言调查研究》后记中，他坦陈自己在初稿中，因为"项目压顶、表格缠身、学生众多、事务繁杂"而导致的失校之过，并反思道："当我们将'项目''经费''成果''奖项'作为追求的对象，而不是将真知作为探求的目标，让世俗的欲望压抑了纯粹的学术理想，就必然减少对学术本身的那份敬畏之心！……在这个一切都在'超常规、跨越式'发展的特殊时期，在这个形式大于内容的时代，作为研究者个体，要保持独立的学术品格，严谨的学术态度，是多么不易，又是多么可贵！而良好的学术风气的营造，正是我们大家共同的责任呀！"从字里行间，我们不难体会到一位严谨的学者面对浮华世俗时的痛苦和为端正学风而努力的使命感。

语言学研究是一项细致的、艰辛的学术活动，不仅需要集中进行田野调查，而且需要在日常生活中处处留心、密切关注、用心观察，随时收集、积累活生生的一手资料，而且要密切关注变化多样、丰富多彩的语言生活，关注国家、社会对语言学的需求。对于当前生活中出现的语言问题，邢向东保持浓厚的兴趣，经常以适当的方式表达一位语言学家的理性思考和独到见解。他在《发掘语言学科服务西部大开发的潜力》中说道："语言学科作为一门与社会须臾不可分离的学科，理应充分认识到本学科在新时代西部大开发新格局形成中的责任和担当，加强问题导向，变'要我做'为'我要做'，做西部大开发新格局中文化建设的先行者"；语言工作者要"进一步强化高校在语言扶贫中的作用"，"服务社会与学术研究互相促进"，"发掘语言资源助力一带一路文化建设"，"以平台创新加速西部高校语言学科发展。……语言学科协同创新平台的建设，与'双一流'建设具有高度的契合性。'双一流'高校在其中具有领头雁的作用，应当瞄准西部大开发新格局形成中的新需求，变'向东看'为'两头看'，勇于担当，在为国家经济社会发展服务的同时提高语言学科的发展水平"。

乐在教书育人中

"教书与育人相伴，良师与益友同行。"邢向东不仅用"心"来做学问，也用"心"来带学生。多年来,邢向东坚持给本科生上课,深受学生喜爱。他曾说:"发表一篇论文、获一个奖的喜悦只是一时的高兴,两三天就过去了;而得到学生的赞誉和喜爱才是长久的、真实可感的。"有这样一个故事:邢向东在上选修课汉语方言学时,发现一个学生很喜欢现代汉语语法,每节课都有问题问他,后来这个学生又选了"方言语法"做毕业论文题目。邢向东知道,这个学生如果选择语法方向钻下去,前途不可限量,因此,他竭力将她推荐到现代汉语语法教学与研究的重镇——华中师范大学语言研究所读硕士研究生。后来,这个学生写了一篇题为"经师易求,人师难得"的文章,表达自己对老师和母校的感激之情。

针对本科生中普遍存在的学习自主性差等问题,邢向东曾专门给文学院大三学生做报告讲学习问题。在报告中,他向学生们提出"四多"要求。所谓"四多",首先要"多读"。对于青年学生来说,开卷有益,即使对教科书、学术论著读不进去,读感兴趣的小说、文学作品也不乏好处。其次要"多问"。多听大学者的报告,多接触新观点、新见解,这样视野才会越来越开阔,气质、行为举止和待人接物的方式也会逐渐受到"大家"的影响。遇到疑难问题最好向老师提问或读书求得解决。再次要"多思"。遇到不太理解的问题,可以翻阅大量书籍和论文,通过查阅资料、思考问题,逐步学会如何解决问题。要敢于怀疑前人,包括学术大家。养成多思考的习惯,会受用终生。最后要"多写"。有的学生动手能力强,有什么想法就能写出来,这种学生往往能得到最好的指导。邢向东告诉学生,自己多年受失眠困扰,而许多文章题目和文章中的内容、讨论方式,都是失眠时在床上"迸"出来的。如果有一点新的想法叫自己激动,就一定会爬起来,即使是摸黑,也会把这点想法记下来。他告诫学生:"读书、听课、看论文,也许会产生不少很好的想法。只要有灵感,有火花,就要抓住不放,就去搜集材料,条件成熟时写成文章。"

有一年邢向东教授为本科生讲授汉语方言学课,不少学生在网上发帖表示敬佩和感谢:"邢向东老师专业知识雄厚扎实,授课风趣幽默,是师大为数不多的大师！一定要听听，就在下周四，一定要把11101教室挤爆哦！""邢老师对陕北方言的研究很有见地，崇拜之情犹如滔滔江水连绵不绝！""邢老师从事方言研究可谓是做到了'板凳要坐十年冷'，令我们高山仰止！""邢老师课讲得非常好！实在难得啊！"

对于研究生的教育培养，邢向东倾注了巨大的心血。他不仅为每个方向的研究生开列详细的书单和论文目录，而且学生要发表的每篇文章，他都仔细地审读、修改，毕业论文则每篇至少审读两遍。每届研究生入学时，他都要进行"入门"教育，给学生讲赵元任、丁声树、李荣等前辈培育起来的汉语方言学的优良传统，讲其导师钱曾怡的故事，讲钱门治学的传统，希望自己的学生继承下来，发扬光大。在给博士生瞿建慧《湘语辰溆片语音研究》所作的序言中，邢向东将钱门治学的特点概括为"朴素低调，真诚友爱，潜心求实，勇于创新"。在一次座谈会上，他谈到其导师钱曾怡教授，感慨地说："现在，我有了自己的研究生。每当学生把他们很不成熟的稿子拿给我看的时候，我就会想起钱老师给我改文章的情景，这时，我就学习钱老师的方法，一边看，一边做笔记，一边在原稿上注上自己的意见。这样看稿子真是太累，需要一种精神支持。有时实在烦了，想就这么算了的时候，想想钱老师，最后总能够坚持到底，给学生明确的可操作的意见。有一个学生，每次把她的稿子拿回去的时候，都感激万分，总是说：'老师太辛苦了。'这时，我也总是像一个小学生一样对她说：'我们钱老师就是这么教我的。'我想，学生之所以这么感激老师，是因为他们遇到这样的老师越来越少了，他们看到了把'传道、授业、解惑'当作义不容辞的责任的老师，感受到一种作为老师的人格力量。这正是钱老师教给我们的最宝贵的东西！"邢向东为培养学生付出的大量心血，已经得到社会的公认：他的不少学生在学术界具有了一定的影响，成为所在学校的学术带头人和骨干，其中一名博士生入选国家"万人计划"青年拔尖人才，一名博士生获得吕叔湘语言学奖一等奖，三名博士生担任全国汉语方言学会理事。

水滴石穿，集腋成裘，这也许是语言学研究者成功的秘诀；春风化雨，润物无声，这就是一位人民教师的情怀；长江向东，不舍昼夜，这就是邢向东，一位"长江学者"特聘教授的人生追求。

【主要参考资料】

[1] 王临惠：《陕西方言研究新的里程碑——评邢向东主编的〈陕西方言重点调查研究〉丛书》，载《语文研究》2013年第4期。

[2] 张永哲：《立意高远结硕果，期待来年花更娇——邢向东主编〈陕西方言重点调查研究〉丛书评介》，载《长安学术》2017年第2期。

[3] 安娜、张利峰、刘银才：《长江向东，不捐细流——访长江学者邢向东》，载《榆林日报》2018年10月11日。

[4] 邢向东：《发掘语言学科服务西部大开发的潜力》，载《中国社会科学报》2020年6月23日。

[5] 石萍、刘书芳、周健：《保护方言，留住地域文化根脉——记文学院邢向东教授团队》，陕西师范大学网站，2020年10月27日。

[6] 顾黔：《寻踪探微，以微知著——评邢向东教授的关中方言研究》，载《中华读书报》2022年3月9日。

[7] 张永哲：《一部烛照西北方言研究的里程碑著作——评邢向东教授的〈近八十年来关中方音微观演变研究〉》，载《文化艺术报》2023年1月16日。

【人物档案】

陈鹏，生于1962年，陕西富平人。国家"万人计划"教学名师，国务院政府特殊津贴专家，教育部教育立法研究基地主任，陕西师范大学原教育学院院长、教育法学和职业教育学学科的开创者。1986年毕业于陕西师范大学教育系并留校任教，1997年在陕西师范大学获教育学硕士学位，2005年在华中科技大学获高等教育学博士学位。主持国家社科基金、教育部人文社科规划课题等10余项，出版《教育法学的理论与实践》《公立高等学校法律关系研究》《中小学教育法制基础》《弘扬工匠精神研究》等专著10余部，在《教育研究》《高等教育研究》等期刊发表论文百余篇，论文多次被《新华文摘》、《中国社会科学文摘》和人大复印报刊资料等转载。担任CSSCI集刊《中国教育法制评论》主编。兼任全国师德师风专家委员会委员，教育部高等学校中等职业教育学校教师培养教学指导委员会委员，全国高校信息资料研究会副会长，全国高校信息资料研究会职业高等学校专业委员会理事长，中国教育学会教育政策与法律研究分会副理事长，中国职业技术教育学会常务理事、学术委员会委员，中国高等教育学会院校研究会常务理事，中国教育发展战略学会教育改革与规划专业委员会常务理事，陕西省教育理论研究会副理事长等。

陈鹏：授业精勤　春风化雨

1986年，陈鹏在陕西师范大学毕业后留校任教。1997年师从陕西师范大学王淑兰教授，获教育学硕士学位。2002年作为访问学者在北京师范大学师从劳凯声教授系统研究教育法学，将研究方向确定为教育政策与法律领域，成为我国教育学界较早从事教育政策与法律研究的学者之一。2000年陈鹏师从华中科技大学刘献君教授攻读博士学位，学位论文《我国公立高等学校与教师、学生法律关系之研究》对高等学校的法律地位以及学生与学校、教师与学校的法律关系深入探索。2007年至2016年，先后兼任陕西师范大学高等教育研究与评估中心主任、发展规划办公室主任，注重高等教育的政策与法律问题研究。2015年至2021年任陕西师范大学原教育学院院长，引领陕西师大教育学进入国家A类学科，教育学院成为国内教育学科研重镇。

践行教学学术理念

坚守教学一线，陈鹏将教育性教学作为教学的第一原则，"认真钻研教学业务，不断更新教学理念，积极开展教学研究，努力探索教学方法改革，坚持教书育人紧密结合"，是陈鹏的教学追求。他遵循教学规律与教学原则，将教学与研究有机统合，有节奏、有重点、有层次地开展多样化教学，根据不同年级学生的成长特点和需求设计适合的课程内容和教学方法，重视启发式教学、探究式教学、案例教学的运用。

四十年专注于高等教育政策与法规的研究，陈鹏对我国高等教育发展的整体情况具有敏锐的感知力和强烈的现实关怀。他时刻关注国家教育发展的实时动态，将民办教育促进法、职业教育法修订及学前教育立法和国家"双一流"建设等重大政策与法律前沿议题引入课堂，以独到深刻的见解，对我国教育事业的发展做出前瞻性预测，为学生提供最新、最全的教育发展动向及学术讯息，引导学生积极探讨教育政策和法律的热点问题。同时,注重聚焦国家教育法学的前沿理念,关注教育立法、修法等教育法制建设重大事项,把握最新法律法规及政策文件中的关键思想,将教育法治最新成果融入课堂教学中,使学生始终能够掌握教育法学研究的前沿思想和新颖观点。

陈鹏在教学中一直践行学术理念。在教育法学、教育法学前沿问题等课程中,他经常引入最新政策文本和典型司法案例,鼓励学生进行自主思考与问题探究,课程内容新颖、前沿,基于课本但不照本宣科,强调学术前沿性的表达。在教育教学内容上,他及时跟踪教育司法判例,例如对田永案、何小强案、柴丽杰案等我国司法进程中的现实教育问题及时进行研究,以教育司法实践问题推进教育法治研究进程,培养学生的法治素养。在教育法学课程的教学改革上,他经常应用案例教学法、视频案例教学法、法教义学等与法律教学高度相关的教学方法与手段,以案说法、以案释法,同时也经常采用政策文本分析法,不断提升学生的政策分析研究能力。

直至今天,陈鹏仍然坚守教学一线,践行"认真钻研教学业务,不断更新教学理念,积极开展教学研究,努力探索教学方法改革,坚持教书与育人的紧密结合"的教学追求。作为一名"60后"教师,陈鹏注重在学生管理、课堂教学等方面渗透以生为本的教育理念,同时紧跟时代步伐,不断更新教学方法和教学语言,丰富教学形式,用学生能够接受的语言来阐释、分析具有高度专业性的教育政策与法律问题。

陈鹏兢兢业业,严格管理教学,从培养具有高科研素养的研究生目标出发,探索出了一套行之有效、符合学生实际的教学方法,并尝试在理实一体化专业课中进行教学改革和创新,以此来提升学生专业素养进而推动学科建设。在培养硕士研究生和博士研究生方面,他主张"以研促学",强调科研育人,即以专题讲授的方式来讲授相关的研究生课程,然后结合学生的学术背景以及学生的兴趣点为不同的学生在对话互动交流中确定合适的研究选题,凝练题目、搭建框架,手把手逐字逐句修改,还帮助学生将他们的思想火花以学术论文的形式展现出来。

其中，最具代表性的就是陈鹏在教育学院开创的"教育法与教育改革学术沙龙"。他组织自己的博士后研究人员和博士、硕士研究生每周召开一次学术沙龙，汇报个人近期的研究成果，研讨教育法与教育改革相关理论与实践议题。目前，陈鹏主持的学术沙龙已经坚持了近二十年。现在，这样的学术沙龙已经辐射到西北政法大学、西安邮电大学、西安文理学院、西安医学院、宝鸡文理学院、咸阳师范学院、渭南师范学院、榆林学院等高校，投身教育政策与法律领域进行研究的中青年学者纷纷登台开讲，就当前的儿童受教育权利与教育人权问题、高等教育评估权的法律关系及法律属性问题、老年教育与老年大学问题、学前教育立法与父母国家教育权问题、西部高等教育发展与区域高等教育政策问题等，展开学术讨论，以理性的学术思考回应社会关注的热点问题。"以研促学"对学生产生了深远的影响，许多博士研究生正是通过学术沙龙的方式不断探索进取，产出了具有较大影响力的著作和高质量学术研究成果，这些历练也成为他们后来职业发展中的宝贵经验。

作为教育政策与法律教学团队带头人，陈鹏将自身对于学生教学的价值观念渗透于团队建设，形成教书育人共同体，并取得了丰硕的教学成果。陈鹏认为，专业团队最应该也最值得做的一件事，就是要在有利于促进学科建设和可持续发展的研究课题上下大功夫，产出高质量的科研成果，并将其运用到实践教学之中。在陈鹏及其专业团队申报高层次科研项目时，他们不约而同地选择带领自己的硕士、博士研究生集体研讨、撰写项目书，全程指导硕士、博士研究生完成科研项目，同时带领学生产出高质量科研论文。在此过程中，学生的科研能力、合作能力、沟通能力、组织能力等都得到较大提升。这种团队育人的方法不仅得到大家一致好评，也取得了累累硕果，陈鹏及其团队先后获评陕西高校教育政策与法律创新研究团队、陕西省教育政策专题"课程思政"示范项目、陕西师范大学优秀导学团队等。

桃李春风满天下

著名教育学家顾明远教授曾这样概括自己的人生心得——"像松树一样做人，坚挺不拔；像小草一样学习，随处生根；像大海那样待人，海纳百川；像细雨那样做事，润物无声。"这也是陈鹏一直践行的为人处世原则、教书育人理念。春风化雨，润物无声，在四十载的教书育人生涯中，陈鹏以其淳厚的道德情操影响学生，既重视学生健全人格的塑造，也引导学生树立远大的理想抱负。

在陕西师范大学 2020 届学生毕业典礼上，陈鹏通过讲述自己求学、治学的经历，鼓励学生们"学会做人，学会做事，学会合作，学会学习"。这 16 个字原由联合国教科文组织于 1996 年提出。在陈鹏看来，这对毕业生未来人生的发展有着重要启示。面对即将奔赴远大前程的毕业生们，陈鹏深情地向他们寄语：智慧人生，首先需要学会做人。古人讲厚德载物，今人讲立德树人，这种德性集中体现在对国家的忠诚，对父母的孝顺，对老师的尊重，对朋友的信义，对弱者的仁慈与关爱。其次要学会做事。学会做事的关键是确定好自己的人生目标，如果不能仰望星空，咬定青山，抵御诱惑，就会被眼前的困难降服，变得碌碌无为。事业不分高低贵贱，任何事业都能做得很精彩。再次是学会合作。学会合作的关键是积极地妥协，积极妥协是国与国、人与人之间，甚至是朋友之间、恋人之间、夫妻之间和平相处的基本原则，这个原则的核心是相互理解、包容、支持和肯定，要做堂堂正正的君子、做正直善良的师大人。最后是学会学习。学会学习的关键是发现问题、分析问题和解决问题的能力的形成，所以终身学习的能力才是母校给予毕业生最为宝贵的财富。

教书育人，以德为先。陈鹏始终坚持将党的先进理论融于育人实践，经常在课程教学中有机融合"互联网+"思政教育教学手段，拉近师生距离，注重教学效果。学生们在亦师亦友的轻松氛围中踊跃表达自己的观点，勇于提出新的想法，切实提升了课堂德育有效性。入选全国师德师风专家委员会委员，是陈鹏在师德师风方面以身作则、积极表率的最好证明。

陈鹏将做人作为智慧人生的开始，这正是教育学人"学高为师，身正为范"的生动体现。他始终秉持教育性教学原则，自觉将思想政治教育与道德教育融入教学的全过程，立德树人，以身示范，常常和学生们在一起研探学术、畅叙人生，注重学生世界观、人生观和价值观教育，培养学生的科学精神，实现教学过程中科学性、思想性的有机融合。长期以来，陈鹏主动了解学生、关心学生的成长，为学生的学习和生活排忧解难。他对学生亦师亦父，学生在学习和生活中遇到困难，第一个想到的求助对象就是他。在担任教育学院院长期间，陈鹏力主空间资源全力服务人才培养、教学科研，为学生们打造具有书香氛围的学习中心，提供共同学习交流的固定场所，先后建立了陕甘宁教育研究中心、西部教育研究中心与教育法治研究中心，以学科相关的学术项目作为研究生培养平台，为学生的科研发展提供了平台支持和团队支持。

桃李不言，下自成蹊。2018级的一名学生在课业结束后这样说道："陈鹏老师在教学授课上一贯坚持认真负责的原则，不论外出参与多么紧急且重要的会议，外出之前总会到博士学习中心和硕士学习中心交代学习任务，督促并鼓励我们。他在课堂上风趣幽默、敏锐深刻，在传授知识的同时，更为我们提供了一个自由开放地讨论学术的平台。"2020级的一名硕士生则说："陈鹏老师豁达开朗，不拘小节，对于学生在课上课下提出的任何问题，都会认真思考，然后给予启发性反馈意见，促进学生全方位发展。"已在西安文理学院工作的王雅荔说："陈鹏老师理论知识扎实专业，待人接物真诚热情，让每名学生都感受到他的关爱和期望，也让学生更加坚定追求学术的人生目标，就像温暖的春风，吹绽了满树桃李。"

从教至今，陈鹏培养了百余名博士、硕士研究生和博士后研究人员，其中不少已经成为我国教育政策与法律、职业教育学科领域的中青年骨干，为我国基础教育、职业教育和高等教育培养了一大批优秀教师、专业研究人员和管理干部。其中，团队的祁占勇教授已经成长为国家级青年人才，主持国家重点、一般等项目10余项；在《教育研究》《高等教育研究》《新华文摘》等权威期刊上发表学术论文百余篇；出版了一系列教育法学和职业教育学著作，获教育部人文社科优秀成果三等奖、全国教育科学规划优秀成果二等奖、陕西省哲学社会科学优秀成果一等奖等，目前已经成为我国教育学界和陕西师大教育学领域的中青年领军人才。团队的管华教授在宪法学、行政法学研究的基础上，开展教育法研究，成为我国教育法学领域的标志性学者、广西大学教育法学的学术带头人。团队成员陈亮教授跻身陕西省特支计划青年人才，刘骥教授入围"四个一批"青年人才。

深耕教育法学与职业教育

2005 年，陈鹏赴香港中文大学教育学院进行合作研究，对国内外教育法学的最新资料进行收集整理，开始对教育法学研究的前沿问题进行探索研究，先后在中国社会科学出版社、高等教育出版社出版代表性的学术著作，并在《教育研究》等期刊发表一系列教育法学方面的论文。

多年来，陈鹏致力于教育法学的理论研究。在陈鹏看来，中小学的法治教育是青少年法治教育体系的重要组成部分，在面向学前教育、特殊教育、职业教育等弱势教育群体时，他倾情关注他们的现实诉求，以教育学人的行动自觉为教育立法建言献策。2020 年，撰写的《〈中华人民共和国学前教育法草案〉征求意见稿前后对比说明》，被教育部政策法规司采纳；2022 年撰写的《推进我国普职教育协调发展的有效策略》《国际视野下普职分流的经验与启示》《关于提升欠发达地区职业教育适应性，助推高质量发展的提案》等研究报告先后被教育部、教育部政策法规司和民进中央委员会采纳。同年，《中华人民共和国教师法（修订草案）（征求意见稿）》公开征求意见时，陈鹏所做的情况报告被教育部政策法规司采纳。

陈鹏持续关注着残疾人的受教育权问题。在他看来，残疾人受教育权的保障程度影响和制约着国家教育公平的实现程度。获得教育是每个人寻求发展的一项基本权利，也是残疾人学习生存技能、发挥个人潜能、融入社会、创造价值以及自尊自立生活的必要路径。改革开放以来，伴随着我国综合国力的不断增强，国家通过完善各项法律制度，采取多种行政措施保障残疾人的受教育权，我国残疾人教育事业取得了显著发展。但不可否认的是，我国残疾人受教育的现况与国家教育改革发展的要求及广大残疾人接受教育的强烈愿望相比，依旧存在着较大差距，残疾人教育事业仍有待加强。因此，陈鹏呼吁今后努力的方向应当是总结我国特殊教育改革的经验成果，适时着手制定"特殊教育法"，将成熟的制度与改革成果转化为特殊教育法律的基本原则和具体程序，努力提高残疾人受教育的质量，积极发展残疾人的非义务教育规模，提高残疾人受教育水平。

陈鹏认为，学前教育作为基础教育的先声、终身教育的开端以及人生发展的起始阶段，对于提高义务教育的综合质量，养成终身学习的良好习惯以及保障自我价值的顺利实现，具有全局性、先导性、基础性和奠基性的重要作用。近年来我国学前教育事业突飞猛进，取得了长足的发展和不俗的成绩。然而，由于学前教育立法滞后、相关领域的实践活动缺乏相应的法律规范而致弊病丛生。当前我国学前教育的发展面临着一系列亟须解决的问题，比如办学经费匮乏，教育资源紧缺，"入园难""入园贵"，教师队伍建设较为滞后，学前教育办学缺乏规范与引导，等等。基于此，陈鹏指出必须通过推动立法，发展学前教育，保障每个儿童的受教育权，厘定政府、学校与家长的相关责任，全面推进教育领域综合改革，实现教育公平，促进儿童健康成长和学前教育事业向前发展。

陈鹏从我国教育事业发展的整体目标出发，梳理了近二十年人口平均受教育年限在职业教育作用下的变化情况，回顾总结了职业教育为我国教育高质量发展所做贡献。面对新的社会主要矛盾而提出的新发展理念，高质量教育体系建设是我国处于新的发展阶段在教育领域中的体现和投射。陈鹏认为，2022年新修订的《职业教育法》标志着职业教育高质量发展进入"有法可依"的新的历史阶段，职业教育与普通教育具有同等重要的地位。面向未来，应进一步厘清中职教育发展定位、强化高职教育产业对接、扩大职业本科教育影响，继续提升职业教育对高质量教育体系构建的贡献力。

2019年，陈鹏获任教育部高等学校中等职业教育学校教师培养教学指导委员会委员。在现代职业教育体系研究领域，他完成了《"中国制造2025"与职业教育人才培养模式的新使命》《〈职业教育法〉20年：成就、问题及展望》等一系列有显著代表性的高水平学术论文。在《陕西师范大学学报（哲学社会科学版）》主持开展"职业教育法二十周年专题"研讨活动，从职业教育学和法学的交叉学科视角讨论了职业教育依法执教的现实状况以及未来趋势，取得良好的学术反响。与此同时，陈鹏就职业教育这一研究方向培养了数十名博士、硕士研究生，指导他们完成了以《现代职业教育体系视域下澳大利亚资格框架制度研究》和《德国职业教育校企合作机制研究》为代表的10余篇博士、硕士学位论文，对我国现代职业教育体系的基本问题、域外经验、农村职业教育、地方新建本科院校转型等问题具有深刻的意义价值。

多年来，陈鹏致力于教育政策与法律、职业教育的教学和研究工作，由中国社会科学出版社、高等教育出版社等出版《教育法学的理论与实践》《公立高等学校法律关系研究》《中小学教育法制基础》等学术著作，在《教育研究》《高等教育研究》《陕西师范大学学报（哲学社会科学版）》《中国高教研究》《中国教育学刊》等权威期刊发表百余篇学术论文，其中不少论作被《新华文摘》、人大复印报刊资料等转载。陈鹏主持国家社科基金重大专项、全国教育科学规划课题、教育部人文社科规划课题、陕西省社科基金、陕西省教科规划重大课题等，其研究成果获陕西省哲学社会科学优秀成果一等奖、陕西高等学校人文社会科学研究优秀成果一等奖。他所带领的团队获批教育部教育立法研究基地、陕西省基础教育质量检测与评估中心、西安市基础教育研究与评估中心等省部级研究基地，一系列研究成果被权威期刊刊登或转载，一批高质量的咨询报告被教育部采纳，教育政策与法律团队已经成为我国具有重要影响的研究力量，其职业教育团队也在国内崭露头角，在职业教育政策与法律、农村职业教育领域的研究日益引起国内外的关注。

回忆起自己的学术人生，陈鹏说，四十多年前我从一个农村中学考上陕西师范大学教育系学校教育专业，根本不知道学校教育专业是什么。时光转瞬即逝，在这四十多年里，我从不了解教育学到成为一名教育学教授，最值得和大家分享的就是：咬住目标，坚持不懈，任何事业都可以干出精彩！陈鹏就是这样，数十年如一日坚定方向，坚守岗位，在教育法学领域建树颇丰，不仅为陕西师大树立起教育法学品牌，也为全国教育法学学科培养了一批批优秀人才。迄今为止，陈鹏编著的《教育法学的理论与实践》成为师范类高校研究教育法方向的重要文献，尤其是成为教师教育和教育硕士相关专业的主要推荐文献，《中小学教育法制基础》则成为中小学教师和基础教育管理工作者提升法治思维和依法执教能力的重要读本。

关注西部高等教育

四十多年来，陈鹏以教育学为研究背景，为西部高等教育发展走向提供了许多具有重要价值的路径参考。如今，立足建设教育强国的国家战略，面对西部教育振兴的现实需求，继续发挥学术专长，投身教育教学实践，持续输出教育学人的智慧和力量。

陈鹏认为，西部高等学校是西部经济的助推器，是国家边疆安全的稳压器，肩负着独特的使命和责任。作为西部教育学人，为西部发声，为西部高等教育现代化振兴发声，理所应当。他多次呼吁，西部高等教育振兴问题理应得到重视。

在陈鹏看来，教育强国建设的攻坚重点在西部。西部高等教育发展的一条主线，就是在政府的主导下，西部高等教育不懈前行，在薄弱的环节支撑着我国高等教育大厦，为西部经济社会发展输送了源源不断的高素质专业化人才。

使命所驱，陈鹏完整梳理了西部高等教育的百年变迁，认为西部高等教育发展分为四个阶段：第一个阶段是清末时期，西部初建高校，在一定意义上解决了中西部高等教育的布局问题。第二个阶段是20世纪30年代，"文军西征"，抗战时期京津地区以及东南部高校向西部发展，以西南联大和西北联大为代表的高校，逐渐形成今天的格局——以重庆、昆明为代表的西南高等教育中心，和以西安、兰州为中心的西北高等教育中心。第三个阶段是 50 年代的整体战略性调整。其时，高等院校院系调整是国家理性设计，奠定了新中国成立以后高等教育的基本布局。第四个阶段是以改革开放为起点，实施了一系列西部高等教育振兴的工程。从学区制构想、文军西征、院系调整到高等教育振兴计划的推进，西部高等教育发展始终是在国家主导下探索前行，支撑着我国高等教育大厦，也为西部经济社会发展输送了源源不断的力量。

在"双一流"建设背景下，西部高等教育面临着严峻挑战，这个挑战关涉西部高等学校的学校建设和重点学科建设。西部高等教育学校从资源平台、队伍建设、研究经费和排行榜等指标来讲，都严重落后于国家平均水平，和东部之间的距离正在不断加大。鉴于西部高等教育在国家高等教育强国建设中具有非常特殊的地位，陈鹏呼吁，西部应该有一个"双一流"建设规划，振兴西部大学，就要抓住学科对口支援，完成东西部学科层面点对点的帮扶，建立西部高校人才岗位制度和特殊津贴制度，在西部建立高校国家级学科平台，为西部高等教育、西部发展问题有目的、有计划地提供长远支撑。同时，要主动对接国家安全和民族团结进步等国家重大战略需求，在喀什、伊犁等边境地区建设一流大学，让西部高校达到应有地位。

以教育学研究为背景，注重教育理论研究与教育实践相结合，与陈鹏曾担任陕西师大发展规划办公室主任、原教育学院院长的经历不无关系。在发展规划办期间，推进陕西师大治理体系与治理能力建设；主持制定《陕西师范大学章程》等制度性文件，推进中国特色现代大学治理体系和治理能力建设；按照教育部学术委员会规程，制定学校的《学术委员会章程》《学院学术委员会规程》等，组织陕西师大第六届学术委员会成立，推进教授治学从理论层面走向实践；通过制定二级学院的年度绩效评估与激励制度，推进以绩效为导向的教育评价改革，激发学院内生动力；根据高等教育发展规律和学校阶段性发展重点，组织推动学校综合改革，负责制定学校"十三五"发展规划；等等。

在担任原教育学院院长期间，陈鹏以软科关于学科评估的指标权重为基础性参考，比对兄弟高校教育学科的建设和发展，分析学校教育学科在发展过程中面对的现实困境和主要问题，针对短板弱项寻找破解办法。在治理学院的实践中，他强化以学科建设为龙头推进学院改革发展之理念，凝练学科重点发展方向，推进陕甘宁边区教育、教育法学、现代教学技术、教育学管理等学科方向建设，打造教育部教育立法研究基地、《中国教育法制评论》等学科发展平台；基本完成师资队伍规模建设，注重培育中青年学术人才，打造学术中坚力量；助力国家级社科基金项目的申报和推进，重视以项目为纽带与平台的学术团队建设；针对学科发展短板，调整学院年度绩效考核办法，强化目标导向，促进高质量、标志性教学科研成果产出。

作为教育学人，陈鹏四十余载扎根专业领域，却从不局限于象牙之塔。他不忘初心，四十年如一日地躬耕教坛，培养了一批批扎根西部的教育学人；他潜心问道，引领陕西师大成为全国教育法学研究重镇，为学前教育、职业教育、特殊教育等基础教育高质量发展提供理论支撑；他躬身实践，积极呼吁社会各界关注基础教育，关心西部教育。陈鹏表示，在未来的教育教学研究和实践中，将继续扎根西部大地，用理想、情怀和智慧，书写教书育人的人生篇章。

【主要参考资料】

[1] 柴如瑾、晋浩天：《"挖"人才创一流的隐忧——高校人才"孔雀东南飞"现象透视》，载《光明日报》2017年3月20日。

[2] 汤琪：《陕西师大学者陈鹏呼吁：国家应设立专项经费解决西部人才问题》，澎湃新闻网，2018年11月11日。

[3] 陈鹏：《学会做人 学会做事 学会合作 学会学习：2020届毕业典礼教师代表发言》，陕西师范大学微信公众号，2020年7月2日。

【人物档案】

袁祖社，生于1963年，陕西兴平人。教育部高等学校哲学类专业教学指导委员会委员，全国文化名家暨"四个一批"人才，国家"万人计划"哲学社会科学领军人才，陕西师范大学马克思主义学部部长、哲学社会科学高等研究院院长。1990年在陕西师范大学政治教育系获哲学硕士学位后留校任教，先后任原政治经济学院、马克思主义学院副院长、院长，哲学与政府管理学院院长，哲学书院执行院长。研究领域为马克思主义哲学、国外马克思主义、马克思主义价值哲学、人文学、现代公共哲学以及制度伦理学等。出版学术著作《权力与自由：市民社会的人学考察》《市场经济与现代社会的公共理性研究：当代"公共哲学"的理论视角》《文化与伦理——基于公共性视角的研究》《实践与公正：马克思的哲学价值观研究》《马克思主义人学理论与社会发展探究》等；参与编写由北京大学出版社、中国人民大学出版社等出版的教材多部。兼任中国马克思主义哲学史学会理事、中国教育伦理学会副会长，以及中国马克思恩格斯研究会、中国价值哲学研究会、中国伦理学会、中国人学学会常务理事等。

袁祖社：哲学——人类文化与文明公共性的崇高事业

哲学思维常常涉及抽象的概念演绎和复杂的逻辑推理，玄奥晦涩，深不可测。但在袁祖社的脑海里，这些蕴藉悠远、发人深省的有关"存在本身"的奇言妙语、艰深哲思，却在其对生命、生活真谛的深刻洞悉中，对工作、职业和事业之于个体成长、发展、进步之意义的体悟中，被绘就成一幅姹紫嫣红、妙趣横生的人类智慧绽放图。他秉承马克思"问题在于改变世界"的实践批判性思维，思维触角延至哲学家亘古关切和不懈探索的所谓人之所在——宇宙、人之所为——文化 - 价值，以及"人之所是"——人的本质等诸多基础性难题，其立体、鲜活的思维世界里始终充盈着真诚良善、家国情怀、忧国忧民之思，以及全人类整体性福祉意义上美丽世界与美好生活所以可能的规范理性探究。从四十年前踏入陕西师范大学的那个秋天开始，他把此生托付给脚下这片热土，自觉涵养现代教育家精神，赓续"西部红烛两代师表"精神，立德树人，以学报国，将个人价值与实现中华民族伟大复兴紧密结合在一起，知行合一，努力做修齐治平的"大先生"。

上下求索，努力以学术为志业

1917年11月7日，也就是俄国十月革命爆发的那天晚上，应慕尼黑大学"自由学生联盟"邀请，韦伯在施泰尼克书店报告厅，主要针对当地青年学生，做"以学术为志业"（Wissenschaft als Beruf）的主题演讲。凭什么学术可以被当成志业？学术究竟有什么独特的价值以至于能够让人对其抱有神圣的信念和持久的信心？学术为什么值得奉献呢？现代德语中的"Wissenschaft"一词源于中古德语中表示"智慧"的名词，后来指整个知识体系及其相关的研究。"Beruf"一词在20世纪初仍具"职业"（profession）和"志业"（vocation）双重意思。

韦伯不否认学术也是谋生的手段，但是他在讲座中强调了有志于学术的年轻人应当具有使命感，视学术为天职。换句话说，以学术为志业的人不仅仅是为了谋生被动地从事这个行业，而更加重要的是出于自身意愿的主动选择。在韦伯看来，学术的界定性特征是理性化和理智化，是让世界从纷乱的迷雾状态变成可理解、可言说、可论证的事务。显然，学者最高的伦理原则，就是"智性的诚实"或者叫"思想的诚实"，韦伯为投身学术赋予强烈的道德色彩，称之为命运，将之视为学者得到救赎的道德义务。

1963年2月，袁祖社出生在关中腹地的陕西省兴平县（1993年撤县设市），是一个地地道道的农家子弟。高考时受"学好数理化，走遍天下都不怕"的影响，开始先报考理科，后来方转学文科，于1983年7月收到陕西师范大学的录取通知书。他高考报专业时第一、二志愿分别是"历史"和"中文"，却阴差阳错被调剂到政治教育系。虽然幸运地成为家族的第一个大学生，但这个政教专业却让他迷茫失落。

袁祖社是一个从小酷爱学习，对未知世界充满探索兴趣和求知欲旺的人，他并没有因为专业不理想而抵触学业，依然尽力投入专业学习。袁祖社酷爱读书，广泛阅读古今中外哲学家的经典著作，并经常在笔记本上摘抄寓意深刻的哲人语录。大学四年中，随着对欧洲哲学史、中国哲学史、马克思主义哲学原理、自然辩证法、逻辑学、伦理学、美学以及中西方哲学原著等专业基础课程的系统学习，他基本完成了哲学常识启蒙，也逐渐意会了一些哲学的"缄默知识"。

大四时，国内知名学者、著名马克思主义哲学史家祝大征教授在"哲学原著"课堂上讲授马克思的哲学观时，强调马克思哲学蕴含的反思批判品格以及对现实毫不妥协的批判精神，让袁祖社重新审视并认识哲学。1987年袁祖社考取本校哲学专业硕士研究生，师从祝大征教授。祝先生为人正派，以治学严谨著称，研究方向为唯物史观与现代化。袁祖社踏寻祝师足迹，确定硕士学位论文选题为"论马克思的人的本质实现观"。1990年硕士毕业后，袁祖社选择留校任教，被安排在西方哲学史教研室，从事西方哲学的教学研究工作。在指导教师金延教授指导下，袁祖社潜心阅读西方哲学的必读原著和大量相关文献资料，为本科生系统讲授西方哲学史。

1996年，袁祖社考入北京师范大学哲学系攻读博士学位，师从时任教务长（后任北师大党委书记、校长，教育部党组书记、部长）的袁贵仁教授从事马克思主义人学研究。导师学养深厚，富创新意识，是国内马克思主义人学、价值哲学以及文化哲学等领域的开拓者和奠基人，"对弟子宽严有度，教诲如春风化雨，谆谆教导弟子做学问与做人的统一"。袁祖社视野更加开阔，学术日益精进，研究中少了浮躁之气，多了沉雄守中之风。尤其是袁贵仁先生传承的北师大"学高为师，身正为范"的大学精神，耳濡目染中使袁祖社逐渐领悟学术的精深内蕴和真谛，真正明白了学术乃"天下之公器"，研究应体现学理性旨趣，追求真正的内在义理，彰显一个人文学者"为天地立心，为生民立命，为往圣继绝学，为万世开太平"的职责与使命。处处留心皆学问，攻读博士的三年，袁祖社不仅从导师的学术论域、研究方法和诸多著述中汲取专业知识、能力和素养，更从先生的言传身教中习得处世之道、治学之道、为师之道、善业之道。最终确定以《权力与自由：市民社会的人学考察》为题，完成博士论文及相关研究成果，获得哲学博士学位。学位论文得到评审专家和答辩委员会成员的高度认可和赞许，入选中国社会科学博士论文文库。

1999年博士毕业后，袁祖社婉拒京沪名校的邀请，毅然回到母校政治经济学院，专心致志从事马克思主义哲学的教学与研究，把主要研究方向确定在马克思主义人学、价值哲学领域。

2002年至2004年，袁祖社申请进入中国人民大学哲学博士后流动站开展合作研究，在被誉为中国马克思主义哲学神圣殿堂的人大哲学院，得到马俊峰、郭湛、安启念、陈志良等知名学者教导，继而进入另外一个非常重要的学术领域——公共性，开始了新的探索，并在学术上不断获得新进展，完成《文化理解价值共识——公共性研究的文化与价值意义》博士后研究报告，顺利出站。

不忘初心，三尺讲台铸师魂

自 1990 年硕士毕业留校任教以来，袁祖社先后为政治经济学院本科生（哲学、法学等专业）开设马克思主义哲学原理、价值哲学、马克思主义哲学史、人文科学导论、西方马克思主义、后现代主义专题、哲学专业导引、哲学论文写作、公共伦理学、哲学与文化概论、马克思主义哲学原著选读、马克思主义哲学原理等课程，同时兼任学校部分院系的马克思主义基本原理课程。

自 2001 年担任硕士生导师以来，袁祖社先后为政治经济学院哲学专业研究生开设马克思主义哲学史专题研究、马克思主义人学、马克思主义哲学原著、人文学专题研究、价值哲学专题研究、西方伦理学思想史、思想政治学科发展前沿专题、社会工作伦理、制度伦理学专题、伦理学前沿研究、伦理学原著研究、《德意志意识形态》与《1844 年经济学手稿》研究、马克思主义哲学史等课程。

2004 年，袁祖社晋升教授走上学院主要领导岗位。此后的二十年间，虽然学院管理工作、学生指导任务，以及校内外学术交流等更为繁重，但他始终没有放松或怠慢教学工作，坚持坚守讲台为本科生上基础课，很多课只能安排在晚上或者双休日。

自 2005 年增列为博士生导师以来，袁祖社为全校文科博士生开设马克思主义与当代西方社会思潮专题讲座课程，为政治经济学院马克思主义原理专业博士生开设马克思主义理论整体性专题研究、马克思主义原理专题研究、马克思主义与当代思潮、马克思主义人学研究、现代性与马克思主义理论专题研究等课程。

作为院长，他妥善处理教学与科研的关系，在教学工作中投入大量精力。除在北京师范大学读博的三年，袁祖社每年度本科生、硕士生、博士生的教学工作量累计均在 500 课时以上，连年超额完成教学工作量；参与编撰《公共性与马克思主义哲学》（北京师范大学出版社，2020）、《公共伦理学》（陕西师范大学出版总社，2018）等教材。

作为教书育人的积极倡导者和自觉践行者，袁祖社牢固树立中国特色社会主义理想信念，虚心学习、消化、吸收和借鉴现代最新教育与教学理论，非常注重课堂教学品质和教学境界，不仅以敏锐的学术眼光、广阔的学术视野、灵活的教学方法将学生带到学科前沿启迪智慧，更注重结合课程特点，勇于改革教学方式，将社会主义核心价值观和人文精神、君子风范渗透课程教学和日常生活，自觉增强立德树人、教书育人的荣誉感责任感，做学生健康成长的指导者和引路人。一位毕业的研究生说："老师的学术态度、学术思维永远是我学习的榜样！在学习中，导师严格要求、毫不含糊、从不懈怠。在他身上，我看到了知识的魅力，也体会到学无止境。时刻思考、时刻学习，老师用自己的实际行动为我们做了最好的证明。在以后的人生道路中，我将不断完善充实自我。"

2008年和2010年，袁祖社连续两次获评陕西师范大学"本科生优秀指导教师"，还被评为"本科生社会实践指导教师"。2006年10月，他主持申报的政治经济学院"思想品德实验室建设"修购计划，获得150万建设资金；在兼任哲学系主任期间，主持申报的"陕西省哲学特色专业建设项目"获准立项。他一直把教学和人才培养作为中心工作，以恪尽职守的态度和行之有效的方法将之落到实处、做出成绩。近年来，他兼任陕西省高等学校教学指导委员会人文与新闻传播类工作委员会副主任、重庆市教育厅高等学校教学指导委员会哲学与社会专业教学指导委员会副主任等职；2023年，他作为主要负责人的"马克思主义中国化时代化研究教师团队"入选陕西省第二批"陕西省高校黄大年式教师团队"。

学以致用，做有益于世的真学问

袁祖社教授对其所从事的哲学的理解和阐释是：哲学社会科学研究既有其

学科自身专有的逻辑预设及"知识论"追求，同时更有其区别于自然科学的"价值论""意义论"以及"信念论"内蕴和旨趣。从有哲学至今，关于哲学的知识论逻辑——普遍必然性的"确定性知识何以可能"问题及其争论，一直没有停止过。希腊理性主义、近代经验论与唯理论、德国古典哲学、马克思的实践哲学，以及后来的人本主义哲学、现象学、语言分析哲学、后现代哲学等，都为此贡献过方法论智慧。基于这样的学科属性和特点，袁祖社以哲学研究为使命，在研究新情况、解决新问题、开创新境界中，创造性地运用马克思主义的历史唯物主义和唯物辩证法，结合现当代思维科学、行为科学、价值哲学、现象学、文化人类学等新方法和新进展，特别是以定性研究与量化分析相结合为主要特征的科学化方法开展学术研究，"从认识的普遍性到阐释的公共性"，融合创新，形成了独具个性、卓有成效的哲学社会科学研究方法体系。

对于大多数人来说，做学问毕竟是一件苦差事，但是对于视学术为生命的袁祖社来说，读书、思考、研究、授业，乐在其中。作为硕士学位论文的核心内容之一，其《论马克思的人的本质实现观》一文，紧扣马克思主义人学理论研究中的一个重要问题"人的本质实现"，从三个方面展开分析和论述：一是对马克思的人的本质观给出了科学的界定，二是探讨了人的本质实现系统的复杂运行机制，三是提出了人的本质实现的基本途径：劳动与社会关系。此文刊发于《陕西师大学报（哲学社会科学版）》1992年第4期，后被中国人民大学图书资料中心《哲学原理》《马克思主义、列宁主义研究》等同时全文转载，《哲学动态》等刊物亦有争鸣观点介绍。

袁祖社在博士学位论文基础上精耕细作，历时三年修改、完善，于2003年1月由中国社会科学出版社出版《权力与自由：市民社会的人学考察》（入选中国社会科学博士论文文库）一书。这一论著立足马克思主义人学理论文化、价值的视野，在国内学术界最早从哲学的角度提出并深入分析、全面阐释了现代性反思、批判视域中唯物史观理论与市民社会变革的实质及其当代性启示问题，提出并建构了马克思主义人学理论视野和框架中探究"中国特色市民社会"的理论体系。从学科角度而言，论著主要从市民社会所内在禀赋着的社会批判功能重点切入，全面系统挖掘、展现并突出强调市民社会深刻的文化价值意义和丰富的人学内蕴。

袁祖社较早关注并着力发掘、诠释"公共性"论题之于马克思主义哲学的思想史意义，突出彰显其于马克思主义哲学理论变革与创新的实质与奠基性意义，为马克思哲学研究的范式变革提供了新的视角。先后在《中国社会科学》《哲学研究》《哲学动态》《北京大学学报》《中国人民大学学报》《北京师范大学学报》《陕西师范大学学报》《学术月刊》等刊物发表学术论文260余篇，其中40多篇被中国人民大学图书资料中心《哲学原理》《文化研究》等全文转载，10多篇被《新华文摘》《中国社会科学文摘》《高等学校文科学报文摘》等转载。

袁祖社主持的国家社会科学基金重大招标项目"唯物史观视域中人类命运共同体思想的原创性贡献与世界意义研究"的阶段性研究成果《人类命运共同体思想的原创性贡献及世界性意义》刊发于《学术界》2022年第7期（袁祖社为该期封面人物），入选由中宣部出版局主办、中国期刊协会承办的第七届"期刊主题宣传好文章"。

多年来，袁祖社博览群书，邃密群科，聚焦于马克思主义基本理论、国外马克思主义、马克思主义人学、价值哲学、人文科学、现代公共哲学以及制度伦理学等学术矿区，在哲学社会科学多个领域"拓荒""探矿"，不断抵达新的"境界"。据不完全统计，他曾主持包括国家社会科学基金青年项目、一般项目、后期资助项目、重点项目、重大招标课题项目（其中重大2项），教育部人文社会科学规划课题（含重点专项委托课题1项），中国博士后基金项目，陕西省社科基金重点委托课题、重大课题，陕西省社科联重大现实问题研究课题，西安市社科规划基金重点项目、委托攻关项目、重大招标项目等20余项，出版《权力与自由：市民社会的人学考察》《市场经济与现代社会的公共理性研究：当代"公共哲学"的理论视角》《文化与伦理——基于公共性视角的研究》《实践与公正：马克思的哲学价值观研究》《马克思主义人学理论与社会发展探究》《新发展理念及其价值观：中国方案与中国智慧》等专著6部。先后获得全国及省部级奖励20多项，其中教育部高等学校科学研究优秀成果奖（人文社会科学）三等奖1项、陕西省哲学社会科学优秀成果一等奖3项、陕西高校人文社科优秀成果一等奖6项。

作为教育部高等学校哲学类专业教学指导委员会委员、全国文化名家暨"四个一批"人才、国家"万人计划"哲学社会科学领军人才，袁祖社还兼任中国马克思主义哲学史学会理事、中国教育伦理学会副会长，中国马克思恩格斯研究会、中国价值哲学研究会、中国伦理学会、中国人学学会常务理事，陕西省一级学会哲学学会副会长、价值哲学学会会长，以及陕西省马克思主义哲学史学会会长、伦理学研究会会长，陕西省哲学社会科学研究中心（教育厅与陕西师范大学共建）执行主任等。

与时俱进，为新时代鼓与呼

1911年，时值辛亥，梁启超写下一篇题为《学与术》的短文。文中提到："不学无术"源出于《汉书·霍光传》，本来是用来评价霍光的，但却可以视为"学"与"术"对举的肇始。梁启超认为，学与术是两个不同的东西："学也者，观察事物而发明其真理者也；术也者，取所发明之真理而致诸用者也。例如以石投水则沉，投以木则浮，观察此事实，以证明水之有浮力，此物理也；应用此真理以驾驶船舶，则航海术也。研究人体之组织，辨别各器官之机能，此生理学也；应用此真理以疗治疾病，则医术也。"梁启超引用西方学者的话来表达自己的观点："学者术之体，术者学之用，二者如辅车相依而不可离。学而不足以应用于术者，无益之学也；术而不以科学上之真理为基础者，欺世误人之术也。"

袁祖社从事马克思主义哲学教学与研究，几十年如一日，在这一领域他始终坚持遵照哲学史的发展规律，着眼"观念史"与"思想史"的逻辑，立足"真的生活和真的现实"，努力探究使马克思主义哲学成为可能和现实思想的语法和真实叙述逻辑。作为一个有社会责任感和学术情怀的知识分子，袁祖社不是那种"两耳不闻窗外事，一心只读圣贤书"的迂腐书生，他不满足于书斋里闭关锁国、纸上谈兵，而是着眼于改革发展的中国国情，善用引经据典、探幽发微、逻辑缜密的考据之学，注重中西古今思想理论的交融、会通，旨在以他山之石攻中国式现代化之玉，希望自己的研究有用于世，为天下兴亡尽匹夫之责。

从选择哲学作为自己学术研究的主攻方向之日起，正如袁祖社自己所言，从此踏上了一条"不归之路"。论及中国哲学创新之路，他认为，哲学的创新应该是整体论意义上的，既包括基本观点的创新、理论内容和学科体系的创新——新问题的发现、新论域的开辟、新生长点的探寻以及新形态的创设，同时更指叙述范式与论辩逻辑——方法、路径等的创新。这是他的理解，也是他与哲学界有识之士达成的共识：要在增强问题意识、回归现实生活、引领时代精神、强化民族特色等方面向新的纵深和广度开掘。"创新必须以马克思主义基本原理为指导；创新必须坚持以解放思想为前提；创新必须坚持以实事求是为落脚点；创新必须始终保持与时俱进的精神状态。"在推进马克思主义哲学的内容创新和方法创新内容外，关键在于实现马克思主义哲学根本宗旨和独特的功能指向，以合理的实践，从根本上"改变世界"，是现存世界革命化、合理化的理想和使命。

近年来，基于现代公共哲学与"美好生活"的价值理念，袁祖社立足现代发展哲学、文化哲学以及制度伦理学等的最新理论视野，对新发展理念的理论创新与实践意义做出了较为全面、深刻的挖掘与诠释，他把自己的研究视野聚焦到对"中国式现代化"的理论反思与文化阐释上，先后在《中国社会科学》《哲学研究》等期刊上发表《中国"公民社会"的生成与民众"公共精神"品质的培养与化育》《改革开放以来"人民主体"的理念范型与公正本位的"和谐价值观"的确立》《"中国价值"的文化发现及其实践意义》《文化的实践合理性逻辑与优良心灵秩序的生成——马克思文化哲学及其时代启示》《公共价值的信念与美好生活的理想——马克思哲学变革的理论深蕴》《中国式现代化的文化哲学诠释》《中国式现代化与人类文明新形态的实践合理性和道义价值论》等多篇具有国际视野、时代精神、文化底蕴和经世致用的学术论文，从马克思主义哲学高度理解和推进中国式现代化，在学术界产生了广泛影响。

四十年来，袁祖社沿着崎岖的山路攀登，不断向学术研究的新高度冲击。当今社会，世界之变、时代之变、历史之变正以前所未有的方式展开，袁祖社教授不会停下探索的脚步，矢志为探索构建具有中国风格和中国气派的哲学学科体系、学术体系和话语，形成中国自主的哲学知识体系贡献力量。

革故鼎新，学院治理辟新径

自 2004 年 11 月走上学院领导岗位，袁祖社先后任原政治经济学院副院长、院长，马克思主义学院副院长、院长，哲学与政府管理学院院长，哲学书院执行院长等职。2022 年 6 月，陕西师范大学成立哲学社会科学高等研究院，袁祖社被任命为首任院长。2023 年 6 月，陕西省教育厅与陕西师范大学联合成立陕西省哲学社会科学研究中心，他又被任命为中心执行主任。同年 8 月，陕西师范大学组建马克思主义学部，他受命出任首任学部部长。

在担任原政治经济学院副院长期间，袁祖社负责学院学科建设、科学研究和研究生培养工作，力主积极推进研究生教学与科研管理的一系列改革实践。2007 年担任院长，全面主持工作。2009 年，原马列教研部更名为马克思主义学院，与政治经济学院合署办公，时任政治经济学院院长的袁祖社同时任马克思主义学院院长，主持两个学院的工作。其间主持创建哲学系（兼任系主任），组织开展一级学科的申报工作。经过辛勤努力，哲学、马克思主义理论先后于2006年和2011年获批一级学科博士学位授权单位；政治学、社会学获批硕士一级学科授权单位；2010年11月至2022年3月，袁祖社担任新成立的哲学与政府管理学院院长，作为主持人成功申报教育部哲学一流本科培育专业。

在担任学院主要负责人的二十年间，在管理方面，袁祖社勠力破除陈规陋习，力主"去行政化"，回归学术本位、学科本位。为打造一流教学和人才培养团队、创造一流学术研究环境、构建一流学科为支撑的办学主体，他从完善学院治理体系入手，创造性提出"知识共生、价值共创、智慧共升、惠益共享"的办院理念，提出"崇真、尚行、弘道、担当"的院训，将学院打造成集"生命共同体、成长共同体、发展共同体、价值实现共同体"于一身的一流"学术共同体"，学院面貌焕然一新。

2018年6月，袁祖社主持创办全国唯一一家哲学书院（聘请著名学者、北京外国语大学党委书记韩震教授为院长，其个人兼任执行院长），将哲学教育融入学校文科、理工科的非哲学专业人才培养的全过程中，形成独具特色的以学科制书院推动"哲学+"跨学科拔尖创新人才培养的育人格局和工作机制，充分发挥哲学学科在卓越教师培养和基础学科拔尖人才培养中的支撑性作用。书院为学生量身打造了"哲学基础与前沿、哲学经典导读、科学与批判性思维、伦理与文化生活、艺术与宗教"五大模块40余门通识教育核心课程，旨在引导学生健全心性修养、培育优良品德、发散卓越思维，将推动跨学科复合型人才培养目标落到实处。

学人本色，学术深耕无止境

英国诗人艾略特曾说："我们将不会停止探索，而所有探索的终点，都将抵达我们出发的起点，并第一次理解了这个起点。"多年来，袁祖社赓续前人学术思想，立足对哲学尤其是马克思主义哲学的个性化诠释与理解，致力于推进马克思主义哲学研究中"知识增量"的实质性的累进攀升。

"路漫漫其修远兮，吾将上下而求索。"面对未来，袁祖社为学术研究确定了"三步走"目标，即近期围绕"文化公共性视野中的马克思哲学观问题"进行持续深入的思考；中期从新的理论视野，着手思考与"现代公共哲学"的理论范式具有深刻一致性，且带有典范意义的马克思"意义论哲学"理论及其形态的系统研究；从长远看，哲学毕竟是对人类命运的终极关怀，随着人类认识自我、认识世界，创建人与自然、生态、社会和谐的"民生－幸福本位"的美好生活实践日渐自觉，哲学研究的视野也需不断跟进，拓展至新的生态环境，实现"人的全面自由发展"这一马克思主义哲学的"原命题"上，活到老，学到老，思考到老，探究到老。对于袁祖社来说，哲学研究不仅仅是一种职业、一项事业，还是一种使命、一种责任。

日常生活中，袁祖社并非人们想象中的那种不食人间烟火的老学究，而是一个饶有生活情趣的人。尽管教学研究、社会服务、学术交流与合作等事务冗杂，但在节假日或偶有的闲暇，他依然能寄情山水，徜徉秦岭七十二峪、长安八水两岸，"行到水穷，坐看云起"，感悟大自然造化的机理；广泛涉猎历史人文景观，寻访经幢碑碣，感悟儒释道融会贯通的博大精深。工作室里，笔墨纸砚一应俱全，深得中国历代法书三昧，挥毫作书得心应手；工作室外，偶展歌喉，可声动梁尘；闲奏管弦，胜丝竹之声；品评红酒，愧专业酒师……

2013级马克思主义哲学专业的一位硕士研究生曾充满钦佩地说："人人说哲学枯燥乏味，学哲学的单调、木讷，但在导师袁祖社先生身上，学问与生活、艺术共融一身。这让我体会到哲学的独特魅力，它同样充满活力、充满情趣。"

"我思故我在"，是17世纪法国哲学家笛卡尔的名言；我在故我思，是袁祖社教授学术人生的真实写照。

【主要参考资料】

[1] 慕卿：《慧益共享　走中国学人自己的道路——访陕西师范大学政治经济学院和马克思主义学院院长袁祖社》，载《中国社会科学报》2010年10月28日。

[2] 张立波编：《六十年代生人：选择抑或为哲学选择》，黑龙江大学出版社，2011年。

[3] 思政：《哲学人生　文韵飘香——访陕西师范大学政治经济学院院长袁祖社》，载《咸阳日报》2013年12月10日。

[4] 袁祖社：《沉潜精进　学有所成　再谱人生新华章》，载《陕西师大报》2016年9月6日。

[5] 张媛：《学术人物·袁祖社》，见陕西省社会科学联合会编：《陕西社会科学年鉴2019》，陕西师范大学出版总社，2020年。

【人物档案】

游旭群，生于1963年，湖南新化人。陕西师范大学校长，中国心理学会原理事长，航空航天心理学奠基者。2000年从第四军医大学转业到陕西师范大学工作，先后任教育科学学院副院长、院长，心理学院首任院长，2012年6月起任副校长，2018年1月至今任校长、党委副书记。兼任教育部高等学校心理学类专业教学指导委员会副主任委员、普通高等学校学生心理健康教育专家指导委员会副主任委员、中国教育学会常务理事、国家教师教育咨询专家委员会委员、首届全国高校健康教育教学指导委员会委员、全国应用心理专业学位研究生教育指导委员会委员、教育部基础教育教学指导委员会委员、陕西省心理学会理事长等。新时代教育部"马工程"重点教材《普通心理学》首席专家，国家级心理学教学团队负责人，国家级特色专业和一流本科线下课程负责人。入选国家"万人计划"、教育部"长江学者"、全国文化名家暨"四个一批"人才等。主持国家社科基金重大项目、自然科学基金面上项目和教育部重大课题攻关项目、重点基地重大项目等30余项。在《中国社会科学》《心理学报》《光明日报》，以及 Teaching and Teacher Education 等国内外权威报刊上发表论文100余篇，主编《普通心理学》《实验心理学》《航空心理学——理论、实践与应用》等教材5部，出版专著3部。获中国民航总局科技进步二等奖，全国首届优秀教材二等奖，高等学校科学研究优秀成果奖（人文社会科学）二等奖（2次）、一等奖（1次），国家教育教学成果二等奖（2次）等。

游旭群：扎根西部　教育报国

扎根西部大地，坚持教育报国。游旭群在陕西师范大学接受了系统的本科、硕士教育，在经过军队的洗礼与历练后，满怀感恩之心于2000年回到母校，肩负起心理学科发展重任，坚持"立足西部，争创一流"的发展思路，分别于2003年和2010年牵头申报并成功获批基础心理学博士授权点和心理学一级学科博士学位授权点，将心理学院发展成为驻守西北的拔尖创新人才培养基地和举足轻重的学术重镇。2012年担任学校领导以来，游旭群开创了学校哲学社会科学发展新局面，积极响应国家号召，组建丝绸之路教师教育、哲学社会科学和图书出版"三个国际联盟"，高举"西部红烛两代师表"精神旗帜，坚持以心育人，落实立德树人根本任务，主张以一流学科建设推动师范教育高质量发展，打造西部师范教育新格局，服务教育强国战略。栉风沐雨，高歌猛进，自担任校长以来，学校软科排名从2018年的全国103位上升至2024年的62位，陕西师范大学在西部大地书写教育报国的时代华章。

奋进求学，追求卓越

1982年9月至1986年7月，游旭群在陕西师范大学教育系读本科。当时的教育系刚刚恢复重建，招生规模不大。"但学生们学习积极性很高，争强好胜的精神头很足，在全国外语考试、计算机考试中，成绩每每名列前茅。这几届学生中后来有不少成为名师大家，走上领导岗位。"原教育系教授、著名心理学教育家王淑兰老师说，在这样的氛围中，游旭群本科阶段学习非常用功，成绩名列前茅。

1986年本科毕业后，游旭群选择继续攻读心理学硕士研究生。"心理学发源于西方，是文理交叉学科，对数学、统计学、计算机、英语的要求较高，"心理学院李瑛教授说，"游老师一直坚持学习外语、计算机，这为他后来到德国从事科研工作打下了坚实的基础。此外，受我国著名心理学家孙昌识先生的影响，游老师开始刻苦钻研心理学研究方法和高级统计学，在当时的同学中有这个意识的不多，这说明游老师的学术视野具有很强的前瞻性。"1988年，品学兼优的游旭群加入中国共产党。

1989年硕士毕业后，游旭群毅然选择了参军入伍，走上了献身国防科技的道路，这一决定背后蕴含着深厚的家乡文化与家庭因素的影响。心理学院李苑副教授说："湖南人的家国情怀是刻在骨子里的，在危难时刻，湖湘子弟传唱'若道中华国果亡，除非湖南人尽死'。游老师的'湘情'是很重的。同时，他的家庭历史也充满了对国家的忠诚与奉献。1935年冬，红六军团十六师来到湖南新化，游老师的祖父游广凤携新化油漆工会积极捐款捐物，协助安排红军食宿。红军离开后，他遭到国民党的通缉，被迫到大山躲藏；事后在回忆这段往事时并无悔意，而是训诫子孙忠于国家、孝敬父母、和睦乡邻、端肃风俗、重视耕读。在祖父的影响下，游老师的伯父在民族存亡之际投身抗日战场，为捍卫民族尊严贡献力量。游老师的父亲游光，则在共和国建立初期，百废待兴之际，离开家乡，投身西北建设。这样的家庭熏陶，培养了游老师浓烈的家国情怀。"在近十二年的军旅生涯中，游旭群先后参与多项重要军事战备任务和军队重大科研任务。在军队的严格历练下，他的工作作风更加扎实过硬。1991年，年仅28岁的游旭群已经开始在心理学界崭露头角，在权威期刊发表多篇重要论文，如《关于绩效反馈类型和方式的实验研究》(《心理学报》1991年第3期)和《空间认知技能在选拔军事飞行员中的重要作用》(《心理科学》1991年第4期)等。

1993年9月，游旭群考入华东师范大学心理系，师从我国著名心理学家杨治良教授。杨治良教授是中国实验心理学开拓者和奠基人，在实验心理学、记忆心理学、心理物理学、学科研究方法等领域卓有建树。西安音乐学院王延松教授曾回忆说，当年博士招生面试，杨治良先生问游老师，硕士在哪读的，导师是谁？当游老师说是跟着陕西师大孙昌识先生、欧阳仑先生和杨永明先生学习时，杨先生脸上洋溢着满意的笑容，并风趣地说："那就不用多问了。"这不仅反映出学界对陕师大三位先生教书育人的广泛认可，也深刻体现了心理学领域内大学者之间深厚的友谊与相互尊重。对于游旭群而言，博士求学经历无疑是他学术生涯中宝贵的财富，为他日后的研究道路奠定了坚实的基础。

在杨治良教授的悉心指导下，游旭群采用心理学实验的方法围绕个体对于空间信息的认知加工开展了大量研究，取得了显著的研究成果。他敏锐地洞察到我军对高性能战斗机飞行员认知能力的迫切需求，在《心理学报》《心理科学》等权威期刊以及国际会议上，连续发表了多篇关于飞行定向认知机制及飞行错觉评定方法的高质量论文。这些研究在国内外学术界引起了广泛的关注和赞誉。心理学院兰继军教授提及了一个有趣的插曲，生动反映了游旭群教授在学术界的声誉。2002年在新加坡举行的第二十六届国际应用心理学大会上，几位专家在闲聊中提及游旭群教授时，竟误以为他是一位资深的老先生："你们认识西安的游旭群老师吗？'老先生'身体还康健吧？只闻其文，未见过其人啊！"因为当时在《心理学报》《心理科学》连续发表文章，大家想当然以为游旭群是位学识渊博的老先生。其实，那时游旭群还不到40岁。

在学术追求上，游旭群从未止步。1996年7月，游旭群从华东师大顺利取得实验及认知心理学博士学位后，于1997年至1998年受德国宇航中心（DLR）的邀请，在德国汉堡从事特殊职业人员选拔方面的博士后研究工作。十年后，在美国代顿举办的国际航空心理学会议上，欧洲一体化飞行员选拔系统的首席科学家、德国宇航中心汉斯－于尔根·霍尔曼教授在回忆和游旭群一起工作时说道："他是一个非常了不起的学者，他对心理学服务于现实问题解决的思路改变了我们很多惯性的研究方式，我们都希望他能继续留在中心负责心理选拔研究团队的研究工作，至今我们还在中心保留着他的工位。现在，那是中国来德访学者的景点！"后来，在游旭群举荐下，他的弟子常明也在德国宇航中心从事过一段时间的科研工作。2000年3月，游旭群响应母校召唤,回到陕西师范大学,执教于由读书时期的教育系更名的教育科学学院。

以心育人,教书育人

游旭群教授在回归母校后,不仅将立德树人的教育理念深植于心,更以实际行动践行于教学之中。他先后为全校师范生讲授心理学公共基础课程,为学院本科生、研究生讲授普通心理学、应用心理学、实验心理学、心理测量学、心理学研究方法、航空航天心理学等课程。"那时的游老师高高大大,一脸阳光,讲课语速稍快,有时思维跳跃,但课堂气氛非常活泼,可能是考虑公共教学,他经常用通俗易懂的方式来讲专业知识,这让我们非专业的学生都很喜欢听他讲课。"现在西北工业大学附中任教的王峰说。

对于研究生,游旭群教授则展现出了更为严格和细致的一面。他深知研究生阶段是培养学生创新思维和科研能力的关键时期,因此在论文选题、逻辑构建、语言表达等方面都提出了较高的要求。他鼓励学生们要有问题意识,关注现实需求,力求通过学术研究解决实际问题。同时,他也非常注重培养学生的学术道德和严谨态度,要求学生们在论文写作中务必做到语言简洁、逻辑清晰、论证有力。河北大学教育学院副院长、心理学教授赵小军说:"印象最深的是游老师对论文写作的严格要求。有次将写好的一篇文章交给游老师,他粗览了一遍,然后说,好好再改,将字数压缩掉五分之一,但文章的内容必须全在。我后来才体会到,这是对我们写作语言务必要简洁的锻炼。当然,行文逻辑,游老师也有很高的要求,说写出来的东西别人要能跟着你的思维很顺畅地看下去,语无伦次是不行的。"在游旭群指导的博士中,几乎90%的博士生毕业前都可以在国内外的权威期刊上发文,其中4位博士(梁三才、姬鸣、常明、赵雪艳)的论文还获评陕西省优秀博士学位论文。

游旭群教授在教学领域的远见卓识体现在他对教学团队建设的深刻理解和高度重视上。他深知,只有建设一支高效协同、富有创新精神的教学团队,才能更好地保证人才培养质量。作为国家级心理学教学团队负责人，游旭群创新团队合作机制，改革教学内容和方法，开发教学资源，促进教学研讨和教学经验交流，强调团队对学生创新精神与实践能力的培养，推进专业课程改革，创新构建心理学本科人才培养模式。

游旭群十分重视课程、教材建设，是国家级线下一流本科课程"航空航天心理学"、国家级虚拟仿真实验教学一流课程"基于航空UAV虚拟/增强现实平台的飞行进场黑洞错觉"负责人，先后主编《普通心理学》、《实验心理学》、《教育心理学》、《航空心理学——理论、实践与应用》、《"以心育人，方能立德树人"教师职业心理健康丛书》、《心理学视野中的突发重大公共安全事件应急管理丛书》（获国家出版基金资助）、《人类智能与人工智能丛书》（获国家出版基金资助）等教材多部。本科生教材《普通心理学》是"十二五"普通高等教育本科国家级规划教材，2024年入选新时代教育部"马工程"重点教材，《航空心理学——理论、实践与应用》获全国首届优秀教材（高等教育类）二等奖。

游旭群在陕西师范大学的二十五年教学生涯中，始终坚守教书育人的初心，以卓越的教学为心理学教育事业的进步做出了杰出贡献。他是心理学一级学科带头人，是心理学博士后科研流动站负责人、国家级教学团队（基础心理学）负责人、国家级特色专业（心理学）负责人和陕西高等学校人才培养模式创新实验区负责人，获宝钢教育基金会优秀教师奖，被评为陕西省师德先进个人，当选教育部高等学校心理学类专业教学指导委员会副主任委员、普通高等学校学生心理健康教育专家指导委员会副主任委员、国家教师教育咨询专家委员会委员、首届全国高校健康教育教学指导委员会委员、全国应用心理专业学位研究生教育指导委员会委员、陕西省首届基础教育教学指导委员会副主任委员和陕西省心理学会理事长等。

在教育教学方面，游旭群注重从实践出发，把握并凝练教育教学规律，提高教学水平和教育质量，实现培养目标并产生明显效果的教育教学成果。"基于'三导向五融合'的航空心理学类研究生创新人才培养体系"获 2024 年陕西省优秀教学成果特等奖；从 2014 年到 2023 年，先后获得国家基础教育教学成果二等奖和国家本科教育教学成果二等奖。

结合专业实践，游旭群曾在《中国教育报》（2017 年 3 月 23 日第 7 版头条）上，在国内率先提出"唯有以心育人，方能立德树人"的观点，坚持认为提升高校教师心理健康水平有助于明确立德树人根本任务的主体性、科学性、实效性以及系统性建构。2024 年 5 月，作为校长的游旭群在参加心理学院毕业生合影时说："教书育人，是职责使命，也是自我成就。唯有如此，作为教师才会深刻体会到更大的自豪感、幸福感。"

直面问题，经世致用

在学术道路上，游旭群着眼世界学术前沿和国家重大需求，致力于解决社会重大现实问题，坚持潜心问道与关注社会相统一。早在留学德国宇航中心时期，在基础认知研究领域已经有相当积累的他认识到，要想做出真正有价值的研究，必须对社会和现实有充分的认识和了解。为了更好地开展航空人因工程领域的科研工作，他克服重重困难，坚持飞行训练并取得国际通用的飞行驾驶执照，成为一名能够翱翔蓝天的心理学者，解决了大量航空作业情境中有价值的心理学问题。为此，他把其弟子常明教授也送到美国考取了国际飞行驾照。先后有来自东方航空公司、深圳航空公司、南方航空公司、厦门航空公司、民航中南局、西藏航空公司、民航西藏管理局和中国民航飞行学院的机长、教员追随游旭群攻读航空人因工程方面的博士学位。直面现实问题、解决现实问题成为游旭群一贯坚持的学术追求。

综观游旭群的学术之路，大概经历了三个时期。第一个时期基本可限定在 1989 年至 1999 年的十年之间，当时的他刚刚参加工作，攻读博士学位，学术研究还处于早期的探索阶段。游旭群自 1991 年在《心理学报》发表学术论文始，以及攻读博士学位期间在《心理科学》、《中华航空医学杂志》（1997 年更名为《中华航空航天医学杂志》）发表 10 余篇论文外，还在《第四军医大学学报》《中国临床心理学杂志》等学术期刊发表了一系列论文。该阶段，游旭群学术研究的基本特点主要有：一是采用多种方法对空间认知展开了系列基础研究，也开始了空间认知在航空航天心理学领域应用的研究；二是追求高质量的学术创新，起始就将目标放在《心理学报》《心理科学》等权威期刊，成果先后获得全军科技进步奖 2 项。

第二个时期可限定在 2000 年至 2011 年这个阶段。游旭群教授及其团队将学术研究主要集中于航空航天与人因工程领域，围绕飞行员的驾驶安全、飞行风险、动态空间能力、飞行驾驶行为、心理健康影响因素、航线飞行安全、航线飞行管理等，在《心理学报》《心理科学》等权威期刊、《中国民航飞行学院学报》《航天医学与医学工程》《人类工效学》等航空航天与人因工程领域的学术期刊和《第四军医大学学报》《陕西师范大学学报》等综合性期刊发表了系列论文。研究内容可主要概括为五个方面：一是在国内首创空间定向障碍的认知机制研究，提出飞行定向障碍的高水平视觉表象加工理论以及飞行错觉的模糊评价模型；二是完成国家"921 工程"子项目"航天员情绪稳定性评价研究"，其评价指标体系及标准为国家"神五载人航天工程"所采纳；三是开展航空安全文化与驾驶行为规范性研究，揭示中国航空安全文化中存在的负性因素并建立安全驾驶行为评价模型，为提高航空安全奠定工作基础；四是自主研发"航线飞行心理品质评估与飞行人因训练系统""中国航线飞行员心理选拔系统"，通过原中国民航总局鉴定，被国内多家骨干航空公司采用；五是探索航线飞行员安全驾驶行为的预警机制，建立以"认知—情境意识—情绪—行为"为主线的安全预警模型，对高风险高科技行业从业者如核潜艇人员、舰载机飞行员、高铁调度员的心理选拔与训练工作产生积极作用。正是由于游旭群教授及其团队在该研究领域集中发力，航空航天心理学很快成为优势研究方向，形成陕西师大心理学科的特色品牌，一跃成为以该领域研究而闻名的学术重镇。

此外，在此阶段，游旭群教授及其团队基于 21 世纪初心理学学科的发展趋势，在视觉表象扫描、视觉空间关系的识别和判断、视觉特征提取加工等领域，以"视觉"研究为切入口，以《心理学报》《心理科学》等权威期刊为学术阵地，发表了一系列高质量论文，为聚焦航空航天与人因工程的高质量研究领域提供坚实支撑。在此阶段，据粗略统计，游旭群仅在《心理学报》《心理科学》等权威期刊上就发表论文 30 余篇，以主持人身份获中国民航总局科技进步二等奖 1 项、高等学校科学研究优秀成果奖（人文社会科学）二等奖 2 次以及多项省级科研教学优秀成果奖励。

第三个时期，一般可视为 2011 年至今的学术研究。其基本特征主要体现为，除继续加强航空航天与人因工程领域的研究外，也重视对教师职业心理健康的研究，更加注重学术研究的社会价值。聚焦师范院校主责主业，关注师范大学的使命和坚守，结合心理学专业素养，将研究精力更多地投入教育的主体——教师。他认为，"落实立德树人根本任务，首要在于以心育人，只有培育出身心健康、人格健全的学生，才能使他们成为担当民族复兴大任的时代新人。而落实'以心育人'的主体在教师，只有心态阳光、富于爱心、积极向上的教师，才能培育出心理健康、奋发有为的学生"。

由此，游旭群坚持以身心健康为关键点推进"五育"并举，将关心关爱未成年人的理念烙印在社会文化之中。围绕教师职业心理健康、"时代新人铸魂工程"关键问题、"三全育人"开创学生心理健康工作新格局等问题，游旭群教授及其团队进行深度思考，切实推进解决实际问题的学术研究，先后在《中国社会科学》《心理学报》《中国高等教育》《光明日报》《中国教育报》《中国基础教育》，以及 *Teaching and Teacher Education* 等报刊上发表了一系列高质量论文，自 2011 年承担教育部哲学社会科学研究重大课题攻关项目以来，为教育部和省委、省政府提供了数十份咨询报告，得到教育部部长、省委书记和省长的肯定性批示。采用生成式人工智能技术所构建的"立德树人智慧服务平台"已经在部分中小学校正式投入使用，且受到地方教育行政部门、学校师生和家长的一致好评。2024年8月，其牵头完成的咨询报告《唯有以心育人，方能立德树人——我国教师职业心理健康研究报告》荣获第九届高等学校科学研究优秀成果奖（人文社会科学）一等奖。

游旭群注重科研团队建设，强调以重大科研项目、学科建设平台为纽带，形成学术集束力量，产出标志性高质量学术成果，在团队建设中重视培养中青年学术人才，以团队中青年人才的发展为己任。近年来，游旭群主持获批国家社科基金重大项目、教育部哲学社会科学研究重大课题攻关项目、国家自然科学基金面上项目和教育部重点基地重大项目等30余项，获批陕西省重点实验室、陕西省"三秦学者"创新团队。在航空航天与人因工程、教师职业心理健康研究领域，形成了以兰继军教授、李瑛教授、姬鸣教授、常明教授、罗扬眉教授、李苑副教授、王彤副教授等为骨干成员的教研团队，其中，姬鸣教授入选陕西省"特支计划"哲学社会科学领军人才、陕西省中青年科技创新领军人才、陕西高校青年创新团队带头人，常明教授获霍英东基金青年教师奖，李瑛教授获评陕西省教学名师，罗扬眉教授获评陕西省"特支计划"青年拔尖人才等；常明教授、罗扬眉教授的成果还分别获得第九届高等学校科学研究优秀成果奖（人文社会科学）青年奖。

在学术研究的基础上，游旭群积极参与并推动中国心理学科发展。2001年当选中国心理学会理事，2003年主办全国西部大开发心理学大会，2004年承办了学校历史上规模最大国际会议——第十七届国际跨文化心理学大会。2009年、2015年初，经会员代表大会选举，游旭群连任陕西省心理学会理事长。2009年在济南当选中国心理学会副理事长，2013年在南京获得连任。2014年10月，在北京召开的全国心理学委员代表大会上，游旭群众望所归，高票当选中国心理学会理事长，这是中国心理学会历史上第一位来自中西部地区的学者担任该职务，他也是陕西师范大学建校八十年来唯一担任中国科协下属国家一级学会理事长的教师。在心理学学科建设方面，游旭群有自己独到的思考。他认为，在新时代发展背景下，中国心理学必须打造中国特色的心理学理论体系。中国特色的心理学理论体系的构建必须坚持"两个结合",即与马克思主义和中华优秀传统文化相结合。为此,他提出并创立了人的生物、心理、文化、社会、政治等多维复杂属性模型,心理健康的社会生态理论,明确了对心理学意义上"人"的界定、人的心理与思想、人的不同属性及其发展规律以及人对生命意义的终极追求等创新性理论观点。

立足西部,争创一流

2000年回到陕西师范大学的游旭群,先后任职教育科学学院副院长、院长。"这并不是一个好差事。当时学院发展面临着很大的困难,肩负着教育学、心理学两个一级学科的建设任务,两个学科均无博士学位授予权,师资力量薄弱,具有博士学位的教师很少,人才又有流失。"时任学院党委书记郭祖仪回忆说,"心理学科虽然有刘泽如先生打下的基础,自1978年恢复重建后得到一定的发展,但在国内学术界影响力不够,尤其是没有博士点,学科发展受到很大限制。请旭群教授回来,主要是想推进学院的学科建设。"

游旭群深知学科建设任务的艰巨性。学科没有博士学位授予权,师资队伍建设、人才稳定、学院发展都将受到极大的影响和束缚。而现状是老一辈心理学人已经退休离岗,仅他一人具有教授职称,部分骨干教师刚刚开始攻读博士学位,缺乏专业规范的实验室条件。更为严峻的是,学院二十多年在心理学主流专业期刊几乎没有发表过一篇学术文章,全系教师科研和学科建设意识淡薄,学科建设的基础基本上是一穷二白。在这种情况下,作为当时全系唯一的教授,游旭群默默无闻地自觉挑起心理学科建设这副重担,开启了打铃上课、点灯研究、周末出差的拼搏之路。在做好教学工作的同时,带领大家在《心理学报》《心理科学》等权威期刊发表了一系列高质量研究论文,积极申报国家和省级项目。他向国内心理学前辈和同人详细介绍陕西师大心理学科的历史传承和积淀,阐述了在西部经济欠发达地区设立心理学科博士授权点的重要性和必要性。他撰写心理学博士学位点申报书,在极端困难和与西北地区同类高校心理学科相比不占优势的条件下，不负学校重托，在 2003 年成功获得基础心理学博士学位授予权，迈出了陕西师大心理学科建设史上关键的一步。这一成就在当时也令中国心理学界感到震惊，难怪全国许多心理学建设单位负责人戏称："靠游旭群一个教授拿下一个博士点，绝对堪称国内心理学科建设的奇迹。"

"艰难困苦，玉汝于成"，心理学界从此有了"一人拿下一个博士点"的传说。但当有人向他说及此事时，游旭群总是严肃地说："陕西师大心理学自刘泽如先生起，就一直处于学界前列，本来就属于中国心理学人才培养和科学研究的重镇。改革开放后由于受到区域经济和社会发展水平相对较低的制约，整个西部地区学科发展水平严重滞后。但经过杨永明、孙昌识、欧阳仑、方俊明、郭祖仪、王淑兰等教授的不懈努力，已经为学校的学科点建设奠定了深厚的基础，国家批准我们心理学科博士点是自然而然的事，我本人仅仅只是对这种深厚学术积淀进行了一定的挖掘，做了一点对得起前辈们努力的小事。""立足西部，是无法改变的办学区位，但争创一流这个信念从未熄灭，尤其是 2010 年在游老师牵头下获得一级博士授权以来，我校心理学科得到了快速发展。"现任心理学院院长何宁教授说。

2004 年 6 月，原教育科学学院行政换届，游旭群被推举为学院院长。为追踪学科发展前沿，拓展师生国际视野，在他的努力下，通过激烈的申报竞争，学校取得第十七届国际跨文化心理学大会的举办资格。会议共收到 56 个国家的 600 多位学者提交的论文 688 篇（其中 550 篇来自国外学者）。2004 年 8 月，来自全球 52 个国家的 400 余位心理学专家来到陕西师大，举行了 11 场重点报告和 29 场专题讨论会，围绕着跨文化心理学的进展、文化适应和冲突、儿童发展、心理学的本土化、价值观等问题展开了深入研讨。客观地说，当时陕西师大承办这样大型国际学术会议的许多条件尚不具备，面临诸多挑战。然而，经过精心组织和筹备，这次会议不仅成功举办，还成为展示学校形象的亮丽名片，极大地提升了学校的国际声誉。它是陕西师大历史上规模最大、陕西省历史上单项学术会议接待外宾最多的一次国际学术交流活动，在学校历史上首次采用网络视频技术进行现场直播。对心理学科来说,是陕西师大继过去一年取得博士点后,再次以奋发向上的精神风貌走上学界前台。在此前后,心理学科进入快速发展时期:2006 年获心理学一级学科硕士学位授权点,2007 年设立心理学博士后科研流动站,2008 年获批建立陕西省行为与认知神经科学重点实验室。

2008 年底,心理学院独立设置,游旭群出任首任院长,心理学科进入崭新的历史发展时期。在游旭群的带领下,学院学科快速发展:2010 年获心理学一级学科博士学位授权点,2012 年自主设置的航空航天心理学二级学科硕士、博士学位点获国务院学位办备案,2012 年第三轮学科评估位列全国心理学科第九。目前,心理学院已经发展成为国家心理学专业人才培养与科学研究的重要基地之一,学科综合竞争力处于国内第一方阵。

坚守主责主业,再造历史荣光

2012 年 6 月,游旭群出任陕西师范大学副校长,主要负责学校哲学社会科学研究、国际交流合作工作。

这段时期,陕西师大的哲学社会科学得到快速发展,哲学社会科学的国家重大重点项目、教育部重大攻关项目以及其他类项目的历年立项数稳定在国内高校前十,在《中国社会科学》《马克思主义研究》《文学评论》《历史学研究》《教育研究》《心理学报》《哲学研究》的论文发表数量得到大幅提升,中国语言文学、中国史、教育学、心理学等学科实力显著增强,2017 年中国语言文学(自设)进入首批世界一流建设学科行列,2022 年该学科正式进入国家世界一流学科建设方阵。

在此阶段,为积极响应国家"一带一路"倡议,在学校党委的统一部署下,2013 年游旭群率先提出由陕西师大牵头组建丝绸之路"三个联盟"——教师教育联盟、人文社会科学联盟、图书档案出版联盟,聚焦陕西师大教师教育主业,发挥哲学社会科学优势,结合地缘特点和区位特征,推进学校与丝绸之路沿线国家地区的交流合作。2023年11月，陕西师范大学举办"一带一路"十周年系列活动，包括丝绸之路"三个联盟"工作会议、"一带一路"教师教育论坛、"一带一路"研究成果展及项目签约等，来自国内外20余所联盟院校的代表聚集一堂，共谋"一带一路"教师教育和哲学社会科学的理论探索与实践发展。

2018年1月，游旭群出任陕西师范大学校长，带着教育部党组、历届领导班子、全校师生和50余万校友的厚望与嘱托，肩负起学校新时期加速发展、高质量发展的历史重任。他坚持社会主义政治家、教育家标准，把全部精力投入学校管理工作，在学校党委领导下，提高政治站位，强化责任担当，以强烈的使命感、责任感，直面困境，攻坚克难，不断提升办学治校的能力和水平，引领推进事业持续取得突破，学校软科排名从2018年的103位提升至2024年的62位，2024年教育部党组巡视学校时给予充分肯定，认为学校事业发展持续向上向好。

2018年、2019年中共中央、国务院先后印发《关于全面深化新时代教师队伍建设改革的意见》《中国教育现代化2035》，教师教育受到前所未有的重视，高等师范院校迎来新要求、新使命和新任务。站在新的起点上，陕西师范大学作为一所在各个历史时期始终与国家教育事业发展紧密相连的学校，如何发扬办学传统，对接国家教育战略需求？作为一所发展水平有待提高的西部"双一流"高校，如何立足现实，准确把握高等教育发展趋势和规律，在激烈的高等教育竞争态势中实现追赶超越？如何在"教师教育大发展的机遇期"和"学科建设重点布局的窗口期"抢占先机、赢得主动？这些都是上任伊始的游旭群面临的迫切问题和严峻挑战。经过对外部环境、比较优势和自身基础的深入思考，他提出了推进学校内涵式发展的重点工作思路，即"树精神、促改革、彰特色、强学科、惠民生"。2021年学校党委提出"两条主线、一个根本、一个关键"发展思路后，他贯彻党委决策部署，以五个方面的重点工作为抓手，团结全校师生全力以赴推动学校步入发展快车道。

树精神，构建师生精神家园。游旭群认为，大学之所以为大学，并不仅是一种物质实体的存在，更重要的是一种文化的存在、精神的存在。大学精神是文化软实力，是全校师生的精神家园，更是一个学校的立校之本，没有一流的大学精神，就无法创建一流的大学。他经常说，陕西师范大学可能不是各类排行榜上最好的大学，但一定是一所崇高而伟大的大学，之所以伟大，在于这所学校培养出一大批太阳底下伟大的从业者，在于这所学校在党和国家各个历史阶段所承担的伟大历史使命和责任，在于八十年办学实践中所形成的伟大办学精神。在走访看望校友时，他发现很多陕西师大的校友为了祖国和西部教育事业献青春献终身，深受感动，经过认真梳理学校红色基因和深入挖掘学校各个历史时期的贡献，他首次提出了"以对国家、民族和教育事业的赤胆忠诚和无私奉献"为主要内涵的"西部红烛精神"，这一精神，是学校的鲜亮底色，是陕西师大人的生动写照，也是学校奋进新征程的动力源泉。提出"西部红烛精神"，持续挖掘精神内涵，构建师生精神家园，是顺应全校师生所愿，是发展所需，也是海内外校友所盼。

促改革，完善学校治理体系。游旭群认为，学校要实现内涵发展快速发展，终究要靠改革来优化治理、激发活力。一方面，在学校党委的大力推动和直接领导下，逐步推动机构改革、管理体制机制改革，补齐制度短板，促进依规办事照章办事，不断优化决策流程，确保学校运行科学化、规范化、法制化。另一方面，他坚定不移贯彻落实党中央教育评价改革要求，在校内全力推动以成果成效为导向的教育评价改革。他强调，评价是"指挥棒"，具有极其重要的导向作用，可以带动育人方式、办学模式、管理体制、保障机制全方位更加优化更加科学，既事关学校发展活力，也事关师生切身利益，只有推进评价改革，才能让学校破除内涵式发展之缚。教育评价改革是深水区改革，涉及方方面面的利益，他承受着极大压力积极做好相关层面的思想工作，确保全校师生同心同德同向同行，确保改革能够顺利推进。在党委的坚强领导下，学校构建了"2+4+X"评价政策体系，从而在校内树立起正确的评价导向，教职员工干事创业良好氛围愈发浓厚。

彰特色，坚守教师教育主责。在湖南一师访问时，游旭群看到一百多年前老一辈教育家创立湖南一师时所提出师范教育的初衷与办学理念："国家之盛衰视人才，人才之消长视教育，教育之良窳视师范。师范者，教育之教育，固陶铸国民之模范，造就青年中国之渊泉也。"对此，他深受感动，认为国家的盛衰看师范，高质量的师范教育是高质量教育的基石，是国家的未来，作为西北地区唯一一所"国家队"师范大学，陕西师大必须坚守教师教育主责主业，为教育强国建设和西部教育振兴培养更多卓越教师和未来教育家。他分析发现，陕西师大因师而来、因师而兴，也将依师而立、依师而强，必须始终将办好师范教育作为第一职责、最大特色、核心优势，只有坚守教师教育主责主业，才能获得更大力度的支持和资源。除进一步增强教育学、心理学学科竞争力外，他带领学校拿下国家教师发展协同创新实验基地，与陕西省、西安市签订共建协议。在他的积极倡导和奔走下，学校牵头成立西部师范大学教师教育创新与发展联盟和西部基础教育共同体，与多个地市签订基础教育合作协议，积极带头落实党委部署的西部基础教育"百校行"、边境国门学校和"一带一路"沿线地区的基础教育质量提升行动，不断增强学校对西部教师教育和基础教育的服务力，进一步拓展完善学校教师教育工作格局，学校的影响力、美誉度持续提升。同时，他高度重视学校附属中学、附属小学、幼儿园以及实验小学的教育教学质量建设，坚持将之纳入学校教师教育体系，打造学校教师教育的亮丽名片和基础教育领域排头兵；鼓励中小幼老师积极开展教育科研，以高质量科研引领支撑教学实践。2023年学校附小、幼儿园和实验小学的三项成果均获得国家基础教育优秀成果二等奖。此外，他还通过积极艰苦的努力，使附中成功开设海军航空实验班。

强学科，擦亮一流大学标识。游旭群多次谈到，学科建设水平是学校发展的显著标识，没有高水平学科是陕西师大人的耻辱。他率先垂范、带头冲锋，在重大奖项、重大项目上全力争取，主动担负起学校教育学、心理学学科建设专班工作，教育学、心理学学科在第五轮学科评估中均取得历史性突破。令人感动的是，作为心理学学科带头人的他，主动让心理学支撑教育学冲击世界一流学科。学科发展必须要有参考和抓手，通过比对后他发现，软科的指标体系和学科评估体系非常相近，软科的学科排名也与学科评估排名大致相同，他认真研究学校各学科的软科积分，并进行横向、纵向对比，为各部门量化指标任务。在他的影响下，学校机关干部和各学院院长、书记关注软科积分的越来越多，推进学科建设的抓手和任务越来越清晰。为优化学科布局、提升学科建设成效，学校党委构建"四维驱动"学科布局，组建"7+4"学科建设专班。作为校长，他带头落实学校党委决策部署，强化绩效导向，推进团队制建设，逐步完善学科建设体制机制，压实各学科建设目标、建设路径、建设任务。他还提出"两个认同"的学科建设目标，强调学科建设一定要得到政府认同、学界认同。在学校党委的坚强领导下，在全校师生员工的共同努力下，学校在第五轮学科评估中洗去没有A类学科的耻辱，中国语言文学正式入选第二轮"双一流"建设行列，高等学校科学研究优秀成果奖（人文社会科学）一等奖暌违二十五年回归，学校高层次人才队伍规模翻了数倍，2023年当年的国家级人才引育总量超过"十三五"时期总和。

惠民生，师生共享发展成果。师生员工是学校历史的创造者，是学校改革发展的根本依靠，任何时候都把师生放在心中最高位置，维护好实现好发展好师生根本利益，全心全意把师生福祉落到实处，让全体师生共享发展成果，是游旭群的不懈追求。他勇于开拓，积极抢抓一切机遇，尽可能争取资金改善办学条件。自担任校长以来，学校建成可容纳3300名学生住宿的学生公寓一期，有效应对学生住宿空间紧张问题，雁塔校区地下停车场及田径场投入使用，实验动物饲养中心、科研楼相继竣工，体育训练中心、教师教育科研创新中心即将交付，届时师生学习工作条件更加优越。他敢于担当，开拓进取，为学校未来发展提前布局，主动谋划学生公寓二期、教师公寓三期、智慧教育和数字教育研究中心等项目，同时事不避难，压茬推进解决历史遗留问题，国际教育大楼即将投入使用，完成置换的曲江 33 亩地计划建成国家教师教育协同创新实验基地大楼。长安校区投入使用以来，长期没有附中、附小，这给教职工及其子女上学造成极大的不便。为解决教职工子女教育后顾之忧，让教职工可以把更多精力投入学校事业发展，他积极对接属地政府，为长安校区附中、附小建设成功争取到 10 亿资金，建成设施一流的长安校区附属中学和附属小学并投入使用。面对办学经费紧张的困境，他通过积极对接地方政府和教育部，先后为附中、附小和幼儿园争取额外办学经费上亿元，为学校基础教育质量的提高奠定了较为坚实的保障基础。民生工作永无止境，让广大师生生活得更有自信、更有尊严、更有期待、更加幸福，是他永恒的工作目标。

立德树人是高校根本任务，人才培养工作是高校中心工作。作为校长，游旭群始终把人才培养工作作为重中之重。他提出了"学识扎实、情怀深厚、灵魂高贵"的人才培养理念，注重对学生的价值塑造，强化培育学生家国情怀和高贵人格。他热爱学生，一有时间就深入课堂听课，与老师、学生平等交流，此外，在食堂、田径场以及校园各处，也经常可以看到他和学生聊天，倾听学生心声，并在潜移默化中教导学生如何做人、如何做学问。他的教育理念总是体现在细微之处、细节之间，2021 年学校举行运动会时突下大雨，他坚持带头在雨中和学生们完成足球比赛，他说，体育就是磨炼人的意志品格，怎么能因为下雨就不去运动。他对学生的爱同样贯穿于学校管理之中，认为学生犯点错误不应该一棍子打死，要给他们改正的机会，处分是为了教育而不是惩罚。为此，他专门推动相关文件修订，留出观察期，只要观察期表现良好，就可以解除处分，不少学生因此受益，通过努力最终成为一名合格的大学生。2023 年教师节前夕，党和国家提出新时代教育家精神，游旭群认真学习领会并带头践行，他认为，教育家精神应该是"甘于奉献，成就他人"，作为师范大学的老师，更要能够成就学生并且教会学生成就他人，通过成就一个个学生，使学生走上教师工作岗位去成就更多的人，从而成就国家复兴、民族富强。可以说，成就他人，是游旭群始终不变的情怀和担当。

"雄关漫道真如铁，而今迈步从头越。"如今，游旭群依然保持着求真务实、实干苦干的作风，在学校发展和学术领域继续书写新的业绩，努力为这所伟大而崇高的学校增添新的荣光。

【主要参考资料】

[1] 教科院：《探索心理发展中的文化因素，开阔心理学研究的国际视野》，载《陕西师大报》2004 年 8 月 30 日。

[2] 游旭群：《高校教师要"以心育人"》，载《中国教育报》2017 年 3 月 23 日。

[3] 游旭群：《构建人类命运共同体，大学何为》，载《光明日报》2018 年 7 月 31 日。

[4] 马相：《传承和弘扬好特有的"西部红烛精神"》，载《西安日报》2019 年 1 月 20 日。

[5] 游旭群：《传承西部红烛精神　肩负教育报国使命》，载《光明日报》2019 年 12 月 3 日。

[6] 许祖华：《游旭群：弘扬西部红烛精神　支撑教育强国战略》，载《瞭望》2021 年第 12 期。

[7] 李忠军、游旭群：《师范百年与建党百年》，载《中国高等教育》2021 年第 13/14 期。

[8] 游旭群：《中国特色世界一流教师教育体系建设的探索》，载《教师发展研究》2022 年第 2 期。

[9] 游旭群：《一流学科建设推动师范教育高质量发展》，载《中国教育报》2022 年 9 月 26 日。

[10] 游旭群：《培养教师数字能力，造就拔尖创新人才》，载《中国教育报》

2022年12月22日。

[11] 游旭群:《贯彻党的二十大精神:打造中国风格的心理学理论体系》,载《心理与行为研究》2023年第2期。

[12] 游旭群:《涵养新时代教师"言为士则、行为世范的道德情操"》,载《中国高等教育》2023年第20期。

[13] 李忠军、游旭群:《合力打造西部师范教育"新格局"》,载《中国教师报》2024年4月11日。

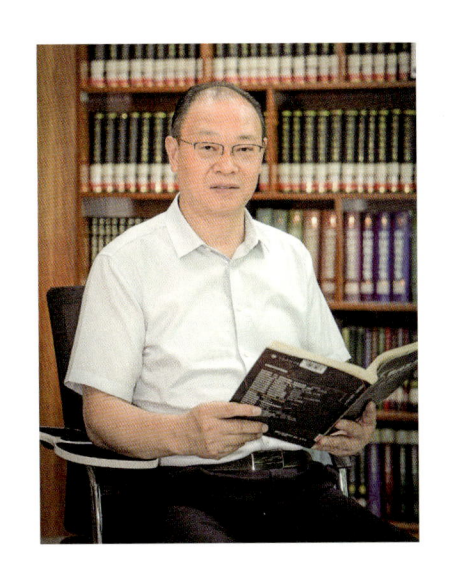

【人物档案】

李森，生于1964年，四川宣汉人。国家"万人计划"哲学社会科学领军人才，中宣部文化名家暨"四个一批"人才，"新世纪百千万人才工程"国家级人选，陕西师范大学教育学部部长、陕西教师发展研究院常务副院长。1997年在西南师范大学获得教育学博士学位后留校工作，先后任学校（2005年西南师范大学与西南农业大学合并，更名为西南大学）教育科学研究所副所长、研究生部副主任、图书馆馆长。2016年11月任海南师范大学副校长，2022年9月调入陕西师范大学工作。主要从事课程与教学论、教师教育、乡村教育等领域的研究与教学工作，在教学基本理论、课堂生态、基础教育课程与教学改革、教师教育教学质量等方面有深入研究和建树。国家级一流本科课程"课程与教学论"负责人，获第八届高等学校科学研究优秀成果奖（人文社会科学）一等奖。兼任教育部高等学校教育学类专业教学指导委员会委员、教育部高等学校教学信息化与教学方法创新指导委员会委员、教育部基础教育教学研究指导专业委员会委员、中国教育学会教育学分会副理事长、中国教育国际交流协会教师教育国际交流分会副理事长等。

李森：深耕教育沃土　引领课程教学

　　李森是课程与教学论领域的知名学者，他从风华正茂的学子，到桃李满天下的师长，每一步都踏实而坚定。他曾在书海中遨游，以笔为剑、以墨为盾，书写着对知识的热爱与追求，表达着对学术的执着与坚守。早期他的研究主要集中在与自身实际和需求高度相关的课程与教学领域，随着身份的转变和学术的积淀，逐步拓展到教师教育、乡村教育等领域。作为具有强烈责任感和创新精神的学术研究者，他立足实践、吐故纳新，构建了课程与教学理论新体系，引领着学科的发展方向。作为教育实践者，他始终秉持"育人为本"的理念，用心教书、用爱育人，他的课堂生动有趣、深入浅出，让学生在轻松愉快的氛围中领略学术的魅力。他一直在用自己的实际行动，诠释着学者风范与师者情怀。三十多年来，李森主持完成国家社会科学基金重点项目、教育部人文社会科学重点研究基地重大项目等国家级、省部级科研课题 30 多项；出版著作、教材 30 余部，发表学术论文近 300 篇，多篇论文被《新华文摘》、《中国社会科学文摘》、人大复印报刊资料等刊物转载；作为第一完成人获高等学校科学研究优秀成果奖（人文社会科学）一等奖、全国教育科学研究优秀成果一等奖等国家级、省部级教学科研成果奖 30 多项。

艰苦求学　学术之路展锋芒

　　1964 年 3 月，李森出生在四川省宣汉县的大山深处，大山的沉稳与广阔造就了他坚毅果敢的性格。在食不果腹、衣不暖体、交通闭塞的年代，他自幼就体验到了生活的艰辛和求学的不易，每天凌晨天色未明就起身煮饭，然后与小伙伴一起步行去离家 5 公里左右的学校上初中。求学期间，李森用功好学，成绩优异，因为他深知只有努力学习、坚持读书才能走出大山，改变命运。

1983年9月,李森进入达县师范高等专科学校开始英语教育专业的学习,这源于他从小就有一个"教育梦"。直到高中才接触和系统学习英语的他,很快就对英语产生了浓厚的兴趣,并且专业成绩名列前茅。他说,希望通过学习英语,了解丰富多彩的文化,也希望通过英语教学为更多的乡村学子打开看世界的窗口。1986年7月,李森顺利完成学业并以优异成绩留校任教,开启了他人生"教师梦"的旅程。

1991年9月,怀揣着教书育人梦想与积累五年教学经验的李森,再次选择背起行囊继续深造,考入西南师范大学外国教育史专业攻读硕士研究生,师从徐仲林、任代文先生,1994年6月获教育学硕士学位。

1994年9月,李森考入西南师范大学教育科学研究所,攻读课程与教学论专业博士研究生,师从我国著名教育学家、西南师范大学课程与教学论博士学位点创建人、斯坦福大学教育学博士张敷荣先生。李森读博期间,张敷荣先生已是90岁高龄,在求知若渴的原动力和对张老无比崇敬的情感驱动下,多次在照顾与陪伴张先生的过程中受教于床前病榻。假期当别人已经难掩回家团聚"喜上眉梢"的喜悦时,他却秉持着"吾生有涯而学无涯"的信念"咬定青山不放松",所谓"寒暑往来三余载,伏案挑灯勤学人"。在此期间,他形成了较高的学术敏感性,认真思考教学论问题,最后将研究领域聚焦于当时非常前沿的教学动力。在当时文献资料搜集不便的条件下,他辗转国家图书馆和各大高校图书室,阅读相关文献,获取灵感,最终以矛盾论为方法论系统研究了教学动力问题,将教学动力分为主动力、次动力和助动力,具有很强的创新性。1997年6月李森完成博士学位论文《教学动力论》,获得教育学博士学位,并留在西南师范大学工作,同年晋升为副教授。1998年,修订完善的学位论文由西南师范大学出版社出版发行,于2001年获重庆市第二次社会科学优秀科研成果一等奖。其阶段性研究成果《教学动力研究的反思与构建》在《西南师范大学学报(哲学社会科学版)》1997年第3期发表,同时被人大复印报刊资料《教育学》1997年第6期和《高等学校文科学报文摘》1997年第4期全文转载；《关于教学动力分类的探讨》发表于《教育理论与实践》1998年第4期；《教学动力来源论纲》发表于《西南师范大学学报（哲学社会科学版）》1999年第6期，被人大复印报刊资料《教育学》2000年第2期全文转载、《北京师范大学学报（人文社会科学版）》2000年第2期摘要转载。自此，李森开始在学界崭露头角。

"耕耘更知韶光贵，不待扬鞭自奋蹄。" 1997年博士毕业后，李森在课程与教学论领域不断耕耘，结合自己的教学经验与感悟，用五年时间全力打造他学术人生中的又一代表作《现代教学论纲要》。已于2005年由人民教育出版社出版发行、2018年再版，多次印刷发行。该书一经出版便广受好评，奠定了其在课程与教学论领域的学术地位。此后，李森在教学论领域孜孜以求，从一般教学论研究转向教学生态学研究，合著《课堂生态论：和谐与创造》（人民教育出版社，2011），开启了我国教学生态学研究的新起点。课程与教学论资深学者、北京师范大学裴娣娜教授，在2019年第十六届全国教学论学术年会上对该书高度评价，称其是"教学论领域的创新之作，课堂生态的奠基之作"。正所谓"十年磨一剑，一朝试锋芒"。

"和而不同，兼收并蓄"，李森虽然"痴迷圣贤书"，但并非"不闻窗外事"。在学术理论研究的同时，他也非常注重与同人进行学术交流，多次参加全国高端学术会议与圆桌论坛，并做主旨报告或大会发言。"天地高阔，吾欲往观之"，学术要走得远走得深，还必须走出国门走向世界，传播中国教学思想和教学理论，讲好中国教育故事。2002年以来，李森分别赴美国、英国、法国、俄罗斯、澳大利亚、加拿大、日本、泰国、利比里亚、肯尼亚、埃及、巴西等国以及我国港澳台地区的大学和中小学进行学术交流与考察；前往美国伊利诺伊大学（UIUC）做Freeman项目访问学者、美国亚利桑那大学做高级访问学者；多次参加国际学术会议，如出席2004年在美国旧金山召开的"全球整合教育与教育改革"国际学术研讨会，2006年在美国夏威夷召开的第四届全球教育国际学术研讨会，2006年在美国芝加哥大学召开的"中国与世界的未来"国际学术研讨会，2008年在法国巴黎召开的"教育与持续发展"国际学术研讨会，2011年在日本上智大学召开的第八届国际怀特海大会，2019年在巴西利亚大学召开的第十二届国际怀特海大会，2024年在泰国孔敬大学召开的"全球化时代教师队伍建设与可持续发展"国际学术研讨会，等等。

学为人师　潜心育人才

从1986年登上大学讲坛以来，李森已经教书育人三十余载，他为本科生、硕士生、博士生开设了课程与教学论、比较教学论、课程与教学理论的新进展、基础教育课程与教学改革、课程与教学论名著精读、中国教学思想史、教育基本理论专题等多门课程。其中，负责主讲的课程与教学论被评为首批国家级一流本科课程（线上）、首批国家级课程思政示范课程、"学习强国"全国推广课程。

课程与教学论是一门交叉学科，需要多学科的支撑，主讲教师如果没有多学科的理论功底和宽阔的视野，则很难把课讲精、讲透、讲厚、讲实。李森学识渊博、思维敏捷、旁征博引、幽默风趣，能从哲学、人类学、社会学、生态学、伦理学等角度深度讲解课程与教学问题，让学生沉浸其中、回味无穷，深受学生的赞赏与好评。他还经常向学生分享自己的学习经历，以身激励学生要努力学习，并学会"自我代入"地发现、思考课程与教学问题，从而将他人的理论转化为自我教育的实践。2016年11月至2022年8月，时任海南师范大学副校长的李森强调，"师范大学就是要以培养未来教师为己任，应该坚持'以本为本'，全面提高本科教学质量，因为它直接关系着基础教育的师资质量与教育质量"，因此他提倡校领导、博士生导师以及教授都要走上讲台给本科生上课。他更是克服繁忙工作与繁重科研压力，率先垂范，坚持每学年至少给本科生讲一门课程。

李森常跟学生们说："人在一生中至少有两种用外力无法解脱的缘分：一是与父母的血缘，一是与老师和同门的学缘。"他非常珍视与学生之间的这种缘分，对待学生如友如子。李森始终秉持因材施教的原则指导硕士、博士研究生。针对基础比较好、学术敏感性较强的学生，他多是以课题为推手，让学生在参与课题研究的过程中更快更好地发展；针对跨专业或者基础相对不够扎实的学生，他先是"放任"其自由地阅读专业文献，然后再以论文写作为抓手，训练学生的学术思维和科研能力。对学生的要求，他宽严相济、张弛有度，2014级博士研究生、现在淮北师范大学工作的汪建华回忆道："李老师对学生是'严在当严时，爱在当爱处'，记忆最深的是在博士论文的写作过程中，在我论文写作初期，李老师经常询问我论文进展情况，督促我抓紧时间，但在论文写作后期，他却一改往日作风，见面或打电话，也只问生活，于论文一事，反倒'蜻蜓点水'般一带而过，倒是不断地给予我各种鼓励。"

李森在育人方面彰显智慧，他所要培养的不是学术"工具人"，而是对生活充满热爱、思想情感丰富的"价值人"。"我每天都渴望黎明的到来"，这是他的座右铭，也是他立言立行、做人做事的人生准则。对于学生的成长，他在入学之初就赠言"优秀是一种习惯，生命是一种过程，两点之间最短的距离并不一定是直线，只有知道如何停止的人才知道如何加速，放弃是一种智慧、缺陷是一种恩惠"。西南大学王天平在博士学位论文的致谢中写道："在精神层面上，李老师无疑铸造了我的人生，使我的精神世界得到了丰富的滋养和快速的发展。"海南师范大学博士崔友兴说：李老师曾说的"埋头拉车，抬头看路，仰望星空"，为我的学习和生活指明了前进的方向，也早已成了我工作、学习和生活的座右铭，不断地勉励着我、激励着我。

"桃李芬芳，教泽绵长"，担任研究生导师三十多年来，李森"桃李满天下"。截至 2023 年 12 月，他为国家培养出 10 名博士后、50 名博士研究生、140 余名硕士研究生，其中，30 余人晋升为教授，1 人成长为国家"万人计划"教学名师，1 人成长为教育部"青年长江学者"，2 人成为国务院政府特殊津贴专家，2 人成为教育部教学指导委员会委员，10 多人成为省部级优秀人才，其他大多数人成为所在单位的教学科研骨干或优秀管理人才。在李森指导的博士学位论文中，1 篇论文获全国优秀博士论文提名奖（2013），1 篇论文被评为全国首届教育博士专业学位优秀论文（2019），其余多篇论文被评为省级优秀博士论文和优秀硕士论文。

守正创新　开辟研究新领域

"科学研究源于疑惑，疑惑又源于实践。"作为一位长期从事教学论研究的学者，李森关注和研究教学问题主要源于他的亲身教学实践。1986 年，李森大学毕业就留在高校工作，在从事教学、科研工作的最初五年时间里，他发现一个普遍的现象，就是当时相当多的教师厌教、学生厌学，这成为令他疑惑但又吸引他一直思考的问题。也正是在这一时期，李森形成了对这一问题的基本认识，认为是教师教与学生学的动力不足，但那时还只是停留在感性认识阶段。1991 年他攻读教育学硕士学位期间，经过广泛阅读和进一步思考，加深了对教学动力问题的认识，但并未展开正式研究。直到 1994 年，在张敷荣先生的点拨、指导下，才坚定了他研究教学动力的信心和决心，把这一课题作为其博士学位论文的选题，论文答辩通过后经过修改、整理后出版为专著《教学动力论》。该书于 2001 年获重庆市第二次社会科学优秀科研成果一等奖，由此初步奠定了他在课程与教学论领域的学术地位。

在面对 21 世纪培养高素质人才的现实需要，以及现代教学理论发展和教学改革实践的大趋势下，教学动力问题是现代教学理论中具有重要价值的前沿性课题，同时也是亟待探讨的重要理论课题和实践课题。教学动力在我国乃至世界范围内都鲜有专门系统而深入的理论研究，而当时"初生牛犊不怕虎"的李森，逆流而上选择这个开拓性强、难度较大的课题进行研究，难能可贵，这也彰显了他在科学研究上的锐气和胆识。他以马克思主义关于人的全面发展学说和矛盾论为指导，运用心理学、社会学以及系统论、控制论、信息论、协同论、突变论等"横断"学科的理论与方法，史论结合、理论联系实际，系统深入地论述了教学动力的由来、本质、特征、立论基点、类型、功能、来源、生成机制、实践策略等基本理论和实践问题，资料丰富、史论结合，视野开阔、勇于创新、依托实践、注重运用。这是李森关于教学论研究的代表作和标志性学术成果，也是该研究领域的创新之作。

"在知中行，在行中知。"多年的教学实践，使李森深切地感受到在新时代加强现代教学论这门课程教材建设的重要性和紧迫性。他在教学过程中并非"照本宣科"，而是努力尝试自己编写讲稿，围绕教学基本理论问题发表了一系列文章，并在此基础上撰写成学术专著《现代教学论纲要》，这是他学术生涯中的又一部力作。在李森看来，教学论所要解决的首要问题是教师为什么教学生为什么学、教师教什么学生学什么、教师怎样教学生怎样学、教师教和学生学的效果如何。其中，为什么教为什么学，是教学目的所要解决的问题。知道为什么教为什么学，接着而来的是谁教、教谁、谁学，这些必然涉及教师和学生，即教学主体。主体参与教学活动，教什么学什么？怎样教怎样学？教什么学什么，属于课程教材探讨的问题。而怎样教怎样学，涉及的内容比较多，诸如教学方法、教学手段、教学组织形式、教学模式、教学策略、教学艺术等等。还有一个问题不可回避，即教的效果和学的效果如何，好还是差，好的程度怎样，差在哪里，这就需要通过教学评价来检测和判断。所有这些问题，都是教学的基本理论问题，即教学原理，也是该书重点探讨的问题，由此李森构建起自己的现代教学理论体系。该著作先后于2009年被评为第五届高等学校科学研究优秀成果奖（人文社会科学）三等奖，2010年获批普通高等教育"十一五"

国家级规划教材。

如果说从《教学动力论》到《现代教学论纲要》是李森在教学论领域"由点到面"的研究过程，那么《课堂生态论》则可谓"由面到体"的跃迁，是从一般教学理论发展到生态教学理论。李森借鉴哲学、社会学、生态学、心理学和教育学等多学科的研究成果，以课堂生态的要素分析为基础，以课堂生态的理论建构为手段，以课堂生态的实践探索为目的，构建了课堂生态研究的框架体系，包括课堂生态的基本原理、课堂生态的理论建构和课堂生态建设的实践策略，首次实现了从生态学视角对课堂进行系统的研究。该书出版后被多次引用，产生了较大的学术影响，于2015年获第七届高等学校科学研究优秀成果奖（人文社会科学）二等奖。

李森早年的研究主要集中在教学论领域，构建起课程与教学理论新体系，后来逐步扩展至乡村教育、教师教育等领域。近年来，他关注新时代背景下的乡村教育可持续发展、乡村教师社会责任感、教师教育高质量发展等问题，不断发表自己的学术见解，走上了"大教育"的研究之路。他在人民教育出版社、高等教育出版社、教育科学出版社等出版的主要著作有《现代教学论》《教学论发展的文化审视》《有效教学新论》《中国新时期教学论的进展》《中国教学思想史专题研究》《当代中国乡村教育研究》《社会变迁中的乡村教育》《教师教育教学质量论纲》等30余部。主持完成国家社会科学基金项目4项、教育部人文社会科学重点研究基地重大项目1项、省部级科研项目30余项。在《教育研究》《课程·教材·教法》《中国教育学刊》《比较教育研究》《教育研究与实验》《教师教育研究》《教育发展研究》《国家教育行政学院学报》《西南大学学报》《光明日报》等报刊上发表学术论文近300篇，多篇论文被《新华文摘》、《中国社会科学文摘》、《高等学校文科学报文摘》、人大复印报刊资料等全文转载或摘录，成为教育学界的翘楚。

躬耕实践　播撒教育之光

李森长期致力于课程与教学论学科建设，2016年之前在西南大学担任国家重点学科"课程与教学论"团队负责人，带领学科团队在重庆、四川、贵州等地建立基础教育教学改革与创新实验基地，为基础教育做出了创造性贡献。2016年至2022年，李森在海南师范大学担任副校长期间，在他的指导带动下，海南师范大学于2017年成功获得优秀本科生推免硕士权，2018年获得国家级教学成果二等奖3项，2021年获批一级学科博士学位授权点（数学）1个、硕士学位授权点7个，以及国家级一流本科专业建设点18个。同时，作为教育学一级学科负责人，他带领大家团结一致努力拼搏，助力海南师范大学教育学学科在第五轮学科评估中由之前的C- 上升至B-，为海南师范大学教育学学科建设做出了突出贡献。2022年9月以来，李森主持陕西师范大学教育学部、陕西教师发展研究院的行政工作，负责陕西师范大学教育学一级学科建设，在他的努力推动下，该学科于2023年成功入选陕西省双一流学科，学科建设取得了很大进步。从2010年至今，他还一直担任中国教育学会教育学分会副理事长、全国教学论学术委员会副主任，为我国课程与教学论学科建设积极出谋划策，贡献自己的智慧和力量。

"捧着一颗心来，不带半根草去。"李森不仅是教育理论专家，也是教育实践专家，他在海南工作的六年时间里，致力于"让每一个海南孩子在家门口上好学"。他刚一到任便被海南省教育厅委以重任，就促进全省基础教育优质均衡发展、实现教育基本公共服务均等化的情况展开调研。之后，李森及其团队走遍了海南各个市县，其间的所见所闻和最终形成的4万余字调研报告，为他全面了解、精准判断海南基础教育存在的短板和发展优势提供了重要依据。他说："总体看来，海南基础教育发展基础较为薄弱，主要体现在办学理念、师资队伍、课程开发、教学创新等多个方面的薄弱。要尽快改变这一现状，加强教师队伍建设是关键。"明确"症结"和思路后，李森牵头在海南师范大学推行多项促进高等师范教育融入基础教育的行动举措，如把教师服务基础教育情况与年终考核、绩效工资挂钩；与海南省教培院等单位合作组建40多个学科团队，在课程与教学方面对全省中小学校展开帮扶等。

值得一提的是，对海南师范大学的本科教育，李森推动实施了"1.5+1.0+1.0+0.5"的人才培养模式，对海南师范大学师范生在校学习的8个学期进行了合理的时间分配。其中，第一、第二、第三学期学习通识教育课程，第四、第五学期学习专业课程，第六、第七学期主要在该校教师教育学院的安排下，开展教育教学技能训练和"顶岗支教"等实习见习活动，最后一个学期完成毕业论文。李森认为，这有利于师范生提前了解海南教育情况、熟悉教师工作，毕业后能尽快进入教师角色，顺利走上讲台。

"审时度势，把握机遇"，李森说："我深刻地感受到，在自贸港建设的背景下，海南是一片干事创业的广阔天地。"他针对海南自贸港建设急需大量人才，尤其是急需中小学优秀教师的现实情况，组建了海南师范大学教师教育学院，并在海南省儋州市、定安县创建了两个省级教师教育改革与创新试验区，校地联合培养基础教育卓越师资，着力提升本科教学质量和水平，努力培养一批"下得去、留得住、教得好"的优秀师范人才。他还积极开展基础教育教学改革实验，教学成果《中学研学旅行课程的开发与应用研究》于2018年获国家级优秀教学成果二等奖，并在多所中小学推广应用。2022年9月调入陕西师范大学以后，他高瞻远瞩、整合资源，联合陕西师范大学教育学部、陕西教师发展研究院和西部师范大学教师教育创新与发展联盟等多个平台，不断改革和创新教师教育人才培养模式，搭建起理论实践双环交互、培养过程六路推进的师范人才系统提质行动框架，即新师范人才培养的"双环六路"模式。同时，还组织编写"小学教师教育教材丛书"（17册），以促进、培养和造就大批高素质专业化教师队伍，有力提升西部地区教师教育整体水平，以及服务乡村教育振兴的能力。

【主要参考资料】

[1] 李森：《教学动力论》，西南师范大学出版社，1998年。

[2] 李森：《现代教学论纲要》，人民教育出版社，2005年。

[3] 李森、王牧华、张家军：《课堂生态论：和谐与创造》，人民教育出版社，2011年。

【人物档案】

田振军，生于 1965 年，陕西绥德人。全国师德标兵，全国模范教师，教育部"长江学者奖励计划"特聘教授，陕西师范大学体育学院教授。1988 年于陕西师范大学体育系毕业后留校任教，2012 年起任陕西师范大学运动生物学研究所所长、运动生物学和运动人体科学学科及运动与心血管健康研究室负责人，曾任学校教学委员会委员二十余年。是运动人体科学国家级教学团队、运动解剖学国家级精品课程、国家级一流本科课程和国家级虚拟仿真实验项目负责人，国务院政府特殊津贴专家，宝钢优秀教师奖获得者。现兼任中国生理学会运动生理学专业委员会主任委员、中国体育科学学会运动生理生化分会常务委员、中国体育科学学会学术工作委员会委员等，担任 Journal of Science in Sport and Exercise（SSEJ）、Sports Medicine and Health Science（SMHS）、Advanced Exercise and Health Science（AEHS）等期刊编委。主持国家自然科学基金 5 项，出版专著和教材 10 余部，发表 SCI、CSSCI 源期刊论文 200 余篇。获国家级、省级教学成果奖和省级科学技术奖及哲学社会科学优秀成果奖等 8 项。

田振军：四秩砥砺奋进　归来依旧青春

自 1988 年从陕西师范大学毕业留校任教以来，田振军以矢志不渝的信念和锲而不舍的努力，在三尺讲坛辛勤躬耕三十六载。作为一名忠诚的共产党员，他始终坚守在教学科研一线，将为党育人、为国育才的初心使命融入血脉，化为行动。他在教书育人园地默默耕耘，以大爱之心润泽本科基础教育，让知识的甘霖滋润学生心田，以实际行动诠释着一名优秀教师的责任与担当；在科学研究领域勇于探索，带领团队站在学术前沿，用耐心和智慧指导青年教师和研究生不断探索运动科学奥秘，以强烈的事业心和责任感为促进人类健康事业做出了积极的贡献。他始终认为，老师的成就不是数得着的教学科研成果，而是培养的学生健康成长成才！

用心教书："教学是一个良心活儿"

1987 年，年仅 22 岁的田振军还是陕西师范大学体育系大三的学生，因系内师资紧缺，他毅然接受系主任胡竞田的安排，肩负起运动解剖学课程的教学任务。身份的特殊性使他既感受到压力，又感受到动力。他一方面与学生深入交流，了解他们的疑惑与需求；另一方面抓紧时间阅读书籍，查阅资料，精心备课。很快，他的课程便赢得了学生广泛认可，田振军也初步体验到了教书育人的快乐。

1988 年，田振军以优异的成绩毕业并留校任教。为了每一堂课都能完美呈现，他总是提前半小时来到教室，将那节课所需的教学用图精心绘制在黑板上，确保上课时能够结合教学内容进行生动讲解。据田振军回忆，那些年他绘制了数百幅教学挂图，虽然过程辛苦，但教学基本功得到了极大锻炼，教学效果显著提升。随着现代教育技术的不断发展，他将幻灯、投影、挂图、模型及标本等现代教学工具巧妙地融入课堂，使教学更加直观生动，也使师生之间的交流更为充分。这些宝贵的教学实践成果后来被运用到其负责的国家级精品课程——运动解剖学的建设应用中。

打铁还需自身硬。在教学工作中，田振军结合教学实践，虚心向他人请教，广泛涉猎各类书籍，不断解决教学中的一个个难题。在图书阅览室、学院教研室和实验室里，经常能看到他勤奋进取的身影。在担任学校教学委员会工作的二十一年里，他充分利用这一平台与机会，长期坚持听课，所听课程几乎涵盖了全校所有专业的核心课程。在这期间，他不仅出色完成了教学检查的任务，还广泛学习了跨学科的专业知识，积累了与学生沟通、论文写作、课程培育和课堂教学等多方面的技能与经验。

田振军常常强调："教学是一个良心活儿，无法用数字来衡量。需要倾注心血，善于发现学生的闪光点，容得下学生的缺点。没有爱的教育不能称之为真正的教育，而这种爱必须是发自内心的。"他通过不断钻研课堂教学，逐渐形成了自己独特的教学风格与理念——仔细观察、认真思考、科学表达、贵在应用。学生们表示："田老师的课堂有一种神奇的魔力，他能够将枯燥的理论知识与实践问题、前沿动态有机结合起来，把复杂的教学内容变得通俗易懂。在课堂上，他从不坐着讲课，而是善用肢体动作，用形象生动的语言、眼神和表情与每位同学进行充分的交流。"多年来，许多毕业生都已成为基层教育和体育事业发展的中坚力量，但每每回想起大学生活，他们依然对田振军老师的课堂念念不忘。

田振军以学生为中心，注重专业知识与课程思政的有机融合，建立了全新的课程教学体系。他始终将"坚定理想信念、厚植爱国情怀、加强品德修养、发扬奋斗精神、增强综合素质"的育人目标贯穿于课程建设和课堂教学的全过程。通过修订教学大纲、挖掘课程思政元素、研制典型思政案例、创新教学手段和方法等一系列举措，发挥课程育人主体作用。

在教学目标的设计上，田振军有着独特的见解。他将基础知识的教学视为基础坐标，问题意识和实践能力的教学作为纵深坐标，而创新能力的教学则是高度坐标。在教学过程中，他注重发现学生的优点，激发学生的学习兴趣，并致力于培养学生观察、思考、分析、运用等综合能力的提升。通过创设课堂育人文化、开展课外实践育人活动和改革教学评价方式等途径，他创建了以"一核心（以学生发展为核心）、两重点（基本理论和基本能力）、三同步（理论课教学与教材建设同步、实验课与理论课教学同步、数字与平面课程资源建设同步）、四要素（教学目标、基本概念、知识要点、重点难点）"为主线的教学模式和全新的课程教学体系。这些创新举措不仅提升了教学质量，也为学生提供了更加广阔的学习和发展空间。

除致力于常规课堂教学改革之外，他还格外注重实验平台与线上教学平台的建设，以及精品教材和教学团队的培育。早在1992年，他便着手建设运动人体科学展厅（前身为运动解剖学实验室）。由于标本的特殊性，他躬身钻研标本的制作与保存技术，不断丰富与积累展品。如今，该展厅已成为本科生线下实验教学的重要基地、运动科普知识宣传的重要阵地，并长期面向本科生、中学生及社会各界开放。田振军教授主动承担起义务宣传讲解的任务，通过让学生直接接触标本模型和"大体老师"（医学界对遗体、器官无偿捐献者的尊称），帮助他们树立科学的生命观、健康观和运动观。

为顺应数字教育时代需求，在虚拟仿真实验教学建设上，田振军倾注了大量心血。从网站版块设计到实验环节把控，从网页使用体验到颜色搭配，他都严格把关。2016年，他负责的实验教学平台成功获批陕西省虚拟仿真实验教学示范中心；2020年，他主持开发的下肢肌力量训练设计与生物学监控虚拟仿真实验教学项目获首批国家级一流本科课程（虚拟仿真实验教学类）。

田振军教授深知，一本好教材是学生学好课程的基础前提。虽然他已参与编写了10余部全国统编教材，其中由他担任副主编的《运动解剖学》第三版（国家"十二五"规划教材，高等教育出版社出版）发行量更是高达30余万册，但他还是梦想着主编一部插图更为精美、内容更为完善的新版《运动解剖学》。2018年，在高等教育出版社的大力支持下，他主持召开全国运动解剖学教学研讨会，组织启动新版《运动解剖学》的编写工作。他精心打磨每一个章节，精雕细琢每一幅插图。由于长时间久坐，裤子被椅子磨破，皮肤更是磨出了水泡，但他仍不分昼夜地工作。在编委会的共同努力下，有 400 余幅精美彩色插图和丰富的 3D/AR 资源、50 余万字的新版教材于 2022 年 9 月由高等教育出版社出版，且不到一年时间就重印 5 次，受到同行高度评价。

经过三十余年的辛勤耕耘，田振军负责的运动解剖学课程屡获殊荣，荣获国家级一流本科课程（线下课程和虚拟仿真课程）、国家级精品课程、陕西省精品资源共享课、陕西省专业课程思政示范课和教学团队等荣誉。他带领的运动人体科学教学团队获得国家级教学团队（2010），形成了"名师—名课—名团队"的教学特色。团队成员包括教育部"长江学者奖励计划"特聘教授、全国模范教师、全国师德标兵、省级师德标兵和师德楷模，青年教师荣获省级、厅局级和校级教学比赛奖项 8 次。培养的本科生主持国家级和省部级大学生创新创业项目 10 余项。课程改革成果多次在全国同类专业教学研讨会上进行专题报告，并发表在"教育部基层党建典型案例丛书"中，产生了广泛的辐射作用，还获得国家级、省级教学成果一等奖和二等奖共 6 项。

潜心育人："让学生健康成长成才是教师一生执着经营的事业"

在 2016 年学校组织的一次教师代表座谈会上，田振军说："一个人的发展是多维的，但做人是根本。每位教师的知识、能力和水平是不同的，但高尚的师德是根本。教会学生如何做人、如何学习、如何做事、如何成才，是每位教师一生执着经营的事业。"

田振军秉持"开拓创新、追求卓越"的育人理念，致力于培养爱国守正、基础扎实、综合素质高的创新人才，推动学科交叉与知识融合，引导学生参与科研项目、承担科研任务，培养学生诚实守信、坚韧不拔和团结协作的科研精神，鼓励学生未来要成为科技工作者、创新探索者、爱心奉献者、责任担当者、问题解决者和科技传播者，培养学生做"体育天使"，把掌握的运动促进健康的知识和指导运动健身的方法，传播到校园、社区、家乡，为健康中国建设增砖添瓦。

"千教万教教人求真，千学万学学做真人。"田振军常以教育家陶行知的名言自勉，坚持传道与授业并重，教书与育人同行，视学生健康成长成才为己任。他说，每个学生都是独一无二的个体，家乡和家庭背景各异，个性、爱好和文化基础也不尽相同。只有深入了解每个学生的成长状态，准确把握他们的特点和个性，才能因材施教。对于不同阶段的学习，他认为，本科生应重在培养学科兴趣，奠定专业基础；硕士研究生则需建立问题意识，敢于质疑，善于提出问题，逐步掌握学术研究范式；而博士研究生则应树立前沿意识，致力于学术创新，力求在科学研究中提出独到见解。同时，田振军注重与国内外名校的合作，为学生提供优质学术平台，开拓视野，助力他们学术成长。田振军强调："严谨的学术态度是治学之本，无论在学习的哪个阶段，都要沉下心来，勤勉不辍。"为此，他常以自己的亲身感悟启迪学生，倡导"吃苦、踏实、坚持、自信、胸怀远大"的学术品格，鼓励学生有理想、有追求，用勤奋和毅力、视野与胸怀成就梦想。

田振军深知把研究成果转化应用，加强学生实践能力是培养应用型人才的关键。因此，他带领团队建立教学与科研互动机制，鼓励学生组建团队进行创新实验设计，参与科研探索和社会实践服务。依托陕西师范大学国家体育科普基地等平台，鼓励青年教师和学生参与全国学生体质与健康调研工作，培养学生主动了解国民体质现状，提高学生主动服务社会的意识和能力。

"板凳要坐十年冷，文章不写半句空。"田振军强调从实验求证到论文撰写，要反复打磨，力求做到言之有物、言之有据、言之有理。正是本着这样的教育理念，无论是本科生毕业论文、国家级大创项目，还是硕士生、博士生毕业论文，从选题到实验设计与实施，再到论文撰写，每个环节都凝聚着田振军的智慧和心血。团队成员、副教授蔡梦昕回忆说，2008年她开始跟着田老师读硕士研究生,一年后的暑假,她到实验室找老师修改论文,让她感到意外的是,田老师没有说"我看后跟你说",而是让她也坐到电脑前,逐字逐句指导她修改,跟她说哪些地方论证不严密、哪些地方逻辑不合理、哪些地方需要增加论述、哪些字句是赘语……就这样,经过四个多小时的打磨,万余字的文章被删减掉近3000字,变得逻辑严密、行文流畅。蔡梦昕说:"老师'忒较真儿',标点符号运用是否恰当,标注文献是否引用准确,都会逐个检查、审核。通过这样严格的、具体的指导,我对如何写论文有了更深刻的体会。老师四个多小时的指导,思考的地方太多了。""严谨周密、一丝不苟"就是他指导研究生学习、做实验、写论文必然遵守的规则。

田振军教授不仅是一位卓越的"经师",更是一位深谙教育之道的"人师"。在教学上,他对学生要求严格;在生活中,他却如同慈父般给予学生们无微不至的关爱。对经济上遇到困难或家庭遭遇变故的学生,他总是耐心细致地给予劝慰和关怀;对性格内向、缺乏自信的学生,他更是细心疏导,帮助他们"过坎爬坡"。每当学生的生日到来,田振军总会发来祝福短信,鼓励他们不断成长成才。他把自家的冰箱和家具搬到工作室,夏季来临,让学生在忙碌的实验间隙享受雪糕那清凉的感觉。端午节时,他会为学生们送来家里煮好的粽子;中秋节时,又会分发月饼,邀请大家一起聚餐。每次采购了水果,他都会召集大家一起分享。这些细微的举动,让学生们倍感温暖,直言:"我们实验室就是一个充满爱的家。"

2022级研究生潘收回忆,初入研究生阶段,每位同学都会面临选择导师。由于田振军老师的科研方向对体育背景出身的学生来说确实是个挑战,大家都有些望而却步,所以当提及选择田老师作为导师时,同学们满是敬佩。"在与意向导师的对话中,田老师并没有想象中的严肃和拘谨。随着谈话的深入,我感受到了他的和蔼与理性,也更加坚定了我选择田老师作为导师的决心。"时至今日,潘收仍清晰记得那次对话中田老师的语重心长:"'马不扬鞭自奋蹄,要有拼搏和坚持的精神。'这番话深深地触动了我,也让我明白了作为体育人应有的追求：一骑绝尘，争做冠军。田老师的教诲如同春日暖阳，温暖着我的心灵。每当我迷茫时，他以其博学多才为我指点迷津；每当我懒散倦怠时，他以仁爱关怀劝我戒骄戒躁。他教会我要成为一个自强不息的人，激励我在学术道路上不断探索、追求卓越。"

从教三十六年来，田振军主讲本科生和研究生课程 6 门，培育硕士、博士研究生 80 余名。指导的研究生获国家奖学金、何崇本研究生创新奖学金等多项奖学金，在全国专业性学术会议、国内举办的国际学术会议上口头报告和优秀墙报获奖 20 余次，获陕西省高校研究生科技创新成果一等奖 4 项、二等奖 2 项；指导在职博士研究生和青年教师获得国家自然科学基金项目 7 项、省部级项目 5 项；带领的团队所指导本科生完成国家级大学生创新项目 10 余项；指导的硕士研究生获得"优秀研究生"称号，学生论文及研究成果分别荣获优秀毕业论文、陕西省研究生优秀创新成果一等奖和二等奖；指导的硕士、博士研究生在 SCI 和 CSSCI 上发表论文 80 余篇，近 50% 的硕士研究生进入中国科学院、清华大学、浙江大学、西安交通大学、空军军医大学、北京体育大学、上海体育学院、莫斯科体育大学、德州大学、马里兰大学等名校和研究机构继续攻读博士学位或从事博士后研究工作，60% 以上博士研究生与国外高水平大学开展联合培养工作，多名博士研究生毕业后进入中国科学院及国内外知名大学从事博士后科研工作，目前均工作在教学科研第一线。

天道酬勤，厚德载物。2016 年，田振军被评为陕西师大首届研究生"我心目中的好导师"，2019 年，所负责的研究生团队获学校"优秀导学团队"称号，还被评为全国师德标兵、全国模范教师，陕西省教学名师、师德楷模、师德标兵。

躬耕科研："敢问为什么，敢于探索，勇于坚持"

田振军教授坚信，高等学校不仅是培育创新人才的摇篮，更是生产新知识的源泉，以高水平科学研究支撑高质量高等教育是每位大学教师必练的内功。他常说："科研与做人，皆需顶天立地。顶天就是要站在国际学科前沿的创新之巅；立地就是要扎根于基础原理和服务社会这块土壤，稳固科研之基。唯有敢问为什么，敢于探索，勇于坚持，方能产出有价值的研究成果。"

在体育科学领域，田振军认为攻克关乎运动促进健康的科学问题，是高等学校相关教师的社会责任和科研使命。面对我国 3.3 亿心脑血管疾病患者，以及发病率逐年上升并呈年轻化趋势的严峻现实，他深感责任重大，时常思考，如何通过运动维护心脑健康，促进心脏康复。鉴于此，田振军教授长期聚焦运动健康科学，特别关注心血管健康的重大科学问题，带领团队围绕细胞因子与运动促进心血管健康机制开展系统研究，取得了显著成果。在科研道路上，他始终保持着那股"较真儿"的劲头，坚信"没有条件可以创造，没有思想则一事无成"。早在 20 世纪 90 年代，田振军就开展运动与缺血心脏保护的基础研究，发现了心肌间质胶原、心肌窦样管在运动性和病理性心脏肥大中的功能意义，首次提出了心肌窦样管、心肌间质胶原成分在运动训练引起心脏功能适应和防止肥大心肌细胞滑脱损伤中起重要作用的新观点，揭示了运动心脏肥大和病理性心脏肥大的本质区别，为科学制定训练方案和有效预防运动心脏损伤，促进心血管健康奠定了基础。

田振军教授的研究领域聚焦重点人群的心血管健康基础研究，包括运动改善心血管功能的基础研究，以及运动与心血管功能的中枢调控。他时常在显微镜前连续观察数小时，对科研的执着和热情令人敬佩。他严谨的治学态度影响着学生，有学生说："田老师对科研的执着无形中感染着我们，激励着整个运动与心血管健康研究室。"

他始终强调，科学研究既要见"树"，还要观"林"。他带领团队不仅关注运动与心血管健康本体研究，还从整合运动生理学角度发现了若干参与缺血心脏保护的"运动因子"，学术团队逐渐被国际同行所关注。团队先后主持国家自然科学基金项目 10 项，建立了不同运动方式干预心血管疾病动物模型，发现了若干"运动因子"参与缺血心脏保护，提出心脏和远隔器官交互作用是运动保护缺血心脏功能的整合运动生理学新机制。研究成果被知名学术期刊

Nature Reviews Cardiology（IF>49）、*Signal Transduct Target Ther.*（IF>38）、*Cell Metabolism*（IF>29）、*Circulation Research*（IF>23）、*European Journal of Heart Failure*（IF>18）、*Npj Regenerative Medicine*（IF>14）以及《体育科学》等正面引用。他先后出版专著和教材10余部，在SCI、CSSCI源期刊上发表论文200余篇［包括*Advanced Science*、*Molecular Therapy*、*Journal of Sport and Health Science*（*JSHS*）、*Free Radical Biology & Medicine*（*FRBM*）、*Medicine and Science in Sports and Exercise*（*MSSE*）、《体育科学》等］。获国家级、省级教学成果奖和省级科学技术奖及哲学社会科学优秀成果奖等8项；多次在国内举办的高水平国际会议上做大会报告、特邀报告及专题报告。

田振军教授带领团队长年躬耕在运动健康科学领域第一线，以探索和传播运动科学原理和科学运动方案为己任，积极践行"体医融合"理念，主动与陕西省和学校"科技之春"活动对接，传播健康知识，为健康中国建设贡献智慧与力量。他们连续多年组织师生开展运动科普宣传活动，通过开放运动人体科学展厅，让参观者直观了解人体形态构造，增强人们"合理运动，追求健康生活"的意识，提醒人们在锻炼和比赛中应注意的各项事宜，并为师生提供科学的运动指导。还在学校开展体质健康测试，这项活动吸引了大量师生参与，帮助大众进一步清醒认识自己的身体机能状态和疾病风险。

呼唤未来："全力赋能新质生产力"

发展新质生产力是推动高质量发展的内在要求和重要着力点，而高等教育作为人才第一资源、科技第一生产力、创新第一动力的源泉，是推动新质生产力加快发展不可或缺的重要力量。为此，田振军教授进一步思考：如何带领团队创新人才培养模式，赋能新质生产力；如何在健康中国和体育强国建设中发挥团队优势，寻找影响人类健康的代谢综合征的科学运动干预方案和路径；如何不断创新课堂教学模式，深化教育教学改革，创建人才培养合作机制，全面提高人才培养质量；等等。

田振军于 1996 年至 2011 年担任运动人体科学教师党支部书记，2018 年至今，再次任体育学院党委委员和运动人体科学教师党支部书记。他认为，立足国家重大需求，强化思政育人，是"牛鼻子"，必须牢牢牵住；要充分发挥教师运动人体科学党支部"双带头人"和"样板支部"的头雁效应，聚焦体育运动与教育领域的教育教学改革，落实立德树人根本任务，强化体育育人成效；要不断提升研究生的创新能力，推动新质生产力的人才培养核心动力，以开放、合作、共享的育人模式实现跨学科、跨部门、跨行业深度合作和开放创新；要不断创新人才培养的国际合作机制，以"引进来、走出去"的方式，拓展学生国际化视野，切实提升研究生培养质量，建好健康中国和体育强国新质生产力的"蓄水池"。

当前，数字技术和人工智能技术的高速发展为重塑教育形态，推动教育事业创新发展带来了新机遇和新挑战。面向新征程，田振军教授带领团队瞄准运动人体科学类课程教学中的难点和热点，积极开展线下课堂教学、实验教学、虚拟仿真实验教学体系建设和课外实践活动的融合与探索，使用可穿戴设备对接 AI 技术，激发学生学习兴趣，推进信息技术与教学内容深度融合。同时，不断推进数字化教材建设，实现运动人体科学类多门专业基础课程的"课堂革命"。

陕西师大八十年赓续传承的"西部红烛两代师表"精神，铸牢并践行的为党育人、为国育才初心使命，激励着田振军教授数十年如一日，笃行不怠、勇毅前行。三十余载时光匆匆，当初意气风发的青年，归来依旧"青春"。晨昏交替、寒来暑往，田振军教授经常在夜幕低垂的时候才离开工作室；经常是每年大年三十和大年初一，他的工作室依然亮着灯光。他在课堂上激情飞扬、在实验室里一丝不苟、与学生推心置腹的生动形象，依然活跃在一批批团队成员和一代代学生心中。

2024 年，陕西师范大学建校八十周年，田振军也已在这所美丽的校园学习工作生活了四十年，为母校守护着校友林中属于他们团队的那一抹绿。在此前一年，田振军成为长江以北体育学科首位教育部"长江学者奖励计划"特聘教授，为陕西师大体育学科的建设与发展做出了突出贡献。"这既是学校踔厉奋发的新起点，也是我扬帆远航再出发的新起点。陕西师范大学是我的母校、我的家园，是培养我、成就我、给予我热爱和实现理想的地方，我将和师大共同奋进在壮阔辉煌的新征程上。"田振军满怀深情地说。

【主要参考资料】

[1] 李国华、吴国彬：《"让学生成才，是一生都要认真耕耘的事业"——陕西省教学名师、师德标兵田振军教授侧记》，载《教师报》2011年12月7日。

[2] 高红如、杨旭：《凭良心教书，用大爱育人——记陕西省师德楷模田振军教授》，载《陕西师大报》2013年10月31日。

[3] 教师教育处：《田振军：教书育人写大爱 敬业修德铸师魂》，陕西省教育厅网，2015年9月9日。

【人物档案】

董治宝，生于 1965 年，陕西横山人。地貌学家，国家杰出青年科学基金获得者，教育部"长江学者奖励计划"特聘教授，陕西师范大学副校长。长期扎根西部，致力于沙漠科学、风沙地貌等研究。主持完成国家自然科学基金重点项目、国家重大科学研究项目等 10 余项国家级科研项目，在 Nature、Reports on Progress in Physics、Reviews of Geophysics、Earth Science Reviews 等期刊上发表论文 600 余篇，出版专著 7 部，参编著作 7 部。荣获国家科技进步奖二等奖、中国青年科技奖、甘肃省自然科学奖一等奖等。是"新世纪百千万人才工程"国家级入选者、甘肃省领军人才第一层次人选、陕西省特支计划领军人才。兼任中国地理学会副理事长，担任 Journal of Geophysical Research: Earth Surface、Journal of Soil and Water Conservation、Aeolian Research、Journal of Arid Land 等期刊副主编，Geomorphology 等期刊编委。

董治宝：踏足沙漠大地　揭示火星地貌

塔克拉玛干沙漠、巴丹吉林沙漠、腾格里沙漠、库木塔格沙漠和柴达木盆地沙漠……董治宝的科研足迹遍布我国北方大漠。"我把头发奉献给了沙漠，我要把心脏奉献给高原。"这句自我调侃显示出他在野外工作中历经死里逃生之后的豁达。数十年来，董治宝始终坚守科技报国、教育强国的初心，以大漠戈壁、黄土高原和青藏高原为主战场，在风沙地貌、自然地理、环境变化、火星风沙地貌等领域开展了一系列创新性研究工作，用实际行动践行着地理学者"脚踏实地、仰望星空"的誓言。他牢记教书育人的天职和服务社会的传统，及时把科学研究成果反哺教育教学，肩负起新时代教师的光荣使命。同时，作为陕西师大的副校长，他在学校党委领导下，为夯实科技自立自强根基贡献高校力量。

扎根西部，科技报国

董治宝的家乡在陕西省榆林市横山县（今横山区），位于鄂尔多斯草原向黄土高原过渡地带，毛乌素沙漠南缘，明长城脚下，无定河中游，古称塞北边陲。贫瘠的小山村、儿时的艰辛让他记忆犹新。相信"知识改变命运"，经过十年寒窗苦读，董治宝于1984年考入陕西师范大学地理系，成为村里第一个大学生。大学的科学研究传统和创新精神为董治宝开启了一扇门，在汲取知识的过程中，思维逐渐成熟，1988年，他获得学士学位后顺利考取了硕士研究生。

1991年，董治宝在中国科学院兰州沙漠研究所（中国科学院寒区旱区环境与工程研究所前身）获硕士学位，1995年获博士学位，毕业后留在中国科学院兰州沙漠研究所工作。硕士、博士阶段的学习，均师从第三世界科学院院士、中国科学院兰州沙漠研究所原所长朱震达研究员。20世纪90年代，每年冬春季节，北方的人们最担心的天气问题就是沙尘暴。风起后，黄沙漫天，隐天蔽日。

从小在横山长大的董治宝，对沙尘暴再熟悉不过，那真是"昏天暗地尽灰黄，走石飞沙眼莫睁"。作为出生于毛乌素沙漠边缘的地理科学工作者，董治宝选择了探究风沙地貌，为解决防沙治沙的实际问题而埋头苦干。1996年至1998年在中国科学院兰州沙漠研究所工作期间，他以访问学者的身份在美国农业部参与沙漠化国际研究两年。归国后，董治宝回到中国科学院寒区旱区环境与工程研究所工作，先后担任沙漠研究室副主任、主任。2000年1月任中国科学院寒区旱区环境与工程研究所研究员。1998年入选中国科学院"百人计划"。2002年获国家杰出青年科学基金资助，入选中国科学院知识创新工程首批"百人计划"，被授予"甘肃省青年岗位能手"、中国科学院寒区旱区环境与工程研究所先进个人等称号。2003年被评为中国科学院兰州分院优秀党员，荣获中国治沙暨沙产业学会"全国治沙暨沙产业先进科技工作者"称号。2004年入选国家人事部等七部委首批"新世纪百千万人才工程"国家级人选。2005年享受国务院政府特殊津贴，获第八届全国青年地理科技奖、甘肃省科技进步二等奖。2006年获第九届中国青年科技奖。2008年入选教育部"长江学者奖励计划"特聘教授。

2013年12月，董治宝调入陕西师范大学，任旅游与环境科学学院（今地理科学与旅游学院）院长。2018年12月，任陕西师范大学党委常委、副校长。多年来，董治宝主要从事与风沙运动有关的风沙物理、土壤风蚀、风沙地貌、沙漠化及其防治等方面的基础与应用基础研究，以风沙研究首席科学家、中国风沙物理学青年学科带头人等身份，主持和参与众多研究项目，荣膺多项奖励。担任兰州大学、西安科技大学等多所高校的兼职教授，兼任全国沙尘暴专家委员会委员、中国土壤学会土壤侵蚀与水土保持专业委员会副主任、中国地理学会学术工作委员会委员、中国地理学会沙漠分会常务理事、中国科学院沙漠与沙漠化重点实验室学术委员会委员、灾害监测与机理模拟陕西省重点实验室学术委员会委员、甘肃省力学学会理事、全国青联留学人员联谊会理事、甘肃省青年联合会委员等。在国际上，他是国际风沙科学学会的发起人之一，担任首席副主席，还兼任《联合国防治荒漠化公约》科学技术委员会独立专家、非洲防治荒漠化行动计划咨询专家、国际减轻旱灾风险中心技术委员会委员等。

探究：风沙里的大学问

防沙治沙任重道远，始于热爱，忠于坚守。三十多年来，董治宝奔波在荒无人烟的沙海里，寒冬酷暑，有野外作业的艰辛，亦有伏案工作的劳苦。尽管经过多年防沙治沙工程建设，近年沙尘天气变少，但不可否认，我国仍然存在比较严重的土地沙漠化问题。这些问题仍然影响着我国北方地区的生态环境，以及相关地区居民的生产生活。在科研过程中，几次死里逃生的经历，让他至今想起来都心有余悸。但他仍坚持扎根大西北，肩负改善生态环境使命，将风沙治理与经济效益、社会效益和生态效益结合起来，为适应气候变化的战略研究决策提供科学依据。

董治宝是自愿扎根西部、献身沙漠研究的学者，一直围绕防沙治沙的国家需求，开展风沙物理学的基础和应用研究工作。在从事风沙运动学研究的过程中，他不仅注重基础理论的训练，还致力于实验和野外观测与调查研究。多年来，他不畏艰苦，足迹遍布我国北方各大沙漠，并在沙漠地区布设了大量的野外观测点，进行风沙运动规律的长期野外观测。董治宝从美国留学回国后，入选中国科学院"百人计划"，将国外的先进理论与技术应用于我国的风沙物理学研究中，在风沙物理学基础理论、实验技术和人才培养方面做出了突出贡献，提高了我国风沙物理学研究的国际地位。

董治宝在风沙物理学理论研究方面取得的丰硕成果，突出反映在土壤风蚀、风沙流、风沙地貌动力学、风沙互馈机理等领域。他将国际地貌学家SCHUM关于流水侵蚀的理论扩展到土壤风蚀研究领域，建立了适用于我国北方干旱半干旱地区的土壤风蚀方程。根据风蚀气候指数和地表可蚀性指数，确定了我国干旱半干旱地区风蚀强度的空间分布，从宏观上揭示了我国土地沙漠化潜在危险的空间格局。通过大量实验，他发现世界风沙物理学奠基人拜格诺

（R.A.Bagnold）关于"沙质床面空气动力学粗糙度的1/30定律"的局限性，为了获得充分的证据，他反复进行风洞模拟实验，修正了拜格诺的"1/30定律"。他应用现代激光技术，通过大量模拟实验，建立起风沙流速度廓线方程、风沙流结构的通用方程，首次测定了风沙流对气流的阻力，指出风沙流是分散相阻力不可忽略的特殊气固两相流，提出了活动沙床在不同风沙活动强度下的空气动力学粗糙度计算方法。在沙漠中长期观测的基础上，提出了沙源供应不充分条件下沙丘地貌的逆向演变学术思想。他主动开展学科交叉研究，将传统的风沙物理学与大气边界层科学融合，在学术界明确提出风沙边界层的概念及对其研究的重要性，并潜心开展实验和野外观测研究，这一概念不仅成为我国风沙物理学研究的重要特色，而且被越来越多的国外同行认可和使用。

在科研过程中，董治宝认识到研究手段的革新是科研创新的重要保证。针对沙漠研究中实验和野外观测条件恶劣，许多常规仪器不能正常发挥作用，国内外缺少沙漠研究的专用仪器设备等问题，他多方组织力量，自行研制仪器设备，改善实验条件。其自行研制的防沙风速廓线采集系统不仅获得了大量的可靠实验数据，还被国内外同行广泛采用。

董治宝作为主要参加人完成的"塔里木沙漠石油公路工程技术研究"入选1995年国家十大科技新闻，荣获国家科技进步一等奖、中国石油天然气总公司特等奖。2012年，董治宝主持的"中国干旱区关键地表过程及其调控研究"获甘肃省自然科学一等奖，为我国西部干旱地区风沙治理提供了标向性的理论依据。

董治宝的科学研究与国家社会的实际需要息息相关。董治宝生长于大西北，他的心从未离开过大西北，始终惦记着这片土地的发展。他为家乡榆林近年治沙的进展欣喜，也为榆林未来的防沙治沙出谋划策。针对榆林近年来的能源发展和地域条件，董治宝提出榆林要以高科技为抓手，发展高效农业的治沙思路。2023年，由董治宝担任站长的榆林沙漠黄土过渡带生态与环境陕西省野外科学观测研究站获批建设，这是陕西师大首个陕西省野外科学观测研究站。

仰望星空，探索自然现象背后的地理学原理；脚踏实地，从地理学视角出发服务国家重大需求。董治宝带领自然地理学教师团队围绕我国干旱区地貌演化及其动力学、黄土高原自然地理和水土流失、青藏高原重大建设工程的环境效应、秦岭生态保护以及黄河流域高质量发展等热点问题，开展了持续研究，取得了一系列重要的创新性成果。特别是在风沙地貌学领域，经过多年的不懈探索，阐明了中国干旱区主要沙漠特有风沙地貌的形成过程，揭示了戈壁风沙流的关键动力学过程与致灾机理，明确了中国干旱区的主要沙尘释放源，确定了中国北方风蚀的主要发生区域。这些研究成果为风沙地貌学的理论发展和地理学科建设做出了重要贡献，也为中国北方地区防风治沙和生态文明建设提供了理论支撑。

逐梦：迈向星辰大海的征途

在数十年如一日探究"风沙里的大学问"的同时，董治宝将目光投向更遥远、更广阔的深空，用研究地球沙漠之钥解读火星环境及其演化历史，致力于揭示令人着迷的火星地貌之谜，迈向星辰大海的伟大征途。

2020年7月23日，"长征五号"遥四运载火箭将中国首个火星探测器"天问一号"送上太空。2021年5月15日，"天问一号"成功着陆火星。2023年，国家航天局和中国科学院联合发布中国首次火星探测火星全球影像图。"天问一号"飞向火星的第一步，是中国人迈向更远深空的关键一步。未来人类真的可以移民火星吗？这既是科学界的关注焦点，也是科幻影视作品的创作热点。在太阳系内所有的天体中，目前人类最有可能移民的就是火星。"火星是当前深空探测和行星科学的热点，已有近六十年的探测研究历史。虽然火星探测内容复杂多样，探测重点不断调整，但理解火星系统、理解火星演化，特别是宜居性的长期演化则是主要探测目标，亦即火星的现在和过去。"董治宝表示。

和地球一样，火星主要是由硅酸盐岩石构成，有类似地球的固态岩石表面，属于"类地行星"家族的一员。特别是目前从拍摄的火星地貌影像视频和照片可以看到，火星上同样存在类似地球的沙漠区域地貌。为此，研究火星的演化历史首先可以从研究地球上沙漠的形成和演化入手。火星环境虽然与地球十分相似，但是就目前已知的火星环境，还远不能满足人类基本的生存需求。但尽管如此，人们仍对火星研究充满兴趣并为之着迷。

董治宝对火星风沙地貌的关注肇始于20世纪90年代末，最初研究火星地貌得益于行星地质学和行星风沙地貌学的先驱罗纳德·格里利（Ronald Greeley）教授给予的研究启蒙。1996年11月，正值美国宇航局开启第二次火星探测高潮之际，在美国农业部风蚀研究站做访问学者的董治宝前往亚利桑那州立大学地球与空间探测学院拜见格里利教授，聆听这位世界权威专家畅谈火星风沙地貌与行星地貌，深深地为其对行星风沙地貌的兴奋和执着所感动。这次会面使董治宝对火星风沙地貌研究产生了浓厚的兴趣。

回国后，董治宝不遗余力地在各种学术会议或论坛上倡导中国的行星风沙地貌研究。可是受限于当时的综合国力与科技实力，学术界还未有对火星地貌等科学问题研究的氛围，如同火星对我们来说遥不可及。正所谓"为伊消得人憔悴"，但"衣带渐宽终不悔"，董治宝继往开来，在不断研究我国沙漠及世界沙漠取得创新成果，特别是在风沙物理学理论研究方面取得进展的同时，仍持续关注火星的国际研究动态。

在踏遍了沙漠后，董治宝对探究火星风沙地貌及其形成、演化问题的兴趣更加强烈。他虽然对火星风沙地貌进行了长期思考，也常常有"山重水疑无路"之感。2008年，董治宝带领团队在柴达木盆地沙漠考察时，发现了类火星风沙地貌，继而萌发了研究火星风沙地貌的冲动并深耕其中，终于迎来了"柳暗花明又一村"。2011年他组织申报的"青藏高原及其邻近地区沙漠中的类火星风沙地貌研究"获国家自然科学基金重点项目资助，点燃了他火星风沙地貌研究的"星星之火"。

2017年，以董治宝为学术带头人的陕西师范大学行星风沙科学研究院成立，这是世界上第一个关于地外行星风沙问题的专业研究机构。实际上自

2016年以来，董治宝已开始带领团队利用遥感影像编制《火星风沙地貌图》。这方面的研究工作，团队几乎是从零开始的，他们立足于最基础的工作，遍览与火星风沙地貌有关的成果与资料，梳理火星风沙地貌的特点与规律。为了编制《火星风沙地貌图》，拟定火星风沙地貌分类系统，需要全面掌握火星全球的风沙地貌总体情况，这是一项耗时的工作，因为主要渠道是火星卫星影像，需要全面浏览和分析，已发表的成果相当有限，且仅是针对个别区域的。多年风沙地貌学习与研究的专业知识、编制风沙地貌图的经验、高质量的火星遥感影像、将正式出版的《火星地质图》作为《火星风沙地貌图》的底图等技术手段，确保了《火星风沙地貌图》的科学性。

《火星风沙地貌图》由西安地图出版社于2020年出版，同年获中国测绘学会"全国优秀地图作品裴秀奖"金奖。这是世界首幅以展示火星风沙地貌为主要内容的专题地图，主要展示内容包括风沙地貌类型、各类风沙地貌的分布规律、各类风沙地貌的发育环境等。形态学、物质组成和形成过程是风沙地貌研究的三大内容，《火星风沙地貌图》展示了这三个方面的主要内容，促进了学术界在该领域的高水平研究成果产出。该地貌图的出版填补了火星专题图出版的空白，为中国火星科学研究和比较行星研究提供了重要的基础资料，为中国火星风沙地貌学研究的发展奠定了坚实的基础。

2022年12月，董治宝带领的行星风沙地貌学研究团队获国家自然科学基金专项重点项目"火星代表性风沙地貌横向沙脊的地貌学特征及其环境指示意义"资助。近年来，陕西师范大学行星风沙地貌学研究团队先后承担国家自然科学基金重点项目"青藏高原及其邻近地区沙漠中的类火星风沙地貌研究"、国家自然科学基金青年科学基金项目"钉状沙丘的形成演化及其与发育环境的关系""雅鲁藏布江谷地与火星水手大峡谷爬坡沙丘的对比研究"等。

火星风沙地貌研究的意义在于提供火星系统及其演化的重要线索。人们之所以能够对地球系统有深入的理解是因为有遍布全球观测网的直接观测。但对于火星系统的理解，直接的观测目前仅是针对个别要素和极个别地点，基于地理相关的代用指标所蕴含的信息，即使是蛛丝马迹的信息也是非常珍贵的。这是因为，首先，风沙地貌过程是火星最活跃的现代表面过程，代表火星大气圈、岩石圈、土壤圈乃至水圈（冰冻圈）的相互作用，所以风沙地貌蕴含火星现代环境的丰富信息；其次，火星地层中保存的古沙丘和古沙丘岩是火星历史时期百万年乃至亿年和十亿年时间尺度上风沙活动的记录，蕴含火星演化的信息。因此，火星风沙地貌研究能够为实现火星的总体探测目标做出重要贡献。

目前，董治宝在火星沙丘地貌分布规律和研究火星风沙地貌的重要方法方面都取得了一些重要成果，开启了人们对火星此方面的新认知，并引起了人们的极大兴趣。行星风沙科学研究院借鉴地球风沙地貌的多个分类方案，充分考虑到火星风沙地貌的特殊性，特别是与地球风沙地貌的差异，提出火星基于控制沙丘地貌形态的主要环境因素、动力学因素以及形态学特征的三级沙丘地貌分类方案，包括 24 种类型，形成火星风沙地貌类型与形态学特征理论体系。行星风沙科学研究院执行院长吕萍教授介绍："我们关注火星风沙地貌突出特点，发表了一系列总结性论文，形成了指导中国火星风沙地貌研究和启发中国火星探测的重要认识。" 2023 年 2 月，《中国科学报》等媒体报道了董治宝团队在火星风沙地貌研究方面取得的突出成果。

通过火星风沙地貌研究，董治宝团队已获得以下几方面的启示。

一是风对地貌的塑造作用远比我们想象的深远。人们已知风与水是塑造地球景观的两大流体，但人们对风如何塑造地貌的理解远不及对水的作用的理解，可以说，人们对风力作用的理解和研究被严重忽视了。风沙地貌过程是火星最活跃的现代地貌过程，火星风沙地貌成为风沙地貌学最活跃的研究领域。

二是火星风沙地貌的沙源限制型假说。火星沙丘地貌分布规律表明，其与地球最突出的不同在于控制火星沙丘地貌分布的主导因素不是气候，而是松散沉积物。地球沙漠可以称为气候控制型。相反，火星寒冷干燥环境的历史久远，风沙地貌发育以及沙漠和沙地的分布受松散沉积物的丰富程度的控制，即有松散沉积物的地方就有风沙地貌发育。所以，火星沙漠和沙地可以称为沉积物控制型。董治宝认为，在风沙地貌形成的两个基本条件中，地球和火星各显其一，这导致了沙丘地貌相反的分布规律。地球沙漠主要分布在副热带高压控制下的低纬度地区和中纬度的温带干旱区，而两极和高纬度地区风沙地貌极少。然而，火星沙漠和沙地则主要分布在两极和高纬度地区，中低纬度地区很少。

三是关于火星沉积物丰富度的思考。董治宝认为，火星为何缺乏松散沉积物是值得研究的大科学问题，这不仅是理解风沙地貌必需的，而且提供了认识火星环境与演化历史的重要线索。火星现在是一个沉寂的星球，所有地表过程都极为缓慢。虽然风沙地貌过程是主要的现代表面过程，但其强度远比地球弱。火星地表的风化物有限，以至于不能形成较大的沙地，更不用说茫茫沙海。所以，水不但是探测生命的重要线索，而且也是认识火星表面过程的关键因素。火星沙丘地貌的分布特征与规律为认识火星流水作用范围和程度提供了重要启示。

人类之所以伟大，是因为人类不断探索大自然和浩瀚宇宙的奥秘，并提出人类来自何方、又向何处去等问题，进而通过科技创新创造解答这些问题的工具和手段，最后完美地、科学合理地解释相关奥秘现象或利用其更好地为人们的生活服务。这也是董治宝团队研究火星地貌等课题的意义。

古老时空下的"荧荧火光，离离乱惑"，如今成为全球深空探测和行星科学的宠儿。距离我们数亿公里外的那颗红色星球，一直是董治宝魂牵梦萦的地方。他将带领他的团队继续在该领域深耕，助力我国火星研究事业的发展。

育人管理，相得益彰

2013年12月，董治宝调回阔别多年的母校陕西师大。到任后，他聚焦地理学科前沿研究领域，致力于学院相关学科建设，注重人才培养与学术交流，助推学校地理学科发展进入快车道。2018年12月，董治宝担任陕西师范大学党委常委、副校长。在新时代、新形势下，董治宝在科研领域引领学校紧紧围绕国家重大战略需求，涵养严谨务实的科研学风，推动学校科研高质量发展，支撑高水平科技自立自强。

董治宝始终重视学生家国情怀和科学视野的培养，强调从宏观上为学生的成长进行长远规划。对于研究生，董治宝常常强调做人、做事、做学问的道理，做事先做人，做学问更是如此。言传之外，更重身教。他对科研充满激情，力求精益求精。注重科研细节，总是一次次细细琢磨，一遍遍严谨修改，在紧锣密鼓的工作中，经常一不小心就熬了一个通宵。董治宝注重课程建设，组建了"黄河流域多尺度生态－水文耦合虚拟仿真实验"课程团队，该课程获批第二批国家级一流本科课程（虚拟仿真实验教学类）。

4月初的西安，春暖花开，董治宝团队成员、陕西师大地理科学与旅游学院副教授胡光印前往大雪纷飞的青藏高原继续推进科研项目。他与董治宝相处已近二十年，他说："董老师特别有亲和力，他对学生的指导既宽容又严格，秉承因材施教的育人理念。"除关心学生学业之外，董治宝还特别关心学生的生活，对经济困难的学生给予额外的关注与关爱，还经常委托身边的人帮忙给学生介绍对象，他说："成家、立业就是这个阶段的两件大事。"

博士生拓宇说："董老师时常提醒我们，作为中国最早的火星风沙地貌研究者，我们负有开辟新领域，引领未来研究的责任和义务。"他表示，导师严谨的治学态度、渊博的知识与独特的人格魅力是他毕生学习的楷模。博士生萨日娜表示，博士论文从给予选题、实地调查、写作过程到最终的完稿都凝聚着导师的心血。她说："董老师不仅在学习上给予我教导，而且在生活中也给予我诸多关爱。他善良仁厚、诚以待人、艰苦朴素的品格令我十分敬佩，是我学习的榜样。"董治宝很早就已是中国科学院博士生导师，如今桃李满天下，他指导的学生中取得正高级职称的有10余人，不少人已成长为省级人才。

在董治宝的言传身教下，其团队建设如火如荼。有人评价："他对待师生和蔼可亲，他的微笑令人如沐春风，他幽默的话语令人心情舒畅。"在传授知识的同时，他教育引导学生做社会主义核心价值观的坚定信仰者、积极传播者和模范践行者。其所在支部入选第三批全国党建工作样板支部培育创建单位，其团队教师及支部成员曾获宝钢优秀教师奖、陕西省教学名师、陕西师范大学教书育人奖等。

数十年来，董治宝扎根西部，甘于奉献，踏足沙漠，不遗余力揭示火星地貌。面对未来，董治宝表示，将继续立足西部，秉持科技报国、教育强国的初心，脚踏实地、仰望星空、经纬天地、知行合一，传承经典、开拓创新，为祖国的教育事业、科技事业持续奉献力量。

【主要参考资料】

[1] 王进东：《董治宝研究员：我国沙尘暴治理任重道远》，载《中国科学报》2013年5月21日。

[2] 榆林市人民政府办公室：《董治宝：风沙里研究出大学问》，榆林市人民政府网站，2019年1月21日。

[3] 林溪：《把专题地图做到火星上去——访〈火星风沙地貌图〉主编董治宝教授》，载《中国测绘》2020年第11期。

[4] 张行勇、严涛：《探索火星风沙地貌与地球沙漠的异同》，科学网，2023年1月14日。

[5] 严涛、陈彬：《数亿公里外有他魂牵梦萦的土地》，载《中国科学报》2023年2月1日。

【人物档案】

王欣，生于1966年，新疆生产建设兵团第六师五家渠市人。陕西师范大学中国西部边疆研究院院长，教育部"长江学者奖励计划"特聘教授，教育部"新世纪优秀人才支持计划"入选者，政协陕西省第十三届委员会委员、提案工作委员会委员。1983年在新疆大学获得史学学士学位、1987年在西北大学获得硕士学位。1990年到新疆维吾尔自治区博物馆工作，任文博专业馆员。1997年在兰州大学获法学博士学位后，进入西北大学中东研究所从事博士后研究工作。1999年进入西北大学西北历史研究室工作，任副教授。2001年7月调至陕西师范大学西北民族研究中心（中国西部边疆研究院前身）工作。兼任教育部高校民族学教指委委员、教育部民族教育专家委员会委员、"新疆智库"专家委员会委员，先后当选中国世界民族学会副会长、中国民族史学会副会长、中国中外关系史学会副会长、中国魏晋南北朝史学会副会长、中国民族学会汉民族分会副会长、中国民族学会常务理事等。2021年受聘担任国家"十四五"重大学术文化工程《（新编）中国通史》纂修工程审读委员会委员并分卷《中华民族史》审读小组组长。

王欣：扎根西部边疆的民族学学者

作为陕西师范大学中国西部边疆研究院的院长，王欣教授还担任学校民族学博士后科研流动站站长、民族学学科（陕西省重点学科）学术带头人、边疆学重点交叉学科学术带头人等，肩负着人才培养和学科建设的重要责任。在周伟洲教授和王欣教授的带领以及学科同人的共同努力下，陕西师大民族学学科和中国西部边疆研究院在国内外的学术影响力和社会声誉与日俱增。民族学学科在第三轮学科评估中全国排名第六，2018年入选软科发布的"中国最好学科"，全国排名第八。研究院是陕西省首批人文社会科学重点研究基地（2006），2016年入选首批中国智库索引（CTTI）来源智库，2017年入选中国社会科学院中国社会科学评价研究院首批中国核心智库（AMI）；主办的学术集刊《西北民族论丛》连续入选CSSCI学术集刊和优秀学术集刊，编写出版的"西北民族研究丛书"绝大多数获得省部级奖。

实践：家国情怀感召，坚持经世致用

从1983年至1997年，在长达十五年的时间里，王欣的求学之路和研究实践交织在一起。1983年9月，王欣考入新疆大学历史系。1987年大学毕业后，进入西北大学西北历史研究室中国民族史专业攻读硕士学位。1990年毕业后到新疆维吾尔自治区博物馆工作，从事文物管理和以吐鲁番出土文书为中心的丝绸之路古代民族历史与文化研究。在博物馆工作期间，王欣发表学术论文和译文10余篇。1994年，王欣考入兰州大学民族学专业攻读博士学位。1997年7月博士毕业后进入西北大学中东研究所从事博士后研究工作，1999年进入西北大学西北历史研究室工作。

徜徉在祖国西部的广袤大地上，王欣心中的罗盘早已为他指明了方向。在攻读博士学位和从事博士后研究工作期间，王欣更加坚定了选择以中国西部边疆为核心的民族学、边疆学等学科的教学科研工作，聚焦中国民族史和中外关系史领域的教学和研究。在站期间，他获得中国博士后科学基金项目资助，完成"早期印欧文明的东向发展及其与中国文明的关系"的研究报告。工作之初，主持完成陕西省哲学社会科学项目1项，参与陕西省"九五规划"重大项目1项，完成专著和译著各1部，发表研究论文10余篇，其中1项研究成果获得陕西省哲学社会科学优秀成果奖。

2001年7月，王欣调入陕西师范大学西北民族研究中心（中国西部边疆研究院前身）工作。在这里，他主要从事民族学、民族史和中外关系史的教学与科研工作，先后任西北民族研究中心副主任、主任，担任博士生导师，在民族学、中国少数民族史和少数民族艺术等专业培养硕士和博士研究生，并为本科生讲授敦煌西域学和丝绸之路文化艺术等课程。2007年至2008年，王欣前往美国康奈尔大学人类学系和东亚研究中心从事为期一年的访问研究。2013年至2014年，由陕西省委选派，王欣作为党外中青年干部赴宝鸡市渭滨区挂职锻炼，任渭滨区副区长、石鼓镇副镇长。2023年起任政协陕西省第十三届委员会委员、提案工作委员会委员。现任陕西省党外知识分子联谊会副会长、陕西师范大学党外知识分子联谊会会长。

在四十余年的专业学习和研究工作中，王欣始终坚定地扎根西部边疆展开田野调查工作，深入挖掘边疆民族历史文化材料，紧密围绕党和国家关心的重大问题，在西部边疆治理与社会经济发展、丝绸之路民族历史与文化、边疆学理论与实践等方面，取得了一批具有开拓性与创新性的学术研究成果，为推动中国民族学、边疆学尤其是西部边疆领域的研究做出了突出贡献。曾在《民族研究》《世界民族》《中国边疆史地研究》《思想战线》《西域研究》以及 *International Journal of Korean History*、*WASEDA RILAS JOURNAL* 等国内外学术期刊上发表论文80余篇，在商务印书馆、中国社会科学出版社等机构出版学术专著 6 部（含合著）、译著 2 部，主编著作 5 部。有 6 部调研与咨询报告被省级以上党政部门采纳和批示。主持完成包括国家社科基金重大和重点项目在内的省部级以上项目 5 项，获得包括教育部高校科研优秀成果奖在内的省部级以上成果奖 8 项（含一等奖），在全国民族学和边疆学研究领域具有较高的学术影响力。

教学：基于现实观照，推进课程思政

王欣认为，本科教学是高校之本，为本科生认真上好每一节课，是每位高校教师的天然使命。在陕西师范大学工作的二十多年中，王欣愈加深刻地感受到身上担负的责任和使命。他从事的民族学专业研究，涉及民族和宗教、边疆稳定和发展乃至国家安全等重大现实问题，不仅具有极强的学理性，更具有很强的政策性和实践性。他说："作为教育部直属的师范大学，学校肩负着为西部边疆地区培养合格的各民族师资的艰巨任务与光荣使命。陕西师大有大量来自西部民族地区的少数民族学生。不仅在校的少数民族学生，就是广大汉族学生有关民族与宗教方面的知识也是比较薄弱的，甚至不同程度存在着一些认识上的误区。学生对党和国家的各项民族与宗教政策缺乏全面深入的了解，在某些社会现象的认识上存在一定的困惑。"

2011 年以来，王欣响应党中央关于在各级各类学校中开展民族团结教育的精神和要求，主持承担陕西师范大学"民族与宗教专题"通识教育公选课教学团队的校级教改项目任务。他精心设计教学计划和教学大纲，组建了一支阵容强大的教学团队，将民族宗教科学研究的专业优势运用于本科生教学。在建构这门通识课时，王欣要求能够系统讲授党和国家各项民族与宗教政策制定的原则、依据、目标，使各族学生从学理上深刻理解和认识中国特色社会主义民族宗教理论与民族区域自治制度的内在逻辑，坚定理论自信与制度自信；以历史唯物主义为指导，通过对多民族国家多元一体格局形成与

发展历程的剖析，使学生对中国各民族"你中有我、我中有你"的血乳交融观念、各民族之间的"三个离不开"的思想入脑入心，在日常生活中珍视并自觉维护民族团结，坚定道路自信；以共建中华民族共有精神家园为指导，通过各民族交往、交流与交融的丰富资料，使学生树立"各美其美，美人之美，美美与共，天下大同"的文化观，坚定文化自信。同时，通过从学理上阐明民族与宗教问题的政治属性与社会本质，引导学生自觉维护国家统一和民族团结。

"要将思想政治教育融入课程、融入课堂教学，这门课要通过课程设计、系统讲授和问题讨论等环节，提高各民族学生的综合素质，使他们能够正确认识和妥善处理现实生活中的重大问题，实现思想道德教育、文化知识教育、社会实践教育全覆盖，推进立德树人教育常态化。"王欣如是说道。在他的努力下，课程坚持以多媒体图文并茂的方式，形象展示各民族丰富而多样的文化，使各民族学生实现文化共享；同时以民族身份交流和文化体验开展情景式教学，增进各民族学生之间的了解与沟通，使各民族学生像石榴籽一样紧密团结在一起。课程日益受到学校各民族本科生的欢迎和喜爱，每学期的课容量全部爆满。课程开设从起初的一个校区发展到两校区同时开设，选课人数从起初的1个班50人发展到最多时的2个班340人。许多学生还反映因课容量限制在网上选不到这门课程。

2013级金融学专业本科生、藏族学生才旺拉毛在提交的课业论文中写道："通过这门课程的学习，我们搞清楚了什么是国家，什么是民族，二者有何关系，更是对少数民族与宗教有了更深的了解。教学经常通过各种影视短片讲解，与同学们细心交流，让我们轻而易举就记住了重要的历史事件，从而对少数民族及宗教有了更深的了解，让我们这些很少关心周边事态的同学感受到了少数民族历史的源远流长，加强了对少数民族、边疆地区的热爱及关注。"2018级汉语言文学专业本科生、撒拉族学生马华林说："这学期选选修课的时候，我看到了这门课，感觉就是为我们而设的，于是欣喜地选了，课程没有让我失望。我国是一个多民族国家，各民族自古以来就在和谐相处，究其原因就是相互尊重。……我们都有各自的文化背景，需要相互去沟通了解并尊重，我们都是中华儿女，应该有一股向心力把我们凝聚在一起。我与伙伴们相处得很和谐，他们尊重我的风俗及禁忌，甚至比我还注意。凡此种种，让我很感动，也很温暖。"

育人：心怀"国之大者"，注重言传身教

"因材施教，有教无类，个性培养，鼓励创新"，是王欣对研究生专业素质与科研能力培养的基本原则。

在硕士、博士研究生的教学实践与科研活动中，王欣注重高层次人才培养的现实需求，着力为党和国家培养政治合格、德才兼备的高素质高层次人才。他注重培养学生的学术兴趣和问题意识，启发学生的文化自觉，培养他们在今后工作实践中正确认识和处理现实生活中复杂民族与宗教问题的能力。在教学上与国际学术界的研究成果保持同步更新，努力使研究生在了解和掌握国际学术前沿动态、提高阅读和使用外文原典原著的能力和水平的同时，能结合我国民族发展的历史与现状，引导他们有针对性地对国际相关研究理论加以批判性的借鉴与扬弃。在与国际学术界接轨的同时，着重培养各族研究生科学精神和创新能力，积极探索和构建具有中国风格、中国特色和中国气派的本土民族学理论体系，把握中国民族学在国际学术界的话语权。

由于生源的限制，陕西师范大学民族学专业招收的研究生学科背景十分复杂，水平参差不齐，导师在研究生日常培养中实际上付出的时间与精力要远远大于国内高水平大学的同类导师。为了保证培养质量和学术水准，王欣根据每个学生的专业基础与个人爱好，有针对性地制定个性化与人性化的培养方案，

保证学生第一学年在完成正常教学计划的同时，通过阅读与辅导，补齐短板，夯实专业基础。在王欣的要求下，学生们要严格按照学术规范提前做好阅读笔记，结合点评，全体师生参与讨论。长期坚持下来，学生们的独立思考能力和规范写作与表达能力得到大幅提升。

王欣培养的民族学学科研究生，大多来自西部民族地区的高校和科研机构，有维吾尔族、藏族、哈萨克族、蒙古族、回族、东乡族、满族、白族、纳西族和土族等，还有来自美国、日本、韩国的国际留学生。他从铸牢中华民族共同体意识、维护国家安全的高度，着重从学理上培养各民族学生树立正确的国家观、文化观、民族观和宗教观，切实体会"三个离不开"的真谛，自觉维护民族团结。同时，注重用各民族丰富的优秀传统文化教育、提高和加强各民族学生的品德修养，坚定文化自信，共建中华民族共有精神家园。此外，他在日常教学与科研工作中充分利用自己的学识和影响，自觉在各族师生中推进民族团结进步教育工作，培养了一批政治合格、思想坚定、学术素养高的少数民族高层次人才。

在他的影响下，新疆喀什大学的维吾尔族博士毕业生尼扎吉、伊犁师范大学的哈萨克族博士毕业生木拉提艾力、新疆社会主义学院的维吾尔族博士毕业生司马义、新疆警察学院的蒙古族博士毕业生斯琴也分别在各自的教学岗位上，为新疆各民族师生及从事民族宗教工作的干部和宗教人士、维护社会安全稳定的公安干警等一线工作人员讲授民族理论与宗教政策，为新疆民族团结、社会稳定与发展贡献力量。来自新疆的维吾尔族博士研究生吾斯曼江·亚库甫在校期间就获得了国家社科基金项目，毕业后任新疆大学人文学院副教授（2017年调入陕西师范大学中国西部边疆研究院），是该校学术水平较高并具有一定影响力的维吾尔族优秀青年学者和学术带头人，2014年成为新疆首位国家"万人计划青年拔尖人才"，2023年入选国家"万人计划领军人才"。东乡族硕士研究生马志博毕业后回到家乡，从事民族与宗教事务管理工作，因在本职工作岗位表现突出，2019年被评为"全国民族团结进步模范个人"，并进京参加国庆七十周年大典。

从边疆走来，是为了更深地扎根边疆。王欣每年坚持带领硕士和博士研究生深入西部边疆民族地区的田野调查点，在实践中培养学生观察、认识、研究和解决问题的能力，加深他们对民族和宗教问题的认识，并将所学理论和专业知识运用到实际调研工作中，提高他们独立研究的能力。结合学术活动与田野实践，引导各民族学生自觉树立中华民族多元一体的基本理念，消除在民族、宗教等社会现象方面的模糊与错误认识，从学理上增强各民族学生特别是少数民族学生的"五个认同"意识，坚定道路自信；在共建中华民族共有精神家园的科研实践过程中，提高各民族学生共同维护民族团结、国家统一和社会稳定的自觉性和主观能动性，坚定文化自信。

对于王欣来讲，从宏观方面规划一个学科，设计一门课程，从微观方面选择一本教材，上好每一节课，就是他最踏实的工作。当看到自己悉心培育的一支支"红烛"成长，点亮一处处西部山川，就是他最幸福的事。"我的岗位，将坚守在三尺讲台旁，我的足迹，却遍布祖国的四面八方；我的两鬓，终会有一天斑白，我的青春，却千百倍地延长。"这是心理学家、北京师范大学林崇德教授写下的诗，在王欣身上也同样体现得淋漓尽致。他站在三尺讲台，心中却有万里边疆，虽已白发染霜，培育的桃李却正自芬芳。

创新：躬耕民族研究，开拓边疆研究新天地

长期以来，受地理、经济和文化等多重因素的限制，民族和边疆研究都是各学科研究的"冷门"，然而也正因为这些限制，边疆地区的安全、教育和经济社会发展也成为国家高度关注的一条筋脉线。近年来，根据国家西部边疆稳定、安全和社会经济建设需要，王欣带领团队针对新形势下民族地区所出现的新问题、新情况，在保持传统优势的基础上，积极拓展新的研究方向，关注现

实热点难点问题。其中，王欣教授用心最多的丝绸之路历史文化、西部边疆民族地区经济与社会发展、西部边疆稳定与国家安全等新的研究方向，已在国内外产生广泛影响。

在谈到自己的学术成果时，王欣认为，他始终围绕多民族国家边疆形成与发展规律以及西部边疆民族与历史文化进行探索研究。基于崇高的政治素养、扎实的学术功底、丰富的基层实践，他特别注重民族团结、边疆治理等重大现实问题，促进族际和谐和民族团结，推进中华民族命运共同体建设。其研究重点主要集中在四个方面。

一是边疆学学科与理论体系的建构。首次提出将中国边疆地区作为一个整体进行研究，一方面，认为中国边疆的基本形态具有历史的连续性和继承性，近代以来中国边疆是从历史上演变而来的，是对历史边疆的继承，具有历史的和法理的基础与依据；另一方面，历史上尤其是近代边疆形态演变过程中所出现的各种问题又对当代疆域的界定产生程度不同的影响。中国从来就不是或不仅仅是某一个民族的中国，而是历史上在这一区域生活和活动过的各个民族共同的中国。王朝时代的中国边疆具有自身的多重属性，所谓历史上中国边疆便是这些多重属性的复合体，并在不同的时代具有各自不同的场域和特定的含义，因之也是一个相对动态的概念。在此基础上提出中国边疆学学科的基本理论框架和框架体系，从而揭示中国国家形态自身发展规律，阐明当代中国边疆的历史延续性与合理性，最终在学理上建构完整、科学并具有自己独立话语权的中国边疆学理论体系，进一步夯实统一的多民族国家发展学说。这不仅具有较高的学术价值，也具有重要的现实意义。该方向的代表作是王欣参与编著的多卷本著作《中国历代边政与边事通论》（获得中国政府出版奖图书奖）及系列专题研究论文。

二是中华民族多元一体视野下的边疆民族格局。立足历史与现实，阐明新疆自古以来多元民族与多元文化共存、共享，相互学习，和睦发展的基本理论，指出包括汉人在内的各个民族共同创造了新疆悠久的历史和灿烂的文化，是中华民族多元一体格局理论体系中的有机组成部分。在田野调查所获取的第一手资料的基础上，结合历史上的经验与教训，提出以发展少数民族教育为突破点，从根本上解决新形势下西北边疆民族地区问题的理论思考和政策建议。在研究方法上采取多学科理论与方法的交叉与综合运用，诸如历史学的多重证据法、民族学的田野调查法等。这些研究体现出王欣将民族学理论与方法和田野实践经验运用于历史文本的分析与解读，以及在历史文本的情境下观照田野实践的学术旨趣与追求。该方向的代表作是专著《文本解读与田野实践》（获得教育部高等学校人文社会科学研究优秀成果奖）及系列专题研究论文。

三是早期印欧民族的东向发展及其与中国早期文明的关系。他在国内外学术界首次指出，以吐火罗人为代表的早期印欧人群的东徙活动，不仅在客观上造成了东西方早期陆路交通的开通，建立了东西方各民族文明之间的初始联系，形成了西域多民族的基本格局，而且对早期中国文明的发展也产生了深远的影响。提出除传统的历史学、语言学、民族学（或人类学）外，遗传学、冶金学、纺织学和气候学等自然科学手段和方法的引入，多学科、跨学科理论的综合运用将有助于深化本课题的研究。同时，还将吐火罗、月氏、塞种、乌孙等早期印欧人在东方的活动纳入原始印欧人的起源及其在欧亚大陆发展的大背景中，并作为一个整体予以考察，准确把握中国西部早期印欧文明的内涵与实质，以及其在古代早期丝绸之路和东西民族文化交流史中的地位与作用。该研究成果对于科学阐明新疆古代早期多民族和多元文化的历史事实，从学理上驳斥所谓的"新疆单一民族论"和"突厥民族至上论"，具有重要的社会价值和现实意义。该方向的代表作是专著《吐火罗史研究》（获得教育部高等学校科学研究优秀成果奖）及系列专题研究论文。

四是边疆治理与国家安全的理论与实践。他主要从学理角度，在学术研究和田野调查相结合的基础上，围绕国内外影响我国西部边疆社会稳定与国家安全领域的重大问题，重点考察了美国、英国、捷克等国家社会各界对中国边疆、民族问题以及"一带一路"倡议的政策与动态，提出相应的对策。代表性成果为 6 部已经被国家有关部门采纳的调研报告，其中 1 项成果还获得中国社会科学院 2020 年度优秀对策信息对策研究奖。

这四个研究领域的学术创新与学术贡献之间的内在学理逻辑和外在现实观照，让更多人认识到我们辽阔的疆域是各民族共同开拓的，我们悠久的历史是各民族共同书写的，我们灿烂的文化是各民族共同创造的，我们伟大的精神是各民族共同培育的。边疆地区集中体现了中华文明的统一性、连续性、包容性、创新性与和平性。在增进中华各民族同胞交往、交流、交融的同时，铸牢中华民族共同体意识，自觉维护民族团结、边疆稳定和国家安全，为实现中华民族伟大复兴中国梦共同谱写新时代新篇章。这也是王欣的治学追求和学术理想。

服务：坚持学术报国，致力学术"戍边"

王欣是屯垦戍边的军人后代，出生于五家渠市。据说清末民初当地有杨、冯、杜等五户人家，为种地从老龙河引出一条水渠，故人称"五家渠"。1950 年王震陪同彭德怀到此考察，1951 年中国人民解放军六军十七师冬耕队到此开荒，1952 年十七师在此勘察修筑水库，"五家渠"开始被作为地名使用。作为新疆维吾尔自治区的直辖县级市，五家渠市与新疆生产建设兵团第六师实行师市合一管理体制，由新疆生产建设兵团管理。王欣成长在祖国的边疆，对边疆有着独特的深厚感情。每次踏上这片养育他的故土，他的心中总会升起崇高的责任感。与历史时期相比，当代新疆的人文和自然环境都发生了很大的变化，许多曾经盛极一时的古代文明遗址现已基本上湮没在戈壁沙漠之中，其中的经验和教训都需要从学理的角度加以科学的解读、认识和借鉴。

为服务国家西部边疆治理与长治久安战略，王欣带领的学科自 2015 年以来连续五年主持教育部批准下达的"以边疆安全为核心的中国西部地区经济社会发展重大问题研究"高层次人才培养专项计划（即"1023 计划"）的教育教学与人才培养工作。目前已招收五届来自西部边疆地区的近 75 名博士研究生。在落实这项工作时，王欣教授团队在国内首次提出了以中国边疆学为基本框架的西部边疆安全问题研究、西部区域经济发展与社会治理研究、西部边疆民族问题研究、西部边疆宗教问题研究、西部边疆农村社会发展研究和西部边疆教育发展研究等专业方向与人才培养体系，同时结合国家"一带一路"倡议中所面临的重大现实问题，通过课堂讲授与专题讨论，使学员系统了解"一带一路"，特别是丝绸之路经济带沿线的历史与文化及其当代价值与意义，使学员在全面把握丝绸之路经济带沿线民族与宗教问题形成和演变基本脉络的基础上，充分认识当代民族与宗教问题的本质和特点及在国家西部边疆安全中的地位与作用。这些工作不但完成了人才培养专项计划的各项教育教学任务，为西部边疆地区培养了一批急需的高层次人才，还得到中央国家安全办公室和教育部的肯定和好评，为西部边疆的长治久安和跨越式发展做出了贡献。

为落实总体国家安全观教育与实践活动，自 2017 年以来，王欣带领团队在完成"1023 计划"的基础上，参与教育部批准下达的总体国家安全观高层次人才培养专项计划的教育教学与人才培养工作。该计划前三届招收了来自中央军委、国家机关和有关省级部门的 45 名专家型领导。在落实这项工作时，该团队在国内首次提出了以国家安全学为基本框架的总体国家安全观理论研究、总体国家安全观战略研究、总体国家安全观制度研究和总体国家安全观体系研究等专业方向与人才培养体系。这些学员均从事有关国家安全的组织和领导工作，经过学习深造，他们具有更为丰富的实践经验和学术素养，产出了一批既有学术价值又有现实意义的重要成果。

在服务"一带一路"倡议和中国文化走出去的时代背景下，王欣带领团队主持了由文化部和中国社会科学院主办的"青年汉学家研修计划"，连续三年培训来自丝绸之路沿线15个国家近20名青年汉学家，使之成为传播中国文化的使者，也为促进"一带一路"沿线国家民心相通做出了一定贡献。

在谈到学术成果时，王欣强调团队的力量。他说，从事边疆研究需要大量的调研和数据，没有大家共同的努力，单靠一个人的热情和力量是不行的。五年来，王欣团队为中央和各级政府部门提供各种咨询报告25份，其中有些报告获得高层批示，有关报告多次被中央相关部门采纳。2014年为中央民族工作会议提供政策咨询与建议。依托本学科设立的西北跨境民族与边疆安全研究中心（今西部民族历史与文化研究中心），2017年入选国家民委民族理论政策研究基地，目前已成为国内外在西部边疆民族宗教问题与国家安全等领域有一定影响力和话语权的智库。

使命在肩，只争朝夕。如今，王欣仍然每天在研究一线忙碌着，每年都多次前往边疆民族地区，针对影响边疆社会稳定和发展的各种重大历史与现实问题展开田野调查。面向未来，他坚持学术报国，希望通过团队的努力，让陕西师大民族学和边疆学学科的学术研究、人才培养和社会服务产出高质量的标志性成果，学科建设层次及其在本学科领域的研究实力以及咨政育人的能力进一步提升，为铸牢中华民族共同体意识、维护西部边疆稳定和国家安全、促进边疆经济社会协调发展、加强民族团结进步做出应有的贡献。

【主要参考资料】

[1] 张译心：《推进国家安全学创新发展》，载《中国社会科学报》2020年10月26日。

[2] 王欣、洪玺铭：《抗战时期中国共产党促进新疆各族民众中华民族认同的历史考察》，载《西北民族研究》2022年第4期。

[3] 《陕西师范大学党外代表人士建言履职取得成效》，陕西省教育厅网站，2022年5月28日。

【人物档案】

刘忠文，生于1968年，河北张家口人。陕西师范大学化学化工学院教授。1997年获中国科学院山西煤炭化学研究所有机化工专业工学博士学位。2014年入选教育部"长江学者奖励计划"特聘教授。主讲本科生和研究生课程10余门，主要从事费托合成和CO_2资源化利用等碳一化学化工研究。主持国家重点研发计划课题、国家自然科学基金重点项目等科研项目，在 Nature Communications、Angewandte Chemie-International Edition、Journal of Catalysis、Industrial & Engineering Chemistry Research 等期刊发表论文200余篇，获授权中国发明专利30余件，应邀在国内外学术会议做报告30余场，获陕西省科学技术奖二等奖等奖励。现任陕西省合成气转化重点实验室主任。兼任中国化工学会超临界流体专委会副主任委员和化学工程专委会委员、中国稀土学会稀土催化专委会副主任委员、中国化学会催化委员会委员、《工业催化》编委会副主任、《陕西师范大学学报（自然科学版）》主编，以及 The Innovation Energy、Journal of CO_2 Utilization、Catalysts 等期刊编委。

刘忠文：碳一化学化工领域的探索者

一排排规格、型号一致，装有不同催化剂的反应装置，注入同样成分的合成气（一氧化碳和氢气组成的混合气体），却制备出不同组分的高品质液体燃料（煤变油）和功能各异的化学品；也是利用相同的反应器和不同的催化剂，把生产生活中排出的温室气体二氧化碳资源化利用，氧化丙烷等烷烃得到高附加值丙烯等烯烃的同时，将二氧化碳还原为一氧化碳，提高其整体碳利用率……这是刘忠文教授团队正在探索利用一氧化碳、二氧化碳、甲烷等小分子去合成液体燃料和高附加值化学品的碳一化学化工技术，其关键是新型催化剂的研发。从研究碳一小分子在催化剂表面的活化方式与定向转化路径，到新反应工艺和催化剂设计及其实验验证，再到规模化制备方法，培养人才的同时，形成成套新技术，刘忠文教授正带领团队在这样的科技丛林中不断探索着。

走出山村，放眼看世界

1968年11月，刘忠文出生于河北省张家口市下花园区一个只有300多人的小山村。山村人少，和睦互助，民风淳朴，夜不闭户。刘忠文小时候常住祖母家，老人家性格温和、心地善良、勤劳俭朴、乐于助人，在村里有很好的口碑。潜移默化之下，刘忠文形成了善良、沉静、胆怯的内敛性格。祖母离世后很长一段时间，他吃完饭后就不知该去何处，只是默默流泪，家里人都担心他这样下去难以上学读书。但大自然拥抱着他，蓝天白云，明月繁星，花草树木，飞虫小鸟……他思考花开花落，从种子到果实为什么会有这么大的变化；他注意观察，心想将来一定要弄清楚原因。就这样，刘忠文在大自然的怀抱中渐渐长大。

7岁时，刘忠文进入村里只有一名公办教师、两名民办教师和一个小复式班的小学读书。他出人意料地喜欢读书，是老师经常表扬的好学生。公办教师田老师教学认真，循循善诱，非常关心学生，经常家访；高中毕业的民办教师梁老师教书之余会约同学一起为各家饲养的兔子割草。这激发了同学们的学习热情，培养了他们热爱劳动的习惯。刘忠文经常随梁老师割草，两人逐渐成为无话不谈的朋友。恢复高考后，梁老师考入张家口医学院，成为村里第一个大学生。刘忠文深受鼓舞，也立志走出大山去看外面的世界。

小学毕业后，刘忠文要自带午饭步行到4公里外的公社所在地上初中。这所学校只有七八位教师，考上高中的人很少，还有不少学生中途辍学，但刘忠文仍坚持努力学习。他在初一时加入共青团，初中毕业时获张家口市"三好学生"称号，如愿成为该校多年来唯一考入河北省重点中学沙岭子中学的学生。

沙岭子中学办学条件要好得多，教师多数来自河北师范大学等高校，教室宽敞明亮，家远的同学还可以住校。按入学成绩，刘忠文在班里排倒数五名左右。认识到自己的短板，以及与现在同学之间的差距后，刘忠文更加刻苦。他努力追赶，在高中第二学期时，成绩就开始处于班级前列。他喜欢数学的推导和各种物理现象的解释。"高中生活比较单调，不过学校围墙外就是京张铁路，每天都有很多列车通过。当看到长长的列车飞驰而过时，总是情不自禁地默默数起车厢数量，仿佛要将思绪装进其中一个车厢，奔向远方。"

填报高考志愿时，由于受小学老师的影响，刘忠文填报的都是师范院校。虽然非常喜欢数学，但他仍很担心高考数学成绩不理想，就填报了更有把握的化学系，最终被提前批次招生的河北师范大学化学系录取。

大学期间，刘忠文仍对高等数学和普通物理深感兴趣，每年都获一、二等奖学金。"对我影响最大的是物理化学主讲教师刘晓地教授。他对课程体系理解深刻，有很高的学术造诣。讲课时通常从一些化学现象讲起，在描述现象的过程中提出问题，然后进行理论阐述，还能很好地将学科发展脉络融入整个教学过程中。"这对刘忠文后来的教学和科研都产生了很大影响，使他更深刻地认识到提出问题和思考问题的重要性。刘晓地教授还介绍他向从事代用燃料研究的退休教师胡教平教授求教。当看到胡教授家客厅和阳台上都是实验仪器时，他深受触动。

在刘、胡两位教授的建议下，刘忠文报考了中国科学院山西煤炭化学研究所的硕士研究生。面试时，后来成为刘忠文导师的周敬来研究员提出一个有关活化能的问题。周老师认为刘忠文的回答基本概念清晰，就将他留在课题组，与张志新研究员一起指导他做费托合成反应中的催化反应工程、动力学及数学模拟方面的研究工作。

山西煤炭化学研究所是国内最早从事费托合成研究的科研单位之一，周敬来研究员的课题组先后承担多项国家科技攻关项目，形成了工业示范技术。刘忠文开始硕士论文研究工作时，认识到用于实验室研究的整套装置就是一个相应工厂的缩影。从催化反应原理、实验设计、催化剂制备、费托合成性能评价到产物分析方法，不仅需要学习不同专业的理论知识，如无机制备化学、有机合成反应、固体催化剂物化性质表征分析方法、化学热力学、反应动力学和化工传递等，还需培养动手能力和严谨的理性思维。尤其在进行费托合成反应动力学研究时，他曾遇到不少设备及技术上的难题，影响了科研进度。但课题组汇聚了不同研究方向的专业人员，特别是经验丰富的技术人员，在他们的帮助下，刘忠文大大提高了研究效率，提升了实践能力，并从中体会到科研平台和团队的重要性。

1994年硕士毕业时，刘忠文虽然获得中国科学院院长奖学金优秀奖，但他仍感到知识不足，决定继续跟随周敬来研究员攻读博士学位，深化课题研究。1997年，刘忠文获得有机化工专业工学博士学位。此后，在深圳市比亚迪实业有限公司研究中心工作三年，于2021年1月先后以KISTEP Scientist、客员研究员和客员教授身份，分别在韩国化学研究所和日本北九州市立大学进行碳一化学化工方面的研究，实现了少年时代走出山村看世界的夙愿。

教知识，育能力，悉心培养人才

受小学老师的影响，刘忠文教授始终对教师工作非常崇敬和向往。留学回国在陕西师范大学任教后，他更加敬畏教育工作，秉承"认真履行教育教学工作是高校教师的首要和最重要职责"理念，在老一辈教师的指导下，积极参与教学工作，先后为本科生讲授工业催化、化学反应工程、无机及分析化学、无机化学实验、化学专业引导、化学化工前沿讲座等课程，为研究生讲授化学反应工程、工业催化原理、催化研究中的色谱分析方法、化工科技英语写作等课程。

在教学中，刘忠文教授坚持以人为本的教书育人理念，努力将正确的人生观、价值观与专业知识融于一体。他给大学新生上课的第一讲都要介绍课程的主要内容、学习方法及注意事项，特别强调从高中到大学学习方法的根本转变及独立思考的重要作用，进而阐述该课程在专业课程教学中的地位，使学生对课程有一个总体认识。对新入学的研究生，则先讲解研究生与大学生的区别，从知识的获取到知识的应用，再到科技创新，勉励他们要"勤奋、远见、睿智、热情、敬业"，更重要的是要多思考，也就是"悟"。强调要围绕实现中华民族伟大复兴做好学习研究工作，要做对人类社会文明发展有促进作用的人。研究生不仅要具备科学素养，还要有人文精神；既要有学术风范，更要有学术道德；要培养科学思维和创新能力，特别是批判性思维。之后，再为研究生讲解怎样学习基础课，如何在阅读和分析文献过程中提出问题、生成创新思路，如何在完成学位论文过程中提高自身的科研能力和科学素养。

刘忠文教授对待课程教学严肃且认真，每门课都精选教材，认真备课。不仅努力钻研课程内容，还结合典型创新案例，将课程及相关学科的发展史、现状和发展方向有机融入教学过程，做到"既见树木又见森林"。他的授课基本概念讲解准确，基本规律和理论阐述透彻，逻辑性强，还能涉猎多方面应用，并注重从中提取跨学科概念，渗透学科交叉意识。同时，他还致力于传授学生经典化学化工案例及思考问题的方式方法，提高学生发现问题、分析问题、解决问题的能力。"刘老师把知识传授和能力培养融为一体，在努力打好知识基础的同时，特别重视培养我们的实践能力和创新意识。"学生们说。而刘忠文则认为自己在教学中拓展和丰富了知识结构，实现了教学相长。

长期以来，化学一直被认为是一门实验科学，许多实验现象很难用统一的理论进行合理解释。在此观念影响下，许多人认为学习化学只能靠死记硬背。刘忠文教授认为，课程教学要适应学科的发展趋势，化学发展到今天已经不再是纯粹的实验科学，而是要用实验和理论两种方法去解决化学问题。因此，化学教育也要加强理论教学，特别是模型化思想和方法，培养大学生新的化学思想和理论思维方式。他反复教导学生，要注重化学现象的溯源性理论解释，培养用理论方法解释化学实验现象的能力。他认为，在低年级的化学教学中，应该介绍一些量子化学的基本概念和规律，用于在电子水平上解释实验现象。同时倡导对宏观现象进行微观机制的阐述，利用分子结构特点讨论其化学性质。他特别推崇模型化教学方法，认为模型化方法能够抓住事物的主要矛盾，规避一些次要细节，能够从理论上更深刻地揭示事物的本质。因此，他尤其重视杂化轨道理论和过渡态理论的教学，认为两者分别是量子化学中化学键理论和分子反应动力学理论的模型化方法范例，不仅抓住了电子运动的本质，在电子结构水平上直观地解释了分子的结构、性质及其反应机制，也为学生更好地理解化学物质的结构、性质及其反应规律打下了基础。

作为应用化学专业的负责人，在学校委托教学研究项目"本科化学非师范专业人才培养体系研究与实践"和学院支持下，刘忠文教授和应用化学及化学工程教学团队一起，在调查研究的基础上，根据2015年颁布的《化学类专业本科教学质量国家标准》要求和国家开展"新理科""新工科"建设内涵，结合国家重大需求、陕西能源资源丰富的优势及学校实际条件，先后组织专家论证学校应用化学本科专业的定位及专业特色（如组织召开"新工科背景下师范院校化工类学科建设的机遇和挑战"研讨会等），对应用化学本科专业学生培养方案进行了修订。根据应用化学专业面向工业化学实践和学校授予理学学士学位的实际情况，将国家"新理科""新工科"建设内涵与师范院校特色相融合，压缩部分有可自学内容课程的教学时数，增补更好地学习化学化工类课程所必需的数学教学内容和课时。

同时，他强化应用化学专业实践教学环节，加强专业实习，分别在延长石油碳氢高效利用技术研究中心和延长中煤榆林能源化工有限公司建立应用化学本科生实习基地，形成校内培训和虚拟仿真实验与校外认识实习和生产实习有机结合的实践教学体系。2017年，获批陕西省示范性虚拟仿真实验教学项目"重油催化裂化系统虚拟仿真实验平台"，在提高教学质量的基础上，使学生加深了解陕北地区煤油气资源的特点以及煤和石油化工技术，增进了学生服务地方经济及环境保护的社会意识和责任。2021年，应用化学专业入选国家级一流本科专业建设点，并获得化学工程与技术博士学位授权一级学科。在此基础上，2023年获批化学工程与技术博士后科研流动站，形成了理工融合为特色的应用化学理学学士，化学工程与技术硕士、博士到博士后的人才培养完整体系。

高碳高效，直面挑战

《国家中长期科学和技术发展规划纲要（2006—2020年）》指出："我国目前能源供需矛盾尖锐，结构不合理；能源利用效率低；一次能源消费以煤为主，化石能的大量消费造成严重的环境污染。今后15年，满足持续快速增长的能源需求和能源的清洁高效利用，对能源科技发展提出重大挑战。"在新的替代能源大规模应用之前，煤炭在现在和将来很长一段时间内依然是我国的主体能源。与石油、天然气相比，煤的碳排放系数最高（2.66 t CO_2/t 标准煤）。因此，煤炭的清洁高效利用不仅是我国社会和经济可持续发展的战略需求，也是必须解决的中长期重大科学技术问题。基于上述国家科技战略部署和学校的学科基础，着眼当前国民经济和社会发展的重大需求，结合陕西省丰富的化石资源优势和陕北能源化工基地的特色，聚焦煤炭资源"高碳低排"和"高碳高效"的科技创新，在学校和学院的大力支持和帮助下，刘忠文教授在碳一化学化工领域开展了卓有成效的科学探索。

早在1923年，德国两位科学家Frans Fischer和Hans Tropsch就发现了后来以他们名字命名的费托合成反应——碳一化学化工领域最重要的发展方向。煤炭经合成气转化为高品质液体燃料和高附加值化学品的费托合成过程，即间接液化，目前仍是"煤变油"的现实可行技术之一，对能源利用和环境保护意义深远。然而，费托合成本质上是在催化剂表面进行的聚合反应，受ASF分布规律的限制，导致汽油、柴油、航空煤油和长链α-烯烃等特定目标产物的选择性存在极大值。因此，突破ASF分布限制，高选择性地一步合成汽油等特定目标产物的费托合成催化剂设计制备，一直是该领域的研究重点和发展方向，极具挑战性。

在国家自然科学基金面上和企业委托课题等项目的资助下，刘忠文教授团队利用蒙脱土具有层状结构、层间可交换阳离子及固有酸性等特点，分别采用酸活化、碱活化、离子交换、SiO_2等氧化物柱撑及模板导向柱撑等一系列方法，对蒙脱土的层板组成、结构、织构和酸性等进行了多尺度调变，构筑了一系列由金属钴和改性蒙脱土组成的双功能催化剂。发现其层间氧化物柱及残留层间阳离子的助催化效应，从微观水平上阐明了双功能催化剂的结构、酸性、还原行为及不同催化功能之间协同作用等影响其催化费托合成反应的活性及产物分布的作用机制，获得了一步高选择性合成液体燃料的高效费托合成催化剂。以咪唑类钴基多孔骨架材料为前驱体，一步制备出多孔炭限域、钴颗粒尺寸可控的Co/C模型催化剂，确立了费托合成的钴颗粒尺寸效应及其临界尺寸。开发了合成气一步选择性制备长链α-烯烃的高性能钴基费托合成催化剂及其规模化制备方法，正在进行工业侧线试验验证等放大工作。上述基础研究成果获陕西省科学技术奖二等奖 1 项，核心技术获授权中国发明专利 10 件。

煤炭经合成气转化为液体燃料或高附加值化学品的间接液化工艺包含两个核心化学反应过程，即煤炭的部分氧化（煤气化）制备合成气和合成气经费托合成等反应得到液体燃料或高附加值化学品。根据化学反应原理，无论煤气化还是合成气转化的反应过程，都不可避免地副产一定量的 CO_2，降低了煤炭间接液化过程的整体碳效率。因此，如何将煤炭间接液化过程中产生的 CO_2 有效利用，对实现煤炭资源的"高碳低排"和"高碳高效"意义重大。尽管 CO_2 是碳的最高氧化态，十分稳定，是一种低"化学势"分子，但 CO_2 的分子结构属于非极性线性对称分子，由于 C（2.55）和 O（3.44）原子的电负性相差较大，LUMO 轨道主要定域于电负性较小的 C 原子，导致 C 原子更易于接受电子，使 CO_2 表现出弱氧化性。因此，在科技部重点研发计划课题、国家自然科学基金重点项目等资助下，将 CO_2 的弱氧化性特点与煤炭间接液化产物提质过程相结合，形成了刘忠文教授团队的第二个特色研究方向。

将 CO_2 弱氧化剂经加氢反应合成醇、醚等含氧化合物是碳一化学化工的重要研究方向。现有研究主要集中在两类催化剂体系：以铜为代表的金属基催化剂和以 $ZnO\text{-}ZrO_2$ 为代表的复合氧化物催化剂。不同于上述两类催化剂，刘忠文教授团队发现六方相氮化镓（Gallium nitride，GaN）能够高效催化 CO_2 直接加氢合成二甲醚，且远高于其催化 CO 的加氢活性，尽管二者的产物分布相近。优化反应条件下的二甲醚时空收率达 2.9 $mmol·g^{-1}GaN·h^{-1}$，除 CO 以外的产物中，二甲醚的选择性高达 80%，反应 100 小时未见催化剂失活。程序升温表面反应等非稳态实验、改变停留时间稳态实验及 Operando DRIFTS 等结果确认二甲醚为初级产物，结合密度泛函理论计算，探明了 CO_2 在 GaN 的（100）和（110）晶面上加氢分别生成甲基（CH^{3*}）和甲酸根

（HCOO*）中间体，二者在（100）/（110）界面处耦合直接生成初级产物二甲醚。此项研究不仅建立了非甲醇中间体的 CO_2 直接加氢合成二甲醚的全新 GaN 催化剂体系，其独特的反应机理还丰富了碳一催化理论，在 CO_2 加氢直接合成二甲醚及其下游烃类化合物的偶联反应方面呈现出很好的发展前景。该成果 2021 年发表于期刊 *Nature Communications*，并被国家自然科学基金委员会网站报道。

以 CO_2 为弱氧化剂，将煤间接液化产物中的乙烷、丙烷、乙苯等烃类分子经氧化脱氢得到高附加值烯烃的同时，CO_2 被还原为 CO，从而提升了煤间接液化过程的整体碳效率，其中高性能催化剂的开发是其工业化应用的关键。刘忠文教授团队提出了利用 $Ce^{3+}-Ce^{4+}$ 氧化还原循环抑制 V^{5+} 深度还原的催化剂设计策略，探明了影响氧化铝负载钒氧化物催化活性和稳定性的关键因素，揭示了富缺陷氧化物中的氧缺陷性质和积炭影响催化剂活性和稳定性的作用机制，构建了 CO_2 氧化乙苯脱氢制苯乙烯的催化剂模型，中试放大等相关工作正在筹划中。其核心技术获授权中国发明专利 12 件。同时针对费托合成产物中甲烷的高效转化利用，开发了甲烷和 CO_2 重整制合成气的高性能镍基催化剂，现正探索后续放大等工作。

合成气定向转化，凝心聚力

作为一名一线教学科研人员，刘忠文教授特别喜欢办公室墙壁上悬挂的横幅"天道酬勤，勤学静思"。他经常沉思，学科建设是提高高校教学科研水平的基础，科研平台和创新团队是学科的重要支撑，服务于学科发展。因此，他非常注重学习学科发展史，其中密切相关的化学和化学工程与技术两个一级学科的形成历史及标志性成果，就成为学科包括平台和团队建设最为重要的学习和反思史料。其经验教训在促进学科健康发展的同时，也能使之更好地适应和服务于国家需求与社会发展。2006 年入职学校后，在刘昭铁教授的大力支持和持续帮助下，刘忠文教授基于国家重大需求、陕西地域资源优势和学院学科基础及特色的理性思考，聚焦陕西省合成气转化的创新研究与人才培养，凝练个人研究方向，融入学科、团队和平台建设中。

煤炭资源"高碳低排"和"高碳高效"科技创新的关键是解决合成气中碳选择性高效转化这一重大难题，涉及催化化学、材料合成化学、化学反应工程等众多学科，协同创新和学科交叉特色鲜明。刘忠文教授依托应用表面与胶体化学教育部重点实验室和陕西省大分子科学重点实验室，围绕合成气中碳选择性高效转化这一主攻方向，凝聚了一批从事均相和非均相催化、理论计算及模拟等研究的骨干教师，经过七年多的学科交叉和协作研究，形成了合成气经费托合成高选择性制液体燃料、CO_2氧化烷烃脱氢制烯烃、CO或CO_2催化合成有机功能化合物及相关过程的理论计算与模拟等三个稳定的研究方向。2013年，以他为带头人组建的"合成气中碳选择性高效转化重大基础研究"团队成功入选陕西省重点科技创新团队。

围绕团队目标，刘忠文教授以科学研究和学科建设为导向，依据优势互补原则，就合成气定向催化转化等进行了卓有成效的协同研究，开展了多方位和多层次的国际交流与合作。同时，考虑到学科交叉和产、学、研、用相结合在解决合成气中碳选择性高效转化重大难题中的重要性，为进一步提升团队从基础研究到工业化应用研发的水平，他联合延长石油碳氢高效利用技术研究中心、西北化工研究院、西安近代化学研究所催化事业部和西安凯立新材料股份有限公司，于2015年12月成立陕西师范大学应用催化研究中心。

根据优势互补原则，应用催化研究中心与共建单位签署框架合作协议，共同选题，凝练学科方向和特色；举办催化与反应工程研讨会暨陕西师范大学应用催化研究中心学术年会，邀请国内外同领域学术界和产业界知名学者共同研讨合成气中碳选择性高效转化的挑战性难题和科技前沿，进一步提升了团队的整体科研水平和承担重大科研任务的能力，成为支撑从应用化学本科专业到化学工程与技术一级学科博士点的完整学科体系及化学工程与技术博士后科研流动站的重要力量。进而在学校的大力支持和团队成员的共同努力下，依托陕西师范大学、延长石油碳氢高效利用技术研究中心和西安凯立新材料股份有限公司共建的陕西省合成气转化重点实验室于 2018 年获批建设，经过三年多的奋斗，于 2021 年通过陕西省科学技术厅验收，成为陕西省合成气转化的创新研究与人才培养高地。

现今，刘忠文教授仍然经常凝视"天道酬勤，勤学静思"横幅，不时提醒自己一切成绩都属于过去。"而今迈步从头越"，专心、勤思、筑梦未来，拼搏努力，在碳一化学化工领域继续进行不懈的探索。

【主要参考资料】

[1] 新华社：专家详情·刘忠文，新华社大数据智库云。

[2] 人才工作处、化学化工学院：刘忠文教授团队研究成果在《自然·通讯》上发表并被国家自然科学基金委网站报道，陕西师范大学网站，2021 年 4 月 22 日。

【人物档案】

李忠军，生于1968年，吉林通榆人。2020年9月起任陕西师范大学党委书记。教育部高等学校马克思主义理论类专业教学指导委员会副主任委员，全国普通高校教育行业毕业生就业创业指导委员会副主任委员，教育部"马工程"重点教材首席专家，国家"万人计划"哲学社会科学领军人才，全国文化名家暨"四个一批"人才，入选国家"百千万人才工程"并被授予"国家有突出贡献中青年专家"称号，教育部新世纪优秀人才支持计划入选者，国务院政府特殊津贴专家。主持教育部哲学社会科学研究重大攻关项目3项（2项已结项），主持国家社科基金委托项目、重点项目、一般项目等国家级课题多项。在《马克思主义研究》《人民日报》等报刊发表论文70余篇（其中5篇被《新华文摘》全文转摘，26篇被人大复印报刊资料全文转载），出版专著5部（获国家出版基金资助1部），主编教材5部，获第六届高等学校科学研究优秀成果奖（人文社会科学）三等奖等。兼任陕西省学科（专业）建设和研究生教育教学指导委员会常务委员、陕西省文科综合类学科评议组召集人等。

李忠军：心系白山黑水　情注高天厚土

高校立身之本在于立德树人，思政课是落实立德树人根本任务的关键课程。李忠军精研原典，深刻把握思政课的本质，强化其铸魂育人功能；高度重视理论指导，充分结合育人实践，通过言传身教、因材施教，做好学生引路人；强调潜心问道与关注社会相统一，在学术界较早提出"铸魂育人"的思想政治教育本质观，提出当代中国社会主义意识形态建设应遵循的"三位一体"铸魂育人逻辑，形成了特色鲜明的研究方向和成果体系。作为高等教育工作者，他尽力将所经历的每个岗位都做到最好：在东北师大，他着力提升就业指导服务工作的科学性系统性，打造了享誉全国高校的"东师模式"；他推进学校政工干部队伍从单纯事务型向立足工作研究型转变，建设了一支专业化、职业化、专家化的学工干部队伍；他推动校内学科资源的集结统筹，引领马克思主义理论学科进入国内一流和 A+ 梯队。在吉林大学，他带领纪检监察工作队伍以扎实工作荣获全国高校系统内唯一的"全国纪检工作先进单位"；他推动马克思主义学院改革发展，带领马克思主义理论学科评估进入 A+ 方阵。在陕西师范大学，他紧扣高质量发展主线，以党建引领推动学校治理体系和治理能力现代化；他立足现实系统分析学校发展面临的主要矛盾，提出"两条主线、一个根本、一个关键"发展思路，推动学校发展整体向上向好，步入新的阶段。

在白山黑水之间勤勉耕耘

1991 年 9 月，李忠军进入东北师范大学学习，1995 年 7 月本科毕业留校，后在职攻读硕士和博士研究生，分别于 2004 年、2008 年获取东北师范大学政治学理论专业硕士学位、马克思主义理论与思想政治教育专业博士学位。2010 年 11 月至 2012 年 11 月在清华大学马克思主义理论博士后流动站师从著名学者吴潜涛教授从事合作研究。2000 年 9 月任东北师范大学学工部（学生处）

副部（处）长、2003年9月至2007年2月任学生就业处处长。工作期间，于2002年、2005年分别在吉林省委党校副厅级后备干部培训班、国家教育行政学院中青班学习。2007年2月起任东北师范大学党委学生工作部（学生处）部（处）长，同年9月起兼任学校思想政治教育研究中心副主任、教育部辅导员培训和研修基地副主任兼办公室主任。

担任就业指导服务中心主任时，李忠军首创就业市场白皮书分析报告模式，编制学校年度就业市场报告，建构就业市场监测体系，分析就业市场变化规律，开展就业指导研究，增强就业指导服务工作的科学性系统性；组织成立东北地区师范院校就业联盟（现其日常呈现形式为东北高师就业联盟网），形成区域协作势能和就业效能；主持设计学生就业指导系列教材，主编《临飞》（东北师范大学出版社，2006）、《理想与成才》（东北师范大学出版社，2007）、《大学生就业指导教程》（吉林文史出版社，2007）等。在推进学生就业工作方面，注重激发学生参与意识。2004年曾选聘40名2005届毕业生担任就业形象大使，负责向用人单位介绍、宣传学校教育教学情况，展示毕业生形象气质，这一创新性举措被《中国教育报》报道。

在学工部、学生处工作期间，李忠军坚持加强党的理论政策的研究和落实，推进职业化专业化政工队伍建设，探索创新思想政治教育工作模式，通过思想引领确保学生稳定，促进学生全面健康成长。由此，他确立了"社会主义核心价值体系融入大学生思想政治教育全过程"的研究领域和实践方向，构建"一本三向六段式"分层次分阶段的思想政治教育工作新模式，被《教育部简报》专题登载，被《光明日报》多次报道。

结合工作实践，李忠军对东北师大的思想政治教育模式进行认真梳理、总结和改进，促进学生思想政治工作与学校教育教学紧密结合，切实解决学生成长中的实际问题。在学校层面，坚持以社会主义核心价值体系为统领，面向全体学生开展师德和职业道德教育，以"我眼中的基础教育"为主题，组织全校3000多名公费师范生在全国范围内开展"遍访千师万校活动"等。在学院层面，启动"学院特色学生工作总结与拓展"现场会,根据不同学院的人才培养模式与学生特点,探索不同专业各具特色的思想政治教育范式,促进思想教育与专业教学的有效衔接。在年级层面,实施年级工作组制,将全校辅导员分为四个年级组,各年级组针对本年级学生特点开展教育活动。在学生个体层面,让每名学生从入学开始就定期填写成长规划书,逐一进行跟踪式的发展指导,形成成长规划书制度;对所积累的1700个学生成长问题案例进行个案剖析,总结规律。2009年,东北师大思想政治教育工作的探索实践被教育部列入中央16号文件实施五周年重点宣传内容。

在推进政工队伍转型方面,李忠军从自身做起,坚持学习、工作、科研联动,坚持理论研究基于实践、服务工作的宗旨,先后主持国家社科基金项目、全国教育规划项目、教育部人文社科项目等多个项目,出版多部专著,主编多部教材,发表系列高层次理论文章,不断提升个人理论素养和研究能力,着力推进工作创新。从实际工作出发,李忠军认识到,学生成长所面临的问题多元、复杂,从事学生工作的人员只有具备专业知识、开展专门研究,才能适应新形势新挑战。因此,建设一支高素质的职业化、专业化队伍是当务之急,政工队伍必须实现转型。在他的带领下,依托教育部高校辅导员培训和研修基地(东北师范大学),成立东北师范大学思想政治教育研究中心,在全国首创"辅导员硕博联合培养班",推进多导师联合培养与校际交流培养相结合,集教学、工作、科研于一体,探索辅导员高级人才培养模式。同时,以科研为核心,以项目为拉动,构建形成全覆盖、金字塔式的科研项目体系,聚焦"社会主义核心价值体系融入大学生思想政治教育全过程""辅导员工作基本理论"等方向,设立科研基金,政工队伍全员参与科研课题立项、学生思想动态调研、学生典型案例研究。由此,在政工干部之间形成工作、学习、研究相辅相成、相互促进的有效机制,实现政工干部队伍从单纯事务型向立足工作研究型的转变。

2013年6月起,李忠军任东北师范大学党委副书记、副校长,2014年5月起任东北师范大学党委副书记、纪委书记。2016年1月起任吉林大学党委副书记、纪委书记。在吉林大学期间，李忠军落实党委主体责任，落实党委成员对职责范围内党风廉政建设的领导责任，把党风廉政建设和反腐败工作纳入总体部署。通过系列举措，加强基层纪委建设，推动从严治党向基层延伸：以制度设计科学化为基础，优化基层纪委监督机制；以组织建设规范化为关键，优化基层纪委工作职能；以队伍建设专业化为核心，优化基层纪委工作作风；以督导整改制度化为保障，优化基层纪委工作方式等。吉林大学纪委工作和个人履职工作在中央纪委国家监委考评中均获优秀等次评价，吉林大学纪委被评为全国纪检工作先进单位（唯一获此荣誉高校）。

教书育人，矢志不渝

李忠军从本科毕业开始就从事思政课教学，当好一名思政课教师，"既是一份光荣，更是一份沉甸甸的责任"，做"经师"，更做"人师"，是他三十年来矢志不渝的追求。2019年3月18日，全国学校思想政治理论课教师座谈会在北京召开。作为高校思政课教师代表，李忠军参加了会议。他感慨地说："育人者先受教育，青年学生对思政课学习的态度和热情，在很大程度上是通过对思政课教师的认识来把握的。"

思政课是落实立德树人根本任务的关键课程。加强和改进思政课，必须深刻把握思政课的本质是讲道理的核心要义，强化铸魂育人的使命担当。李忠军认为，讲好思政课，教师必须提高把道理讲深讲透讲活的水平，只有把教师的教和学生的悟紧密结合、互促共进，才能使思政课获得沟通心灵、启智润心、激扬斗志的效果。教师与学生要敞开心扉、用心交流，学生要聆听老师的教诲，老师要倾听学生的反馈，在心灵互动中拓展认知通道与情感通道。教师既要用科学理论武装学生头脑，使学生形成理性认知，又要以真挚情感浸润学生心灵，形成情感认同，在情理交融中引导学生筑牢理想信念之基。教师讲道理必须具有明确的实践指向，入耳入脑入心的目的是让学生把理性认知与情感认同进一步转化为实际行动，把爱国情、强国志转化为报国行。

然而，讲好思政课并不容易。马克思主义是真理，真理都是朴素的，但无论如何也没有"朴素"到不学自懂、一学就懂的程度。要想"系统而不是零碎地"掌握它，就必须原原本本学、仔仔细细学；要想"实际地而不是空洞地"掌握它，就必须联系实际学、融会贯通学。十几年来，李忠军坚持在繁忙的行政工作之余，牺牲个人休息时间，在每周末挤出至少一整天时间和学生们在一起逐篇研读经典，在没有特别必要的紧急特殊情况需要处理时，绝对做到风雨无阻、雷打不动。"带头是最好的示范，老师是最好的榜样，老师如此执着，我们看在眼里，体会在心里，自然也就能坚持下去。"学生们说，"如果有时候上课时间不停调整，我们就知道他一定是遇到必须参加的公务活动了。"三十多年来，李忠军无论多么繁忙，总是把上课放在第一位，把仅有的可支配时间变成与学生共同的"学习日"，用以身作则、率先垂范赢得学生的爱戴与尊重。

多年来，李忠军始终秉承"教育者先受教育"的理念，以"真学"的态度、"真信"的觉悟、"真懂"的功底，教书育人，立德树人。他培养的学生中，有的已成长为从事思想政治理论课教学和研究的国家级青年拔尖人才，有的成长为从事思想政治工作的杰出英才；在他的课堂上，既有自己指导的博士、硕士，也有经过推荐前来旁听的大一新生，乃至哲学学院等其他学院学生。学生们说："李老师经常给我们一起上超过八小时的全天课程。每次在李老师的陪伴和教导下，晦涩难懂的经典文本竟也被我们慢慢啃了下来，甚至越读越有兴味，越读越知深义。""正是在这样的亲身示范和引导中，我们一次次接近真理，获得真知。"

教书育人是李忠军最大的乐趣，也是最执着的使命。在培养学生的过程中，李忠军不仅研究思想政治教育，而且注重将所学所思与育人实践充分结合起来。"学为人师，行为世范。"他通过言传身教，做好学生们的"引路人"。针对学生的具体特点因材施教，结合学生的优势特点、短板不足，采取针对性的教育，引导每个学生制定长远发展和职业规划。在指导修改论文时，总是耐心地给学生讲解如何培养实事求是的探究精神、如何养成严谨求实的思维方式、如何坚持问题导向的研究方法、如何形成科学规范的学术表达等，注重提升学生的理论思维能力和学术研究素养。

强调教学相长，李忠军注重与学生的沟通交流。尽管在学术上的要求极其认真严肃，但他更是经常鼓励学生、充分信任学生，给学生充足的时间空间来成长，"要博观约取，厚积薄发"，"宁可慢一点，不做夹生饭。"正因如此，他与学生们形成了简单、和谐、健康、发展的师生关系。"大家相互探讨交流、取长补短、共同进步。作为老师，最欣慰的就是看到学生成长成才。"

深耕经典，铸魂育人

2024年4月，国家出版基金规划管理办公室发布2024年度国家出版基金资助项目评审结果公告，由高等教育出版社申报的《马克思恩格斯思想政治教育思想研究》（全四卷）入选。这部120余万字的著作，是李忠军带着学生辗转东北师范大学、吉林大学、陕西师范大学，历时六年之久完成的皇皇巨著，也是国内首部系统对马克思恩格斯经典文本进行梳理和研究、提炼总结经典作家关于思想政治教育基本观点的代表性学术专著。成如容易却艰辛，这部著作建立在对马列主义经典文本的长年耕耘、深入思考、系统体悟的基础上，建立在甘坐"冷板凳"、肯下"笨功夫"、敢啃"硬骨头"的基础上，建立在积沙成塔、持之以恒、久久为功的基础上，蕴含着他对思想政治教育经典和原理的执着探索，其艰辛不言而喻。

三十余年来，从本科思想政治教育专业、硕士政治学理论专业到博士马克思主义理论与思想政治教育专业学习，以及马克思主义理论博士后流动站工作，再及学生工作研究、马克思主义学院建设，李忠军一直在高校思想政治教育研究和实践工作领域耕耘前行。同时，在他的精心组织和带领下，打造形成了一支以深耕马克思主义经典中所蕴含的思想政治教育原理为研究特色的学术团队。

在最初的学术探索中，李忠军结合工作实践，以解决学生思想教育工作中的问题为出发点，以东北师范大学思想政治教育研究中心为平台，以项目推动科研为突破点，在推进政工队伍转型发展的同时，不断提升个人学术素养。在这个过程中，他从个人做起，主持教育部人文社科课题"高校辅导员骨干学位提升培养工作研究"，主持学校青年团队项目，参与承担教育部"大学生管理研究"委托项目，将研究方向聚焦在学生工作的关键主体"辅导员"。在此期间，其专著《高校辅导员主体论》被列为高校社科文库资助项目，出版专著《意识形态安全与大学生政治价值观研究》（东北师范大学出版社，2008）、《高校辅导员工作案例研究方法与实证》（人民出版社，2010），主编《高校辅导员一线工作实证研究》《大学生管理研究》等指导实践工作的著作，其中《大学生管理研究》被教育部指定为全国辅导员培训的通用教材，《高校辅导员工作案例研究方法与实证》至今仍是从事思想政治教育工作一线辅导员案头必备的参考书。

在学术道路上，李忠军坚持以拙成卓，认为从事思想政治教育基础理论研究，不能投机取巧，自作聪明，必须守得住寂寞、耐得住性子，下一番心无旁骛的笨功夫、苦功夫。他强调学术研究要抓住治学之本，苦练内功，"向大本大源处探讨"。多年来，他执着耕耘在一条看似最笨最慢最难，但最踏实最有效最深刻的学术之路——深耕马克思主义经典文本。一字一句地读，逐段逐篇地讲，一部一部地琢磨，厚厚的经典著作，密密麻麻的笔记，从最开始深入解析马克思恩格斯经典文本中的某一句思想论述，到系统梳理马克思主义经典文本的某一个学术命题，再到整体理解马克思主义基本原理及马克思主义中国化时代化理论成果的历史逻辑、理论逻辑和实践逻辑，这是李忠军带领团队成员开展经典阅读与研究的思想行程。从马克思主义经典文本中，把握思想政治教育的本原本质，观照和解决现实中意识形态领域的重大理论和现实命题，这是李忠军教授及其团队一以贯之、一脉相承的学术研究主线。

辛勤的耕耘总有收获。李忠军先后发表论文《〈黑格尔法哲学批判〉导言》

的思想政治教育逻辑》（《教学与研究》2018年第6期）、《马克思恩格斯经典文本中关于思想政治教育的核心论断》（《马克思主义研究》2018年第9期）、《"思想"与"利益"之辩——〈神圣家族〉相关论断的思想政治教育立场》（《吉林大学社会科学学报》2020年第3期）等（上述论文均被人大复印报刊资料全文转载）。出版《马克思恩格斯思想政治教育思想研究》（全四卷）（国家出版基金资助）。

高等学校作为坚持党的领导的坚强阵地，肩负着为党育人、为国育才的历史使命，承担着立德树人、铸魂育人的重要任务。长期以来，李忠军强调学术研究与关注现实相结合，坚持科学研究指导服务实践工作。经过长年累月的学习研究，他在学术界较早提出"铸魂育人"的思想政治教育本质观，明确提出当代中国社会主义意识形态建设遵循着理想（中国梦）、价值（社会主义核心价值观）、精神（中国精神）"三位一体"铸魂逻辑，提出围绕"信仰、信念、信心"深化铸魂固本工程，形成了特色鲜明、成果显著的研究体系，在学术界产生了重要影响。

李忠军一直将铸魂育人作为自己研究的出发点和落脚点。进入新时代，党和国家提出培养德智体美劳全面发展的社会主义建设者和接班人的战略工程"时代新人铸魂工程"。李忠军认为，在铸魂育人过程中，必须从根本上聚焦解决"信"的问题，在效果上务求解决"实"的问题，在方法策略上时刻紧盯解决"准"的问题，在队伍建设上突出解决"带"的问题，在坚守底线原则上牢牢把握解决"稳"的问题。

聚焦铸魂育人，李忠军先后主持教育部哲学社会科学研究重大攻关项目3项，国家社科基金委托项目、重点项目、一般项目，教育部人文社会科学重点研究基地重大项目等多项国家级课题；主编《全国高校思想政治理论课教学方法改革年度发展报告》（2013、2014），出版专著《社会主义核心价值体系统领大学生思想政治教育研究——内在逻辑与体系建构》（人民出版社，2014）等；发表论文《落实立德树人根本任务，必须抓住理想信念铸魂这个关键》（《人民日报》2018年5月31日，教育部官网全文转载）、《用习近平新时代中国特色社会主义思想铸魂育人》（《中国高校社会科学》2019年第3期，《新华文摘》全文转载）、《"理直气壮开好思政课"的内在依据及其启示》（《马克思主义理论学科研究》2019年第3期）、《制度自信的生成逻辑与宣传教育路径》（《思想理论教育》2020年第4期，《新华文摘》人大复印报刊资料全文转载）、《论思想政治理论课的铸魂逻辑》（《马克思主义理论学科研究》2022年第3期，人大复印报刊资料全文转载）、《新时代好青年内涵论析》（《思想理论教育导刊》2023年第2期，人大复印报刊资料全文转载）等。

奋斗血汗催发成功之花。李忠军的学术研究先后获吉林省第八届社会科学优秀成果二等奖、第二届吉林省社会科学基金项目优秀成果一等奖、吉林省第十一届社会科学优秀成果一等奖，第六届高等学校科学研究优秀成果奖（人文社会科学）三等奖等，个人获评吉林省高校首批学科领军教授、吉林省高级专家，入选教育部新世纪优秀人才支持计划、国家"百千万人才工程"、国家"万人计划"哲学社会科学领军人才、全国文化名家暨"四个一批"人才等。

此外，在任东北师范大学马克思主义学部（院）部（院）长（2013年2月至2016年1月）、吉林大学马克思主义学院院长（2017年6月至2019年5月）期间，李忠军锚定目标，团结师生、集聚力量、改革创新，为东北师范大学、吉林大学马克思主义理论学科进入国内前列做出重要贡献。到陕西师范大学工作后，李忠军从更高的视野规划马克思主义理论学科发展，聚焦学科短板弱项，强化高层次人才队伍建设，推进高质量学术成果产出，强化学科的平台、项目支撑作用，不断扩大和提升学科影响力竞争力。目前，国家级人才队伍建设取得显著成效，集聚效应初步呈现，学院进入全国重点建设马院序列，学科得到跨域式发展（2023年软科学科排名进入前7%）。

引领陕西师大向上向好

2020年10月,李忠军离开学习、工作近三十年的东北大地,从松花江畔来到八水长安,担任陕西师范大学党委书记。任职以来,他坚决扛起党建"第一责任",聚焦事业高质量发展"第一要务",与其他班子成员同舟共济、携手前行,将全部心血倾注于学校改革发展,研判陕西师大作为部属师范大学的应有地位,革故鼎新,踔厉奋发,引领学校步入发展新阶段。

作为党委书记,李忠军率领学校党委承担管党治党、办学治校第一责任人责任,带头履行党委"把方向、管大局、做决策、抓班子、带队伍、保落实"职责,在全面分析办学实际的基础上,统一全校党员干部和师生员工思想,明确学校发展的战略规划、基本策略和行进方式,落实党委领导下的校长负责制,引领班子成员不断加强理论学习,提高政治站位,树牢规矩意识,增强政治判断力、政治领悟力、政治执行力,通过构建"1+8+X"党建与思政工作制度体系等举措,以高质量党建引领赋能事业高质量发展。

在他的带领下,学校党委坚守师范大学的主责主业,坚定了"到本世纪中叶,建成中国特色、世界一流的师范大学"的办学目标和定位。李忠军强调,把办好师范教育作为第一职责,是师范大学理应担当的职责使命。建校八十年来,陕西师大坚守教育报国初心,与民族命运同频共振,同国家教育事业紧密相连,学校因师而立、由师而兴、依师而强,"师范"两字早已深深融入学校的骨髓和命脉。建设中国特色、世界一流的师范大学,要擦亮教师教育办学底色,坚持综合性研究型的内涵发展道路;要不断提升"综合性"的合力,师范专业与非师范专业协调发展,各门类各学科在实现自身高质量发展的同时,形成支撑学校整体办学方向的合力;要不断提升"研究型"的层次和水平,以一流的科学研究支撑一流的教师教育、一流的师范大学。

李忠军结合学校事业发展的实情实力,带领班子,立足实际、调研论证、深入分析、总结研判,明确提出在抓住学校发展主要矛盾和矛盾主要方面的同时,坚持系统思维,兼顾其他矛盾,以点位突破带动事业全面发展,确定"两条主线、一个根本,一个关键"发展思路,即以教师教育和学科建设为主线,以人才和队伍建设为根本,以成果成效导向的教育评价改革为关键。以此发展思路为总纲,学校全面推进教师教育、学科建设、人才和队伍建设、科学研究、社会服务、干部队伍建设和绩效评价改革。

李忠军带领党委坚持和彰显教师教育办学特色,全面压实师范教育主业,确立"西部扎根、全国布局、国际辐射、边境点睛"的教师教育"四部曲",围绕"根基在西部、亮点在边疆边境、影响在全国、视野在'一带一路'与国际"的工作格局,不断做深做实教师教育,推动形成有特色、有话语、有实力的教师教育体系。

2021 年,学校启动实施对接西部基础教育"百校行"调研活动。调研以服务西部教育高质量发展和教育现代化发展目标为主线,围绕"西部中小学教师队伍建设现状与需求""大中小学思政课一体化建设""中小学心理健康教育发展现状""访企拓岗对接用人单位需求"等主题,对接西部革命老区、民族地区、边疆地区、"三区三州"地区的基础教育高质量发展对师范大学办学的需求。自此,每年暑假前期,李忠军与校长及其他党委常委、校长助理带领干部教师,从雪域高原到瀚海丛林,从省会城市到偏远村落,用脚步丈量祖国西部教育版图,努力将调研成果转化为推动工作的实绩实效,在高质量推进西部城乡义务教育优质均衡发展的过程中形成可复制推广的经验模式,服务引领西部基础教育发展,为加快建设教育强国贡献智慧力量。

为着力打造边境国门学校"红烛苗圃"实践育人项目品牌,2023 年暑期,陕西师大组织首批 10 个学院的部分师生深入云南、新疆、西藏、广西、内蒙古等五省区的 10 个边境县(旗),开展各类交流实践活动 372 场,覆盖边境地区不同民族 4300 余名学生,辐射国门学校师生 8740 余人次。李忠军说:"'红烛苗圃'实践育人项目以坚定师范生教育报国信念和提升边疆地区基础教育质量为重点,旨在探索构建铸魂育人新路径、校地协同新机制、服务边疆边境地区教育发展新载体,努力开创学校教师教育'在西部画龙、在边疆边境点睛'

的富有特色的工作格局，为培养党和人民满意的'四有'好老师、建设教育强国特别是推动西部教育事业高质量发展贡献力量。"

针对学科发展现状，李忠军推动成立党委学科建设委员会，构建以中国语言文学、中国史为牵引的文史学科之维，以化学为牵引的理工科学科之维，以教育学、心理学为牵引的教师教育学科之维，以哲学、马克思主义理论、国家安全学为牵引的哲学社会科学学科之维的"四维驱动"学科建设格局；推进实施"7+4"学科培优行动计划（7个学科指马克思主义理论、中国语言文学、中国史、教育学、心理学、化学、地理学，4个学科指数学、物理学、生物学、外国语言文学），成立由学校领导分别负责的学科建设专班，切实推进学科建设；组建马克思主义学部，成立哲学社会科学高等研究院等学术特区，推动形成学科建设合力。目前，中国语言文学入选第二轮世界一流学科建设学科，3个学科第五轮学科评估进入A类，2023年软科学科排名显示，马克思主义理论、中国语言文学进入前5%，教育学进入前7%，心理学和中国史进入前12%，新增5个博士学位授权一级学科，文科实力位列全国高校第19名，进入A+档次，综合性学科布局得到进一步优化。

高水平人才队伍是学校加速发展高质量发展最重要的基础支撑和强力引擎，是办学兴校的根基所在。在全面破解制约发展问题的探索中，李忠军带领学校领导班子着力健全人才和队伍建设的长效机制。学校成立党委人才和队伍建设委员会，按照扩增量、激存量、提质量的思路，持续深入开展人才和队伍建设，正视人才队伍短板现实，坚定汇聚人才信心，创新人才引育机制，千方百计广纳贤才，努力形成人尽其才的良好氛围，倾力打造高水平教学科研队伍，为学校未来发展蓄力储能。三年多来，学校实现自主培养院士历史性突破，自主培养人才获批国家杰出青年科学基金项目新突破（连续两年获批），新增国家级高层次人才43人，较"十三五"末实现跨越式增长。

教育评价改革是增强办学活力、推进学校加速发展高质量发展的关键。李忠军带领学校党委以中共中央、国务院《深化新时代教育评价改革总体方案》

为指导，推进以成果成效为导向的教育评价改革，形成以成果认定、导师评定、职称评聘、教师岗位设置聘用、高层次人才岗位设置聘用为主体的评价制度体系。如围绕学生评价坚持"五育"并举，进一步完善学生综合素质评价，健全体育、美育、劳动教育实施及评价机制；围绕教师评价、科研评价，制定修订高质量科研业绩认定、导师岗位管理、专业技术职务评聘、高层次人才和教师分级聘用等制度，构建"2+4+N"的政策制度体系，树立成果成效的鲜明导向；围绕资源优化配置，建立保障性、发展性、竞争性"三位一体"的资源分级分类配置机制等，通过改革进一步挖掘潜力、激发活力、增强动力。

忠诚、干净、担当的高素质专业化干部队伍是学校事业发展的中坚力量。李忠军带领学校党委按照夯实责任、健全制度、树牢导向、严格程序、推进交流、强化管理的工作思路，着力建设一支政治过硬、可堪学校事业发展重任的骨干队伍，以正确的选人用人导向，巩固风清气正的政治生态。近年来，对标中央和教育部党组要求，学校党委制定修订干部队伍建设、优秀年轻干部培养、处级干部选拔、处级班子和处级干部考核等制度文件，健全干部选育管用全链条制度体系。突出实干实绩导向，聚焦政治标准"识"干部，聚焦事业发展"任"干部，聚焦学科建设"配"干部，聚焦人才引领"选"干部，聚焦人岗相适"调"干部，切实提高选人用人工作质量。坚持严管厚爱并重，提高干部教育培训的针对性实效性，强化对干部的全方位管理和经常性监督，激发干部干事创业的激情动力。

长期从事学生管理和思想政治教育工作的经历，使得李忠军格外关注学生辅导员队伍建设。他强调："学生辅导员是开展学生思想政治工作的重要力量，既是思想引领者，又是管理服务者，在学校人才培养过程中发挥着不可替代的重要作用。"他结合自身经历，鼓励大家深入研究学生工作的内在规律和逻辑，主动大胆"研究型""浸润式"开展工作，努力成为研究型教育者。他和全校专职辅导员、少数民族学生辅导员建立联系渠道，坚持与新入职辅导员一对一交流，改革学校"2+3"辅导员培养模式，从全校选拔有志于从事学生思想政治工作的优秀应届毕业生，通过菜单式培养、全链条跟踪、点对点引导，为学生辅导员队伍长远发展建好"蓄水池"。他健全思想政治队伍工作机制，打通学生辅导员职级、职称、职员通道，推动学工干部职业化、专业化、专家化成长。他率先垂范，风雨无阻坚持党委书记与青年学子"半月谈"、党委书记与学工干部"月交流"，及时了解和掌握青年学生和学工干部思想状况，提高工作的针对性、实效性。同时，加大对教育部高校思想政治队伍教育培训研修中心的建设力度，从课程设置、实践锻炼、专业导引等方面突出辅导员方向培养特色，努力为陕西乃至全国政工干部培养探索新路。

近年来，作为"班长"的李忠军带领学校班子成员，瞄准建设中国特色、世界一流的师范大学的奋斗目标，按照"两条主线、一个根本、一个关键"的发展思路，既注重顶层设计谋篇布局，又扎实推进工作落实，齐心协力、奋发进取，学校政治生态、发展业态、干部状态明显好转，人心思上、人心思进、人心思干的氛围更加浓郁，学校上下誓争一流的精气神、攻坚克难的战斗力、狠抓落实的执行力、服务发展的保障力得到明显提升，人才培养、科学研究、社会服务等相继取得重大突破，实现量的增长和质的提升，学校事业发展向上向好。具有光荣传统、厚重底蕴的陕西师范大学，扎根西部大地，沐浴八秩荣光，正在以昂扬奋进的姿态踏上新的时代征程。

【主要参考资料】

[1] 陈帆波：《东北师大就业形象大使在行动》，载《中国教育报》2004年11月30日。

[2] 东北师范大学：《树学生工作典范，扬思政教育新风——记2009年度长春市十佳思想政治教育工作者李忠军》，见郑学华：《感动校园》，吉林大学出版社，2011年。

[3] 吉林大学：《吉林大学加强基层纪委建设推动从严治党向基层延伸》，教

育部网站，2017年1月20日。

[4] 易鑫、冯丽：《红烛精神照亮西部教育》，载《中国教育报》2020年12月5日。

[5] 李忠军、游旭群：《师范百年与建党百年》，载《中国高等教育》2021年第13/14期。

[6] 李忠军：《深刻把握思政课的本质是讲道理》，载《人民日报》2022年8月1日。

[7] 张哲浩、李洁、石萍：《"四有"好老师点亮西部基础教育》，载《光明日报》2022年12月2日。

[8] 闫伊乔：《陕西师范大学坚守教师教育主责主业，为西部基础教育培养"四有"好老师》，载《人民日报》2023年6月4日。

[9] 张哲浩、李洁：《用脚步丈量祖国西部教育版图——陕西师范大学开展第二届对接西部基础教育"百校行"调研活动》，载《光明日报》2023年7月20日。

[10] 冯丽、刘书芳：《跨越千里的"国门握手"——陕西师范大学暑期"边境国门学校红烛苗圃"交流实践活动扫描》，载《中国教育报》2023年8月26日。

[11] 李忠军：《对实施"时代新人铸魂工程"几个关键问题的思考》，载《中国高等教育》2023年第13/14期。

[12] 张哲浩、李洁、周健：《"红烛苗圃"的故事——陕西师范大学助力边疆教育质量提高》，载《光明日报》2024年2月21日。

[13] 李忠军、游旭群：《合力打造西部师范教育"新格局"》，载《中国教师报》2024年4月10日。

【人物档案】

沙武田，生于1973年，甘肃会宁人。教育部"长江学者奖励计划"特聘教授，陕西师范大学图书馆馆长，历史文化学院教授、博士生导师。1996年从西北大学毕业后到敦煌研究院工作，2014年调入陕西师范大学工作至今。出版学术专著8部，其中2部入选"国家社科基金成果文库"和"国家哲学社会科学成果文库"，编著普及读物4部，在《考古学报》、《中国史研究》、《世界宗教研究》、《奈良美术研究》（日本）、*The Silk Road*（美国）等学术期刊发表论文190余篇。主持和完成国家社科基金重大项目、冷门绝学项目、一般项目、青年项目及教育部、人力资源和社会保障部等各类项目20余项。负责的"敦煌石窟历史实践教学虚拟仿真实验"课程被教育部认定为首批国家级一流本科课程。担任《河西走廊》《中国》等纪录片学术顾问和学术统筹。兼任敦煌研究院丝绸之路与敦煌研究中心特聘研究员、兰州大学萃英讲席教授、中国敦煌吐鲁番学会常务理事、《丝绸之路研究集刊》主编等。

沙武田：心念敦煌天地宽

敦煌，千年前斧音凿凿、驼铃声声，千年后列车啸啸、风尘仆仆。岩壁上的辉煌盛世牵引着一代代敦煌学人追随千年的回响。"敦煌已成了我生命的一部分。"从沙武田第一次踏上这片神奇的土地算起，已经二十八年了。俯仰一世，来而往复，他走进敦煌做研究，追寻、耕耘、成长、开拓，热爱愈深，羁绊越重，和心爱的敦煌"长"在了一起，在敦煌学、佛教石窟考古、丝绸之路艺术考古的教学与研究方面不断开拓创新，为中华文化"走出去"和"一带一路"建设提供着厚实的学术支撑。

学术研究："有如此幸甚之人生宿命"

1996年，23岁的沙武田走出大学校门，溯河西走廊向西而行。从西安到敦煌，1720公里，眼前一晃是绿洲，一晃又是飞沙走石的黑戈壁。

敦煌的天净、土净、人心净，"山里"的日子也净。"老三样"是白菜、萝卜、土豆；没有网络和娱乐，仰望鸣沙山的星夜就是饭后的消闲；每周末有一趟"进城车"，留三小时解决买菜、买书、理发、洗澡等生活杂事。"我刚开始觉得不行，待不下去，太寂寞了，"沙武田形容自己像笼中困兽，"难道就一直在这里工作下去吗？"

一束微光照进幽邃的洞窟，岩壁上的千佛重叠着人影，"246窟，印象特别深刻"。这是沙武田邂逅的第一窟。令他意想不到的是，除了"闻到壁画原料的特殊味道"，之前做的功课在那一刻全然没了用武之地，"图案完全看不懂，我当时就懵了"。他在苦楚中幡然醒悟：这里正是自己的学术起点。从零开始，他看洞窟、认壁画、摹画稿，安安心心、扎扎实实地"泡"在敦煌。在这期间，他于1999年考入兰州大学敦煌学研究所攻读硕士学位，2001年攻读博士学位，后来任敦煌研究院敦煌文献研究所副所长。

和沙武田接触过的人，无不感慨于他对敦煌"疯狂"的热爱。经常早上窟区一开放，他就进窟。为了不浪费看窟时间，他中间经常不休息，午饭拿干粮充饥，一直扛到下午 6 点洞窟关闭。那时食堂已经打烊，只能泡方便面。"一次和我谈论科研太久了，方便面泡坨，都快不能吃了。"谈到沙武田的拼劲儿，他曾经的博士后魏健鹏感触颇深。

对于很多人来说，留在敦煌是一件很难的事，但对于沙武田来说，离开敦煌是一件很难的事。2014 年，沉浸在敦煌学浩瀚汪洋中的他选择走出敦煌，回到西安。"在敦煌看敦煌，容易陷进去。敦煌是中国历史长河中的一个点，很多东西的源头在长安。从长安回望敦煌，沿丝绸之路往全国，甚至全世界扩散，才能碰出新的火花。"来到陕西师大的沙武田，借助西安的历史文化资源和高校的人才培养优势，为敦煌研究建立起新的观察点。

2016 年，沙武田教授作为首席专家带领团队成功申请到国家社科基金重大招标项目"敦煌西夏石窟研究"。极简又极难的敦煌西夏石窟一直是被忽视的角落，艺术价值无法企及盛唐，分期断代又存在问题，更难的是支撑文献仅有黑水城发掘的部分考古资料，连相关研究也是寥寥。西夏石窟这块难啃的"硬骨头"，让沙武田教授产生了好奇，也萌生了一种责任。他说："中华民族的文明是多元一体的，西夏民族创造的文化也是中华文明的一个有机标记。我觉得至少要把它弄清楚。我们做研究，就要复原历史，给出最真实的答案。"

冬季凛冽的西北风和寒冷气候，阻挡了大多慕名而来的游客，却正是沙武田教授团队实地考察的最佳时节。拿着相机、纸笔、手电筒，还有字迹满满的"学术火花本"，沙武田便带着大家去看洞窟了。从早看到晚，晚上吃完饭坐在一起讨论所见所想。这些在窟里随手记下的吉光片羽、在交谈中碰撞出的智慧火花都将点映更广阔的学术版图。

就这样，沙武田带着自己的团队，一点点织补着这片空白。八年过去了，团队查阅无数文献，专门考察河西走廊、吐鲁番地区、宁夏、内蒙古、西藏等地石窟多次，以西夏石窟研究为圆心，辐射敦煌学、西夏学、藏学、艺术史、考古学、回鹘历史、河西走廊晚期历史等的研究，对大到石窟的营建、窟中的造像与义理，小到单窟一个图像的演变和艺术渊源等，提出一系列全新的学术观点。2023 年 5 月，该项目顺利结项，最终成果 480 余万字，发表阶段性论文 120 余篇，出版专著 1 部，成果丰硕。项目成果计划精选为《敦煌西夏石窟研究》15 卷本，共计 492 万字，图片 3500 余幅，入选国家出版基金规划管理办公室 2024 年度国家出版基金资助项目。

穿越千年，余音回响，历史拨开尘雾，为世人留下敦煌学这方探索不尽的宝库。近年来，沙武田教授协助陕西师范大学人文科学高等研究院特聘教授、著名学者葛承雍教授团队成功申请 2020 年度冷门绝学团队项目"敦煌壁画外来图像文明属性研究"，担任项目校内负责人，并具体负责子课题二"敦煌壁画中的粟特和于阗影响因素"的研究工作，带领团队考察敦煌洞窟，召开"文明对话语境下的图像与艺术"学术研讨会，围绕课题研究已发表论文 5 篇。此外，沙武田教授长期以来关注并倡导"原创性"洞窟个案研究工作，已出版《榆林窟第 25 窟：敦煌图像中的唐蕃关系》（商务印书馆，2016）、《敦煌石窟中的归义军历史：莫高窟第 156 窟研究》（甘肃文化出版社，2021），2023 年获批陕西省社科基金项目"唐武周敦煌大族家窟莫高窟第 332 窟研究"，对第 332 窟展开个案研究并已取得阶段性成果。

敦煌石窟是人类文化遗产，是珍贵的历史文化宝藏。围绕敦煌壁画与丝路文化交流研究和唐长安对敦煌石窟影响的研究，沙武田教授近年来对敦煌壁画中与丝路文化交流、唐长安有关的图像燃起浓厚兴趣，期望通过研究重构并复原大唐长安历史影像。"很遗憾唐代时曾冠绝一时的画作早已湮灭在历史的烟尘中，我们今天已经很难在长安的遗迹和遗址中领略到大唐长安的溢彩流光。而敦煌大型整壁经变画的粉本画稿来自长安、洛阳两京地区，可以认为敦煌唐代洞窟中的大型经变画其实是长安同类作品在敦煌的真实再现，完全可以理解为长安影像的再现，因此解读、研究、阐释敦煌洞窟唐代壁画的历史文化含义，是重构和复原唐长安社会物质性等方面所不可替代的考古资料，是大唐长安影像的真实记忆。"沙武田教授说。基于此，沙武田教授就敦煌的粟特人画像，河西李轨大凉政权，莫高窟第 323 窟张骞出使西域图、莫高窟第 220 窟舞蹈图等反映出来的唐长安风气、敦煌壁画中反映丝路交通贸易的诸多图像等做专题研究，先后发表相关论文多篇，整理书稿《敦煌石窟丝路图像研究》，获批学校"'一带一路'研究院高水平出版资助项目"和"长安与丝路文化传播学科创新引智基地课题"。

"2013年我国提出'一带一路'倡议而引发学术热潮，时代引领学术，学术为时代立言。西安是丝绸之路的陆上起点，又是汉唐盛世时期的国际大都会，是丝绸之路形成、发展、繁荣的核心所在，但西安的高校和科研机构并没有围绕'丝绸之路'这一主题的学术刊物。所以，我们希望创办一份能够与西安的历史地位和学术研究相匹配的学术刊物。"沙武田教授说。怀着搭建丝路研究平台、深入丝路研究的初衷，担任陕西师大人文社会科学高等研究院副院长的沙武田教授联合陕西历史博物馆于2017年创办《丝绸之路研究集刊》，由沙武田担任主编一职，目前已出版至第10辑。七年来，该集刊获得诸多荣誉，获商务印书馆"2017年十大入围好书"，入选社会科学文献出版社CNI名录集刊（2022—2023）和中国社会科学评价研究院"2022年度中国人文社会科学学术集刊AMI综合评价"入库集刊。刊物尤其关注考古、艺术、图像资料所带来的"视觉形象"，倡导"以图证史"的研究方法，以期在漫长丝路上保存或发现的各类内容丰富、题材多样、可感可观的"艺术"与"图像"实物中，探寻丝路真实、复杂、生动、有趣、"见物见人"的"形象历史"。

二十八载春秋，从西安到敦煌，再从敦煌回到西安，沙武田在国际"显学"敦煌学的研究中孜孜不倦，乐此不疲。正如他在一篇文章中写道："有如此幸甚之人生宿命。"

沙武田主要聚焦于敦煌石窟考古的思考与研究，先后就敦煌画稿、吐蕃期石窟、敦煌壁画中的粟特人及其美术、洞窟供养人画像、"原创性"洞窟个案、归义军时期石窟考古、敦煌壁画与丝路文化交流、敦煌西夏石窟、敦煌壁画中的大唐长安影像、敦煌石窟研究方法论与学术史、敦煌壁画中的于阗人供养像、敦煌壁画"天"图像、莫高窟北区石窟等多个专题展开研究。围绕以上专题，他主持编写"石窟考古专题丛书"，出版《敦煌画稿研究》《吐蕃统治时期敦煌石窟研究》《敦煌石窟艺术概论》《榆林窟第25窟：敦煌图像中的唐蕃关系》《归义军时期敦煌石窟考古研究》《敦煌石窟中的归义军历史》《敦煌西夏石窟艺术新论》《粟特人与敦煌莫高窟洞窟营建》等学术专著8部，其中《敦煌画稿研究》入选"国家社科基金成果文库"，获省级社科优秀成果一等奖；专著《吐蕃统治时期敦煌石窟研究》入选"国家哲学社会科学成果文库"和2023年国家社科基金中华学术外译项目，获甘肃省社会科学优秀成果一等奖。他在国内、国际期刊发表学术论文190余篇，其中8篇被人大复印报刊资料全文转载，部分被译成英文在国外发表，在国内外学界均产生良好反响。主持和完成国家社科基金项目5项（重大招标1项、一般1项、青年2项），国家"973"计划项目子课题，"111"引智基地项目子项目，其他省部级项目如教育部基地重大项目、人社部留学回国人员择优资助项目、中国博士后基金、省级社科规划项目等7项。获省部级荣誉奖多项（包括全国百篇优秀博士学位论文提名奖，省级一等奖2项、省级三等奖1项等）。策划发起并组织主办国际学术会议10余次，履迹遍布西安、高台、金塔、敦煌等丝路城市，为国内外中青年学者搭建起汇聚思想、学术交流的良好平台。参加各类国内国际学术会议80余次，先后赴日本、法国访问学习，赴美国、英国、土耳其、韩国、吉尔吉斯斯坦等国参加学术会议或学术考察。他从敦煌尽兴地汲取，也不遗余力地输出。

教书育人："培养对社会、国家、家庭有用的人"

沙武田第一次登上讲台，是2006年博士后期间在兰州大学开设敦煌石窟艺术课程。2012年，他又受聘西北师范大学和西北民族大学校外硕士生导师，为两校本科生和研究生开设考古学概论、佛教石窟考古、敦煌学概论、敦煌图像专题等课程。2014年调入陕西师范大学后，为本科生开设佛教石窟与艺术考古学、艺术考古学、丝绸之路漫谈、虚拟仿真教学等课程，为研究生开设敦煌图像学、佛教石窟考古、敦煌壁画专题、宋辽金西夏墓葬考古、形象史学、考古学前沿等课程。

上好课，教材是基础。沙武田自2002年起开始编写《敦煌石窟艺术概论》，该书于2005年由甘肃文化出版社出版，获兰州大学教学成果一等奖。2020年，沙武田担任主编，邀请敦煌学界40余位专家撰写教材《敦煌石窟研究导论》，全书150余万字，分上、中、下三册，入选2023年度国家出版基金资助项目，将于2024年10月出版。这两部教材主要面向高校相关专业本科生、硕士博士研究生使用，是学习、研究敦煌石窟的入门书。

陕西师大历史文化学院有组织本科生赴敦煌实践实习的传统，自1998年起，坚持二十六年从未间断。每年春夏之交，学院带领本科大三学生220余人集体到敦煌开展教学实习工作，在洞窟、遗址现场教学。沙武田来到陕师大后，积极为学生联系参观更多文物实践实习点，让学生看到更多洞窟，甚至特窟，以自己的学术经历现身说法，激发学生学习历史的热情和对传统文化的热爱。

"同学们请戴上VR眼镜，今天我们带大家到敦煌石窟。"颔首微笑的菩萨赤足踏着莲台，菩提树枝叶婆娑撒下一片金辉，飞天衣袂飘飘，麒麟踏云而来，绘壁近在咫尺，甚至裂纹也清晰可见。在沙武田教授团队打造的丝绸之路历史文化虚拟仿真实验室，大学生体验到人文情怀与科学技术的梦幻联动。从2017年起，沙武田教授参与学院"丝绸之路历史文化虚拟仿真教学实验室"相关工作，2018年申请学校"敦煌洞窟的管理与营建使用虚拟仿真实验"项目，2019年建成陕西省级重点实验室，一直在探索以虚拟仿真实验教学的方式给本科生和研究生讲授敦煌石窟；2020年"敦煌石窟历史实践教学虚拟仿真实验"课程获国家级一流本科课程，团队进一步扩大实验室，同时搭建代表洞窟莫高窟第45窟复原窟，供现场教学使用。他还积极尝试"虚拟教研室"建设，负责的"石窟寺考古虚拟教研室"获2023年校级"虚拟教研室"立项。

"当我们的公费师范生将来站上讲台，也能更好地适应未来教育的趋势，积极探索理论学习和实践教学的结合点，把先进教育技术的种子播撒到基础教育中去。"让学生学以致用，将实验室开放共享，团队中计算机专业出身的张光伟，深刻领会着虚拟仿真实验教学项目"立足长安，面向敦煌，辐射丝绸之路沿线国家"的宗旨，他说："国内敦煌学研究在国际上已处于不可忽视的地位，如果结合虚拟仿真技术，我们可以自信地说，应该是走在了世界前列。"

敦煌学，绝不是一门书斋里的学问。沙武田坚持带硕士博士研究生、博士后、访问学者到敦煌实地洞窟现场教学研讨，每年不少于两次，每次两周，每次15到20人不等，每次看窟60到80个，培养学生"读万卷书，行万里路，看万件文物"的学习和研究理念，在现场寻找历史灵感和学术研究的题目，更重要的是通过较长时间浸润在敦煌，来培育青年学子对敦煌历史的感情。"有感情，才会有兴趣、问题，才会有学习、理解和研究的动力。"沙武田说。"随老师学习已有多年，老师的教诲是我成长的雨露阳光。在老师带领下，我们寻梦三危山下，探古河西走廊，这些都成了我求学生涯中最珍贵的记忆。"已毕业的硕士研究生郭子睿感慨良多。

在开放交流中拓宽视野、精进研究，是沙武田多年涵育的学术襟怀。早在2009年，沙武田便在敦煌研究院兰州分院创办了"敦煌读书班"，在没有任何经费支持的情况下，坚持到2015年初，后来他调离兰州，将之交由敦煌研究院承办。读书班至今仍十分活跃，在敦煌学界、甘肃学术界颇有影响力。到陕师大工作以来，沙武田以其硕士博士研究生、博士后研究人员、访问学者及大项目团队为基础，定期组织读书班、小型研讨、工作坊，探索和深化教学研究手段和效果。2015年3月，陕师大成立丝绸之路历史文化研究中心，沙武田为中心主任，组建学术团队，从校内外聘请多名相关研究人员，配备专门的办公空间，购置丰富的研究设备和图书资料10000余册，初具规模。2015年以来，沙武田教授团队还与陕西历史博物馆合作发起"丝路与长安共同研究班"，共同组织多次专题学术会议。2021年以来，团队师生同心相携，连续组织"敦煌西夏石窟研究青年工作坊"和"石窟寺考古青年论坛"等学术交流活动。"我们的青年工作坊和青年论坛充满活力和朝气。学生们公开展示自己的学术训练成果，接受相关领域学术前辈的现场点评指导，这样更容易激发青年人做研究的认同感、获得感和价值感。"沙武田介绍道。

来到陕师大历史文化学院214工作室，从走廊里的学术展板，到室内摆放的装饰画、小摆件、书籍，甚至桌上不起眼的小石头，都散发着浓浓的敦煌韵味。在沙武田的带领下，团队师生常常在这里讨论交流、学习写作。"沙老师在科研上一直秉持严谨、创新的学术态度，有着孜孜不倦的进取之心，在生活上始终自律勤奋，无微不至地关心学生，是我们学习的榜样。整个博士阶段，老师的这些精神品质对我产生浸润式的影响，为我的研途和人生指明了方向。"去年毕业的博士研究生李晓凤对老师的教诲感念在心。

"在师大读书期间，我每天接触最多的就是沙老师和同门的同学们。无论老师多忙，他都始终把学生的事情看得最重。"沙武田的博士研究生吴雪梅回忆："记得刚入学时老师给了我两页稿纸，上面详细列出研究生期间的注意事项，小到每天一小时的户外锻炼、大到博士学位论文的撰写都给出很好的建议。老师坚持每周组织开展学生论文集体研讨活动，从论文的题目、摘要、框架结构，到标点符号、错别字、遣词造句，大家都一起头脑风暴，不知不觉中，我们都有了很大的提升。我在读期间发表的几篇小论文和正在撰写的学位论文都离不开这种逐字逐句修改打磨的'多对一'训练。"

从清早 6 点晨光熹微，到午夜台灯陪伴漫天星光，沙武田几十年如一日奔波在自己热爱的事业中。从曾经孑然一身的研究者，到身边围拢着一批批勤奋求知的学生，多了一重教师身份的沙武田，用"以身作则，行为世范"这样朴实无华的育人方法，不经意间已培育出累累硕果。"好的学术研究一定是因为自己热爱这份职业，成功的研究生培养则需要浓厚的人文情怀，要和学生一起站在学术起跑线上，同呼吸共命运，激励和培养学生的学术热情，最终的目标一定是'家国情怀'，培养对社会、对国家、对家庭有用的人。"他说。

目前，他培养的硕士、博士研究生和博士后研究人员中有 2 人在大学生"挑战杯"比赛中获奖；博士研究生中 2 人先后成功申请到海外高水平大学联合培养，2 人受资助到美国参加国际学术会议；硕士毕业生有 4 人考取"985"高校博士研究生；毕业的 4 名博士研究生均在高校工作，有 2 人已获国家社科基金项目；在读博士研究生 1 人获国家艺术基金项目，指导的 5 名博士后研究人员有 3 人获国家社科基金项目，团队中青年学者和硕士毕业生已有 5 人共出版专著 5 部。

文化传承："众人拾柴，才好生生不息"

敦煌，一颗遗落在丝路上的璀璨明珠。新的时代，如何让"遗珠"重新焕发光彩，如何让更多人走近敦煌、了解敦煌、喜爱敦煌，是沙武田一直在思考的问题，一直在身体力行做的事。从2004年开始，沙武田陆续编写《藏经洞史话》（2004）、《敦煌文明再现》（2006）、《敦煌壁画故事与历史传说》（2008）、《佛光照耀下的三危山》（2017）等多部敦煌文化通俗类读物，将承载着中国人精神信仰和文化历程的敦煌艺术宝库，用通俗易懂的形式重新"交还"到大众面前。读物多次重印再版，获得较好的社会效益。

"此生不悔入华夏""看完之后想去敦煌""这是我见过最美的地方"，这是观看纪录片《河西走廊》（10集）时最常"霸屏"的弹幕。这部豆瓣评分9.7的"宝藏片"，观看人次近2亿，不仅成为国内纪录片的标杆，还让河西走廊、丝绸之路、莫高窟再次走入大众视野。作为该片学术总顾问的沙武田，丝毫不掩惊喜和自豪："我们团队编成40万字的学术本，给摄制组提供素材。"2018年，沙武田又结缘大型历史纪录片《中国》（全三季，共36集），担任学术统筹和学术顾问。该片播出后再次迎来口碑与收视的双丰收，已被相关部门指定为"中小学教师培训"必看影视作品。2023年11月，纪录片《中国》高校巡回交流会走进陕西师范大学，主创团队与青年学子热烈交流，从历史人物和故事中汲取新时代前行的力量，用当代的观点回溯浩瀚长河中的中华文明。"陕西师范大学的学生们是真正的红烛，纪录片《中国》是一部关于中国大历史的航标，让我们更好地了解历史，读懂中国。同学们要把它继续搬上你们未来的讲台，传播给我们的下一代，再下一代。"活动现场，沙武田恳切地说。此外，他还参与甘肃、陕西等地方电视台《丝路印迹》《丝路行者》《丝路万里行》和国家大剧院《敦煌：生而传奇》等多部纪录片的学术指导工作。

传播敦煌文化，关键在于形式创新。大型历史文化讲座、专题展览等都是沙武田一步步开垦的"试验田"。他先后参加外交部通州培训基地外交官"一带一路"培训；参与"2018腾云峰会：敦煌行迹——生命探索与文化创造"，主讲"敦煌与丝绸之路——我的敦煌学学术之路",现场直播网上同步近60万人观看;联合陕西历史博物馆、世界文化遗产西安古迹中心(ICMOS)、兰州大学敦煌所、西北工业大学文化遗产院共同发起"丝路与长安系列讲座",邀请中亚各国、俄罗斯及国内外文物考古和历史研究专家学者来西安做讲座,截至目前已主办28期;在央视《考古公开课》栏目讲"天马传奇";疫情期间在线上举办各类大型讲座10余次,其中西安博物院的讲座有11.6万人次线上参与;做客甘肃卫视《丝路大讲堂》,讲解"敦煌壁画中的大唐长安影像"。

2019年3月,陕西师大六艺楼,40余件数字化高保真原大的壁画作品和1:1搭建的莫高窟特窟西魏第285窟原大复原洞窟,吸引了无数观者。高保真复原需要投入大量成本,一平方米要用260至300张照片拼合。在沙武田的邀请下,这场敦煌艺术巡展来到了陕西师大。他带着团队和学生,将展览变成一个大众参与的课堂。讲壁画内容,讲历史背景,讲丝绸之路,一场两三个小时,持续一个月,接待人数超过3万人,沙武田亲自讲过的就不下20场。

图书馆,常常是一座大学的地标。走进陕西师范大学,雁塔校区图书馆古朴典雅,长安校区图书馆大气恢宏。一批批追梦的学子在这里度过晨昏寒暑,徜徉于书香中,以书页为密友。作为图书馆馆长,沙武田将文化传承的使命细化到服务师生的日常工作中,不断加大古籍保护利用和研究出版工作,拓展和改造图书馆多功能空间,美化和优化馆内文化建设,细化和完善针对性学科服务工作……以润物细无声的力量引导青年学子爱读书、读好书。

2019年8月19日习近平总书记在敦煌研究院座谈时提出"敦煌学高地建设"重要指示精神,敦煌学是冷门绝学,敦煌石窟是石窟寺考古的重要阵地,这些均是提升国家文化软实力和弘扬中华优秀传统文化的重要内容。"今天,敦煌被赋予了新的时代命题,它有社会的责任和功能,也承载着国家使命和文化担当。众人拾柴,才好生生不息,做好敦煌文化的大众化和普及化,是我们的理想和目标。"具体怎么做,他说得简单坚定:"把路走好,把担子担好。"

"以前在兰州,离开两三个月,就迫切想回到莫高窟。到陕师大后回去的机会更少了，经常要找各种理由才能回去。"那里所有的洞窟，他都走过很多遍，数不清，记不住了，但窟中的壁画佛像，窟前的一草一木，都深深印在他心里。"每次进窟闻见那个味儿，就像回到了二十多年前。"

研究和弘扬敦煌文化，既要深入挖掘敦煌文化和历史遗存背后蕴含的哲学思想、人文精神、价值理念、道德规范等，推动中华优秀传统文化创造性转化、创新性发展，更要揭示蕴含其中的中华民族的文化精神、文化胸怀和文化自信。"敦煌研究会伴随您的一生吗？"沙武田不假思索地说："必须得走下去，保护传承敦煌文化，增强中华文化自信，是每个'敦煌学人'的责任与使命。之前的成果已经成了历史，现在和未来才刚刚开始……""路漫漫其修远兮，吾将上下而求索。""敦煌有厚重的文化精神，也有讲不完的丝路故事。敦煌给了我太多的东西，我会更加努力去一点点揭示敦煌的文化密码。"沙武田说。

【主要参考资料】

[1] 朱婷、石萍、周健：《让敦煌永远真实，永不磨灭——访沙武田教授团队》，载《陕西师大报》2021年3月16日。

[2] 师念：《沙武田：身在长安 心在敦煌》，载《陕西日报》2021年11月24日。

[3] 于世华：《深入推动丝绸之路研究——访〈丝绸之路研究集刊〉主编沙武田》，载《中国社会科学报》2022年6月28日。

[4] 沙武田：《挖掘敦煌石窟对唐五代史研究的独特价值》，载《中国社会科学报》2022年8月19日。

[5] 班晓悦、陆航：《丝路文化遗产谱写中国与中亚文明互鉴新乐章》，载《中国社会科学报》2023年9月12日。

【人物档案】

任晓伟，生于 1974 年，陕西清涧人。教授，博士生导师，陕西师范大学副校长，中组部第十批援藏干部，西藏民族大学副校长。国家"万人计划"哲学社会科学领军人才，教育部首批优秀中青年思政课教师择优资助计划入选者，全国思政课教师年度影响力人物，宝钢教育基金会优秀教师奖获得者，陕西省宣传思想文化系统"六个一批"理论人才，陕西高校人文社会科学青年英才计划入选者。1996 年 7 月，从延安大学毕业后考入陕西师范大学中共党史专业攻读硕士学位，1999 年 7 月毕业后留校任教。2002 年 9 月至 2005 年 9 月，在北京大学科学社会主义与国际共运专业攻读博士学位。长期从事马克思主义基本理论、科学社会主义、马克思主义中国化、中共党史党建的教学和研究。历任陕西师范大学政治经济学院副院长、马克思主义学院院长、学校副校长，兼任中国历史唯物主义学会常务理事，中国中共党史学会理事，教育部思政课教学指导委员会委员、分委员会副主任，陕西省马克思主义理论教学指导委员会副主任等。

任晓伟：学，所以扩其中正之用而弘之者也

情钟思政课，呕心育桃李。从延安一路走来的任晓伟，三十多年倾心于马克思主义理论领域的教育教学和学术研究工作。秉承延安精神特质的任晓伟，常思为师之道，精研学理本源，在长期的工作实践中，坚持教研相长、教学相长，努力为学生成长奠定科学的思想基础，努力以有用的科学研究解决实际问题。从授课教师到学术人才，从学院治理到参与学校管理，从古都长安到雪域高原，他践行"西部红烛两代师表"精神，以优秀传统文化中的"学，所以扩其中正之用而弘之者也"自励，扎根西部、追求卓越，坦荡恢宏、奋发昂扬，尽一线思政教师之责，谋西部教育发展之道。

学贵有恒，业精于专

1974年11月，任晓伟出生在陕西延川县一个村庄。延川是比较重视教育的地方，时人所谓"文出两川"，其一即指延川。但当时陕北农村教育的条件不好，一孔窑洞里，有时是两个年级在同时上课。即便是这样，学校也不稳定，经常换地方。有时去上学，学校不开门，后来才知道搬到其他地方去了。一般要过段时间，学校才又通知复课。"上学还有点打游击的意思。"

四年级后，任晓伟跟着家人迁至永坪镇旁的油田，在油田子弟学校上学。学校条件改善了，校址也稳定下来。这样，他在这里读完小学，又在子弟中学读初中。中学所在地是1935年红二十五军长征中与红二十六、二十七军会师后，三支红军改编为红十五军团的地方。这次会师史称"永坪会师"，学校当时竖着一块大的红色牌子标明这一重要历史事件。在任晓伟的记忆中，同学们经常在这个牌子下讲红军当年打仗的故事，讲者天花乱坠，听者津津有味。不过，他当时也不会想到以后会从事中共党史、陕甘革命根据地史的学习和研究。

1989 年 7 月，任晓伟从延川考到延安中学读高中。1992 年 7 月，又从延安中学考入延安大学政治教育专业。延安中学和延安大学是两所具有光荣革命传统和鲜明红色底蕴的学校，大学阶段系统的马克思主义理论文献教育教学，奠定了任晓伟后来专业教学和研究的扎实基础，特别是对《资本论》《反杜林论》《中国共产党的七十年》等著作句读式的教学，为其后来从事党的理论和历史研究奠定了坚实基础。

1996 年 7 月，任晓伟考入陕西师范大学马列教研部中共党史专业攻读硕士学位。在陕西师范大学这个"西北教师的摇篮"中，任晓伟在导师们的引领下不断加强两个深化，一是系统深化对马列经典著作以及毛泽东、邓小平著作的学习和研究，二是系统深化学术写作和撰写备课教案的良好习惯。当时，研究生们有一个自办刊物《研究生通讯》，任晓伟经常给这个刊物写稿，从中也养成良好的写作习惯。硕士毕业那年，任晓伟的《马克思的历史发展观和邓小平理论的三大支柱——兼谈对邓小平理论哲学基础的重新界定》被《陕西师范大学学报（哲学社会科学版）》1999 年第 1 期刊用，后被《新华文摘》索引，这极大地增强了他的学术信心。

硕士毕业后，任晓伟留校任教，在马列教研部从事思政课的教学工作。时值马列教研部和政治经济学院合并，他进入了新合并成立的政治经济学院。在工作中，他边教学，边学习，边教书，边积累，2002 年 7 月考入北京大学国际关系学院科学社会主义与国际共产主义运动专业攻读博士学位。这里对博士生的文献学习非常重视，对博士学位论文的要求也非常高。在导师的严厉要求下，2005 年 7 月，任晓伟以 32 万字的学位论文《社会主义计划经济的历史和理论起源》完成博士阶段学习，获得法学博士学位。学位论文集中回答了为什么在半个多世纪的历史上计划经济被当作社会主义来认识，这一认识的历史和观念过程是如何形成和完成的问题，获得答辩组的高度评价和认可。2009 年，学位论文经过完善在人民出版社出版，于 2011 年获得陕西省第十次哲学社会科学优秀成果三等奖。

陕西师范大学是全国第一批设立马克思主义理论一级学科博士授权点的单位，也是全国较早设立马克思主义理论博士后流动站的单位。2009年，任晓伟进入博士后流动站从事科研工作。在站工作期间，任晓伟获批学校马克思主义理论博士后流动站建设史上的第一个博士后科学基金课题"中国共产党对计划与市场关系的认识研究：基于城镇就业压力的视角"。在完成这一项目的基础上，任晓伟又把研究的重点调整到近代中国社会主义思想史的研究，以20余万字的《中国特色社会主义的思想起源——近代以来中国社会主义思想的演进研究》完成博士后科研任务。这一研究以思想规定性和物质规定性的关系为主线，全面系统地梳理和研究了从近代中国空想社会主义到当代中国特色社会主义的思想演变和发展，提出从近代中国空想社会主义到当代中国特色社会主义是一个具有自身内在规律的思想史过程，中国特色社会主义是近代以来整个中国社会主义思想发展的必然产物，体现了近代以来中国社会发展自身的历史诉求和民族特色。2017年，其出站报告由中国社会科学出版社出版。

学然后知不足，教然后知困

留校任教后，任晓伟承担着大量思政课教学和专业课教学任务。在公共课教学方面，三十多年来，经历思政课教学从"85方案""98方案"到"05方案"的过渡，先后为本科生讲授中国革命史、马克思主义基本原理概论、毛泽东思想概论、毛泽东思想、邓小平理论和"三个代表"重要思想概论、毛泽东思想和中国特色社会主义理论体系概论、中国近现代史纲要等课程。为研究生讲授科学社会主义理论和实践、中国特色社会主义理论和实践、新时代中国特色社会主义理论和实践、马克思主义与当代等课程。任晓伟曾开玩笑地说，他基本上把思政课上了个遍，是思政课教学的受益者。

在长期思政课教学中，任晓伟对思政课在立德树人中的重要作用有独特的感受，对如何让不同专业学生喜欢上思政课这一问题进行了深入探索，形成了以生命价值教育为主线的思政课教学方法。2012年，任晓伟入选教育部优秀中青年思政课教师择优资助计划。在此计划资助下，任晓伟系统研究了高校思政课教学和大学生生命价值教育之间的内在关系，认为只有触动生命价值思考的思政课教学才能在学生心里留下深刻的痕迹，从而推动思政课研究和建设工作。2016年，习近平总书记在全国高校思政工作会议上提出"四个正确认识"的新观点后，任晓伟在这一观点的指导下积极深化对思政课教学的研究，在2017年获批教育部高校示范马克思主义学院和优秀教学科研团队建设项目"思想政治理论课教学体系创新引导大学生做到'四个正确认识'研究"。项目立足前期研究基础，在"四个正确认识"的理论框架中深化对思政课教学内容和教学方法的研究。有关的两部教学研究著作在2017年和2022年，分别由陕西人民出版社和陕西师范大学出版总社出版。

思政课教学既是任晓伟的工作内容，又是他的研究对象，专业课程的教学也是这样。任晓伟从事大量的思想政治教育专业和马克思主义理论硕士生、博士生的专业课教学工作，讲授过中国化马克思主义理论著作选读、中国特色社会主义理论体系概论、马克思主义经典著作选读、马克思主义发展史、习近平新时代中国特色社会主义思想研究专题等课程。在专业教学中，任晓伟坚持教和学的统一，一边教学，一边努力提高科研能力，以高水平的科学工作来保障高质量的教学，教学由此也成为其最大的科研战场。科研成果源于教学、服务教学，促进了教、学、研的有机融合。正是由于对教学中的科研魅力的积极发掘和呈现，任晓伟使学生在学习中得到很大启发。他担任过本科教学的班级，学生们考研的积极性高涨，升学率非常高。他指导的硕士生有不少攻读博士学位，博士生毕业后以博士学位论文为基础获批国家社会科学基金项目，为专业研究和工作奠定了坚实基础。

在科研方面，任晓伟先后承担"科学社会主义演进视野中的中国式现代化研究""中国共产党百年对马克思主义的整体性原创贡献研究""加强党性修养与严守党的政治纪律、政治规矩研究""刘少奇《论共产党员的修养》研究"等国家级科研项目，先后完成《"欧洲共产党情报局"与中国共产党的关系研究》《〈论共产党员的修养〉研究：历史生成、版本变化和理论价值》《弘扬延安精神　实现脱贫共富》《新民民主主义思想的源起和走向》《中国共产党百年对马克思主义的原创性贡献研究》等著作。他是两项国家社会科学基金重大项目的首席专家，主持其他国家社会科学和省部级项目10余项，出版专著8部，合著和主编著作8部，参与编写"马工程"教材2部，在《马克思主义研究》《中共党史研究》《当代世界与社会主义》《党的文献》《人民日报》等报刊发表学术论文和理论宣传文章180多篇。其中，《中国共产党百年对马克思主义的原创性贡献研究》被《中华读书报》2023年1月推介。研究成果获陕西省哲学社会科学优秀成果一等奖3项、二等奖1项、三等奖2项。教学成果获陕西省高等教育教学成果二等奖2项、一等奖1项。

马克思主义理论学科既承担着专业建设、科学研究和人才培养的重要任务，也肩负着宣传党的创新理论的重要社会服务功能。党的十八大以来，任晓伟坚持不懈传播新时代党的最新理论创新成果，累计在《人民日报》《光明日报》《学习时报》《中国社会科学报》《陕西日报》《西安日报》《大众日报》等发表理论宣传文章近50篇，承担陕西省委宣传部"世界社会主义五百年""习近平总书记来陕考察重要讲话学习"等课程制作。2018年参加中央纪念马克思诞辰二百周年、中央庆祝改革开放四十周年理论研讨会等。此外，任晓伟还积极参加陕西省委学习贯彻党的十九大精神、习近平总书记在庆祝中国共产党成立一百周年大会上的重要讲话精神以及党的十九届六中全会精神等重要理论宣传工作，并取得良好的社会反响。

聚焦管理工作，提升治理水平

"像牛一样劳动，像土地一样奉献。"这是同事们对任晓伟的评价。而他则认为，"'独善非善，众人皆见其善，善之。'管理工作在本质上是带动大家共同提高、共同发展、共享成果"。

2010年1月，任晓伟担任政治经济学院副院长，分管学院的专业课教学工作，自此开始其"双肩挑"的工作。任晓伟很快熟悉了学院教学的基本工作规律，着力推进人才培养方案修订、加强学院公共平台课建设、有效组织学院师范生教学实习工作，牵头组织教师完成了《学科实习指导：政治》的撰写；不断深化对学院人才培养经验的总结，主持完成教学成果"生命价值引领下高校思政专业马克思主义理论教学建设的理论和实践研究"（2015年获陕西省高等教育教学成果一等奖）。这是任晓伟主持完成的第一项省级教学成果，"开展对人才培养和教学成果凝练，必须紧紧依靠广大教师、推动有组织的教学"。

2016年11月，学校决定独立设置马克思主义学院，任晓伟担任首任院长。独立初期的马克思主义学院，教师数量严重不足，任晓伟面对着大量思政课和专业课教学任务，还承担着繁重的学科建设和科学研究工作。在这种情况下，任晓伟带领学院班子，紧紧依靠并充分调动学院教师工作积极性，咬牙扛过学院最艰难的初始发展阶段，很快在教学上打开新的局面。2017年下半年起，根据学校党委安排，马克思主义学院面向全校师范生组织开设"理想信念和卓越师范人才培养——《习近平的七年知青岁月》导读"课程，任晓伟精心研究确定课程的教学内容和教学组织形式。这门课的开设，在当时引起了不小的轰动，师生高度评价，社会广泛认可，两度进入全国宣传工作要点，《人民日报》刊发《陕师大开设〈习近平的七年知青岁月〉导读必修课》，《光明日报》刊发《筑牢立志从教的根和魂》，《学习时报》《经济日报》也都进行过专门的报道。2017年，这门课程还获得陕西省宣传思想文化工作创新奖一等奖，学校思政课教学新局面很快打开。

2018年10月，任晓伟担任学校副校长，分管学校外事、扶贫和对口支援、图书资料建设、资产经营等工作。分管期间，在学校党委领导下，任晓伟积极推进学校外事工作布局不断完善，圆满完成学校扶贫攻坚任务，推进图书育人探索迈出新的步伐，不断健全资产经营体制。

2019年，马克思主义学院入选中宣部、教育部全国重点马克思主义学院培育单位，学校专门出台加强马克思主义学院重点建设方案，马克思主义学院进入快速发展轨道。在此阶段，任晓伟仍兼任马克思主义学院院长，承担着学科建设和学院治理的重要任务。他凝练提出"学科自信、专业自信、教学自信、科研自信"的发展理念，提出"思政课教学是首要任务、专业课教学是根本任务"的教学方针。在此基础上，不断推进思政课教学和专业课教学融合发展，突出思政课教学的亲和力、针对性，加强专业课教学中的系统理论学习和党史学习，形成新的治理框架和比较完备的制度体系，有力保障学院在团结奋进中健康发展，教学科研成果产出不断提升。2019年牵头完成"提升习近平新时代中国特色社会主义思想教学水平的'四融入'模式实践探索"教学成果，获陕西省高等教育教学成果一等奖。2021年牵头完成的"培基·奠基·强基：完善西部高校马克思主义理论博士研究生培养体系创新实践"教学成果，获第二届陕西省学位与研究生教育学会研究生教育成果一等奖和陕西省研究生教学成果二等奖。2021年，在党史学习教育中，任晓伟及时组织马克思主义学院面向学校开设党史学习专题并精心设计了讲授专题，通过全面总结党史学习课程建设的经验而完成的《知史爱党　知史爱国——陕西师范大学思政课教学讲座》由学习出版社出版。在教学工作取得喜人成就的同时，马克思主义理论学科建设走向新的阶段：学科队伍从不足40人扩大到70多人，在国家社会科学基金重大项目、教育部人文社会科学重大攻关项目上不断取得突破，青年人才在教学、科研和社会服务等方面开始崭露头角，学科发展的新质生产力初步生成。

在担任学校副校长期间，任晓伟还曾负责国际汉学院工作，兼任教育学部部长、学报编辑部主任等职,因为他有丰富的基层工作经验,加之通过加强班子建设和推动建章立制,这些单位的工作和发展均在短期内呈现出崭新面貌。

教育援藏,雪域建功

治国必治边,治边先稳藏。2022 年 7 月,任晓伟参加中央单位第十批援藏工作,任西藏民族大学党委常委、副校长,分管学科和研究生教育、科学研究、2011 中心、学报、对口援助工作等(还曾分管学校办公室、图书文献建设)。参加援藏工作以来,任晓伟坚持"加强学习,立足本职,发扬作风,树立形象,谋建新功"的总体工作思路,面向自治区"四件大事""四个创建""四个走在前列",紧紧围绕学校主责主业,积极发挥学科专业优势,累计先后 10 余次进藏沟通业务、看望阿里驻村队员、开展科学研究等。援藏期间,任晓伟开展的工作主要包括以下方面。

系统谋划,推动学科新发展。布局、启动和组织学校新一轮三个博士学位点和一个硕士学位授权点的申报工作;组织开展 2020—2025 年学位授权点周期性合格评估工作;顺利完成 2023 年学位点核验工作,通过教育专业教指委进校检查;推动成立学校"胃肠疾病研究中心"和"民族高校大学生思想政治教育创新实践研究中心"。获批自治区级"西藏民族大学高原胃肠病研究中心""西藏自治区水质安全与水环境健康重点实验室"两个重点实验室;获批国家民委铸牢中华民族共同体意识研究基地。积极组织申报并获批中宣部、教育部全国重点马克思主义学院培育单位,协助学校党委完成《全国重点马克思主义学院建设方案》,提高马克思主义理论学科和学院建设水平。

努力推动提高西藏民族大学研究生培养质量。组织开展学校四届博士研究生招生和培养工作,《西藏日报》等予以报道。加强研究生导师队伍建设,完成 2022 年、2023 年硕士研究生导师遴选与聘任工作以及博士生导师资格认定工作,积极开展学校新聘任研究生导师培训活动。多次赴自治区卫健委、教育厅沟通，协调陕西省卫健委，推动医学部、附属医院与陕西省人民医院、西安交大一附院建立人才培养合作协议，初步解决临床医学硕士研究生的规范化培训基地建设问题。修订学校《研究生管理规定》、出台《博士研究生指导教师遴选办法》以及有关研究生学位论文检测、送审等关于研究生教育管理的文件，完善学校研究生教育事业高质量发展制度体系。学校第一志愿录取率、硕士研究生升学率不断提高。

加强学校研究特色，开创科研工作新局面。学校2023年获批200多项各类科研项目，国家基金申报工作出现新的突破。2023年度各类国家社会科学基金年度申报数量达到120多项，立项21项，其中国家社科基金重大招标项目1项，实现学校国家重大项目新突破。获批自治区"揭榜挂帅"重大课题1项。2024年累计申报国家级项目130多项，申报项目数量稳中有增。积极推动加强服务区域经济社会发展和资政的能力建设，支持和推动学校西藏乡村振兴研究所团队承担西藏昌都市、那曲市、吉隆县等市县的扶贫志撰写重大委托课题，推动出版《社会主义现代化新西藏建设研究》。目前正在以中国式现代化在西藏的光辉实践为主线，推进"八对抓手"系统研究，获得自治区政府肯定，相关研究成果正在准备结集出版。近期，积极组织开展庆祝西藏自治区成立六十周年的系统研究著作（6本）的撰写工作；积极推动举办"第二届西藏乡村振兴研讨会"和"十年：西藏融入'一带一路'建设十年"学术研讨会以及庆祝总书记贺信五周年学科和学术论坛等。

深化合作，拓展学校对口援助工作。推动制定《西藏民族大学对口支援工作"十四五"规划》，拓展学校对口援助高校范围。2023年6月，学校与中国传媒大学签订校际对口支援工作协议（2023—2025），7月与陕西师范大学签订校际对口支援工作协议（2023—2027），进一步巩固学校与两校的合作关系。2022年11月，积极落实西藏、陕西两省区会议精神，牵头完成陕西8所高校对口援助西藏民族大学协议，并负责推动落实。此外，作为学校援藏干部小组的负责人，积极组织在校的其他10名援藏干部，加强小组建设，推动援藏干部形成合力，以新的业绩共同推动学校事业发展。

坚持突进教学科研工作。为西藏民族大学学生开设马克思主义发展史课程，并积极利用自身研究优势开展相关研究工作。截至目前，以西藏民族大学为第一单位在《国家教育行政学院学报》《特区实践与理论》《前线》《思想理论教育》等刊物上发表学术论文6篇（2篇被人大复印报刊资料全文转载），完成资政报告1项（被国家民委采纳）。出版专著《马克思主义世界观和方法论史话》（学习出版社，2024）。主持2023年国家通用语言文字推广基地特色工作项目"西藏高校大学生国家通用语言文字推广实践服务及支持体系建设"。

使命之行，无言之歌。任晓伟从延安走来，扎根西部，躬耕雪域，以追求卓越、教育报国的赤子情怀，践行陕西师范大学"西部红烛两代师表"精神，在辽阔的西部大地上为教育强国建设努力奉献。

【主要参考资料】

[1] 任晓伟：《社会主义计划经济的历史和理论起源》，人民出版社，2009年。

[2] 任晓伟：《中国特色社会主义的思想起源——近代以来中国社会主义思想的演进研究》，中国社会科学出版社，2017年。

[3] 任晓伟：《高校思想政治理论课教学与生命价值教育研究》，陕西人民出版社，2017年。

[4] 教育部高校思想政治理论课教学指导委员会《思想理论教育导刊》编辑部组编：《在课程自信和学术自信中书写教学人生——陕西师范大学马克思主义学院任晓伟事迹》，见《明道·信道·传道——高校思想政治理论课教师2016年度影响力人物事迹》，高等教育出版社，2018年。

[5] 石萍、周健、冯丽：《陕西师范大学活用红色资源打造特色思政课——走心"金

课群"激活思政课堂》，载《中国教育报》2021年4月14日。

[6] 冯丽、王欢、周健：《"保持精气神，拧成一股绳"》，载《中国教育报》2021年10月8日。

[7] 郑萍：《百年求索百年新》，载《中华读书报》2023年1月18日。

[8] 王莉：《西藏民族大学援藏干部多举措开展支援工作》，载《西藏日报》2023年8月9日。

[9] 延安大学校友总会编：《我从延安来》，新华出版社，2023年。